中華古籍保護計劃

ZHONG HUA GU JI BAO HU JI HUA CHENG GUO

·成果·

江蘇師範大學圖書館等五家收藏單位古籍普查登記目録

全國古籍普查登記目録

國家圖書館出版社
National Library of China Publishing House

圖書在版編目(CIP)數據

江蘇師範大學圖書館等五家收藏單位古籍普查登記目録/本書編委會編. --北京:國家圖書館出版社,2015.12
(全國古籍普查登記目録)
ISBN 978 -7 -5013 -5738 -3

Ⅰ.①江… Ⅱ.①本… Ⅲ.①古籍—圖書目録—中國 Ⅳ.①Z838

中國版本圖書館 CIP 數據核字(2015)第 285130 號

書　　名	江蘇師範大學圖書館等五家收藏單位古籍普查登記目録
編　　者	本書編委會　編
責任編輯	趙　嫄　張珂卿

出　　版	國家圖書館出版社(100034　北京市西城區文津街 7 號) (原書目文獻出版社　北京圖書館出版社)
發　　行	010 -66114536　66126153　66151313　66175620 66121706(傳真),66126156(門市部)
E-mail	nlcpress@ nlc. cn(郵購)
Website	www. nlcpress. com ——→投稿中心
經　　銷	新華書店
印　　裝	河北三河弘翰印務有限公司
版　　次	2015 年 12 月第 1 版第 1 次印刷

開　　本	787 ×1092 毫米　1/16
印　　張	30
字　　數	630 千字

書　　號	ISBN 978 -7 -5013 -5738 -3
定　　價	270.00 圓

#《全國古籍普查登記目録》

工作委員會

主　任： 周和平

副主任： 張永新　詹福瑞　劉小琴　李致忠　張志清

委　員（按姓氏筆畫排序）：

于立仁　王水喬　王　沛　王紅蕾　王筱雯
方自今　尹壽松　包菊香　任　競　全　勤
李西寧　李　彤　李忠昊　李春來　李　培
李曉秋　吳建中　宋志英　努　木　林世田
易向軍　周建文　洪　琰　倪曉建　徐欣禄
徐　蜀　高文華　郭向東　陳荔京　陳紅彦
張　勇　湯旭巖　楊　揚　賈貴榮　趙　嫄
鄭智明　劉洪輝　歷　力　鮑盛華　韓　彬
魏存慶　鍾海珍　謝冬榮　謝　林　應長興

《全國古籍普查登記目録》

序　言

全國古籍普查登記工作是“中華古籍保護計劃”的首要任務，是全面開展古籍搶救、保護和利用工作的基礎，也是有史以來第一次由政府組織、參加收藏單位最多的全國性古籍普查登記工作。

2007年國務院辦公廳發佈《關於進一步加强古籍保護工作的意見》（國辦發[2007]6號），明確了古籍保護工作的首要任務是對全國公共圖書館、博物館和教育、宗教、民族、文物等系統的古籍收藏和保護狀况進行全面普查，建立中華古籍聯合目録和古籍數字資源庫。2011年12月，文化部下發《文化部辦公廳關於加快推進全國古籍普查登記工作的通知》（文辦發[2011]518號），進一步落實了全國古籍普查登記工作。根據文化部2011年518號文件精神，國家古籍保護中心擬訂了《全國古籍普查登記工作方案》，進一步規範了古籍普查登記工作的範圍、内容、原則、步驟、辦法、成果和經費。目前進行的全國古籍普查登記工作的中心任務是通過每部古籍的身份證——“古籍普查登記編號”和相關信息，建立古籍總臺賬，全面瞭解全國古籍存藏情况，開展全國古籍保護的基礎性工作，加强各級政府對古籍的管理、保護和利用。

《全國古籍普查登記工作方案》規定了全國古籍普查登記工作的三個主要步驟：一、開展古籍普查登記工作；二、在古籍普查登記基礎上，編纂出版館藏古籍普查登記目録，形成《全國古籍普查登記目録》；三、在古籍普查登記工作基本完成的前提下，由省級古籍保護中心負責編纂出版本省古籍分類聯合目録《中華古籍總目》分省卷，由國家古籍保護中心負責編纂出版《中華古籍總目》統編卷。

在党和政府領導下，在各地區、各有關部門和全社會共同努力下，古籍普查登記工作得以扎實推進。古籍普查已在除臺、港、澳之外的全國各省級行政區域開展，普查内容除漢文古籍外，還包括各少數民族文字古籍，特别是於2010年分别啓動了新疆古籍保護和西藏古籍保護專項，因地制宜，開展古籍普查登記工作；國家古籍保護中心研製的“全國古籍普查登記平臺”已覆蓋到全國各省級古籍保護中心，並進一步研發了“中華古籍索引庫”，爲及時展現古籍普查成果提供有力支持；截至目前，已有11375部古籍進入《國家珍貴古籍名録》，浙江、江蘇、山東、河北等省公佈了省級《珍貴古籍名録》,古籍分級保護機制初步形成。

《全國古籍普查登記目録》是古籍普查工作的階段性成果,旨在摸清家底,揭示館藏,反映古籍的基本信息。原則上每申報單位獨立成冊,館藏量少不能獨立成冊者,則在本省範圍内幾個館目合併成冊。無論獨立成冊還是合併成冊,均編製獨立的書名筆畫索引附於書後。著録的必填基本項目有:古籍普查登記編號、索書號、題名卷數、著者(含著作方式)、版本、冊數及存缺卷數。其他擴展項目有:分類號、批校題跋、版式、裝幀形式、叢書子目、書影、破損狀況等。有條件的收藏單位多著録的一些擴展項目,也反映在《全國古籍普查登記目録》上。目録編排按古籍普查登記編號排序,内在順序給予各古籍收藏單位較大自由度,可按分類排列古籍普查登記編號,也可按排架號、按同書名等排列古籍普查登記編號,以反映各館特色。

此次全國古籍普查登記工作,克服了古籍數量多、普查人員少、普查難度大等各種困難,也得到了全國古籍保護工作者的極大支持。在古籍普查登記過程中,國家古籍保護中心、各省古籍保護中心爲此舉辦了多期古籍普查、古籍鑒定、古籍普查目録審校等培訓班,全國共1600餘家單位參加了培訓,爲古籍普查登記工作培養了大量人才。同時在古籍普查登記工作中,也鍛煉了普查員的實踐能力,爲將來古籍保護事業發展奠定了良好的基礎。

《全國古籍普查登記目録》的出版,將摸清我國古籍家底,爲古籍保護和利用工作提供依據,也將是古籍保護長期工作的一個里程碑。

國家古籍保護中心

2013年10月

《全國古籍普查登記目録》

編纂凡例

一、收録範圍爲我國境内各收藏機構或個人所藏，産生於1912年以前，具有文物價值、學術價值和藝術價值的文獻典籍，包括漢文古籍和少數民族文字古籍以及甲骨、簡帛、敦煌遺書、碑帖拓本、古地圖等文獻。其中，部分文獻的收録年限適當延伸。

二、以各收藏機構爲分冊依據，篇幅較小者，適當合併出版。

三、一部古籍一條款目，複本亦單獨著録。

四、著録基本要求爲客觀登記、規範描述。

五、著録款目包括古籍普查登記編號、索書號、題名卷數、著者、版本、冊數、存缺卷等。古籍普查登記編號的組成方式是：省級行政區劃代碼—單位代碼—古籍普查登記順序號。

六、以古籍普查登記編號順序排序。

七、編製各館藏目録書名筆畫索引附於書後，以便檢索。

目　録

江蘇師範大學圖書館古籍普查登記目録

全國古籍普查登記目録

國家圖書館出版社
National Library of China Publishing House

《江蘇師範大學圖書館古籍普查登記目録》

編委會

《江蘇師範大學圖書館古籍普查登記目録》

前　言

江蘇師範大學的前身是1952年創辦於江蘇無錫的蘇南軍區轉業幹部文化速成學校。1956年學校暫名“江蘇省中學師資訓練班”(無錫師範專科學校籌備處)。1957年成立江蘇師範專科學校,1958年學校北遷徐州,1959年更名爲徐州師範學院。1996年,學校更名爲徐州師範大學。2011年11月,教育部復函同意徐州師範大學更名爲江蘇師範大學。

江蘇師範大學圖書館現藏有古籍(包括民國本及域外版本)6213種,6萬餘册,其中明代刻本125種,清乾隆以前刻本595種,民國前古籍3321種,3萬餘册。館藏古籍主要有以下三个來源:

一、原無錫國學專修館藏書。1952年蘇南軍區轉業幹部文化速成學校在無錫成立,三分校校址即設在無錫學前街原無錫國學專修館處。無錫國學專修館經過八年戰亂,多次避難遷址,1946年返回無錫時館藏圖書已散失大半,幸運的是仍留存一些較好版本。其中有原無錫國學專修館校長唐文治老師王祖畬所藏部分圖書。王祖畬(1842—1918),字歲三、一字紫翔,江蘇太倉人,晚清進士。著有《禮記經注校證》《讀左質疑》《論語讀本》《讀孟隨筆》《[民國]鎮洋縣志》《崇正録》等書。1920年唐文治創辦無錫國學專修館時將其老師所留圖書悉數捐獻學校圖書館,這些書如同無錫國學專修館一般,命運多舛,幾經磨難,回歸故里時已是零落凋敝、面目全非。唐文治在其先師所留遺書的扉頁題“鎮洋王文貞公遺書室記”,盡抒對先師的感激之情:“先師恭膺道統之寄,其精神當傳數百年而不沫,然則欲保守先師之精神,必先保守先師之道籍。”清末民初,王祖畬先生曾多次到徐州彭城書院講學,誰曾料想百年後其遺書竟流傳至昔日講學之地。

無錫國學專修館還收藏有不少稿抄本、批注題跋本以及著名藏書家、重要歷史人物的鈐印本。較爲珍稀的稿本有清楊敬傅所撰的《詩盋盦詩稿初集》九卷《二集》三卷。該本爲楊敬傅創作的詩歌總集,與南京圖書館藏《詩盋盦稿》、國家圖書館藏《楊師白雜著》各不相同,相互補充,構成楊敬傅較爲完整的作品集。另有清周懋琦批注題跋本《音學五書》三十八卷,清顧炎武撰,康熙六年(1667)符山堂刻本。卷中有周懋琦批注,卷末有周懋琦題跋,講述他三次偶遇此書並補配齊全的經歷。較爲珍貴的刻本還有元刻明遞修本《資治通鑑》二百九十四卷《通鑑釋文辯誤》十二卷、明成化九年(1473)内府刻本《資治通鑑綱目》五十七卷、明嘉靖玉几山人刻本《分類補注李太白詩》二十五卷《年譜》一卷、明嘉靖玉几山人刻本《御選唐宋文醇》、明代范氏天一閣刻本《司馬溫公稽古錄》二十卷、明萬曆閔齊伋刻三色套印本《國語》九卷以及清乾隆白鹿山房木活字印本《靈棋經》等。

二、本館所藏古籍另一重要來源爲徐州籍現代作家、藏書家時有恒先生捐贈部分。時有恒(1906—1982)字于久,江蘇徐州土山寺人。1926年參加北伐戰爭,任國民黨上海市第六區黨部宣傳部長等職。抗日戰爭爆發後,在成都曾任成都中央軍校黄埔出版社編輯,開"未名書鋪",與魯迅、葉聖陶、柯仲平、孫伏園、以群等文化名人多有交往。時有恒先生喜讀書,重收藏,與書結下了不解之緣。爲了書,他節衣縮食,典當借貸在所不惜,他愛書成癖,但卻與那些將典籍束之高閣秘不示人的藏書家不同。他嘗言:"平日收藏之旨,豈爲書之私?"其收藏的目的,不僅僅是在於自己的愛好和學習使用,更重要的是爲人所用,他所開辦的未名書鋪,當時在成都影響很大,吸引了不少愛國人士及進步青年,來此免費借書。"文革"中,有恒先生受到迫害,四萬餘冊藏書被查抄,返還時僅剩兩萬冊。1978年先後向紹興魯迅紀念館、北京魯迅博物館、上海魯迅紀念館捐贈了魯迅著作的初版本、魯迅研究資料和二三十年代的雜志,共計2884冊。1980年有恒先生將建國前出版的圖書、期刊和古籍13342冊捐贈給了徐州師範學院圖書館。其中古籍1505種,8186冊,清乾隆以前刻本、稿本和抄本140種。時有恒先生捐贈古籍大多保存完好,明、清稿抄本多有佳品,如清稿本《歸遊集》不分卷,清王欽霖撰。王欽霖(1800—1847),沭城東關人,初名汝霖,字雨亭,後改字慈雨。近代詩文家,道光六年(1826)進士,著有《王吏部遺集》《海鷗山房詩鈔》《紅薤仙館賦鈔》《有真意齋駢文》等書。本館藏稿本恰爲王欽霖以遊歷、交往、送别爲題材的五言、七言詩手稿,目前尚未見刊行,可見其尤爲珍貴。明抄本《武經總要後集》二十一卷,宋曾公亮撰。《武經總要》是我國歷史上第一部官修兵書,該書輯録了歷代用兵故事、兵家陰陽資料等。其中有關兵器、火器及衆多器械的記録,是科技史研究不可多得的資料。明刻本較爲珍稀的版本有《古今藥石》,明萬曆十六年(1588)刻本,此刻本除本館外,國内僅北京大學圖書館有藏。《松雪齋文集》十卷《外集》一卷,明天順六年(1462)岳璿刻本,鈐有季振宜、陳鴻壽等名家的藏印,國内僅北京大學圖書館藏同一刻本。清刻本《徐郡志局採訪章程》一卷,國内圖書館均未見收藏。

三、本館還有部分鈐有"江蘇師範專科學校"藏書印的古籍,大多爲20世紀50年代接受政府劃撥、私人捐贈或購買所得。

該部分館藏尚有不少良冊佳本,抄本《楊文靖公傳》收有《龜山先生傳》《龜山先生歷仕綱目》《文靖公狀》《龜山公手卷跋》等,是彙集多處楊龜山行狀史料而成。檢索國内各大古籍收藏機構,均未見相同藏本,應視爲孤本。還有元刻明清遞修本《資治通鑑》二百九十四卷、明洪武三年(1370)内府刻明清遞修本《元史》二百十卷《目録》二卷、明成化九年(1473)内府刻本《資治通鑑綱目》五十九卷、明成化十六年(1480)刻明清遞修本《宋史》四百九十六卷、明嘉靖八年(1529)南京國子監版刻明清遞修本《遼史》一百十六卷、明陳繼儒刻本《南唐書》三十卷、明萬曆刻本《晉史刪》四十卷、明萬曆錢塘鍾人傑刻本《史記》一百三十卷、明萬曆十五年(1587)刻本《戰國策譚棷》十卷《附録》一卷、明萬曆十九年(1591)南京國子監刻本《南史》八十卷、明汲古閣刻本《陸狀元增節音注精議資治通鑑》一百二十卷《首》一卷《目録》三卷等,都是較爲稀少的版本。

我館自2008年起兩次申報《國家珍貴古籍名録》,其中8部古籍入選《國家珍貴古籍名録》,33部古籍入選《江蘇省珍貴古籍名録》。此外館藏書中有部分批注、題識本,不少刻本中留下了毛晉、季振宜、陳鴻壽、劉寶楠、翁同龢、徐乃昌、康有爲等名家的鈐印。

由於我們水平有限,再加上時間倉促,疏漏在所難免,敬希讀者批評指正。

江蘇師範大學圖書館
2014年9月12日

320000－1644－0000001　102/1＝2
周易四卷　(宋)朱熹本義　清同治十三年(1874)湖南書局刻本　四册

320000－1644－0000002　102/2＝2
易經八卷　(宋)程頤撰　清同治五年(1866)金陵書局刻本　三册

320000－1644－0000003　102/8
周易觀象十二卷　(清)李光地注　清雍正刻本　二册

320000－1644－0000004　102/9
陳氏易說四卷附錄一卷　(清)陳壽熊撰　清光緒二十一年(1895)鉛印本　二册

320000－1644－0000005　102/10
郭氏傳家易說十一卷首一卷　(宋)郭雍撰　清光緒二十五年(1899)廣東廣雅書局刻本　四册

320000－1644－0000006　102/12
御纂周易折中二十二卷首一卷　(清)李光地等撰　清康熙五十四年(1715)刻本　十六册

320000－1644－0000007　102/12＝2
御纂周易折中二十二卷首一卷　(清)李光地等撰　清康熙楊朝麟刻本　十二册

320000－1644－0000008　102/13
程氏易傳不分卷　(宋)程頤撰　清鈔本　二册

320000－1644－0000009　102/15
易憲四卷　(明)沈泓撰　清乾隆九年(1744)刻本　二册

320000－1644－0000010　102/16
易漢學八卷　(清)惠棟撰　清乾隆鎮洋畢氏刻本　二册

320000－1644－0000011　102/17
河上易注八卷圖說二卷　(清)黎世序撰　清道光元年(1821)謙豫齋刻本　五册　存七卷(二至八)

320000－1644－0000012　102/19
繫辭上傳一卷　(明)蘇濬撰　清乾隆鈔本　一册

320000－1644－0000013　102/21
御纂周易摘案二卷　(□)□□撰　清鈔本　二册

320000－1644－0000014　102/24
易原八卷　(宋)程大昌撰　清乾隆三十九年(1774)武英殿木活字印本　二册

320000－1644－0000015　102/26
易經匯解四十卷　(清)抉經心室主人纂　清光緒十四年(1888)鴻文書局石印本　四册

320000－1644－0000016　102/27
周易九卷附略例二卷　(三國魏)王弼注　(明)金蟠訂　清同治八年(1869)浙江書局刻本　三册

320000－1644－0000017　102/28
周易六卷　(宋)程頤撰　**周易繫辭精義二卷**　(宋)呂祖謙撰　清光緒九年(1883)遵義黎氏日本東京使署影刻古逸叢書本　一册

320000－1644－0000018　103/2
書古微十二卷首三卷　(清)魏源撰　清光緒四年(1878)淮南書局刻本　四册

320000－1644－0000019　103/3
寫定尚書一卷　(清)吳汝綸寫定　清光緒十八年(1892)桐城吳氏石印本　一册

320000－1644－0000020　103/3f2
寫定尚書一卷　(清)吳汝綸寫定　清光緒十八年(1892)桐城吳氏石印本　一册

320000－1644－0000021　103/3f3
寫定尚書一卷　(清)吳汝綸寫定　清光緒十八年(1892)桐城吳氏石印本　一册

320000－1644－0000022　103/4
附釋音尚書注疏二十卷　(漢)孔安國傳　(唐)孔穎達疏　**校勘記二十卷**　(清)阮元撰　(清)盧宣旬摘錄　清嘉慶二十年(1815)江西南昌府學刻重栞宋本十三經注疏本　八册

320000－1644－0000023　103/4＝2
附釋音尚書注疏二十卷　(漢)孔安國傳

(唐)孔穎達疏　清同治十二年(1873)刻本　十册

320000－1644－0000024　103/5
尚書大傳四卷　(漢)伏生撰　(漢)鄭玄注　**異考一卷補遺一卷續補遺一卷**　(清)盧文弨撰　清嘉慶十七年(1812)山淵堂刻本　一册

320000－1644－0000025　103/6
尚書約注四卷　(清)任啟運撰　清光緒十二年(1886)刻本　四册

320000－1644－0000026　103/8
尚書古今文注疏三十卷　(清)孫星衍撰　清嘉慶二十年(1815)冶城山館刻本　八册

320000－1644－0000027　103/10
欽定書經圖說五十卷　(清)孫家鼐等撰　清光緒三十一年(1905)石印本　九册

320000－1644－0000028　103/11
書經集傳六卷首一卷末一卷　(宋)蔡沈撰　清同治五年(1866)金陵書局刻本　四册

320000－1644－0000029　103/12
書經旁訓四卷　(清)徐立綱撰　清咸豐二年(1852)常熟珍藝堂刻本　四册

320000－1644－0000030　103/12＝2
書經增訂旁訓四卷　(清)徐立綱撰　清光緒八年(1882)遵古堂刻本　二册

320000－1644－0000031　103/14
禹貢易知編十二卷　(清)李慎儒輯　清光緒二十五年(1899)丹徒李氏刻本　四册

320000－1644－0000032　103/15
書傳音釋六卷首一卷末一卷　(元)鄒季友音釋　清同治五年(1866)望三益齋刻本　六册

320000－1644－0000033　103/16
書經近指六卷　(清)孫奇逢撰　清康熙十五年(1676)刻本　四册

320000－1644－0000034　103/17
欽定書經傳說彙纂二十一卷首二卷序一卷　(清)王頊齡等撰　清雍正八年(1730)内府刻本　十六册

320000－1644－0000035　103/18
禹貢會箋十二卷　(清)徐文靖箋　清刻本　一册　存四卷(一至四)

320000－1644－0000036　103/20
尚書考異六卷　(明)梅鷟撰　清光緒十八年(1892)浙江書局刻本　二册　存四卷(一至四)

320000－1644－0000037　104/1
韓詩外傳十卷附趙本補遺一卷　(漢)韓嬰撰　**校注拾遺一卷**　(清)周宗杬撰　清光緒元年(1875)望三益齋刻本　四册

320000－1644－0000038　104/2
詩古微上編三卷中編十卷下編二卷首一卷　(清)魏源撰　(清)席威重校　清光緒十三年(1887)席氏掃葉山房刻本　十册

320000－1644－0000039　104/3
附釋音毛詩注疏七十卷　(漢)毛亨傳　(漢)鄭玄注　(唐)孔穎達疏　(唐)陸德明音義　**附校勘記七十卷**　(清)阮元撰　(清)盧宣旬摘錄　清嘉慶二十年(1815)江西南昌府學刻重栞宋本十三經注疏本　二十册

320000－1644－0000040　104/3f2
附釋音毛詩注疏七十卷　(漢)毛亨傳　(漢)鄭玄注　(唐)孔穎達疏　(唐)陸德明音義　**校勘記七十卷**　(清)阮元撰　(清)盧宣旬摘錄　清嘉慶二十年(1815)江西南昌府學刻重栞宋本十三經注疏本　八册

320000－1644－0000041　104/8
欽定詩經傳說彙纂二十一卷首二卷詩序二卷　(清)王鴻緒等纂　清刻本　十八册

320000－1644－0000042　104/8＝2
欽定詩經傳說彙纂二十一卷首二卷詩序二卷　(清)王鴻緒等纂　清同治七年(1868)馬新貽刻本　十六册

320000－1644－0000043　104/9
詩經八卷　(宋)朱熹集傳　**詩序辨說一卷**　(宋)朱熹撰　清同治五年(1866)金陵書局刻本　五册

320000－1644－0000044　104/9f2

詩經八卷　(宋)朱熹集傳　**詩序辨說一卷**　(宋)朱熹撰　清同治五年(1866)金陵書局刻本　四册

320000－1644－0000045　104/9＝2

詩經八卷　(宋)朱熹集傳　**詩序辨說一卷**　(宋)朱熹撰　清宣統二年(1910)上海鑄記書局石印本　四册

320000－1644－0000046　104/11

監本詩經四卷　(漢)毛亨撰　清粤東佛山翰文書局影印本　四册

320000－1644－0000047　104/14

詩序辨說一卷　(宋)朱熹撰　清刻本　一册

320000－1644－0000048　104/14＝2

詩序辨說一卷　(宋)朱熹撰　清同治五年(1866)金陵書局刻本　一册

320000－1644－0000049　104/15

毛詩二十卷附考證　(漢)毛亨撰　(漢)鄭玄箋　(唐)陸德明音義　清道光刻本　六册

320000－1644－0000050　104/15＝2

毛詩二十卷附考證　(漢)毛亨撰　(漢)鄭玄箋　(唐)陸德明音義　清乾隆四十八年(1783)武英殿刻本　六册

320000－1644－0000051　104/17

御纂詩義折中二十卷　(清)傅恒等編纂　清乾隆寶興堂刻本　六册

320000－1644－0000052　104/17＝2

御纂詩義折中二十卷　(清)傅恒等編纂　清光緒二十年(1894)如山刻本　六册

320000－1644－0000053　104/18

新增詩經補注附考備旨八卷　(清)鄒聖脈纂輯　清光緒二十二年(1896)務本書局刻本　四册

320000－1644－0000054　104/19

詩傳名物集覽十二卷　(清)陳大章撰　清光緒十七年(1891)三餘草堂刻湖北叢書本　六册

320000－1644－0000055　104/21

詩經原始十八卷首二卷　(清)方玉潤撰　清同治十年(1871)隴東分署刻本　十册

320000－1644－0000056　104/23

毛詩稽古編三十卷　(清)陳啟源編　(清)龐佑清校　清光緒九年(1883)龐氏刻本　八册

320000－1644－0000057　104/24

毛詩古音述一卷　(清)顧淳撰　清光緒二十五年(1899)木活字印本　一册

320000－1644－0000058　104/26

詩經嗜鳳詳解八卷圖說一卷　(清)陳抒孝撰　(清)汪基增訂　清乾隆三十五年(1770)三多齋刻本　八册

320000－1644－0000059　104/28

詩毛氏傳疏三十卷毛詩說一卷　(清)陳奂撰　清道光二十七年(1847)吳門陳氏掃葉山莊刻本　十九册

320000－1644－0000060　105.2/1

欽定周官義疏四十八卷首一卷　(清)允祿等撰　清光緒十九年(1893)湖南潄芳閣刻本　二十四册

320000－1644－0000061　105.2/1＝2

欽定周官義疏四十八卷首一卷　(清)允祿等撰　清同治七年(1868)李瀚章刻本　三册　存五卷(一至五)

320000－1644－0000062　105.2/2

周禮六卷　(漢)鄭玄注　(唐)陸德明音義　清嘉慶十一年(1806)清芬閣刻本　六册

320000－1644－0000063　105.2/3

附釋音周禮注疏四十二卷　(漢)鄭玄注　(唐)賈公彦疏　(唐)陸德明音義　**校勘記四十二卷**　(清)阮元撰　(清)盧宣旬摘錄　清嘉慶二十年(1815)江西南昌府學刻重栞宋本十三經注疏本　十二册

320000－1644－0000064　105.2/3＝2

附釋音周禮注疏四十二卷　(漢)鄭玄注　(唐)賈公彦疏　(唐)陸德明音義　**校勘記四**

十二卷　(清)阮元撰　(清)盧宣旬摘錄　清同治十年(1871)尊經閣刻本　十九册

320000－1644－0000065　105.2/4
周禮音訓　(清)楊國楨撰　清道光十年(1830)刻本　二册

320000－1644－0000066　105.2/5
舒恬軒周禮讀本六卷　(清)龐佑清撰　清道光二十八年(1848)吴江龐氏刻本　二册

320000－1644－0000067　105.2/6
周官參證二卷　(清)王寶仁輯　清同治十三年(1874)舊香居刻本　一册

320000－1644－0000068　105.2/7
周禮讀本六卷　(清)黄叔琳撰　清宣統元年(1909)上海會文學社石印本　一册

320000－1644－0000069　105.2/8
周禮節訓六卷　(清)黄叔琳撰　清乾隆三十一年(1766)雲間姚氏家塾刻本　二册

320000－1644－0000070　105.2/9
輪輿私箋二卷附錄一卷　(清)鄭珍撰　清同治七年(1868)獨山莫氏刻本　二册

320000－1644－0000071　105.2/10
車制考一卷　(清)錢坫撰　清刻本　一册

320000－1644－0000072　105.3/1
儀禮易讀十七卷　(清)馬駉輯　(清)詹國瑞參校　清乾隆二十年(1755)悦六齋刻本　二册

320000－1644－0000073　105.3/2
儀禮韻言二卷　(清)檀萃纂　清光緒八年(1882)掃葉山房刻本　二册

320000－1644－0000074　105.3/3
禮經學七卷　曹元弼撰　清宣統元年(1909)刻本　七册

320000－1644－0000075　105.3/4
欽定儀禮義疏四十八卷首二卷　(清)鄂爾泰等撰　清光緒十九年(1893)湖南漱芳閣刻本　二十八册

320000－1644－0000076　105.3/5
儀禮鄭注句讀十七卷附監本正誤一卷唐石經正誤一卷　(清)張爾岐句讀　清同治七年(1868)金陵書局刻本　四册

320000－1644－0000077　105.3/5f2
儀禮鄭注句讀十七卷附監本正誤一卷唐石經正誤一卷　(清)張爾岐句讀　清同治七年(1868)金陵書局刻本　四册

320000－1644－0000078　105.3/6
儀禮章句十七卷　(清)吴廷華章句　清光緒二十三年(1897)蘇州振興書莊刻本　四册

320000－1644－0000079　105.3/7
儀禮十七卷　(漢)鄭玄注　清嘉慶二十年(1815)吴門黄氏讀未見書齋刻本　四册

320000－1644－0000080　105.3/7=2
儀禮十七卷　(漢)鄭玄注　清同治九年(1870)湖北崇文書局刻本　二册

320000－1644－0000081　105.3/8
儀禮識誤三卷　(宋)張淳撰　清乾隆武英殿木活字印本　一册

320000－1644－0000082　105.3/9
儀禮圖六卷　(清)張惠言撰　清同治九年(1870)楚北崇文書局刻本　三册

320000－1644－0000083　105.3/10
讀禮通考一百二十卷　(清)徐乾學撰　清光緒七年(1881)江蘇書局刻本　三十二册

320000－1644－0000084　105.3/10f2
讀禮通考一百二十卷　(清)徐乾學撰　清光緒七年(1881)江蘇書局刻本　三十二册

320000－1644－0000085　105.3/11
禮經校釋二十二卷　曹元弼撰　清光緒十八年(1892)刻本　三册

320000－1644－0000086　105.4/1
夏小正戴氏傳四卷　(宋)傅崧卿撰　清同治八年(1869)傅氏長恩閣刻本　一册

320000－1644－0000087　105.4/2
夏小正正義一卷　(清)王筠撰　清光緒五年

(1879)福山王氏刻天壤閣叢書本　一冊

320000－1644－0000088　105.4/3
夏小正一卷　(清)任兆麟注　**穆天子傳六卷**　(晉)郭璞注　(清)周夢齡校　清光緒三十二年(1906)邗上江藩鄭氏刻本　一冊

320000－1644－0000089　105.4/4
禮記集說十卷　(元)陳澔撰　清同治五年(1866)金陵書局刻本　十冊

320000－1644－0000090　105.4/6
欽定禮記義疏八十二卷首一卷　(清)高宗弘曆纂　(清)傅恒等編校　清同治十年(1871)湖北崇文書局刻本　四十八冊

320000－1644－0000091　105.4/6＝2
欽定禮記義疏八十二卷首一卷　(清)高宗弘曆纂　(清)傅恒等編校　清同治江西書局刻本　十八冊　存三十九卷(一至三十九)

320000－1644－0000092　105.4/7
禮記章義十卷　(清)姜兆錫撰　清雍正十年(1732)刻本　六冊

320000－1644－0000093　105.4/8
禮記恒解四十九卷　(清)劉沅輯注　清道光八年(1828)豫誠堂刻本　十冊

320000－1644－0000094　105.4/9
禮記要義三十三卷　(宋)魏了翁撰　清光緒十二年(1886)江蘇書局刻本　八冊

320000－1644－0000095　105.4/11
禮記二十卷　(漢)鄭玄注　**禮記釋文四卷**　(唐)陸德明撰　清刻本　六冊

320000－1644－0000096　105.4/12
禮記增訂旁訓六卷　(清)徐立綱撰　清嘉慶九年(1804)吳郡張氏刻本　六冊

320000－1644－0000097　105.4/18
禮記約編十卷　(清)汪基撰　清光緒三十二年(1906)上海煥文書局石印本　五冊

320000－1644－0000098　105.4/19
禮記注疏六十三卷　(漢)鄭玄注　(唐)孔穎達疏　明崇禎十二年(1639)汲古閣刻本　十冊　存三十六卷(二十八至六十三)

320000－1644－0000099　105.4/20
禮記集解六十一卷尚書顧名解一卷　(清)孫希旦撰　清咸豐十年至同治七年(1860－1868)瑞安孫氏盤谷草堂刻本　四十冊

320000－1644－0000100　105.5/1
五禮通考二百六十二卷首四卷　(清)秦蕙田編輯　清光緒六年(1880)江蘇書局刻本　一百冊

320000－1644－0000101　105.6/1
朱子家禮八卷首一卷　(明)丘浚輯　(明)楊廷筠補　清康熙四十年(1701)刻本　五冊

320000－1644－0000102　106.1/1
春秋宗朱辨義十二卷首一卷末一卷　(清)張自超撰　清光緒七年(1881)刻本　八冊

320000－1644－0000103　106.1/2
春秋傳三十卷　(宋)胡安國撰　清乾隆三十二年(1767)金閶書業堂刻本　八冊

320000－1644－0000104　106.1/5
御纂春秋直解十二卷　(清)傅恒等撰　清乾隆三十二年(1767)刻本　八冊

320000－1644－0000105　106.1/6
春秋例表一卷　(清)王代豐撰　清湘潭王氏刻本　一冊

320000－1644－0000106　106.1/7
春秋公法比義發微六卷　藍光策撰　清宣統三年(1911)南洋印刷官廠鉛印本　六冊

320000－1644－0000107　106.1/8
欽定春秋傳說彙纂三十八卷首二卷　(清)王掞等撰　清乾隆刻本　二十四冊

320000－1644－0000108　106.2/2
春秋左傳三十卷首一卷　(晉)杜預注　(唐)陸德明音釋　(宋)林堯叟附注　(清)馮李驊集解　清同治七年(1868)棠文書局朱印刻本　十二冊

320000－1644－0000109　106.2/3
欽定春秋左傳讀本三十卷　(清)英和等撰

清同治十一年(1872)丁寶楨刻本　十六册

320000－1644－0000110　106.2/4
春秋左傳賈服注輯述二十卷　(清)李貽德撰　清同治五年(1866)刻本　六册

320000－1644－0000111　106.2/5
左繡三十卷首一卷　(清)馮李驊　(清)陸浩輯　清光緒二十四年(1898)益元書局刻本　十六册

320000－1644－0000112　106.2/5＝2
左繡三十卷首一卷　(清)馮李驊　(清)陸浩輯　清華川書屋刻本　十六册

320000－1644－0000113　106.2/6
左通補釋三十二卷　(清)梁履繩撰　清光緒元年(1875)刻本　十二册

320000－1644－0000114　106.2/8
左傳義法舉要一卷　(清)方望溪撰　(清)王兆符　(清)程崟輯　清光緒十九年(1893)金匱廉氏刻本　一册

320000－1644－0000115　106.2/10
左傳舊疏考證八卷　(清)劉文淇撰　清光緒三年(1877)湖北崇文書局刻本　四册

320000－1644－0000116　106.2/11
左傳一卷　清春暉樓主鈔本　一册

320000－1644－0000117　106.2/12
左傳事緯十二卷　(清)馬驌撰　清光緒四年(1878)潘氏敏德堂刻本　十二册

320000－1644－0000118　106.2/12＝2
左傳事緯十二卷　(清)馬驌撰　清宣統二年(1910)上海文瑞樓石印本　六册

320000－1644－0000119　106.2/13
左傳選十四卷　(清)儲欣評　清嘉慶七年(1802)刻本　六册

320000－1644－0000120　106.2/13＝2
左傳選十四卷　(清)儲欣評　清道光二十五年(1845)刻本　四册

320000－1644－0000121　106.2/16
評點春秋綱目左傳句解匯雋六卷　(清)韓菼重訂　清宣統元年(1909)石印本　二册

320000－1644－0000122　106.2/17
春秋左傳類纂六卷首一卷末一卷　(清)桂含章輯　清光緒七年(1881)敦厚堂刻本　二册

320000－1644－0000123　106.2/19
左傳快讀十八卷首一卷　(清)李紹崧輯　清光緒三十三年(1907)上海廣益書局石印本　四册

320000－1644－0000124　106.2/20
春秋左傳杜注三十卷首一卷　(清)姚培謙撰　清光緒九年(1883)江南書局刻本　十册

320000－1644－0000125　106.2/20f2
春秋左傳杜注三十卷首一卷　(清)姚培謙撰　清光緒九年(1883)江南書局刻本　十册

320000－1644－0000126　106.2/22
附釋音春秋左傳注疏六十卷　(晉)杜預注　(唐)孔穎達疏　(唐)陸德明音義　**校勘記六十卷**　(清)阮元撰　(清)盧宣旬摘錄　清嘉慶二十年(1815)江西南昌府學刻重栞宋本十三經注疏本　二十册　存五十三卷(六至五十八)

320000－1644－0000127　106.2/23
寄傲山房塾課纂輯春秋備旨十二卷　(清)鄒聖脈纂輯　(清)鄒可庭編次　清光緒八年(1882)文奎書屋刻本　二十册　存三卷(一至三)

320000－1644－0000128　106.2/24
春秋大事表五十卷春秋輿圖一卷附錄一卷　(清)顧棟高輯　清同治十二年(1873)山東尚志堂刻本　二十册

320000－1644－0000129　106.3/1
春秋公羊經傳解詁十二卷　(漢)何休撰　**附重刊宋紹熙公羊傳注附音本校記一卷**　(清)魏彥撰　清同治二年(1863)紹陽魏氏刻本　二册

320000－1644－0000130　106.3/1f2

春秋公羊經傳解詁十二卷 （漢）何休撰 **附重刊宋紹熙公羊傳注附音本校記一卷** （清）魏彥撰 清同治二年(1863)紹陽魏氏刻本 二冊

320000－1644－0000131 106.3/2
春秋公羊傳注疏二十八卷 （漢）何休注 （唐）陸德明音義 清同治十年(1871)刻本 十冊

320000－1644－0000132 106.3/3
監本附音春秋公羊注疏二十八卷 （漢）何休注 （唐）徐彥疏 **附校勘記一卷** （清）阮元撰 （清）盧宣旬摘錄 清嘉慶二十年(1815)江西南昌府學刻重栞宋本十三經注疏本 十二冊

320000－1644－0000133 106.3/3f2
監本春秋公羊注疏二十八卷 （漢）何休注 （唐）徐彥疏 **附校勘記一卷** （清）阮元撰 （清）盧宣旬摘錄 清嘉慶二十年(1815)江西南昌府學刻重栞宋本十三經注疏本 八冊

320000－1644－0000134 106.3/6
春秋繁露十七卷 （漢）董仲舒撰 （清）淩曙注 清嘉慶二十年(1815)蜚雲閣刻本 四冊

320000－1644－0000135 106.4/1
春秋穀梁傳十二卷 （晉）范甯集解 清同治七年(1868)金陵書局刻本 二冊

320000－1644－0000136 106.4/1f2
春秋穀梁傳十二卷 （晉）范甯集解 清同治七年(1868)金陵書局刻本 二冊

320000－1644－0000137 106.4/2
春秋穀梁傳十二卷 （晉）范甯集解 （唐）陸德明音義 清同治七年(1868)湖北崇文書局刻朱印本 四冊

320000－1644－0000138 106.4/2f2
春秋穀梁傳十二卷 （晉）范甯集解 （唐）陸德明音義 清同治七年(1868)湖北崇文書局刻本 四冊

320000－1644－0000139 106.4/2＝3
春秋穀梁傳十二卷 （晉）范甯集解 清光緒九年(1883)遵義黎氏影宋刻本 四冊

320000－1644－0000140 106.4/3
監本附音春秋穀梁注疏二十卷 （晉）范甯集解 （唐）楊士勛疏 **附校勘記一卷** （清）阮元撰 （清）盧宣旬摘錄 清嘉慶二十年(1815)江西南昌府學刻重栞宋本十三經注疏本 八冊

320000－1644－0000141 107/1
孝經集注一卷附弟子職一卷 （清）任文田集注 清光緒三年(1877)常熟珍藝堂刻本 一冊

320000－1644－0000142 107/2
孝經學七卷 曹元弼撰 清宣統元年(1909)刻本 一冊

320000－1644－0000143 107/2f2
孝經學七卷 曹元弼撰 清宣統元年(1909)刻本 一冊

320000－1644－0000144 107/3
孝經注疏九卷 （唐）玄宗李隆基注 （宋）邢昺疏 **附校勘記九卷** （清）阮元撰 （清）盧宣旬摘錄 清嘉慶二十年(1815)江西南昌府學刻重栞宋本十三經注疏本 二冊

320000－1644－0000145 107/6
齊永明諸王孝經講義一卷 （南朝齊）□□撰 清光緒十年(1884)湘遠堂刻本 一冊

320000－1644－0000146 108.1/1
酌雅齋四書遵注合講十九卷圖說一卷 （清）翁復編 （清）詹文煥參定 清乾隆五十四年(1789)嘉興博古堂刻本 六冊

320000－1644－0000147 108.1/2
漱芳軒合纂四書體注十九卷 （清）仇兆鰲鑒定 （清）范翔參訂 （清）王秉元等校 清乾隆十一年(1746)武林德潤堂刻本 四冊

320000－1644－0000148 108.1/3
四書反身錄八卷 （清）李二曲撰 （清）王心敬輯 清乾隆三十六年(1771)桂林陳氏培遠

堂刻本　十册

320000－1644－0000149　108.1/4
四書考輯要二十卷　（清）陳弘謀輯　（清）陳蘭森編校　清道光十一年（1831）浙江書局刻本　四册

320000－1644－0000150　108.1/5
四書集注十九卷　（宋）朱熹撰　清同治金陵書局刻本　六册

320000－1644－0000151　108.1/5＝4
監本四書十九卷　（宋）朱熹集注　清嘉慶十年（1805）寧化刻本　六册

320000－1644－0000152　108.1/6
圖畫四書白話解大學一卷中庸二卷論語十卷孟子七卷　（清）王有宗等撰　（清）上海彪蒙編輯所編輯　清光緒三十四年（1908）上海彪蒙書室石印本　十四册

320000－1644－0000153　108.1/11
陸批四書不分卷　（清）陸思誠批注　清光緒十一年（1885）上海同文書局石印本　二册

320000－1644－0000154　108.1/12
四書釋地一卷續一卷又續一卷三續一卷孟子生卒年月考一卷　（清）閻若璩撰　清乾隆五十三年（1788）南城吴照聽雨齋刻本　六册

320000－1644－0000155　108.1/12f2
四書釋地一卷續一卷　（清）閻若璩撰　清乾隆五十三年（1788）南城吴照聽雨齋刻本　一册

320000－1644－0000156　108.1/13
四書釋地補一卷續補一卷又續補一卷三續補一卷　（清）閻若璩原本　（清）樊廷枚校補　清嘉慶二十一年（1816）梅陽海涵堂刻本　八册

320000－1644－0000157　108.1/14
四書摭餘說七卷　（清）曹之升輯　清嘉慶三年（1798）奎照樓刻本　六册

320000－1644－0000158　108.1/15
新訂四書補注備旨十卷　（明）鄧林著　（清）杜定基增訂　清李光明莊狀元閣刻本　六册

320000－1644－0000159　108.1/15＝3
新訂四書補注備旨十卷　（明）鄧林著　（清）杜定基增訂　清光緒七年（1881）壽春棣萼堂刻本　六册

320000－1644－0000160　108.1/16
四書論不分卷　（清）王伊編輯　清光緒二十四年（1898）常熟余氏刻本　四册

320000－1644－0000161　108.1/17
增補四書精繡圖像人物備考十二卷　（明）陳仁錫增定　（清）何焯訂正　清雍正十一年（1733）古吴世榮堂刻本　五册

320000－1644－0000162　108.1/18
四書襯十九卷　（清）駱培撰　清乾隆坦吉堂刻本　二册

320000－1644－0000163　108.1/19
四書左國彙纂四卷　（清）高其名輯　（清）鄭師成輯　清乾隆三十五年（1770）本立堂刻本　二册

320000－1644－0000164　108.1/20
四書圖考十三卷　（清）杜炳撰　清光緒十三年（1887）鴻文書局石印本　四册

320000－1644－0000165　108.1/22
四書不二字音釋不分卷　（清）楊昕撰　清光緒十年（1884）蘇州緑慎堂刻本　二册

320000－1644－0000166　108.1/23
學庸詳解四卷　（清）高運庭輯　清文錦堂刻本　四册

320000－1644－0000167　108.1/24
四書味根錄三十七卷　（清）金澂撰　清光緒十年（1884）雙門底聚文堂刻本　八册　缺十四卷（孟子一至十四）

320000－1644－0000168　108.1/25
四書講義一卷淮云問答一卷續編一卷　（明）顧憲成撰　清同治十三年（1874）虞山顧氏刻本　一册

320000－1644－0000169　108.1/25f2

四書講義一卷淮云問答一卷續編一卷 (明)顧憲成撰 清同治十三年(1874)虞山顧氏刻本 一册

320000－1644－0000170 108.1/25＝2
四書講義一卷 (明)顧憲成撰 **韋庵經説一卷** (清)周象明撰 清虞山顧氏刻本 一册

320000－1644－0000171 108.1/26
大學章句一卷中庸章句一卷 (宋)朱熹撰 清乾隆四十六年(1781)愛實堂刻本 一册

320000－1644－0000172 108.1/27
四書改錯二十二卷附録一卷 (清)毛奇齡撰 清嘉慶十六年(1811)金氏學圃刻本 六册

320000－1644－0000173 108.2/1
鄉黨圖考十卷 (清)江永撰 清乾隆二十一年(1756)文袺堂刻本 四册

320000－1644－0000174 108.2/1＝2
鄉黨圖考十卷 (清)江永撰 清乾隆五十二年(1787)刻本 四册

320000－1644－0000175 108.2/2
論語正義二十四卷 (清)劉寶楠撰 清同治五年(1866)刻本 六册

320000－1644－0000176 108.2/2f2
論語正義二十四卷 (清)劉寶楠撰 清同治五年(1866)刻本 六册

320000－1644－0000177 108.2/3
論語注疏解經十卷 (三國魏)何晏集解 (宋)邢昺疏 **附劄記一卷** 劉世珩撰 清光緒三十年(1904)貴池劉氏玉海堂影宋刻本 二册

320000－1644－0000178 108.2/6＝2
論語十卷 (宋)朱熹集注 清南海羅瑞堂刻本 二册

320000－1644－0000179 108.2/7
朱子論語集注訓詁考二卷 (清)潘衍桐輯 清光緒十七年(1891)浙江書局刻本 一册

320000－1644－0000180 108.2/7f2
朱子論語集注訓詁考二卷 (清)潘衍桐輯 清光緒十七年(1891)浙江書局刻本 一册

320000－1644－0000181 108.2/8
增訂二論詳解四卷 (清)劉忠輯 清光緒南京李光明莊刻本 四册

320000－1644－0000182 108.2/11
論語注疏二十卷附考證 (三國魏)何晏集解 (唐)陸德明音義 (宋)邢昺疏 清同治十年(1871)刻本 一册

320000－1644－0000183 108.3/5
孟子要略五卷 (宋)朱熹編 (清)劉傳瑩輯 清道光二十九年(1849)漢陽劉氏刻本 六册

320000－1644－0000184 108.3/9
孟子注疏解經十四卷 (漢)趙岐注 (宋)孫奭疏 明崇禎六年(1633)汲古閣刻本 一册

320000－1644－0000185 108.4/1＝2
大學章句一卷 (宋)朱熹撰 清光緒三年(1877)無錫宋氏經綸堂刻本 一册

320000－1644－0000186 108.5/2
中庸章句一卷 (宋)朱熹撰 清光緒五年(1879)江陰寶文堂刻本 八册

320000－1644－0000187 109/1
新學僞經考十四卷 康有爲撰 清光緒十七年(1891)廣州康氏萬木草堂刻本 六册

320000－1644－0000188 109/2
白虎通疏證十二卷 (清)陳立撰 清光緒元年(1875)淮南書局刻本 二册

320000－1644－0000189 109/3
白虎通四卷 (漢)班固撰 **校勘補遺一卷** (清)盧文弨撰 **考一卷闕文一卷** (清)莊述祖撰並輯 清乾隆四十九年(1784)盧氏抱經堂刻本 二册

320000－1644－0000190 109/6
六藝綱目二卷 (元)舒天民撰 (元)舒恭注 (明)趙宜中附注 清光緒七年(1881)籀書誃汪氏刻本 二册

320000－1644－0000191 109/6＝2

六藝綱目二卷　(元)舒天民撰　(元)舒恭注　清道光十九年(1839)金山錢氏刻本　二冊

320000－1644－0000192　109/7
重校十三經不二字不分卷　(清)李鴻藻撰　清光緒十二年(1886)石印本　一冊

320000－1644－0000193　109/7f2
重校十三經不二字不分卷　(清)李鴻藻撰　清光緒十二年(1886)石印本　一冊

320000－1644－0000194　109/7＝2
重校十三經不二字不分卷　(清)李鴻藻撰　清光緒二年(1876)滋本堂刻本　一冊

320000－1644－0000195　109/8
五經類編二十八卷　(清)周世樟編輯　清乾隆友益齋刻本　九冊

320000－1644－0000196　109/10
經典釋文序錄一卷　(唐)陸德明撰　清光緒江楚書局刻本　一冊

320000－1644－0000197　109/11
傳經表不分卷　(清)畢沅撰　清鈔本　一冊

320000－1644－0000198　109/13
韋庵經說一卷　(清)周象明撰　清刻本　一冊

320000－1644－0000199　109/17＝2
經典釋文三十卷　(唐)陸德明撰　**考證三十卷**　(清)盧文弨撰　清同治八年(1869)湖北崇文書局刻本　十二冊

320000－1644－0000200　109/17＝2f2
經典釋文三十卷　(唐)陸德明撰　**考證三十卷**　(清)盧文弨撰　清同治八年(1869)湖北崇文書局刻本　十二冊

320000－1644－0000201　109/18
群經平議三十五卷　(清)俞樾撰　清同治十年(1871)刻本　七冊

320000－1644－0000202　109/19
明本排字九經直音二卷　(宋)□□撰　清光緒八年(1882)歸安陸氏刻十萬卷樓叢書本　一冊

320000－1644－0000203　109/20
經學文鈔十五卷首三卷　梁鼎芬　曹元弼輯　清光緒三十四年(1908)江蘇存古學堂木活字印本　三十冊

320000－1644－0000204　109/21＝2
經義述聞三十二卷　(清)王引之撰　清光緒七年(1881)上海文瑞樓石印本　十六冊

320000－1644－0000205　109/21＝3
經義述聞三十二卷　(清)王引之撰　清道光七年(1827)壽藤書屋刻本　二十四冊

320000－1644－0000206　109/22
經餘必讀八卷　(清)雷琳等輯　清光緒二年(1876)汲綆齋刻本　十冊

320000－1644－0000207　109/22＝2
經餘必讀八卷　(清)雷琳等輯　清光緒二十二年(1896)上海集成圖書印書局鉛印本　五冊

320000－1644－0000208　109/23
皇清經解一百九十卷　(清)阮元輯　清光緒十七年(1891)上海鴻寶齋石印本　二十四冊

320000－1644－0000209　109/23f2
皇清經解一百九十卷　(清)阮元輯　清光緒十七年(1891)上海鴻寶齋石印本　二十四冊

320000－1644－0000210　109/23＝4
皇清經解一百九十卷　(清)阮元輯　清光緒上海書局石印本　六十四冊

320000－1644－0000211　109/23＝2
皇清經解續編二百九卷　(清)王先謙輯　清光緒十五年(1889)上海蜚英館石印本　三十二冊

320000－1644－0000212　109/23＝2f2
皇清經解續編二百九卷　(清)王先謙輯　清光緒十五年(1889)上海蜚英館石印本　三十二冊

320000－1644－0000213　109/23＝3
皇清經解一百九十卷　(清)阮元輯　清光緒上海點石齋石印本　二十四冊

320000－1644－0000214　109/23＝3f2
皇清經解一百九十卷　（清）阮元輯　清光緒上海點石齋石印本　二十四册

320000－1644－0000215　109/24＝2
皇清經解縮版編目十六卷　陶治元編輯　清光緒十七年（1891）上海鴻寶齋石印本　二册

320000－1644－0000216　109/25
古經解匯函　（清）鍾謙鈞等輯　清光緒十四年（1888）上海蜚英館石印本　十九册　缺三種（論語集解義疏、論語筆解、鄭志）

320000－1644－0000217　109/26
七經精義　（清）黄淦撰　清嘉慶十三年（1808）刻本　十四册

320000－1644－0000218　109/27
皇朝五經匯解二百七十卷　（清）抉經心室主人纂　清光緒十九年（1893）同文書局石印本　三十二册

320000－1644－0000219　109/27＝2
皇朝五經匯解二百七十卷　（清）抉經心室主人纂　清光緒十九年（1893）寶文書局石印本　三十三册

320000－1644－0000220　109/28
茶香室經説十六卷　（清）俞樾撰　清光緒十四年（1888）刻本　六册

320000－1644－0000221　110/7
小學考五十卷　（清）謝啟昆撰　清光緒十四年（1888）浙江書局刻本　二十册

320000－1644－0000222　110/8
雷刻四種　（清）雷浚撰　清光緒十年（1884）雷氏刻本　四册

320000－1644－0000223　110/9
澤存堂五種　（清）張士俊輯　清光緒十四年（1888）上海蜚英館石印本　十二册

320000－1644－0000224　110.1/4
廣雅疏證十卷附博雅音十卷　（清）王念孫撰　清光緒五年（1879）淮南書局刻本　八册

320000－1644－0000225　110.1/4f2
廣雅疏證十卷附博雅音十卷　（清）王念孫撰　清光緒五年（1879）淮南書局刻本　八册

320000－1644－0000226　110.1/5
爾雅三卷　（晉）郭璞注　清嘉慶十一年（1806）吳門顧氏思適齋刻本　一册

320000－1644－0000227　110.1/5f2
爾雅三卷　（晉）郭璞注　清嘉慶十一年（1806）吳門顧氏思適齋刻本　一册

320000－1644－0000228　110.1/5＝2
爾雅三卷　（晉）郭璞注　清光緒八年（1882）巴陵方氏碧琳琅館刻本　一册

320000－1644－0000229　110.1/7
爾雅三卷　（晉）郭璞注　（唐）陸德明音義　清嘉慶二十二年（1817）清芬閣刻本　三册

320000－1644－0000230　110.1/8
駢雅訓纂十六卷序目一卷附補遺　（清）魏茂林撰　清光緒七年（1881）成都瀹雅齋刻本　八册

320000－1644－0000231　110.1/9
爾雅郭注義疏二十卷　（清）郝懿行撰　清同治四年（1865）刻本　八册

320000－1644－0000232　110.1/9＝2
爾雅郭注義疏二十卷　（清）郝懿行撰　清光緒十三年（1887）湖北官署处刻本　八册

320000－1644－0000233　110.1/10
爾雅小箋三卷　（清）江藩撰　清道光元年（1821）刻本　四册

320000－1644－0000234　110.1/12
爾雅注疏十卷　（晉）郭璞注　（宋）邢昺校訂　**附校勘記十卷**　（清）阮元校勘　（清）盧宣旬摘録　清嘉慶二十年（1815）江西南昌府學刻重栞宋本十三經注疏本　六册

320000－1644－0000235　110.1/12＝2
爾雅注疏十一卷　（晉）郭璞注　（宋）邢昺疏　明崇禎元年（1628）毛氏汲古閣刻本　二册

320000－1644－0000236　110.1/12＝3
爾雅注疏十卷　（晉）郭璞注　（宋）邢昺疏

清嘉慶六年(1801)嘉興博古堂刻本　一冊
存五卷(一至五)

320000－1644－0000237　110.1/14
爾雅直音二卷　(清)孫偘輯　清嘉慶二十五年(1820)翼經堂刻本　一冊

320000－1644－0000238　110.1/15
爾雅古義十二卷　(清)黄奭輯　清道光刻本　六冊

320000－1644－0000239　110.1/16
經籍纂詁一百六卷首一卷　(清)阮元撰集　清末上海潄六山莊石印本　十二冊

320000－1644－0000240　110.1/18
拾雅六卷　(清)夏味堂撰　清嘉慶二十四年(1819)刻本　二冊

320000－1644－0000241　110.1/19
虚字注釋六卷　(清)張文炳點定　清刻本　一冊

320000－1644－0000242　110.1/20
爾雅正郭三卷　(清)潘衍桐撰　清光緒十七年(1891)刻本　一冊

320000－1644－0000243　110.1/22
別雅訂五卷　(清)吴玉搢輯　(清)許瀚校勘　清光緒三年(1877)潘氏八囍齋刻本　一冊

320000－1644－0000244　110.1/26
爾雅音圖三卷　(晉)郭璞注　清光緒十年(1884)上海同文書局影印本　四冊

320000－1644－0000245　110.1/26＝2
爾雅音圖三卷　(晉)郭璞注　清光緒十二年(1886)上海石印本　二冊

320000－1644－0000246　110.1/27
爾雅正義二十卷　(清)邵晉涵撰　**釋文三卷**　(唐)陸德明撰　清乾隆五十三年(1788)邵氏面水層軒刻本　六冊

320000－1644－0000247　110.1/28
助字辨略五卷　(清)劉淇撰　清咸豐五年(1855)聊城海源閣刻本　五冊

320000－1644－0000248　110.1/31
埤雅二十卷　(宋)陸佃撰　清康熙顧棫刻本　四冊

320000－1644－0000249　110.1/32
越諺三卷賸語二卷　(清)范寅撰　清光緒八年(1882)谷應山房刻本　一冊

320000－1644－0000250　110.2/3
字學舉隅一卷　(清)龍啟瑞輯　清同治十年(1871)刻本　一冊

320000－1644－0000251　110.2/3＝2
字學舉隅一卷　(清)龍啟瑞輯　清光緒七年(1881)京都臥雲閣寫刻本　一冊

320000－1644－0000252　110.2/3＝3
字學舉隅一卷　(清)龍啟瑞輯　清道光二十年(1840)寫刻本　一冊

320000－1644－0000253　110.2/3＝4
字學舉隅一卷　(清)龍啟瑞輯　清光緒十七年(1891)上海鴻寶齋石印本　一冊

320000－1644－0000254　110.2/4
繆篆分韻五卷補一卷　(清)桂馥撰　清光緒元年(1875)歸安姚氏咫進齋刻本　二冊

320000－1644－0000255　110.2/6
汲古閣說文訂一卷　(清)段玉裁撰　清同治十一年(1872)湖北崇文書局刻本　一冊

320000－1644－0000256　110.2/6f2
汲古閣說文訂一卷　(清)段玉裁撰　清同治十一年(1872)湖北崇文書局刻本　一冊

320000－1644－0000257　110.2/7
說文解字注三十卷附六書音韻五卷汲古閣說文訂一卷　(清)段玉裁撰　清同治十一年(1872)湖北崇文書局刻本　十八冊

320000－1644－0000258　110.2/7＝2
說文解字注三十卷附六書音韻五卷　(清)段玉裁撰　清同治六年至十一年(1867－1872)蘇州保息局刻本　十五冊

320000－1644－0000259　110.2/7＝2f2
說文解字注三十卷附六書音韻五卷　(清)段

玉裁撰　清同治六年(1867)蘇州保息局刻本　十六册

320000－1644－0000260　110.2/7＝2f3
說文解字注三十卷附六書音韻五卷　(清)段玉裁撰　清同治六年(1867)蘇州保息局刻本　十六册

320000－1644－0000261　110.2/7＝2f4
說文解字注三十卷附六書音韻五卷　(清)段玉裁撰　清同治六年(1867)蘇州保息局刻本　十五册

320000－1644－0000262　110.2/7＝3
說文解字注三十卷附六書音韻五卷　(清)段玉裁撰　清刻本　七册　存六卷(說文解字注二至三、五、十至十一、十五)

320000－1644－0000263　110.2/7＝4
說文解字注三十卷附六書音韻五卷　(清)段玉裁撰　清宣統二年(1910)上海江左書林石印本　八册

320000－1644－0000264　110.2/7＝7
說文解字注三十卷附六書音韻五卷　(清)段玉裁撰　清光緒十四年(1888)上海蜚英館石印本　六册

320000－1644－0000265　110.2/7＝7f2
說文解字注三十卷附六書音韻五卷　(清)段玉裁撰　清光緒十四年(1888)上海蜚英館石印本　七册

320000－1644－0000266　110.2/8
韻字彙錦五卷　(清)顧掄輯　清道光二年(1822)醇墨軒刻本　五册

320000－1644－0000267　110.2/9
千字文一卷　(南朝梁)周興嗣編　清刻本　一册

320000－1644－0000268　110.2/13
說文通檢十四卷首一卷末一卷　(清)黎永椿編　清光緒十四年(1888)上海蜚英館石印本　一册

320000－1644－0000269　110.2/13f2
說文通檢十四卷首一卷末一卷　(清)黎永椿編　清光緒十四年(1888)上海蜚英館石印本　一册

320000－1644－0000270　110.2/13＝2
說文通檢十四卷首一卷末一卷　(清)黎永椿編　清光緒二年(1876)崇文書局刻本　二册

320000－1644－0000271　110.2/14
說文解字注匡謬八卷　(清)徐承慶撰　清光緒十四年(1888)上海蜚英館石印本　一册

320000－1644－0000272　110.2/14＝3
說文解字注匡謬八卷　(清)徐承慶撰　清光緒歸安姚氏刻本　八册

320000－1644－0000273　110.2/16
漢簡箋正七卷　(宋)郭忠恕撰　(清)鄭珍箋正　清光緒十五年(1889)廣雅書局刻本　四册

320000－1644－0000274　110.2/16＝2
汗簡七卷　(宋)郭忠恕撰　清康熙四十二年(1703)汪立名一隅草堂刻本　二册

320000－1644－0000275　110.2/18
古文審八卷　劉心源撰　清光緒十七年(1891)嘉魚劉氏龍江樓刻本　四册

320000－1644－0000276　110.2/19＝2
字彙十二卷首一卷末一卷　(明)梅膺祚音釋　清同治七年(1868)滬城寶賢文正堂刻本　十四册

320000－1644－0000277　110.2/21
增訂金壺字攷一集十九卷二集二十一卷補注一卷補錄一卷　(宋)釋適之原編　(清)田朝恒增訂　清乾隆貽安堂刻本　四册

320000－1644－0000278　110.2/22＝2
古籀拾遺三卷附宋政和禮器文字考一卷　(清)孫詒讓輯　清光緒十四年(1888)瑞安孫氏刻本　二册

320000－1644－0000279　110.2/23
訂正玉堂字彙　(清)鴻章書局編　清上海鴻章書局石印本　一册

320000－1644－0000280　110.2/25
說文解字十五卷　(漢)許慎撰　(宋)徐鉉校定　清嘉慶五年(1800)刻朱印本　五冊

320000－1644－0000281　110.2/25＝2
說文解字十五卷　(漢)許慎撰　(宋)徐鉉校定　清光緒七年(1881)淮南書局刻本　五冊

320000－1644－0000282　110.2/25＝3
說文解字十五卷　(漢)許慎撰　(宋)徐鉉校定　清同治十年(1871)刻本　六冊

320000－1644－0000283　110.2/26
說文解字通釋四十卷附校勘記三卷　(五代)徐鍇撰　(五代)朱翺反切　(清)祁寯藻校勘　清道光十九年(1839)刻本　八冊

320000－1644－0000284　110.2/26＝2
說文解字通釋四十卷附校勘記三卷　(五代)徐鍇撰　(五代)朱翺反切　(清)祁寯藻校勘　清道光十九年(1839)壽陽祁氏刻本　七冊

320000－1644－0000285　110.2/27
說文古籀補十四卷補遺一卷附錄一卷　(清)吳大澂撰　清光緒七年(1881)刻本　二冊

320000－1644－0000286　110.2/27＝3
說文古籀補十四卷補遺一卷附錄一卷　(清)吳大澂撰　清光緒二十一年(1895)刻本　四冊

320000－1644－0000287　110.2/28
六書通不分卷　(明)閔齊伋撰　(清)畢宏述篆訂　清康熙五十九年(1720)海鹽畢氏刻本　五冊

320000－1644－0000288　110.2/28＝1
六書通十卷　(明)閔齊伋撰　(清)畢宏述篆訂　清乾隆六十年(1795)刻本　五冊

320000－1644－0000289　110.2/29
說文引經考證七卷引經互異說一卷　(清)陳瑑撰　清同治十三年(1874)湖北崇文書局刻本　二冊

320000－1644－0000290　110.2/29f2
說文引經考證七卷引經互異說一卷　(清)陳瑑撰　清同治十三年(1874)湖北崇文書局刻本　二冊

320000－1644－0000291　110.2/30
說文解字斠詮十四卷　(清)錢坫撰　清光緒九年(1883)淮南書局刻本　六冊

320000－1644－0000292　110.2/32
文字蒙求廣義四卷　(清)蒯光典撰　清光緒二十七年(1901)江楚書局刻本　五冊

320000－1644－0000293　110.2/33
急救篇四卷　(漢)史游撰　(唐)顔師古注　(宋)王應麟補注　清光緒六年(1880)福氏天壤閣刻本　二冊

320000－1644－0000294　110.2/34
說文釋例二十卷附補正　(清)王筠撰　清道光十七年(1837)刻本　十冊

320000－1644－0000295　110.2/34＝2
說文釋例二十卷附補正　(清)王筠撰　清光緒十三年(1887)上海積山書局石印本　六冊

320000－1644－0000296　110.2/36
說文通訓定聲十八卷分部柬韻一卷說雅一卷古今韻準一卷　(清)朱駿聲撰　清咸豐元年(1851)臨嘯閣刻本　二十四冊

320000－1644－0000297　110.2/36＝3
說文通訓定聲十八卷分部柬韻一卷說雅一卷古今韻準一卷　(清)朱駿聲撰　清光緒十三年(1887)上海積山書局石印本　八冊

320000－1644－0000298　110.2/39
說文解字篆韻譜五卷附錄一卷　(五代)徐鍇撰　清錦州李氏刻本　一冊

320000－1644－0000299　110.2/41
文字蒙求四卷　(清)王筠撰　清宣統二年(1910)上海文瑞樓石印本　二冊

320000－1644－0000300　110.2/45
說文部首讀本一卷　(清)嘯雲主人編　清武昌嘯雲書堂刻本　一冊

320000－1644－0000301　110.2/46
說文答問疏證六卷　(清)錢大昕撰　(清)薛

傳均疏證　清道光十八年(1838)刻本　一册

320000－1644－0000302　110.2/46＝2
說文答問疏證六卷　(清)錢大昕撰　(清)薛傳均疏證　清京都琉璃廠會經堂刻本　二册

320000－1644－0000303　110.2/47
說文管見三卷　(清)胡秉虔撰　清光緒七年(1881)申江望益山房書局刻本　一册

320000－1644－0000304　110.2/48
說文新坿考六卷　(清)鄭珍撰　清光緒七年(1881)刻本　四册

320000－1644－0000305　110.2/49
說文提要一卷　(清)陳建侯撰　清同治十二年(1873)湖北崇文書局刻本　一册

320000－1644－0000306　110.2/51
說文解字義證五十卷　(清)桂馥撰　清同治九年(1870)湖北崇文書局刻本　三十二册　存二十四册(一至二十四)

320000－1644－0000307　110.2/51f2
說文解字義證五十卷　(清)桂馥撰　清同治九年(1870)湖北崇文書局刻本　三十二册　存二十三册(一至二十三)

320000－1644－0000308　110.2/51f3
說文解字義證五十卷　(清)桂馥撰　清同治九年(1870)湖北崇文書局刻本　三十二册

320000－1644－0000309　110.2/51f4
說文解字義證五十卷　(清)桂馥撰　清同治九年(1870)湖北崇文書局刻本　三十二册

320000－1644－0000310　110.2/52
說文蠡箋十四卷　(清)潘奕雋撰　清嘉慶七年(1802)三松堂刻本　四册

320000－1644－0000311　110.2/52＝2
說文蠡箋十四卷　(清)潘奕雋撰　清同治十三年(1874)刻本　二册

320000－1644－0000312　110.2/53
名原二卷　(清)孫詒讓撰　清光緒三十一年(1905)刻本　一册

320000－1644－0000313　110.2/54
說文解字韻譜二卷　(五代)徐鍇撰　清同治三年(1864)吳縣馮桂芬刻本　二册

320000－1644－0000314　110.2/56
段氏說文注訂八卷　(清)鈕樹玉撰　清同治五年(1866)碧螺山館刻本　四册

320000－1644－0000315　110.2/56＝2
段氏說文注訂八卷　(清)鈕樹玉撰　清同治十三年(1874)湖北崇文書局刻本　二册

320000－1644－0000316　110.2/57
說文引經考異十六卷　(清)柳榮宗撰　清咸豐二年(1852)刻本　四册

320000－1644－0000317　110.2/58
說文辨字正俗八卷　(清)李富孫撰　清同治九年(1870)刻本　四册

320000－1644－0000318　110.2/59
說文外編十六卷　(清)雷浚撰　**劉氏碎金一卷**　(清)劉禧延撰　清光緒二年(1876)刻本　三册

320000－1644－0000319　110.2/69
說文五翼八卷　(清)王煦撰　清光緒八年(1882)刻本　二册　存五卷(一至五)

320000－1644－0000320　110.2/70
盛世母音一卷　(清)沈學編輯　清上海書局石印本　一册

320000－1644－0000321　110.2/71
班馬字類五卷　(宋)婁機編　清光緒九年(1883)常熟鮑氏後知不足齋刻本　一册

320000－1644－0000322　110.2/71＝2
班馬字類五卷　(宋)婁機編　清光緒十七年(1891)思賢書局刻本　二册

320000－1644－0000323　110.2/72
說文解字二卷附錄一卷　(清)鄭珍撰　清咸豐八年(1858)望山堂刻本　二册

320000－1644－0000324　110.2/73
說文逸字辨證二卷　(清)李禎撰　清光緒十一年(1885)畹蘭室刻本　二册

320000－1644－0000325　110.2/74
說文古本考十四卷　(清)沈濤纂　清光緒十年(1884)吳縣潘氏滂喜齋刻本　八册

320000－1644－0000326　110.2/76
說文聲讀表七卷　(清)苗夔撰　清山東福山王氏刻本　二册

320000－1644－0000327　110.2/77
復古編二卷　(宋)張有撰　**校正一卷**　(清)葛鳴陽撰　清乾隆四十六年(1781)安邑葛氏刻本　三册

320000－1644－0000328　110.2/78
六書正譌五卷　(元)周伯琦編注　(明)胡正言訂篆　明崇禎七年(1634)金陵書林胡正言十竹齋刻本　一册

320000－1644－0000329　110.2/81
原本玉篇四卷　(南朝梁)顧野王撰　清光緒八年(1882)遵義黎氏影宋刻本　二册

320000－1644－0000330　110.2/81＝3
玉篇三十卷　(南朝梁)顧野王撰　清道光三十年(1850)新化鄧氏刻本　三册

320000－1644－0000331　110.2/82
隸韻十卷　(宋)劉球輯　**附隸韻考證二卷**　(清)翁方綱考證　**碑目考證一卷**　(清)秦恩復撰　清嘉慶十五年(1810)秦氏刻本　六册

320000－1644－0000332　110.2/83
六書通摭遺五卷　(清)畢星海輯　(清)葛時徵校　清嘉慶六年(1801)基聞堂刻本　四册

320000－1644－0000333　110.2/85＝2
康熙字典四十二卷　(清)張玉書等編　清道光七年(1827)刻本　四十册

320000－1644－0000334　110.2/85＝4
康熙字典四十二卷　(清)張玉書等編　清上海鴻寶書局石印本　六册

320000－1644－0000335　110.2/85＝5
康熙字典四十二卷　(清)張玉書等編　清光緒三十年(1904)上海錦章書局石印本　六册

320000－1644－0000336　110.2/85＝6
康熙字典四十二卷　(清)張玉書等編　清光緒二十二年(1896)上海寶文書局石印本　六册

320000－1644－0000337　110.2/85＝7
康熙字典四十二卷　(清)張玉書等編　清光緒十三年(1887)上海點石齋石印本　六册

320000－1644－0000338　110.2/87
說文繫傳校錄三十卷　(清)王筠撰　清咸豐七年(1857)刻本　二册

320000－1644－0000339　110.2/88
臨文便覽二卷　(清)龍光甸　(清)龍啟瑞編　清光緒八年(1882)上海點石齋石印本　二册

320000－1644－0000340　110.2/88＝2
翰苑重校臨文便覽一卷翰苑增補字學舉隅一卷　(清)□□輯　清刻本　二册

320000－1644－0000341　110.2/90
說文校議十五卷　(清)姚文田　(清)嚴可均撰　清嘉慶二十三年(1818)冶城山館刻本　二册

320000－1644－0000342　110.2/92
六書故三十三卷六書通釋一卷　(宋)戴侗撰　(清)李鼎元校　清乾隆四十九年(1784)李氏刻本　十六册

320000－1644－0000343　110.2/94
字林考逸八卷附錄一卷　(清)任大椿撰　清光緒十六年(1890)江蘇書局刻本　四册

320000－1644－0000344　110.2/96
字說一卷　(清)吳大澂撰　清光緒刻本　一册

320000－1644－0000345　110.2/101
說文字源一卷　(元)周伯琦撰　清鈔本　一册

320000－1644－0000346　110.2/103
隸辨八卷　(清)顧藹吉撰　清乾隆八年(1743)黃晟刻本　八册

320000－1644－0000347　110.2/104

說文審音十六卷　(清)張行孚撰　清光緒二十四年(1898)漸西村舍刻本　四册

320000－1644－0000348　110.2/105
增廣千字文音釋一卷　(清)朱炳南撰　清同治八年(1869)浙江聚賢堂刻本　一册

320000－1644－0000349　110.2/106
說文通訓定聲分部柬韻一卷　(清)朱駿聲撰　清咸豐元年(1851)刻本　二册

320000－1644－0000350　110.2/109
十三經集字摹本不分卷　(清)彭玉雯撰　清道光二十九年(1849)刻本　十册

320000－1644－0000351　110.2/110
許氏說文解字雙聲疊韻譜　(清)鄧廷楨撰　清光緒九年(1883)同文書局影印本　一册

320000－1644－0000352　110.3/2＝2
廣韻五卷　(宋)陳彭年等撰　清光緒遵義黎氏日本東京使署影刻古逸叢書本　二册

320000－1644－0000353　110.3/2＝4
廣韻五卷　(宋)陳彭年等撰　清康熙六年(1667)陳上年、張弨刻本　四册

320000－1644－0000354　110.3/2＝5
廣韻五卷　(宋)陳彭年等撰　清康熙四十三年(1704)張士浚刻澤存堂五種本　五册

320000－1644－0000355　110.3/4
音學五書三十八卷　(清)顧炎武撰　清康熙六年(1667)張弨符山堂刻本　八册

320000－1644－0000356　110.3/4＝2
音學五書三十八卷　(清)顧炎武撰　清上海鴻章書局石印本　十二册

320000－1644－0000357　110.3/6
新刊增補古今名家韻學淵海大成十二卷　(明)李攀龍輯　明嘉靖刻本　二册

320000－1644－0000358　110.3/7
姚氏叢刻　(清)姚覲元輯　清光緒二年(1876)川東官舍刻本　三十册

320000－1644－0000359　110.3/10
音學辨微一卷　(清)江永撰　清宣統元年(1909)國學保存會影印本　一册

320000－1644－0000360　110.3/11
古韻通說二十卷　(清)龍啟瑞撰　清光緒九年(1883)四川尊經書局刻本　三册

320000－1644－0000361　110.3/11f2
古韻通說二十卷　(清)龍啟瑞撰　清光緒九年(1883)四川尊經書局刻本　三册

320000－1644－0000362　110.3/12
佩文韻溯原五卷　(清)劉家鎮編輯　清道光二十九年(1849)石芝山館刻本　二册

320000－1644－0000363　110.3/13
六書音韻表五卷　(清)段玉裁撰　清乾隆四十一年(1776)富順官廨刻本　一册

320000－1644－0000364　110.3/13＝2
六書音韻表二卷　(清)段玉裁撰　清同治十一年(1872)湖北崇文書局刻本　二册

320000－1644－0000365　110.3/13＝2f2
六書音韻表二卷　(清)段玉裁撰　清同治十一年(1872)湖北崇文書局刻本　二册

320000－1644－0000366　110.3/14
初學審音二卷　(清)葉庭鑾輯　清光緒三年(1877)武林刻本　一册

320000－1644－0000367　110.3/15
四音定切四卷首一卷　(清)劉熙載撰　清光緒四年(1878)刻本　二册

320000－1644－0000368　110.3/16
佩文廣韻彙編五卷　(清)李元祺編　清道光十年(1830)半埨草堂刻本　二册

320000－1644－0000369　110.3/17
古今韻略五卷　(清)邵長蘅撰　清康熙三十五年(1696)宋犖刻本　五册

320000－1644－0000370　110.3/19
四聲切韻表一卷　(清)江永編　清光緒二年(1876)漢皋榷署刻本　一册

320000－1644－0000371　110.3/22

詩韻合璧五卷 (清)湯文潞輯 **虚字韻藪五卷** (清)潘維城輯 清光緒四年(1878)上海淞隱閣鉛印本 五册

320000－1644－0000372 110.3/22＝4
詩韻合璧五卷 (清)湯文潞輯 清同治十二年(1873)文善堂刻本 五册

320000－1644－0000373 110.3/24
李氏音鑑六卷首一卷 (清)李汝珍撰 清同治七年(1868)木樨山房刻本 四册

320000－1644－0000374 110.3/26
詩韻集成不分卷 (清)余照輯 清上海大成書局石印本 三册

320000－1644－0000375 110.3/26＝2
詩韻集成十卷 (清)余照輯 清光緒十六年(1890)掃葉山房鉛印本 四册

320000－1644－0000376 110.3/27
初學檢韻袖珍十二集 (清)姚文登輯 清嘉慶七年(1802)遜齋刻本 六册

320000－1644－0000377 110.3/27＝2
初學檢韻袖珍十二集 (清)姚文登輯 清暢懷書屋刻本 一册

320000－1644－0000378 110.3/28
韻府精華五卷 (清)仁壽室主人輯 清光緒十七年(1891)上海石印本 五册

320000－1644－0000379 110.3/29
詩韻含英十八卷 (清)劉文蔚輯 清經文堂刻本 四册

320000－1644－0000380 110.3/30
古韻溯原四卷 (清)安念祖 (清)華湛恩輯 清道光十八年(1838)眾香閣刻本 一册

320000－1644－0000381 110.3/31
集韻考正十卷 (清)方成珪撰 清光緒五年(1879)瑞安孫氏詒善祠塾刻本 六册

320000－1644－0000382 110.3/32
古韻論三卷 (清)胡秉虔撰 清光緒二年(1876)世澤樓刻本 一册

320000－1644－0000383 110.3/35
切韻考六卷外篇三卷 (清)陳澧撰 清光緒刻本 三册

320000－1644－0000384 110.3/36
字類標韻六卷 (清)華綱輯 清光緒肄江五氏刻本 二册

320000－1644－0000385 110.3/39
韻辨附文五卷 (清)沈兆霖撰 清同治十二年(1873)東川書院刻本 五册

320000－1644－0000386 110.3/40
詩韻審音六卷 (清)謝元淮輯 清光緒二年(1876)刻本 二册

320000－1644－0000387 110.3/44
佩文詩韻釋要五卷 (清)周兆基輯 (清)朱蘭重輯 清同治三年(1864)刻本 一册

320000－1644－0000388 110.3/44＝2
佩文詩韻釋要五卷附辨正一卷 (清)周兆基輯 (清)朱蘭重輯 清光緒三年(1877)粵東使署刻本 二册

320000－1644－0000389 110.3/49
增注字類標韻六卷 (清)華綱撰 清光緒二年(1876)鉛印本 一册

320000－1644－0000390 110.3/51
古今韻會舉要三十卷禮部韻略七音三十六母通考一卷 (元)熊忠撰 明嘉靖十五年(1536)秦鉞、李舜臣刻十七年劉儲秀重修本 十二册

320000－1644－0000391 110.3/55
形聲類編五卷 (清)丁履恒撰 清光緒十五年(1889)刻本 一册

320000－1644－0000392 200/1
支那史要六卷附表三種 (日本)市村瓚次郎著 陳毅譯 清光緒二十八年(1902)上海廣智書局鉛印本 四册

320000－1644－0000393 200/3
簡易歷史課本不分卷 富光年編 清光緒三十二年(1906)上海商務印書館鉛印本 一册

320000 - 1644 - 0000394　200/4

普通新歷史不分卷十章　(清)普通學書室編　清光緒二十七年(1901)上海普通學書室鉛印本　一冊

320000 - 1644 - 0000395　200/5 = 2

續支那通史二卷　(日本)山峰畯藏著　清光緒三十年(1904)崇實書局石印本　八冊

320000 - 1644 - 0000396　201.1/2:1

北史一百卷　(唐)李延壽撰　明崇禎汲古閣刻本　三十冊

320000 - 1644 - 0000397　201.1/2:2

魏書一百十四卷　(北齊)魏收撰　明崇禎汲古閣刻本　三十冊

320000 - 1644 - 0000398　201.1/2:3

北齊書五十卷　(唐)李百藥撰　明崇禎汲古閣刻本　八冊

320000 - 1644 - 0000399　201.1/2:4

周書五十卷　(唐)令狐德棻撰　明崇禎汲古閣刻本　八冊

320000 - 1644 - 0000400　201.1/2:5

隋書八十五卷　(唐)魏徵等撰　明崇禎汲古閣刻本　二十冊

320000 - 1644 - 0000401　201.1/2:6

五代史七十四卷　(宋)歐陽修撰　(宋)徐無黨注　明崇禎汲古閣刻本　八冊

320000 - 1644 - 0000402　201.1/2:7

南齊書五十九卷　(南朝梁)蕭子顯撰　明崇禎汲古閣刻本　八冊

320000 - 1644 - 0000403　201.1/2:8

梁書五十六卷　(唐)姚思廉撰　明崇禎汲古閣刻本　十冊

320000 - 1644 - 0000404　201.1/2:9

陳書三十六卷　(唐)姚思廉撰　明崇禎汲古閣刻本　四冊

320000 - 1644 - 0000405　201.1/2:10

南史八十卷　(唐)李延壽撰　明崇禎汲古閣刻本　二十冊

320000 - 1644 - 0000406　201.1/2:11

晉書一百三十卷　(唐)房喬等撰　明崇禎汲古閣刻本　三十六冊

320000 - 1644 - 0000407　201.2/3

史記一百三十卷　(漢)司馬遷撰　(南朝宋)裴駰集解　(唐)司馬貞索隱　(唐)張守節正義　清乾隆十一年(1746)刻本　二十四冊

320000 - 1644 - 0000408　201.2/4

史記集解一百三十卷　(漢)司馬遷撰　(南朝宋)裴駰集解　清光緒四年(1878)金陵書局刻本　十六冊

320000 - 1644 - 0000409　201.2/4f2

史記集解一百三十卷　(漢)司馬遷撰　(南朝宋)裴駰集解　清光緒四年(1878)金陵書局刻本　十六冊

320000 - 1644 - 0000410　201.2/4f3

史記集解一百三十卷　(漢)司馬遷撰　(南朝宋)裴駰集解　清光緒四年(1878)金陵書局刻本　十六冊

320000 - 1644 - 0000411　201.2/5

史記一百三十卷　(漢)司馬遷撰　(南朝宋)裴駰集解　(唐)司馬貞索隱　(唐)張守節正義　清乾隆四年(1739)武英殿刻本　二十六冊

320000 - 1644 - 0000412　201.2/6

史記一百三十卷　(漢)司馬遷撰　(南朝宋)裴駰集解　(唐)司馬貞索隱　(唐)張守節正義　清同治五年至九年(1866 - 1870)金陵書局刻本　二十二冊

320000 - 1644 - 0000413　201.2/6 = 2

史記一百三十卷　(漢)司馬遷撰　(南朝宋)裴駰集解　(唐)司馬貞索隱　(唐)張守節正義　**劄記五卷**　(清)張文虎撰　清同治五年至十一年(1866 - 1872)金陵書局刻本　二冊

320000 - 1644 - 0000414　201.2/7

史記一百三十卷　(漢)司馬遷撰　(南朝宋)裴駰集解　(唐)司馬貞索隱　(唐)張守節正義　明鍾人傑刻本　十四冊

320000－1644－0000415　201.2/8
史記志疑三十六卷　(清)梁玉繩撰　清光緒十三年(1887)廣雅書局刻本　十六册

320000－1644－0000416　201.2/9
史記一百三十卷　(漢)司馬遷撰　(南朝宋)裴駰集解　(唐)司馬貞索隱　(唐)張守節正義　(明)黄嘉惠輯評　明黄嘉惠刻本　十六册

320000－1644－0000417　201.2/12
古香齋鑒賞袖珍史記一百三十卷　(漢)司馬遷撰　(南朝宋)裴駰集解　(唐)司馬貞索隱　(唐)張守節正義　清光緒八年(1882)刻本　二十四册

320000－1644－0000418　201.2/15
史記一百三十卷　(漢)司馬遷撰　(南朝宋)裴駰集解　(唐)司馬貞索隱　(唐)張守節正義　清光緒十四年(1888)上海蜚英館石印本　十二册

320000－1644－0000419　201.2/22
諸史考異十八卷　(清)洪頤煊撰　清光緒十五年(1889)廣雅書局刻本　四册

320000－1644－0000420　201.2/23
四史發伏十卷　(清)洪亮吉撰　清光緒八年(1882)小石山房刻本　二册

320000－1644－0000421　201.2/24
十七史商榷一百卷　(清)王鳴盛撰　清光緒二十三年(1897)點石齋石印本　二册

320000－1644－0000422　201.2/27
史記一百三十卷　(漢)司馬遷撰　(南朝宋)裴駰集解　(唐)司馬貞索隱　(唐)張守節正義　清同治五年至九年(1866－1870)金陵書局刻本　二十册

320000－1644－0000423　201.2/28
史記評林一百三十卷　(明)凌稚隆輯　(明)李光縉增補　清光緒二十七年(1901)上海天章書局石印本　十二册

320000－1644－0000424　201.2/29
史記一百三十卷　(漢)司馬遷撰　(南朝宋)裴駰集解　(唐)司馬貞索隱　(唐)張守節正義　清同治五年至九年(1866－1870)金陵書局刻本　二十二册

320000－1644－0000425　201.3/2＝3
前漢書一百卷　(漢)班固撰　(唐)顔師古注　明嘉靖九年(1530)刻本　九册　存六十四卷(二十四上至八十七下)

320000－1644－0000426　201.3/2＝4
前漢書一百卷　(漢)班固撰　(唐)顔師古注　清同治八年(1869)金陵書局刻本　十六册

320000－1644－0000427　201.3/2＝5
前漢書一百卷　(漢)班固撰　(唐)顔師古注　清同治十二年(1873)韓江書局刻本　十二册　缺二十二卷(十五、十九至二十、六十四至八十二)

320000－1644－0000428　201.3/2＝6
前漢書一百卷　(漢)班固撰　(唐)顔師古注　清光緒十三年(1887)金陵書局刻本　十六册

320000－1644－0000429　201.3/2＝7
前漢書一百卷　(漢)班固撰　(唐)顔師古注　清光緒十四年(1888)上海蜚英館石印本　十六册

320000－1644－0000430　201.3/3
人表考九卷漢書人表考補一卷人表考附錄一卷　(清)梁玉繩撰　清光緒十四年(1888)廣雅書局刻本　八册

320000－1644－0000431　201.3/5
兩漢刊誤補遺十卷　(宋)吴仁傑撰　清光緒十八年(1892)寄傲軒刻本　二册

320000－1644－0000432　201.3/6
漢書西域傳補注二卷　(清)徐松撰　清光緒二十年(1894)廣雅書局刻本　一册

320000－1644－0000433　201.3/7
漢書補注七卷　(清)王榮商撰　清刻本　二册

320000－1644－0000434　201.3/8
新舊唐書合注魏徵列傳一卷　王先謙撰　清光緒九年(1883)長沙王氏刻本　一冊

320000－1644－0000435　201.3/9
注補續漢書八志三十卷　(南朝梁)劉昭撰　清金陵書局刻本　二冊

320000－1644－0000436　201.3/11
續漢書辨疑九卷　(清)錢大昭撰　清光緒十四年(1888)廣雅書局刻本　二冊

320000－1644－0000437　201.3/13
校漢書八表八卷　(清)夏燮撰　清光緒十六年(1890)刻本　六冊

320000－1644－0000438　201.3/15
續漢書八志三十卷　(晉)司馬彪撰　(南朝梁)劉昭注補　清同治八年(1869)金陵書局刻本　二冊

320000－1644－0000439　201.3/15＝2
續漢書八志三十卷　(晉)司馬彪撰　(南朝梁)劉昭注補　清光緒十三年(1887)金陵書局刻本　二冊

320000－1644－0000440　201.3/17
漢書辨疑二十二卷後漢書辨疑十一卷　(清)錢大昕撰　清光緒十三年(1887)廣雅書局刻本　七冊

320000－1644－0000441　201.3/18
補晉書經籍志四卷　(清)吳士鑑纂　清光緒二十一年(1895)刻本　一冊

320000－1644－0000442　201.3/19
南齊書五十九卷　(南朝梁)蕭子顯撰　清同治十三年(1874)金陵書局刻本　六冊

320000－1644－0000443　201.3/19＝2
南齊書五十九卷　(南朝梁)蕭子顯撰　清光緒十四年(1888)上海圖書集成書局鉛印本　六冊

320000－1644－0000444　201.3/19＝3
南齊書五十九卷　(南朝梁)蕭子顯撰　清光緒二十九年(1903)五洲同文局石印本　八冊

320000－1644－0000445　201.3/19＝3f2
南齊書五十九卷　(南朝梁)蕭子顯撰　清光緒十年(1884)上海同文書局石印本　八冊

320000－1644－0000446　201.3/20
北齊書五十卷　(唐)李百藥撰　清同治十三年(1874)金陵書局刻本　四冊

320000－1644－0000447　201.3/21
梁書五十六卷　(唐)姚思廉撰　清乾隆四年(1739)刻本　八冊

320000－1644－0000448　201.3/21＝2
梁書五十六卷　(唐)姚思廉撰　清同治十三年(1874)金陵書局刻本　六冊

320000－1644－0000449　201.3/21＝4
梁書五十六卷　(唐)姚思廉撰　清光緒十年(1884)上海同文書局石印本　八冊

320000－1644－0000450　201.3/22
陳書三十六卷　(唐)姚思廉撰　清同治十一年(1872)金陵書局刻本　四冊

320000－1644－0000451　201.3/22＝2
陳書三十六卷　(唐)姚思廉撰　清光緒十年(1884)上海同文書局石印本　六冊

320000－1644－0000452　201.3/22＝3
陳書三十六卷　(唐)姚思廉撰　清光緒十八年(1892)武林竹簡齋石印本　一冊

320000－1644－0000453　201.3/22＝4
陳書三十六卷　(唐)姚思廉撰　清光緒三十三年(1907)上海同文書局石印本　四冊

320000－1644－0000454　201.3/22＝6
陳書三十六卷　(唐)姚思廉撰　明崇禎四年(1631)毛氏汲古閣刻本　四冊

320000－1644－0000455　201.3/23
魏書一百十四卷　(北齊)魏收撰　清同治十一年(1872)金陵書局刻本　六冊

320000－1644－0000456　201.3/23＝2
魏書一百十四卷　(北齊)魏收撰　清光緒十年(1884)上海同文書局石印本　二十四冊

320000－1644－0000457　201.3/24
西魏書二十四卷附録一卷　（清）謝啟昆撰　清光緒十八年（1892）溧陽繆氏刻本　六冊

320000－1644－0000458　201.3/24＝2
西魏書二十四卷附録一卷　（清）謝啟昆撰　清光緒廣雅書局刻本　六冊

320000－1644－0000459　201.3/25
隋書八十五卷　（唐）魏徵等撰　清同治十年（1871）淮南書局刻本　十二冊

320000－1644－0000460　201.3/25f2
隋書八十五卷　（唐）魏徵等撰　清同治十年（1871）淮南書局刻本　十二冊

320000－1644－0000461　201.3/25＝2
隋書八十五卷　（唐）魏徵等撰　清光緒十年（1884）上海同文書局石印本　十六冊

320000－1644－0000462　201.3/26
北史一百卷　（唐）李延壽撰　清同治十一年（1872）金陵書局刻本　二十冊

320000－1644－0000463　201.3/26f2
北史一百卷　（唐）李延壽撰　清同治十一年（1872）金陵書局刻本　二十冊

320000－1644－0000464　201.3/26＝2
北史一百卷　（唐）李延壽撰　清光緒刻本　二十冊

320000－1644－0000465　201.3/27
魏書校勘記一卷　王先謙輯　清光緒十七年（1891）廣雅書局刻本　一冊

320000－1644－0000466　201.3/29
後漢書九十卷　（南朝宋）范曄撰　（唐）李賢注　**續漢書志三十卷**　（晉）司馬彪撰　（南朝梁）劉昭注補　清同治八年（1869）金陵書局刻本　十六冊

320000－1644－0000467　201.3/29＝2
後漢書九十卷　（南朝宋）范曄撰　（唐）李賢注　**續漢書志三十卷**　（晉）司馬彪撰　（南朝梁）劉昭注補　清光緒十三年（1887）金陵書局刻本　十六冊

320000－1644－0000468　201.3/29＝3
後漢書九十卷　（南朝宋）范曄撰　（唐）李賢注　**續漢書志三十卷**　（晉）司馬彪撰　（南朝梁）劉昭注補　清同治十二年（1873）嶺東使署刻本　十六冊

320000－1644－0000469　201.3/29＝3f2
後漢書九十卷　（南朝宋）范曄撰　（唐）李賢注　**續漢書志三十卷**　（晉）司馬彪撰　（南朝梁）劉昭注補　清同治十二年（1873）嶺東使署刻本　十六冊

320000－1644－0000470　201.3/29＝4
後漢書九十卷　（南朝宋）范曄撰　（唐）李賢注　**續漢書志三十卷**　（晉）司馬彪撰　（南朝梁）劉昭注補　清同治十二年（1873）嶺東使署刻本　十六冊

320000－1644－0000471　201.3/31
南北史補志十四卷　（清）汪士鐸撰　清光緒四年（1878）淮南書局刻本　八冊

320000－1644－0000472　201.3/32
三國志六十五卷　（晉）陳壽撰　（南朝宋）裴松之注　清同治九年（1870）金陵書局刻本　八冊

320000－1644－0000473　201.3/32＝2
三國志六十五卷　（晉）陳壽撰　（南朝宋）裴松之注　清光緒十三年（1887）江南書局刻本　八冊

320000－1644－0000474　201.3/32＝2f2
三國志六十五卷　（晉）陳壽撰　（南朝宋）裴松之注　清光緒十三年（1887）江南書局刻本　八冊

320000－1644－0000475　201.3/32＝2f3
三國志六十五卷　（晉）陳壽撰　（南朝宋）裴松之注　清光緒十三年（1887）江南書局刻本　八冊

320000－1644－0000476　201.3/32＝3
三國志六十五卷　（晉）陳壽撰　（南朝宋）裴松之注　清光緒十四年（1888）上海蜚英館石印本　八冊

320000－1644－0000477　201.3/32＝3f2
三國志六十五卷　(晉)陳壽撰　(南朝宋)裴松之注　清光緒十四年(1888)上海蜚英館石印本　八册

320000－1644－0000478　201.3/32＝3f3
三國志六十五卷　(晉)陳壽撰　(南朝宋)裴松之注　清光緒十四年(1888)上海蜚英館石印本　八册

320000－1644－0000479　201.3/32＝3f4
三國志六十五卷　(晉)陳壽撰　(南朝宋)裴松之注　清光緒十四年(1888)上海蜚英館石印本　八册

320000－1644－0000480　201.3/32＝6
三國志六十五卷　(晉)陳壽撰　(南朝宋)裴松之注　清同治九年(1870)金陵書局刻本　八册

320000－1644－0000481　201.3/32＝6f2
三國志六十五卷　(晉)陳壽撰　(南朝宋)裴松之注　清同治九年(1870)金陵書局刻本　四册　存二十三卷(一至十、十八至三十)

320000－1644－0000482　201.3/33
三國志旁證三十卷　(清)梁章鉅撰　清光緒十六年(1890)廣雅書局刻本　六册

320000－1644－0000483　201.3/33＝2
三國志旁證三十卷　(清)梁章鉅撰　清光緒十六年(1890)廣雅書局刻本　六册

320000－1644－0000484　201.3/34
三國志考證八卷　(清)潘眉撰　清光緒十五年(1889)廣雅書局刻本　二册

320000－1644－0000485　201.3/35
三國志證聞三卷　(清)錢儀吉撰　清光緒十一年(1885)江蘇書局刻本　二册

320000－1644－0000486　201.3/36
三國志辨誤三卷　(宋)□□撰　清光緒二十年(1894)刻本　一册

320000－1644－0000487　201.3/37
三國郡縣表八卷　(清)吴增僅撰　清光緒二十一年(1895)木活字印本　四册

320000－1644－0000488　201.3/39
晉書一百三十卷　(唐)房喬等撰　**音義三卷**　(唐)何超撰　清同治十年(1871)金陵書局刻本　二十册

320000－1644－0000489　201.3/39f2
晉書一百三十卷　(唐)房喬等撰　**音義三卷**　(唐)何超撰　清同治十年(1871)金陵書局刻本　十一册　存七十七卷(八至八十四)

320000－1644－0000490　201.3/39＝2
晉書一百三十卷　(唐)房喬等撰　**音義三卷**　(唐)何超撰　清光緒二十九年(1903)上海五洲同文局石印本　三十册

320000－1644－0000491　201.3/41
南史八十卷　(唐)李延壽撰　清同治十一年(1872)金陵書局刻本　十二册

320000－1644－0000492　201.3/41＝3
南史八十卷　(唐)李延壽撰　明萬曆十九年(1591)南京國子監刻本　二十册

320000－1644－0000493　201.3/42
漢書引經異文錄證六卷　(清)繆祐孫撰　清光緒十一年(1885)刻本　二册

320000－1644－0000494　201.3/43
晉略六十五卷序目一卷　(清)周濟撰　清光緒二年(1876)味雋齋刻本　十册

320000－1644－0000495　201.3/44
晉宋書故一卷　(清)郝懿行撰　清光緒十七年(1891)廣雅書局刻本　一册

320000－1644－0000496　201.3/48
晉書校勘記五卷　(清)周家禄撰　清光緒十六年(1890)廣雅書局刻本　一册

320000－1644－0000497　201.3/49
晉書校勘記四卷　(清)周家禄撰　清光緒十四年(1888)廣雅書局刻本　二册

320000－1644－0000498　201.3/50
後漢書補表八卷　(清)錢大昭撰　清光緒八年(1882)後知不足齋刻本　二册

320000－1644－0000499　201.3/50f2
後漢書補表八卷　(清)錢大昭撰　清光緒八年(1882)後知不足齋刻本　二册

320000－1644－0000500　201.3/51
後漢書補注二十四卷　(清)惠棟撰　清嘉慶九年(1804)德裕堂刻本　四册

320000－1644－0000501　201.3/52
後漢書注補正八卷　(清)周壽昌撰　清光緒八年(1882)思益堂刻本　四册

320000－1644－0000502　201.3/53
舊唐書二百卷　(五代)劉昫等撰　清同治十一年(1872)浙江書局刻本　四十册

320000－1644－0000503　201.3/53f2
舊唐書二百卷　(五代)劉昫等撰　清同治十一年(1872)浙江書局刻本　四十册

320000－1644－0000504　201.3/53f3
舊唐書二百卷　(五代)劉昫等撰　清同治十一年(1872)浙江書局刻本　四十册

320000－1644－0000505　201.3/53f4
舊唐書二百卷　(五代)劉昫等撰　清同治十一年(1872)浙江書局刻本　三十八册

320000－1644－0000506　201.3/53＝2
舊唐書二百卷　(五代)劉昫等撰　清光緒十年(1884)上海同文書局石印本　四十八册

320000－1644－0000507　201.3/53＝3
舊唐書二百卷　(五代)劉昫等撰　清光緒三十四年(1908)上海集成圖書公司鉛印本　三十册

320000－1644－0000508　201.3/54
新唐書二百二十五卷　(宋)歐陽修　(宋)宋祁撰　清同治十二年(1873)浙江書局刻本　四十册

320000－1644－0000509　201.3/5f2
新唐書二百二十五卷　(宋)歐陽修　(宋)宋祁撰　清同治十二年(1873)浙江書局刻本　四十册

320000－1644－0000510　201.3/54＝2
新唐書二百二十五卷　(宋)歐陽修　(宋)宋祁撰　**唐書釋音二十五卷**　(宋)董衝撰　清光緒十四年(1888)上海圖書集成書局鉛印本　三十二册

320000－1644－0000511　201.3/54＝4
新唐書二百二十五卷　(宋)歐陽修　(宋)宋祁撰　**唐書釋音二十五卷**　(宋)董衝撰　清光緒三十四年(1908)上海集成圖書公司鉛印本　三十二册

320000－1644－0000512　201.3/55
隋書地理志考證九卷補遺一卷附漢書地理志補校二卷　楊守敬撰　清光緒二十七年(1901)刻本　六册

320000－1644－0000513　201.3/56
東觀漢記二十四卷　(漢)劉珍等撰　清道光十年(1830)刻本　四册

320000－1644－0000514　201.3/57
東都事略一百三十卷　(宋)王偁撰　清嘉慶掃葉山房刻本　十四册

320000－1644－0000515　201.3/59
宋書一百卷　(南朝梁)沈約撰　清同治十一年(1872)金陵書局本　十六册

320000－1644－0000516　201.3/59＝2
宋書一百卷　(南朝梁)沈約撰　清光緒十年(1884)上海同文書局石印本　二十四册

320000－1644－0000517　201.3/59＝3
宋書一百卷　(南朝梁)沈約撰　明萬曆二十二年(1594)南京國子監刻本　二十四册

320000－1644－0000518　201.3/60
補宋書刑法志一卷　(清)郝懿行撰　清光緒十七年(1891)廣雅書局刻本　一册

320000－1644－0000519　201.3/61
舊五代史一百五十卷目錄二卷　(宋)薛居正等撰　清同治十一年(1872)湖北崇文書局刻本　十六册

320000－1644－0000520　201.3/61f2
舊五代史一百五十卷目錄二卷　(宋)薛居正

等撰　清同治十一年(1872)湖北崇文書局刻本　十六册

320000－1644－0000521　201.3/61＝3
舊五代史一百五十卷目錄二卷　(宋)薛居正等撰　清光緒二十八年(1902)武林竹簡齋石印本　六册

320000－1644－0000522　201.3/64
五代史七十四卷　(宋)歐陽修撰　(宋)徐無黨注　清同治十一年(1872)湖北崇文書局刻本　八册

320000－1644－0000523　201.3/64＝2
五代史七十四卷　(宋)歐陽修撰　(宋)徐無黨注　清光緒二十九年(1903)五洲同文局石印本　十册

320000－1644－0000524　201.3/67
新五代史記纂誤補四卷附錄一卷　(清)吳蘭庭撰　清嘉慶八年(1803)刻本　二册

320000－1644－0000525　201.3/68
補三史藝文志　(清)金門詔撰　清光緒十七年(1891)廣雅書局刻本　一册

320000－1644－0000526　201.3/70
遼史一百十六卷　(元)脱脱等撰　清光緒二十八年(1902)武林竹簡齋石印本　三册

320000－1644－0000527　201.3/70＝2
遼史一百十五卷附考證　(元)脱脱等撰　清同治十二年(1873)江蘇書局刻本　十二册

320000－1644－0000528　201.3/70＝3
遼史一百十六卷　(元)脱脱等撰　明嘉靖八年(1529)南京國子監刻明清遞修本　八册

320000－1644－0000529　201.3/70＝4
遼史一百十六卷　(元)脱脱等撰　清乾隆四年(1739)刻本　十册

320000－1644－0000530　201.3/71
十國春秋一百十四卷　(清)吳仁臣撰　**拾遺一卷備考一卷**　(清)周昂撰　清乾隆五十八年(1793)此宜閣刻本　二十册

320000－1644－0000531　201.3/72＝2
元史二百十卷目錄二卷　(明)宋濂等撰　清咸豐元年(1851)新會陳氏刻本　五十二册

320000－1644－0000532　201.3/72＝3
元史二百十卷目錄二卷　(明)宋濂等撰　清同治十三年(1874)江蘇書局刻本　四十册

320000－1644－0000533　201.3/72＝3f2
元史二百十卷目錄二卷　(明)宋濂等撰　清同治十三年(1874)江蘇書局刻本　四十册

320000－1644－0000534　201.3/72＝4
元史二百十卷目錄二卷　(明)宋濂等撰　明洪武三年(1370)内府刻明清遞修本　五十册

320000－1644－0000535　201.3/73
遼史拾遺二十四卷附紀年表一卷　(清)厲鶚撰　(清)汪遠孫輯　清道光元年(1821)錢塘汪氏振綺堂刻本　八册

320000－1644－0000536　201.3/73＝2
遼史拾遺二十四卷　(清)厲鶚撰　清鈔本　十六册

320000－1644－0000537　201.3/75
欽定遼史語解十卷　(清)高宗弘曆撰　清光緒四年(1878)江蘇書局刻本　二册

320000－1644－0000538　201.3/76
金史一百三十五卷　(元)脱脱等撰　清乾隆四年(1739)武英殿刻本　二十四册

320000－1644－0000539　201.3/76＝2
金史一百三十五卷　(元)脱脱等撰　清同治十三年(1874)江蘇書局刻本　二十册

320000－1644－0000540　201.3/76＝3
金史一百三十五卷　(元)脱脱等撰　清光緒二十九年(1903)五洲同文局石印本　二十四册

320000－1644－0000541　201.3/76＝4
金史一百三十五卷　(元)脱脱等撰　明萬曆三十四年(1606)刻明清遞修本　五十册

320000－1644－0000542　201.3/77
周書五十卷　(唐)令狐德棻等撰　清同治十三年(1874)金陵書局刻本　四册

320000－1644－0000543　201.3/77＝2
周書五十卷　(唐)令狐德棻等撰　清光緒十年(1884)上海同文書局石印本　六冊

320000－1644－0000544　201.3/77＝2f2
周書五十卷　(唐)令狐德棻等撰　清光緒十年(1884)上海同文書局石印本　六冊

320000－1644－0000545　201.3/77＝2f3
周書五十卷　(唐)令狐德棻等撰　清光緒十年(1884)上海同文書局石印本　八冊

320000－1644－0000546　201.3/77＝3
周書五十卷　(唐)令狐德棻等撰　清光緒三十三年(1907)上海華商集成圖書公司鉛印本　四冊

320000－1644－0000547　201.3/78
欽定元史語解二十四卷　(清)高宗弘曆撰　清光緒四年(1878)江蘇書局刻本　六冊

320000－1644－0000548　201.3/80
三史拾遺五卷　(清)錢大昕撰　清光緒十七年(1891)廣雅書局刻本　一冊

320000－1644－0000549　201.3/81
明史三百三十二卷目錄四卷　(清)張廷玉等撰　清光緒十年(1884)上海同文書局石印本　一百十二冊

320000－1644－0000550　201.3/81＝2
明史三百三十二卷目錄四卷　(清)張廷玉等撰　清光緒二十八年(1902)竢實齋石印本　二十四冊

320000－1644－0000551　201.3/81＝4
明史三百三十二卷目錄四卷　(清)張廷玉等撰　清乾隆四年(1739)武英殿刻本　一百十二冊

320000－1644－0000552　201.3/4＝4f2
明史三百三十二卷目錄四卷　(清)張廷玉等撰　清乾隆四年(1739)武英殿刻本　八十冊

320000－1644－0000553　201.3/81＝5
明史三百三十二卷目錄四卷　(清)張廷玉等撰　清光緒三年(1877)湖北崇文書局刻本　八十冊

320000－1644－0000554　201.3/81＝7
明史三百三十二卷目錄四卷　(清)張廷玉等撰　清光緒二十八年(1902)武林竹簡齋石印本　二十四冊

320000－1644－0000555　201.3/82
明史藁二百八卷目錄三卷　(清)王鴻緒撰　清康熙敬慎堂刻本　六十冊　缺一卷(目錄上)

320000－1644－0000556　201.3/85
元史藝文志四卷元史氏族表三卷　(清)錢大昕撰　清江蘇書局刻本　三冊

320000－1644－0000557　201.3/86
元史氏族表三卷　(清)錢大昕撰　清江蘇書局刻本　二冊

320000－1644－0000558　201.3/90
南唐近事三卷　(宋)鄭文寶撰　(明)陳繼儒定　明刻本　一冊

320000－1644－0000559　201.3/91
宋史四百九十六卷目錄三卷　(元)脱脱等撰　明成化七年至十六年(1471－1480)朱英刻明清遞修本　一百四十冊

320000－1644－0000560　201.3/91＝1
宋史四百九十六卷目錄三卷　(元)脱脱等撰　明成化七年至十六年(1471－1480)朱英刻明清遞修本　一百冊

320000－1644－0000561　201.3/91＝2
宋史四百九十六卷目錄三卷　(元)脱脱等撰　清光緒二十八年(1902)武林竹簡齋石印本　三十二冊

320000－1644－0000562　201.3/91＝2;1
宋史四百九十六卷目錄三卷　(元)脱脱等撰　清光緒二十九年(1903)五洲同文局石印本　七十九冊　存四百十二卷(八十五至四百九十六)

320000－1644－0000563　201.3/92
晉史刪四十卷　(明)茅國縉撰　明萬曆刻本

十二册

320000－1644－0000564　201.3/93
南唐書三十卷　(宋)馬令撰　(明)陳繼儒訂　明刻本　五册

320000－1644－0000565　202.1/1
尺木堂綱鑑易知録九十二卷明鑑易知録十五卷　(清)吴承權等輯　清光緒上海廣百宋齋鉛印本　十六册

320000－1644－0000566　202.1/1＝2
尺木堂綱鑑易知録九十二卷明鑑易知録十五卷　(清)吴承權等輯　清光緒三十四年(1908)鉛印本　十六册

320000－1644－0000567　202.1/1＝3
尺木堂綱鑑易知録九十二卷明鑑易知録十五卷　(清)吴承權等輯　清光緒二十七年(1901)上海商務印書館鉛印本　十八册

320000－1644－0000568　202.1/1＝4
尺木堂綱鑑易知録九十二卷　(清)吴承權等輯　清刻本　三十三册　存八十四卷(八至十四、十六至九十二)

320000－1644－0000569　202.1/1＝5
尺木堂綱鑑易知録九十二卷明鑑易知録十五卷　(清)吴承權等輯　清翰寶樓木活字印本　四十册　存八十四卷(綱鑑易知録十四至九十二、明鑑易知録一至五)

320000－1644－0000570　202.1/2
四裔編年表四卷　(美國)林樂知　嚴良勳譯　(清)李鳳苞彙編　清光緒二十三年(1897)石印本　四册

320000－1644－0000571　202.1/2f2
四裔編年表四卷　(美國)林樂知　嚴良勳譯　(清)李鳳苞彙編　清光緒二十三年(1897)石印本　四册

320000－1644－0000572　202.1/3
鼎鍥葉太史匯纂玉堂鑑綱七十二卷總論一卷　(明)葉向高纂　(清)虞二球續訂　清刻本　四十册

320000－1644－0000573　202.1/4
資治通鑑二百九十四卷　(宋)司馬光撰　(元)胡三省音注　**通鑑釋文辯誤十二卷**　(元)胡三省撰　清嘉慶二十一年(1816)鄱陽胡氏刻本　一百三册

320000－1644－0000574　202.1/4＝2
資治通鑑二百九十四卷　(宋)司馬光撰　(元)胡三省音注　清光緒江蘇書局刻本　九十八册

320000－1644－0000575　202.1/4＝4
資治通鑑二百九十四卷目録三十卷　(宋)司馬光撰　(元)胡三省音注　清光緒二十六年(1900)圖書集成局鉛印本　四十四册

320000－1644－0000576　202.1/4＝5
資治通鑑二百九十四卷　(宋)司馬光撰　**通鑑釋文辯誤十二卷**　(元)胡三省撰　元刻明修本　六十一册　存一百七十二卷(資治通鑑一百三十三至二百九十二、通鑑釋文辯誤十二卷)

320000－1644－0000577　202.1/4＝6
資治通鑑二百九十四卷　(宋)司馬光撰　(元)胡三省音注　**通鑑釋文辯誤十二卷**　(元)胡三省撰　清嘉慶二十一年(1816)鄱陽胡氏刻同治八年(1869)江蘇書局重修本　一百十册

320000－1644－0000578　202.1/5
續資治通鑑二百二十卷　(清)畢沅編集　清光緒二十六年(1900)圖書集成局鉛印本　二十八册

320000－1644－0000579　202.1/6
資治通鑑綱目五十九卷　(宋)朱熹撰　**續二十七卷**　(明)商輅等撰　**前編二十五卷**　(明)南軒撰　清宏道堂刻本　一百六册

320000－1644－0000580　202.1/7
資治通鑑綱目五十九卷　(宋)朱熹撰　明成化九年(1473)内府刻本　五册　存十卷(五十至五十九)

320000－1644－0000581　202.1/8

陸狀元增節音注精議資治通鑑一百二十卷首一卷目録三卷 (宋)陸唐老集注 (明)毛晉訂正 明毛氏汲古閣刻本 三十四册

320000－1644－0000582 202.1/9
資治通鑑補正二百九十四卷 (明)嚴衍撰 清光緒二十八年(1902)上海益智書局石印本 四十八册

320000－1644－0000583 202.1/10
御撰資治通鑑綱目三編二十卷 (清)張廷玉等輯 清光緒二十九年(1903)上海緯文閣書莊六藝書局石印本 二册

320000－1644－0000584 202.1/11
資治通鑑地理今釋十六卷 (清)吴熙載撰 清光緒八年(1882)江蘇書局刻本 三册

320000－1644－0000585 202.1/12
通鑑釋文辯誤十二卷 (元)胡三省撰 清嘉慶二十一年(1816)鄱陽胡氏刻本 四册

320000－1644－0000586 202.1/14
資治通鑑釋文三十卷 (宋)史炤撰 清光緒五年(1879)歸安陸氏刻十萬卷樓叢書本 四册

320000－1644－0000587 202.1/15
讀通鑑綱目劄記二十卷 (清)章邦元撰 清光緒十六年(1890)銅陵章氏刻本 八册

320000－1644－0000588 202.1/16
資治通鑑外紀十卷 (宋)劉恕編集 (清)胡克家注補 清光緒十六年(1890)上海積山書局石印本 一册

320000－1644－0000589 202.1/17
資治通鑑目録三十卷 (宋)司馬光編集 清光緒十四年(1888)上海蜚英館石印本 四册

320000－1644－0000590 202.1/17f2
資治通鑑目録三十卷 (宋)司馬光編集 清光緒十四年(1888)上海蜚英館石印本 四册

320000－1644－0000591 202.1/17f3
資治通鑑目録三十卷 (宋)司馬光編集 清光緒十四年(1888)上海蜚英館石印本 四册

320000－1644－0000592 202.1/18
重訂王鳳洲先生綱鑑會纂四十六卷續宋元綱鑑會纂二十三卷 (明)王世貞纂 (明)陳仁錫訂 清刻本 六十四册

320000－1644－0000593 202.1/19
重訂王鳳洲先生綱鑑會纂四十六卷續宋元綱鑑會纂二十三卷 (明)王世貞纂 (明)陳仁錫訂 **御撰資治通鑑綱目三編四十卷** (清)張廷玉等輯 清光緒二十五年(1899)上海慎記書局石印本 八册

320000－1644－0000594 202.1/20
袁王綱鑑合編三十九卷首一卷 (明)袁黄 (明)王世貞編 **明紀綱目二十卷** (清)張廷玉等編 清光緒三十年(1904)上海商務印書館鉛印本 十六册

320000－1644－0000595 202.1/21
增評加批歷史綱鑑補三十九卷首一卷 (明)王世貞 (明)袁黄編纂 清光緒三十一年(1905)上海點石齋石印本 十册

320000－1644－0000596 202.1/22
御批歷代通鑑輯覽一百二十卷 (清)傅恒等撰 清光緒三十年(1904)上海美華書館鉛印本 二十四册

320000－1644－0000597 202.1/22f2
御批歷代通鑑輯覽一百二十卷 (清)傅恒等撰 清光緒三十年(1904)上海美華書館鉛印本 二十四册

320000－1644－0000598 202.1/22＝2
御批歷代通鑑輯覽一百二十卷 (清)傅恒等撰 清光緒十一年(1885)同文書局石印本 二十册

320000－1644－0000599 202.1/22＝3
御批歷代通鑑輯覽一百二十卷 (清)傅恒等撰 清光緒三十年(1904)上海通元書局石印本 二十四册

320000－1644－0000600 202.1/22＝4
御批歷代通鑑輯覽一百二十卷 (清)傅恒等撰 清光緒二十八年(1902)上海文林書局石

印本　二十冊

320000－1644－0000601　202.1/23
歷代統系錄六卷　（清）黄本驥編　清光緒二十八年（1902）上海鴻寶齋石印本　二冊

320000－1644－0000602　202.1/24
稽古錄二十卷　（宋）司馬光撰　清同治十一年（1872）湖北崇文書局刻本　四冊

320000－1644－0000603　202.1/24＝2
稽古錄二十卷　（宋）司馬光撰　清光緒五年（1879）江蘇書局刻本　四冊

320000－1644－0000604　202.1/24＝3
司馬溫公稽古錄二十卷　（宋）司馬光撰　明范氏天一閣刻本　六冊

320000－1644－0000605　202.1/25
歷代紀年便覽一卷　（清）陳鍾珂輯　清道光二十七年（1847）黄氏約我齋刻本　一冊

320000－1644－0000606　202.1/28
古史紀年十四卷　（清）林春溥撰　清道光十七年（1837）竹柏山房刻本　二冊

320000－1644－0000607　202.1/29
大事記解題十二卷通釋三卷　（宋）吕祖謙撰　清刻本　六冊

320000－1644－0000608　202.1/30
竹書紀年二卷　題（南朝梁）沈約注　清刻本　一冊

320000－1644－0000609　202.1/31
竹書紀年補正四卷本末一卷後案一卷　（清）林春溥撰　清道光二十年（1840）竹柏山房刻本　二冊

320000－1644－0000610　202.1/33
竹書紀年集注二卷　陳詩撰　清嘉慶六年（1801）蘄州陳氏家塾刻本　二冊

320000－1644－0000611　202.1/34
歷代帝王年表三卷明年表一卷　（清）齊召南編　（清）阮福續編　清光緒十二年（1886）蘇州掃葉山房刻本　三冊

320000－1644－0000612　202.1/35
廣陵通典十卷　（清）汪中撰　清同治八年（1869）揚州書局刻本　二冊

320000－1644－0000613　202.1/36
綱鑑正史約三十六卷附記一卷　（明）顧錫疇原編　（清）陳弘謀增訂　清同治八年（1869）浙江書局刻本　二十冊

320000－1644－0000614　202.1/36f2
綱鑑正史約三十六卷附記一卷　（明）顧錫疇原編　（清）陳弘謀增訂　清同治八年（1869）浙江書局刻本　二十冊

320000－1644－0000615　202.1/39
御批資治通鑑綱目五十九卷前編十八卷舉要三卷外記一卷續編二十七卷　（清）聖祖玄燁批　清光緒十三年（1887）上海同文書局石印本　二十四冊

320000－1644－0000616　202.1/39f2
御批資治綱鑑綱目五十九卷前編十八卷舉要三卷外記一卷續編二十七卷　（清）聖祖玄燁批　清光緒十三年（1887）上海同文書局石印本　二十四冊

320000－1644－0000617　202.2/1
明紀全載十六卷　（清）朱青巖編　清康熙三十五年（1696）刻本　八冊

320000－1644－0000618　202.2/3
前漢紀三十卷　（漢）荀悦撰　清光緒二年（1876）嶺南述古堂刻本　六冊

320000－1644－0000619　202.2/2
兩漢紀六十卷　（宋）王銍輯　**兩漢紀字句異同考一卷**　（清）蔣國祚撰　清光緒三年（1877）盱南三餘書屋刻本　十六冊

320000－1644－0000620　202.2/2f2
兩漢紀六十卷　（宋）王銍輯　**兩漢紀字句異同考一卷**　（清）蔣國祚撰　清光緒三年（1877）盱南三餘書屋刻本　八冊　存三十卷（前漢記一至三十）

320000－1644－0000621　202.2/4

五代紀年表一卷　(清)周嘉猷撰　清光緒十七年(1891)廣雅書局刻本　一册

320000－1644－0000622　202.2/5
靖康要錄十六卷　(宋)□□撰　清光緒十二年(1886)歸安陸氏刻十萬卷樓叢書本　八册

320000－1644－0000623　202.2/7
九朝東華錄四百二十四卷　王先謙編　清光緒刻本　一百六十册

320000－1644－0000624　202.2/7＝2
九朝東華錄一百二十卷　王先謙編　清末鉛印本　六十册

320000－1644－0000625　202.2/8
咸豐東華續錄一百卷　王先謙編　清光緒十五年(1889)會稽籀三倉室刻本　六十册

320000－1644－0000626　202.2/9
同治東華續錄一百卷　王先謙編　清光緒刻本　六十四册

320000－1644－0000627　202.2/9＝2
同治東華續錄一百卷　王先謙編　清光緒二十四年(1898)文瀾書局石印本　二十四册

320000－1644－0000628　202.2/12
十一朝東華錄擥要一百十四卷　(清)汪文安輯　清光緒二十九年(1903)上海商務印書館鉛印本　二十六册

320000－1644－0000629　202.2/13
十一朝東華錄詳節二十四卷　(清)鄔樹庭編　清光緒二十六年(1900)上海東文學堂石印本　十六册

320000－1644－0000630　202.2/14
明紀六十卷　(清)陳鶴撰　(清)陳克家參訂　清光緒十六年(1890)上海積山書局石印本　六册

320000－1644－0000631　202.2/14＝2
明紀六十卷　(清)陳鶴撰　(清)陳克家參訂　清同治十年(1871)江蘇書局刻本　二十册

320000－1644－0000632　202.2/14＝2f2
明紀六十卷　(清)陳鶴撰　(清)陳克家參訂　清同治十年(1871)江蘇書局刻本　二十册

320000－1644－0000633　202.2/15
戰國紀年六卷地輿一卷年表一卷　(清)林春溥撰　清道光十八年(1838)刻本　二册　存二卷(四至五)

320000－1644－0000634　202.2/17
周季編略九卷　(清)黄式三撰　清同治十二年(1873)浙江書局刻本　四册

320000－1644－0000635　202.2/27
皇朝開國方略三十二卷　(清)阿桂等撰　清光緒十三年(1887)廣百宋齋鉛印本　六册

320000－1644－0000636　202.2/28
中興小紀四十卷　(宋)熊克撰　清光緒十七年(1891)廣雅書局刻本　六册

320000－1644－0000637　203/2
湘軍記二十卷　(清)王定安撰　清光緒十五年(1889)江南書局刻本　八册

320000－1644－0000638　203/2＝2
湘軍記二十卷　(清)王定安撰　清上海書局石印本　四册

320000－1644－0000639　203/3
通鑑紀事本末二百三十九卷　(宋)袁樞編輯　(明)張溥論正　清同治十二年(1873)江西書局刻本　八十册

320000－1644－0000640　203/3f2
通鑑紀事本末二百三十九卷　(宋)袁樞編輯　(明)張溥論正　清同治十二年(1873)江西書局刻本　八十册

320000－1644－0000641　203/3f3
通鑑紀事本末二百三十九卷　(宋)袁樞編輯　(明)張溥論正　清同治十二年(1873)江西書局刻本　八十册

320000－1644－0000642　203/4
歷朝紀事本末六百五十八卷　(清)朱記榮編　(清)陳如升校　清光緒十四年(1888)上海書業公所鉛印本　五十六册

320000－1644－0000643　203/4＝2

歷朝紀事本末六百五十八卷　（清）朱記榮編　清光緒二十五年（1899）慎記書莊石印本　四十二冊

320000－1644－0000644　203/5
鑑略四字書一卷　（清）王仕雲撰　清光緒十五年（1889）虞山陸氏刻本　一冊

320000－1644－0000645　203/6
左傳紀事本末五十三卷　（清）高士奇撰　清同治十二年（1873）江西書局刻本　十二冊

320000－1644－0000646　203/6f2
左傳紀事本末五十三卷　（清）高士奇撰　清同治十二年（1873）江西書局刻本　十二冊

320000－1644－0000647　203/7
繹史一百六十卷　（清）馬驌撰　清康熙九年（1670）刻本　四十八冊

320000－1644－0000648　203/8
宋史紀事本末一百九卷　（明）馮琦原編（明）陳邦瞻增訂　（明）張溥論正　清同治十三年（1874）江西書局刻本　二十冊

320000－1644－0000649　203/8f2
宋史紀事本末一百九卷　（明）馮琦原編（明）陳邦瞻增訂　（明）張溥論正　清同治十三年（1874）江西書局刻本　二十冊

320000－1644－0000650　203/8f3
宋史紀事本末一百九卷　（明）馮琦原編（明）陳邦瞻增訂　（明）張溥論正　清同治十三年（1874）江西書局刻本　二十冊

320000－1644－0000651　203/8＝2
宋史紀事本末一百九卷　（明）馮琦原編（明）陳邦瞻增訂　（明）張溥論正　清光緒二十四年（1898）湖南思賢書局刻本　二十冊

320000－1644－0000652　203/9
元史紀事本末二十七卷　（明）陳邦瞻編輯（明）張溥論正　清同治十三年（1874）江西書局刻本　四冊

320000－1644－0000653　203/9f2
元史紀事本末二十七卷　（明）陳邦瞻編輯（明）張溥論正　清同治十三年（1874）江西書局刻本　四冊

320000－1644－0000654　203/9＝2
元史紀事本末二十七卷　（明）陳邦瞻編輯（明）張溥論正　清光緒十四年（1888）上海書業公所崇德堂鉛印本　二冊

320000－1644－0000655　203/10
遼史紀事本末四十卷　（清）李有棠撰　清光緒十九年（1893）同文書局石印本　四冊

320000－1644－0000656　203/10＝2
遼史紀事本末四十卷　（清）李有棠撰　清光緒二十八年（1902）上海著易堂書局鉛印本　二冊

320000－1644－0000657　203/12
西夏紀事本末三十六卷首二卷　（清）張鑑撰　清光緒十一年（1885）金陵刻本　三冊

320000－1644－0000658　203/12＝2
西夏紀事本末三十六卷首二卷　（清）張鑑撰　清光緒二十八年（1902）上海捷記書局石印本　一冊

320000－1644－0000659　203/13
金史紀事本末五十二卷　（清）李有棠編纂　清光緒石印本　六冊

320000－1644－0000660　203/14
綏寇紀略十二卷補遺三卷　（清）吳偉業纂輯　清嘉慶十四年（1809）張氏照曠閣刻本　八冊

320000－1644－0000661　203/14f2
綏寇紀略十二卷補遺三卷　（清）吳偉業纂輯　清嘉慶十四年（1809）張氏照曠閣刻本　八冊

320000－1644－0000662　203/16
國朝事略六卷　（清）江楚編譯局編　清江楚編譯局石印本　二冊

320000－1644－0000663　203/17
明史紀事本末八十卷　（清）谷應泰撰　清同治十三年（1874）江西書局刻本　二十冊

320000－1644－0000664　203/17f2
明史紀事本末八十卷　(清)谷應泰撰　清同治十三年(1874)江西書局刻本　二十册

320000－1644－0000665　203/17＝2
明史紀事本末八十卷　(清)谷應泰撰　清光緒十四年(1888)上海書業公所崇德堂鉛印本　八册

320000－1644－0000666　203/17＝3
明史紀事本末八十卷　(清)谷應泰撰　清光緒五年(1879)定州王氏謙德堂刻本　十六册

320000－1644－0000667　203/20
聖武記十四卷　(清)魏源撰　清道光二十二年(1842)刻本　十册

320000－1644－0000668　203/20＝2
聖武記十四卷　(清)魏源撰　清光緒二十九年(1903)蜚英館鉛印本　六册

320000－1644－0000669　203/21
淮軍平捻記十二卷　(清)周世澄撰　清光緒三年(1877)鉛印本　二册

320000－1644－0000670　203/22
吳中平寇記八卷　(清)錢勖撰　清光緒元年(1875)申報館鉛印本　二册

320000－1644－0000671　203/23
山東軍興紀略二十二卷　(清)張曜撰　清光緒五年(1879)申報館鉛印本　十册

320000－1644－0000672　203/25
平定粵匪紀略十八卷附記四卷　(清)杜文瀾撰　清同治八年(1869)群玉齋木活字印本　八册

320000－1644－0000673　203/27
豫軍紀略十二卷　(清)尹耕雲撰　清光緒三年(1877)上海申報館鉛印本　六册

320000－1644－0000674　203/28
皇朝武功紀盛四卷　(清)趙翼撰　清光緒二十七年(1901)掃葉山房石印本　一册

320000－1644－0000675　203/29
湘軍志十六卷　王闓運撰　清光緒湖南刻本　四册

320000－1644－0000676　203/29f2
湘軍志十六卷　王闓運撰　清光緒湖南刻本　四册

320000－1644－0000677　203/32
中外通商始末記二十卷　(清)王之春撰　清光緒二十一年(1895)上海寶善書局石印本　六册

320000－1644－0000678　203/37
三藩紀事本末四卷　(清)楊陸榮撰　清康熙五十六年(1717)刻本　四册

320000－1644－0000679　204/8
大金國志四十卷　題(宋)宇文懋昭撰　清嘉慶二年(1797)席世臣掃葉山房刻本　四册

320000－1644－0000680　204/13
戰國策三十三卷　(漢)高誘注　**札記三卷**　(清)黄丕烈撰　清同治八年(1869)湖北崇文書局刻本　五册

320000－1644－0000681　204/13f2
戰國策三十三卷　(漢)高誘注　**札記三卷**　(清)黄丕烈撰　清同治八年(1869)湖北崇文書局刻本　五册

320000－1644－0000682　204/13＝2
戰國策三十三卷　(漢)高誘注　**札記三卷**　(清)黄丕烈撰　清光緒二十二年(1896)上海鴻寶齋石印本　五册

320000－1644－0000683　204/13＝3
戰國策札記三卷　(清)黄丕烈撰　清石印本　一册

320000－1644－0000684　204/14
戰國策三十三卷　(漢)高誘注　清嘉慶八年(1803)吳門黄氏讀未見書齋刻士禮居黄氏叢書本　五册

320000－1644－0000685　204/15
國語二十一卷　(三國吳)韋昭注　**札記一卷**　(清)黄丕烈撰　清嘉慶五年(1800)吳門黄氏讀未見書齋刻士禮居黄氏叢書本　三册

320000－1644－0000686　204/15＝2
國語九卷　(明)閔齊伋注　明萬曆四十七年(1619)閔齊伋刻三色套印本　五册

320000－1644－0000687　204/15＝4
國語二十一卷　(三國吳)韋昭注　**札記一卷**　(清)黃丕烈撰　清光緒二十二年(1896)上海鴻寶齋石印本　三册

320000－1644－0000688　204/16
戰國策去毒二卷　(清)陸隴其撰　清鈔本　二册

320000－1644－0000689　204/18
逸周書十卷校正補遺一卷　(晉)孔晁注　清乾隆五十一年(1786)盧氏抱經堂刻本　二册

320000－1644－0000690　204/18f2
逸周書十卷　(晉)孔晁注　清乾隆五十一年(1786)盧氏抱經堂刻本　四册

320000－1644－0000691　204/21
燼餘錄二卷　(元)徐大焯撰　清光緒十七年(1891)刻本　一册

320000－1644－0000692　204/24
路史節讀十卷　(宋)羅泌撰　(清)廖文錦節訂　清光緒刻本　四册

320000－1644－0000693　204/25
蜀碧四卷附記一卷　(清)彭遵泗編述　清乾隆二十八年(1763)刻本　二册

320000－1644－0000694　204/26
武王克殷日記一卷附滅國五十考一卷　(清)林春溥撰　清道光竹柏山房刻本　一册

320000－1644－0000695　204/27
元秘史注十五卷　(清)李文田撰　清光緒二十九年(1903)石印本　四册

320000－1644－0000696　204/28
吳越春秋六卷　(漢)趙曄撰　**集異記一卷**　(唐)薛用弱撰　清刻本　一册　存二卷(吳越春秋五、集異記一)

320000－1644－0000697　204/29
烈皇小識四卷　(明)文秉撰　清同治鈔本　四册

320000－1644－0000698　204/33
明季北略二十四卷南略十八卷　(清)計六奇輯　清光緒十三年(1887)上海圖書集成印書局鉛印本　十册

320000－1644－0000699　204/33＝2
明季北略二十四卷　(清)計六奇輯　清道光都城琉璃廠半松居士木活字印本　十二册

320000－1644－0000700　204/36
劫灰錄一卷　(清)珠江寓舫撰　清光緒三十二年(1906)上海國學保存會鉛印本　一册

320000－1644－0000701　204/38
酌中志餘二卷　(明)劉若愚輯　清刻本　二册

320000－1644－0000702　204/39
甲申傳信錄十卷　(清)錢軹撰　清光緒三年(1877)申報館鉛印本　四册

320000－1644－0000703　204/40
三湘從事錄一卷　(明)蒙正發撰　(清)金永森輯注　清光緒刻本　一册

320000－1644－0000704　204/43
山東黃河南岸十三州縣遷民圖説一卷　(清)黃璣編繪　清光緒二十年(1894)石印本　一册

320000－1644－0000705　204/46
明季稗史彙編十六種　(清)留雲居士輯　清都城琉璃廠留雲居士鉛印本　十二册

320000－1644－0000706　204/46f2
明季稗史彙編十六種　(清)留雲居士輯　清都城琉璃廠留雲居士鉛印本　十六册

320000－1644－0000707　204/46＝2
明代稗史彙編十六種　(清)留雲居士輯　清光緒二十二年(1896)上海圖書集成印書局鉛印本　六册

320000－1644－0000708　204/48
荆駝逸史　(清)陳湖逸士編　清宣統三年(1911)中國圖書館石印本　十六册

320000－1644－0000709　204/50
小腆紀年附考二十卷　(清)徐鼒撰　清咸豐十一年(1861)刻本　十二冊

320000－1644－0000710　204/51
二申野錄八卷　(清)孫之騄輯　清同治六年(1867)吟香館刻本　四冊

320000－1644－0000711　204/53
拳匪紀略八卷前編二卷後編二卷　(清)僑析生輯　清光緒石印本　六冊

320000－1644－0000712　204/54
蕩平髮逆圖記二十二卷首一卷　(清)杜文瀾纂輯　清光緒上海漱六山莊石印本　四冊

320000－1644－0000713　204/61
彝軍紀略二卷附錄一卷　(清)彭洵輯　清鈔本　二冊

320000－1644－0000714　204/62
揚州劫餘小志一卷　(清)臧穀撰　清刻本　一冊

320000－1644－0000715　204/65
東槎紀略五卷　(清)姚瑩撰　清光緒四年(1878)上海申報館鉛印本　二冊

320000－1644－0000716　204/66
東南紀事十卷西南紀事十二卷　(清)邵廷采撰　(清)徐乾校　清光緒十年(1884)邵武徐氏刻本　四冊

320000－1644－0000717　204/75
蜀龜鑑七卷首一卷　(清)劉景伯輯　清宣統三年(1911)裴氏刻本　四冊

320000－1644－0000718　204/77
七雄策纂八卷　(明)穆文熙輯　明萬曆十六年(1588)陳禹謨刻本　四冊

320000－1644－0000719　204/78
戰國策譚棷十卷　(宋)鮑彪校注　(元)吳師道補正　(明)張文爟集評　**附錄一卷**　(明)張文爟輯　明萬曆刻本　十二冊

320000－1644－0000720　204/80
繹史卹諡考八卷　(清)李瑤輯　清道光十年(1830)刻本　二冊

320000－1644－0000721　204/82
鄴中記一卷　(晉)陸翽撰　清乾隆武英殿活字印本　一冊

320000－1644－0000722　204/84
江南餘載二卷　(宋)鄭文寶撰　清刻本　一冊

320000－1644－0000723　204/85
釣磯立談一卷附錄一卷　(宋)史口撰　清刻本　一冊

320000－1644－0000724　204/86
戰國策十卷　(宋)鮑彪校注　(元)吳師道重校　清乾隆三十年(1765)刻本　六冊

320000－1644－0000725　204/94
嘯亭雜錄八卷續錄二卷　(清)昭槤撰　清光緒二十七年(1901)掃葉山房石印本　六冊

320000－1644－0000726　204/96
浙東籌防錄四卷　(清)薛福成纂輯　(清)陳昀等參訂　清光緒十三年(1887)刻本　四冊

320000－1644－0000727　204/96f2
浙東籌防錄四卷　(清)薛福成纂輯　(清)陳昀等參訂　清光緒十三年(1887)刻本　四冊

320000－1644－0000728　204/96f3
浙東籌防錄四卷　(清)薛福成纂輯　(清)陳昀等參訂　清光緒十三年(1887)刻本　四冊

320000－1644－0000729　204/99
韓南溪四種　(清)韓超撰　清宣統二年(1910)泉唐汪氏鉛印本　一冊

320000－1644－0000730　204/100
靖康傳信錄三卷　(宋)李綱撰　清光緒十年(1884)刻邵武徐氏叢書本　二冊

320000－1644－0000731　204/102
中西紀事二十四卷附錄一卷　(清)夏燮撰　清末刻本　二冊

320000－1644－0000732　204/102＝2
中西紀事二十四卷附錄一卷　(清)夏燮撰

清光緒十年(1884)江上草堂木活字印本 六冊

320000－1644－0000733 204/103
清史攬要六卷 (日本)增田貢著 清光緒二十九年(1903)善成堂刻本 四冊

320000－1644－0000734 204/104
十六國春秋一百卷 (北魏)崔鴻撰 (明)屠喬孫等重輯 清乾隆刻本 二十冊

320000－1644－0000735 205.1/1＝2
碑傳集一百六十卷首二卷 (清)錢儀吉纂錄 **續八十六卷首二卷** 繆荃孫纂錄 清光緒十九(1893)江蘇書局刻本 八十四冊

320000－1644－0000736 205.1/5
儒林宗派十六卷 (清)萬斯同撰 清宣統三年(1911)浙江圖書館刻本 二冊

320000－1644－0000737 205.1/5＝2
儒林宗派十六卷 (清)萬斯同撰 清鈔本 一冊

320000－1644－0000738 205.1/9
理學宗傳二十六卷 (清)孫奇逢輯 清光緒六年(1880)浙江書局刻本 十二冊

320000－1644－0000739 205.1/9f2
理學宗傳二十六卷 (清)孫奇逢輯 清光緒六年(1880)浙江書局刻本 十二冊

320000－1644－0000740 205.1/10
弘簡錄二百五十四卷 (明)邵經邦撰 清康熙二十七年(1688)邵氏刻本 八十冊

320000－1644－0000741 205.1/10f2
弘簡錄二百五十四卷 (明)邵經邦撰 清康熙二十七年(1688)邵氏刻本 六十冊

320000－1644－0000742 205.1/10＝2
續弘簡錄元史類編四十二卷 (清)邵遠平撰 清康熙四十五年(1706)繼善堂刻本 二十冊

320000－1644－0000743 205.1/10＝2f2
續弘簡錄元史類編四十二卷 (清)邵遠平撰 清康熙四十五年(1706)繼善堂刻本 十二冊

320000－1644－0000744 205.1/11
廿二史言行略四十二卷 (清)過元昄輯 清嘉慶十五年(1810)拜經齋刻本 十二冊

320000－1644－0000745 205.1/12
春秋列傳十卷 (明)劉節編 明崇禎十四年(1641)刻本 六冊

320000－1644－0000746 205.1/14
前明忠義別傳不分卷 (清)汪有典撰 清同治陝甘公所刻本 八冊

320000－1644－0000747 205.1/18
畿輔人物考八卷 (清)孫奇逢輯 清同治八年(1869)兼山堂刻本 八冊

320000－1644－0000748 205.1/21
國朝先正事略六十卷 (清)李元度撰 清同治六年(1867)循陔草堂刻本 二十四冊

320000－1644－0000749 205.1/21＝2
國朝先正事略六十卷 (清)李元度撰 清光緒二十五(1899)上海圖書集成局鉛印本 八冊

320000－1644－0000750 205.1/21:2
國朝先正事略續編四卷 朱孔彰撰 清光緒二十七年(1901)寄廬石印本 四冊

320000－1644－0000751 205.1/21:2＝2
中興名臣事略八卷咸豐以來功臣列傳三十卷國朝先正事略續編四卷 朱孔彰撰 清石印本 二冊

320000－1644－0000752 205.1/21:2＝4
中興名臣事略八卷咸豐以來功臣列傳三十卷國朝先正事略續編四卷 朱孔彰撰 清光緒二十五年(1899)掃葉山房石印本 六冊

320000－1644－0000753 205.1/21:2＝5
中興名臣事略八卷咸豐以來功臣列傳三十卷國朝先正事略續編四卷 朱孔彰撰 清光緒二十五年(1899)上海圖書集成印書局鉛印本 四冊

320000－1644－0000754 205.1/23

宋名臣言行錄前集十卷後集十四卷　(宋)朱熹輯　**續集八卷别集二十六卷外集十七卷**　(宋)李幼武輯　清光緒七年(1881)臨川桂氏刻本　十二册

320000－1644－0000755　205.1/23f2
宋名臣言行錄前集十卷後集十四卷　(宋)朱熹輯　**續集八卷别集二十六卷外集十七卷**　(宋)李幼武輯　清光緒七年(1881)臨川桂氏刻本　十二册

320000－1644－0000756　205.1/26
古列女傳八卷　(漢)劉向撰　(明)黄魯曾贊　清光緒三年(1877)湖北崇文書局刻本　四册

320000－1644－0000757　205.1/26＝2
古列女傳八卷　(漢)劉向撰　(晉)顧愷之畫　清道光五年(1825)揚州阮氏影宋刻本　一册

320000－1644－0000758　205.1/26＝3
列女傳八卷　(漢)劉向編撰　(清)梁端校注　清上海會文堂石印本　二册

320000－1644－0000759　205.1/26＝4
列女傳八卷　(漢)劉向編撰　(清)梁端校注　清同治十三年(1874)刻本　二册

320000－1644－0000760　205.1/27
高士傳三卷　(晉)皇甫謐撰　(清)任熊繪　清光緒刻本　三册

320000－1644－0000761　205.1/28
於越先賢像傳贊二卷　(清)王齡撰　(清)任熊繪　清光緒三年(1877)刻本　二册

320000－1644－0000762　205.1/29
西州後賢志一卷　(晉)常璩撰　清刻本　一册

320000－1644－0000763　205.1/30:1
續疑年錄四卷　(清)吳修編　清嘉慶刻本　一册

320000－1644－0000764　205.1/30:2
三續疑年錄十卷　(清)陸心源編　清光緒五年(1879)刻本　三册

320000－1644－0000765　205.1/31
碧血錄五卷　(清)莊仲方編錄　清光緒八年(1882)上海同文書局石印本　五册

320000－1644－0000766　205.1/32
練川名人畫像四卷附二卷續編三卷　(清)程祖慶輯　清道光二十九年(1849)程氏陔南草堂刻本　二册

320000－1644－0000767　205.1/33
孔門弟子傳略二卷　(明)夏洪基編輯　清雍正夢鶴草堂刻本　四册

320000－1644－0000768　205.1/34
百將圖傳二卷　(清)丁日昌輯　清同治九年(1870)刻本　四册

320000－1644－0000769　205.1/35
群輔錄一卷　(晉)陶潛撰　(清)章文在校　清刻本　一册

320000－1644－0000770　205.1/36
貳臣傳十二卷逆臣傳四卷　(清)國史館編　清道光都城琉璃廠半松居士刻本　八册

320000－1644－0000771　205.1/38
歷代名臣言行錄二十四卷首一卷　(清)朱桓輯　清光緒三十年(1904)上海商務印書館鉛印本　八册

320000－1644－0000772　205.1/39
國朝漢學師承記八卷國朝經師經義目錄一卷國朝宋學淵源記二卷附一卷　(清)江藩撰　清咸豐四年(1854)刻本　六册

320000－1644－0000773　205.1/39＝2
國朝漢學師承記八卷國朝經師經義目錄一卷　(清)江藩撰　清光緒二十一年(1895)上海文海書局石印本　二册

320000－1644－0000774　205.1/41
尚友錄二十二卷補遺二十二卷　(明)廖用賢編纂　(清)張伯琮補輯　(清)潘遵祁補　清光緒十四年(1888)上海點石齋石印本　四册

320000－1644－0000775　205.1/41＝2

尚友錄二十二卷　(明)廖用賢編纂　(清)張伯琮補輯　清光緒十六年(1890)上海掃葉山房銅活字印本　六冊

320000－1644－0000776　205.1/43
史傳三編五十一卷　(清)朱軾編　清同治三年(1864)刻本　二十二冊

320000－1644－0000777　205.1/45
己未詞科錄十二卷首一卷　(清)秦瀛輯　清光緒十四年(1888)無錫藝文齋木活字印本　六冊

320000－1644－0000778　205.1/46
文獻徵存錄十卷　(清)錢林輯　(清)王藻編　清咸豐八年(1858)有嘉樹軒刻本　十冊

320000－1644－0000779　205.1/47
安危注四卷　(明)吳甡輯　清康熙吳氏刻本　二冊

320000－1644－0000780　205.1/49
伊洛淵源續錄二十卷　(清)張伯行輯　(清)陳紹濂校　清康熙五十年(1711)張氏正誼堂刻本　四冊

320000－1644－0000781　205.1/50
歷代名臣傳續編五卷　(清)朱軾輯　清刻本　二冊

320000－1644－0000782　205.2/1
鄂國金佗粹編二十八卷續編三十卷　(宋)岳珂輯　清光緒九年(1883)浙江書局刻本　十二冊

320000－1644－0000783　205.2/2
魏鄭公諫續錄二卷　(元)翟思忠撰　清刻本　一冊

320000－1644－0000784　205.2/3
竹垞小志五卷　(清)楊蟠等編錄　清嘉慶三年(1798)七錄書閣刻本　一冊

320000－1644－0000785　205.2/4
陸清獻公蒞嘉遺跡三卷　(清)黃維玉輯　清同治六年(1867)上海道署刻本　一冊

320000－1644－0000786　205.2/5
楊文靖公傳一卷　(宋)呂本中等輯撰　清鈔本　一冊

320000－1644－0000787　205.2/6＝2
中國四十年來大事記一卷　梁啟超撰　清光緒二十七年(1901)石印本　一冊

320000－1644－0000788　205.2/8
鑑湖女俠秋君墓表一卷　徐自華撰　吳芝瑛書　清光緒三十四年(1908)悲秋閣鉛印本　一冊

320000－1644－0000789　205.2/9
孔夫子一卷　(清)貫三氏撰　清光緒二十八年(1902)石印本　一冊

320000－1644－0000790　205.3/2
孔子編年四卷　(清)狄子奇撰　清光緒十三(1887)浙江書局刻本　一冊

320000－1644－0000791　205.3/3
孟子編年四卷　(清)狄子奇撰　清光緒十三(1887)浙江書局刻本　一冊

320000－1644－0000792　205.3/4
朱子年譜四卷考異四卷附錄二卷　(清)王懋竑纂訂　清乾隆十七年(1752)白田草堂刻本　四冊

320000－1644－0000793　205.3/4＝2
朱子年譜四卷考異四卷附錄二卷　(清)王懋竑纂訂　清末浙江書局刻本　四冊

320000－1644－0000794　205.3/4＝3
朱子年譜四卷考異四卷附錄二卷　(清)王懋竑纂訂　清蔚文堂刻本　十二冊

320000－1644－0000795　205.3/7
顧亭林先生年譜　(清)張穆校輯　清道光二十四年(1844)刻本　一冊

320000－1644－0000796　205.3/10
弇山畢公[沅]年譜一卷　(清)史善長撰　清同治十一年(1872)刻本　一冊

320000－1644－0000797　205.3/11
閻潛丘先生[若璩]年譜一卷　(清)張穆編　清道光二十七年(1847)壽陽祁氏刻本　一冊

320000－1644－0000798　205.3/12
李恕谷先生[塨]年譜五卷　(清)馮辰纂　清道光十六年(1836)李誥刻本　三冊

320000－1644－0000799　205.3/14
頤壽老人[錢寶琛]年譜二卷　(清)錢寶琛自訂　(清)錢鼎銘　(清)錢鼒銘注　清同治八年(1869)刻本　一冊

320000－1644－0000800　205.3/17
歸震川先生[有光]年譜一卷　(清)孫岱輯　清嘉慶五年(1800)三潞齋刻本　一冊

320000－1644－0000801　205.3/18
方望溪先生年譜一卷　(清)蘇惇元輯　清道光二十七年(1847)刻本　一冊

320000－1644－0000802　205.3/22
行年紀略一卷　(清)王寶仁自述　清光緒九年(1883)舊香居刻本　一冊

320000－1644－0000803　205.3/26
歷代名人年譜十卷存疑及生卒年月無考一卷　(清)吳榮光撰　清咸豐二年(1852)刻本　五冊

320000－1644－0000804　205.3/26＝2
歷代名人年譜十卷存疑及生卒年月無考一卷　(清)吳榮光撰　清光緒二年(1876)京都寶經書坊刻本　十冊

320000－1644－0000805　205.3/28
韓柳年譜八卷　(清)馬曰璐輯　清雍正七年(1729)廣陵馬氏小玲瓏山館刻本　四冊

320000－1644－0000806　205.3/29
徵君孫先生[奇逢]年譜二卷　(清)湯斌等輯　清乾隆元年(1736)刻本　二冊

320000－1644－0000807　205.3/31
曾文正公[國藩]年譜十二卷　(清)黎庶昌編輯　清光緒二年(1876)傳忠書局刻本　五冊

320000－1644－0000808　205.3/31f2
曾文正公[國藩]年譜十二卷　(清)黎庶昌編輯　清光緒二年(1876)傳忠書局刻本　五冊

320000－1644－0000809　205.3/32
戴東原先生[震]年譜一卷　(清)段玉裁編　清刻本　一冊

320000－1644－0000810　205.4/4
曾文正公手書日記不分卷　(清)曾國藩撰　清宣統元年(1909)上海中國圖書公司石印本　四十冊

320000－1644－0000811　205.4/9
求闕齋日記類鈔二卷　(清)曾國藩撰　(清)王啟原輯　清光緒二年(1876)傳忠書局刻本　二冊

320000－1644－0000812　205.4/9f2
求闕齋日記類鈔二卷　(清)曾國藩撰　(清)王啟原輯　清光緒二年(1876)傳忠書局刻本　二冊

320000－1644－0000813　205.4/9＝2
求闕齋日記類鈔十卷　(清)曾國藩撰　清光緒十年(1884)上海還讀樓刻本　二冊

320000－1644－0000814　205.4/10
西征日記一卷　(清)汪振聲撰　清光緒二十六年(1900)刻本　一冊

320000－1644－0000815　205.4/13
游譜一卷餘錄一卷　(清)孫奇逢著　清順治十二年(1655)刻本　一冊

320000－1644－0000816　205.4/15
宜州乙酉家乘一卷　(宋)黄庭堅撰　**吳船錄二卷**　(宋)范成大撰　清乾隆五十九年(1794)長塘鮑氏刻本　一冊

320000－1644－0000817　205.4/16
蜀輶日記四卷　(清)陶澍撰　清光緒七年(1881)刻本　四冊

320000－1644－0000818　205.6/1
孔子世家譜二十二卷首一卷　(清)孔昭煥等纂修　清乾隆十年(1745)刻本　八冊

320000－1644－0000819　205.6/4
闕里文獻考一百卷首一卷末一卷　(清)孔繼汾撰　清乾隆二十七年(1762)刻本　十冊

320000－1644－0000820　205.6/4＝1

闕里文獻考一百卷首一卷末一卷　(清)孔繼汾撰　清乾隆二十七年(1762)刻本　八冊

320000－1644－0000821　205.6/5
闕里志二十四卷　(明)陳鎬編　(清)孔胤植重修　明崇禎刻清增修本　十冊

320000－1644－0000822　205.6/6
程朱闕里志八卷首一卷　(明)趙滂輯　清雍正三年(1725)紫陽書院刻本　六冊

320000－1644－0000823　205.7/2
錫山遊庠錄一卷首一卷　(清)邵涵初編　清光緒四年(1878)刻本　二冊

320000－1644－0000824　205.8/1
唐御史臺精舍題名考三卷　(清)趙鉞　(清)勞格撰　清光緒六年(1880)箬溪丁氏刻本　三冊

320000－1644－0000825　205.8/2
宗室王公世職章京爵秩襲次全表十卷　(清)牟其汶編輯　清光緒三十二年(1906)石印本　十冊

320000－1644－0000826　205.8/3
熙朝宰輔錄一卷　(清)潘世恩撰　清道光十八年(1838)思補軒刻本　一冊

320000－1644－0000827　205.8/4
大清搢紳全書不分卷　(清)□□編　清光緒三十年(1904)刻本　四冊

320000－1644－0000828　205.9/1
史姓韻編六十四卷　(清)汪輝祖編　清同治九年(1870)金陵書局活字印本　二十四冊

320000－1644－0000829　205.9/2
元和姓纂十卷　(唐)林寶撰　(清)孫星衍校　清光緒六年(1880)金陵書局刻本　四冊

320000－1644－0000830　205.9/5
增廣百家姓一卷　(清)□□編　清刻本　一冊

320000－1644－0000831　205.9/6
百家姓考略一卷　(清)王相撰　清歙西徐氏刻本　一冊

320000－1644－0000832　205.10/1＝2
晏子春秋七卷音義二卷　(清)孫星衍撰　清乾隆五十三年(1788)陽湖孫氏刻本　二冊

320000－1644－0000833　205.10/2
旌孝錄一卷　(□)□□輯　清咸豐五年(1855)刻本　一冊

320000－1644－0000834　205.10/8
闕里述聞十四卷　(清)鄭曉如撰　清同治七年(1868)華文堂刻本　八冊

320000－1644－0000835　205.10/10
洪廬江祀典徵實二卷　章世溶等編次　清同治八年(1869)涇縣鄉賢祠刻本　一冊

320000－1644－0000836　205.10/11
關聖帝君聖蹟圖志全集五卷　(清)盧湛輯　清道光二十九年(1849)礪金堂刻本　六冊

320000－1644－0000837　205.10/14
徐雨峯中丞勘語四卷　(清)徐士林撰　清光緒三十二年(1906)武進李氏聖譯樓刻本　四冊

320000－1644－0000838　205.11/4
蘇米志林三卷　(明)毛晉輯　明天啟常熟毛氏綠君亭刻本　二冊

320000－1644－0000839　205.11/7
花甲閒談十六卷　(清)張維屏撰　(清)葉夢草繪　清光緒十年(1884)上海同文書局石印本　四冊

320000－1644－0000840　206/1
二十一史四譜五十四卷　(清)沉炳震輯　清同治十年(1871)武林吳氏清來堂刻本　十六冊

320000－1644－0000841　206/2
史緯三百三十卷　(清)陳允錫刪修　清雍正四年(1726)刻本　一百二十冊

320000－1644－0000842　206/3
漢書蒙拾三卷後漢書蒙拾二卷　(清)杭世駿撰　清光緒十年(1884)上海同文書局石印本　二冊

320000－1644－0000843　206/4
心孩公讀史拾遺不分卷　(清)秦邦駿輯　清鈔本　六冊

320000－1644－0000844　206/5
南史識小錄十四卷北史識小錄十四卷　(清)沈銘葇　(清)朱昆田輯　(清)張應昌補正　清同治十年(1871)武林吳氏清來堂刻本　十二冊

320000－1644－0000845　206/5f2
南史識小錄十四卷北史識小錄十四卷　(清)沈銘葇　(清)朱昆田輯　(清)張應昌補正　清同治十年(1871)武林吳氏清來堂刻本　八冊

320000－1644－0000846　206/6
史存三十卷　(清)劉沅輯　清咸豐六年(1856)致福樓刻本　二十四冊

320000－1644－0000847　206/7
讀史碎金注八十卷　(清)胡文炳輯　清刻本　八十冊

320000－1644－0000848　206/8
南北史捃華八卷　(清)周嘉猷輯　清同治十一年(1872)南園寄社木活字印本　四冊

320000－1644－0000849　206/9
明良志略一卷　(清)劉沅輯錄　清道光二十九年(1849)刻本　一冊

320000－1644－0000850　206/10
鑑撮四卷　(清)曠敏本編　清道光刻本　四冊

320000－1644－0000851　206/13
漢雋十卷　(宋)林鉞輯　明萬曆十二年(1584)呂元刻本　二冊

320000－1644－0000852　206/14
荆川先生精選批點史記十二卷　(明)唐順之輯　明嘉靖刻本　十冊

320000－1644－0000853　206/15
史鑑節要便讀六卷　(清)鮑東里撰　清光緒十三年(1887)刻本　二冊

320000－1644－0000854　206/15＝2
史鑑節要六卷　(清)鮑東里撰　清光緒二十七年(1901)杞廬刻本　三冊

320000－1644－0000855　206/15＝3
史鑑節要便讀六卷　(清)鮑東里撰　清光緒石印本　二冊　存四卷(一至二、四至五)

320000－1644－0000856　206/19
史略八十七卷　(清)朱堃輯　清光緒十三年(1887)上海積山書局石印本　六冊

320000－1644－0000857　206/19f2
史略八十七卷　(清)朱堃輯　清光緒十三年(1887)上海積山書局石印本　六冊

320000－1644－0000858　206/20
廿四史約編八卷首一卷　(清)鄭元慶撰　清光緒二十二年(1896)煥文書局石印本　八冊

320000－1644－0000859　206/21
二十一史約編八卷首一卷　(清)鄭元慶撰　清愛日堂刻本　八冊

320000－1644－0000860　206/21＝2
二十一史約編八卷首一卷　(清)鄭元慶撰　清光緒十三年(1887)石印本　四冊

320000－1644－0000861　206/24
前漢書精華錄四卷後漢書精華錄二卷　(清)高塘撰　清光緒二十五年(1899)慎記書莊石印本　六冊

320000－1644－0000862　207/3
廿二史劄記三十六卷補遺一卷　(清)趙翼撰　清末文瑞樓石印本　六冊

320000－1644－0000863　207/3＝2
廿二史劄記三十六卷補遺一卷　(清)趙翼撰　清壽考堂刻本　十六冊

320000－1644－0000864　207/3＝3
廿二史劄記三十六卷補遺一卷　(清)趙翼撰　清嘉慶五年(1800)湛貽堂刻本　十六冊

320000－1644－0000865　207/3＝3f2
廿二史劄記三十六卷補遺一卷　(清)趙翼撰　清嘉慶五年(1800)湛貽堂刻本　十一冊

320000－1644－0000866　207/8
歸方評點史記合筆六卷　(清)王拯輯　清光緒元年(1875)望三益齋刻本　四冊

320000－1644－0000867　207/9
史通削繁四卷　(清)紀昀撰　清道光十三年(1833)兩廣節署刻朱墨套印本　四冊

320000－1644－0000868　207/9f2
史通削繁四卷　(清)紀昀撰　清道光粵東雙門底芸香堂刻朱墨套印本　四冊

320000－1644－0000869　207/9＝3
史通削繁四卷　(清)紀昀撰　清光緒元年(1875)湖北崇文書局刻本　四冊

320000－1644－0000870　207/10
史通通釋二十卷　(清)浦起龍撰　清光緒二十年(1894)上海積山書局石印本　八冊

320000－1644－0000871　207/11
讀史論略一卷　(清)杜詔撰　清光緒二十五年(1899)湘西黃世傑刻本　一冊

320000－1644－0000872　207/11f2
讀史論略一卷　(清)杜詔撰　清光緒二十五年(1899)湘西黃世傑刻本　一冊

320000－1644－0000873　207/11＝2
讀史論略一卷　(清)杜詔撰　清刻本　一冊

320000－1644－0000874　207/12
讀史大略六十卷首一卷　(清)沙張白撰　**小沙子史略一卷**　(清)沙晉撰　清光緒二十七年(1901)上海祥記書莊石印本　六冊

320000－1644－0000875　207/12＝2
讀史大略六十卷首一卷　(清)沙張白撰　**小沙子史略一卷**　(清)沙晉撰　清道光二十五年(1845)刻本　十二冊

320000－1644－0000876　207/13
歷代史論十二卷　(明)張溥撰　清光緒十三年(1887)掃葉山房刻本　八冊

320000－1644－0000877　207/13＝3
歷代史論十二卷　(明)張溥撰　清光緒上洋珍藝書局鉛印本　七冊

320000－1644－0000878　207/13＝4
歷代史論十二卷　(明)張溥撰　清光緒五年(1879)西江萱氏刻本　六冊

320000－1644－0000879　207/14
歷代史論二卷　(明)顧充撰　清光緒十三年(1887)掃葉山房刻本　二冊

320000－1644－0000880　207/15
史闕十四卷　(明)張岱撰　清道光四年(1824)吳興鄭氏刻本　六冊

320000－1644－0000881　207/19
唐書直筆四卷　(宋)呂夏卿撰　清光緒四年(1878)金山錢氏刻本　一冊

320000－1644－0000882　207/20
歷朝史案二十卷　(清)吳裕垂撰　(清)洪亮吉編　清刻本　六冊

320000－1644－0000883　207/26
漢書評林一百卷　(明)淩稚隆輯　清光緒二十七年(1901)上海天章書局石印本　十二冊

320000－1644－0000884　207/27
東萊先生音注唐鑑二十四卷　(宋)范祖禹撰　(宋)呂祖謙注　明呂鏜刻本　四冊

320000－1644－0000885　207/29
讀史鏡古編三十二卷　(清)潘世恩輯　清道光四年(1824)鳳池園刻本　十二冊

320000－1644－0000886　207/29＝2
讀史鏡古編三十二卷　(清)潘世恩輯　清同治十三年(1874)冶城飛霞閣刻本　六冊

320000－1644－0000887　207/31
文史通義八卷校讎通義三卷　(清)章學誠著　清光緒二十七年(1901)上海多文閣石印本　四冊

320000－1644－0000888　207/31＝2
文史通義八卷校讎通義三卷　(清)章學誠著　清宣統三年(1911)上海廣益書局鉛印本　一冊

320000－1644－0000889　208/1
經濟通考續集十六卷　(清)應祖錫編　清光

緒二十九年(1903)上海鴻寶書局石印本　十冊

320000－1644－0000890　208/2
五大洲政治通考四十八卷　(清)急先務齋主人輯　清光緒二十七年(1901)石印本　十二冊

320000－1644－0000891　208/3
三通考輯要七十六卷　湯壽潛輯　清光緒二十五年(1899)圖書集成局鉛印本　三十冊

320000－1644－0000892　208/4
文獻通考輯要二十四卷　湯壽潛輯　清光緒二十五年(1899)圖書集成局鉛印本　十冊

320000－1644－0000893　208/6
三通序不分卷　(唐)杜佑等纂　清光緒二十年(1894)上海書局石印本　二冊

320000－1644－0000894　208/8
紀元編三卷末一卷　(清)李兆洛撰　(清)六承如錄　清同治十年(1871)合肥李氏刻本　二冊

320000－1644－0000895　208/8＝2
紀元編三卷末一卷　(清)李兆洛撰　(清)六承如錄　清光緒刻本　二冊

320000－1644－0000896　208/8＝3
紀元編三卷末一卷　(清)李兆洛撰　(清)六承如錄　清光緒十四年(1888)上海蜚英館石印本　三冊

320000－1644－0000897　208.1/3
通典二百卷附欽定通典考證一卷　(清)杜佑撰　清光緒二十七年(1901)上海圖書集成局鉛印本　十五冊

320000－1644－0000898　208.1/3f2
通典二百卷附欽定通典考證一卷　(清)杜佑撰　清光緒二十七年(1901)上海圖書集成局鉛印本　十五冊

320000－1644－0000899　208.1/3f3
通典二百卷附欽定通典考證一卷　(清)杜佑撰　清光緒二十七年(1901)上海圖書集成局鉛印本　十五冊

320000－1644－0000900　208.1/4
皇朝通典一百卷　(清)嵇璜等纂修　清光緒二十七年(1901)上海圖書集成局鉛印本　十二冊

320000－1644－0000901　208.1/4f2
皇朝通典一百卷　(清)嵇璜等纂修　清光緒二十七年(1901)上海圖書集成局鉛印本　十二冊

320000－1644－0000902　208.1/5
欽定續通典一百五十卷　(清)嵇璜　(清)曹仁虎纂修　清光緒二十七年(1901)上海圖書集成局鉛印本　十二冊

320000－1644－0000903　208.1/5f2
欽定續通典一百五十卷　(清)嵇璜　(清)曹仁虎纂修　清光緒二十七年(1901)上海圖書集成局鉛印本　十二冊

320000－1644－0000904　208.1/6
文獻通考二十四卷　(元)馬端臨撰　(明)胡震亨輯　清光緒二十年(1894)上海點石齋石印本　二十冊

320000－1644－0000905　208.1/6f2
文獻通考二十四卷　(元)馬端臨撰　(明)胡震亨輯　清光緒二十年(1894)上海點石齋石印本　二十冊

320000－1644－0000906　208.1/6＝2
文獻通考三百四十八卷欽定通考考證三卷　(元)馬端臨撰　清光緒二十七年(1901)上海圖書集成局鉛印本　四十四冊

320000－1644－0000907　208.1/6＝3
文獻通考三百四十八卷　(元)馬端臨撰　清光緒二十八年(1902)貫吾齋石印本　二十冊

320000－1644－0000908　208.1/7
欽定續文獻通考二百五十卷　(清)嵇璜　(清)曹仁虎纂修　清光緒二十七年(1901)上海圖書集成局鉛印本　三十二冊

320000－1644－0000909　208.1/7＝2

欽定續文獻通考二百五十卷　（清）嵇璜　（清）曹仁虎纂修　清光緒二十八年（1902）石印本　三十二册

320000－1644－0000910　208.1/8
皇朝文獻通考三百卷　（清）嵇璜等纂修　清光緒二十七年（1901）上海圖書集成局鉛印本　四十册

320000－1644－0000911　208.1/8＝2
皇朝文獻通考三百卷　（清）嵇璜等纂修　清光緒二十八年（1902）上海鴻寶書局石印本　三十二册

320000－1644－0000912　208.1/9
文獻通考詳節二十四卷　（元）馬端臨撰　（清）嚴虞惇錄　清光緒五年（1879）八杉齋刻本　十二册

320000－1644－0000913　208.1/10
通志二百卷附欽定通志考證三卷　（宋）鄭樵撰　清光緒二十七年（1901）上海圖書集成局鉛印本　六十册

320000－1644－0000914　208.1/10f2
通志二百卷附欽定通志考證三卷　（宋）鄭樵撰　清光緒二十七年（1901）上海圖書集成局鉛印本　六十册

320000－1644－0000915　208.1/11
欽定續通志六百四十卷　（清）嵇璜　（清）曹仁虎纂修　清光緒二十八年（1902）石印本　二十四册

320000－1644－0000916　208.1/11＝2
欽定續通志六百四十卷　（清）嵇璜　（清）曹仁虎纂修　清光緒二十七年（1901）上海圖書集成局鉛印本　六十册

320000－1644－0000917　208.1/11＝2f2
欽定續通志六百四十卷　（清）嵇璜　（清）曹仁虎纂修　清光緒二十七年（1901）上海圖書集成局鉛印本　五十九册　缺八卷（二百七十三至二百八十）

320000－1644－0000918　208.1/11＝2f3
欽定續通志六百四十卷　（清）嵇璜　（清）曹仁虎纂修　清光緒二十七年（1901）上海圖書集成局鉛印本　六十册

320000－1644－0000919　208.1/12
皇朝通志一百二十六卷　（清）嵇璜等纂修　清光緒二十七年（1901）上海圖書集成局鉛印本　十二册

320000－1644－0000920　208.1/12f2
皇朝通志一百二十六卷　（清）嵇璜等纂修　清光緒二十七年（1901）上海圖書集成局鉛印本　十二册

320000－1644－0000921　208.1/13
通志略五十二卷　（宋）鄭樵撰　（明）陳宗夔校　清乾隆十三年（1748）金匱山房刻本　二十四册

320000－1644－0000922　208.1/14
六通訂誤六卷　（清）席裕福等撰　清上海圖書集成局鉛印本　二册

320000－1644－0000923　208.1/15
春秋會要四卷　（清）姚彦渠輯　清光緒十四年（1888）刻本　二册

320000－1644－0000924　208.1/16
秦會要二十六卷　（清）孫楷撰　清光緒三十一年（1905）湘潭孫氏刻本　四册

320000－1644－0000925　208.1/17
欽定訓飭州縣規條一卷　（清）田文鏡　（清）李衛撰　清同治七年（1868）江蘇書局刻本　一册

320000－1644－0000926　208.1/19
五代會要三十卷　（宋）王溥撰　清光緒十二年（1886）江蘇書局刻本　六册

320000－1644－0000927　208.1/20
大清會典四卷　（清）仁宗顒琰續修　清同治十一年（1872）湖北崇文書局刻本　四册

320000－1644－0000928　208.1/21
欽定大清會典一百卷　（清）崑岡等纂　清刻本　二十四册

320000－1644－0000929　208.1/22
欽定大清會典一百卷　(清)崑岡等纂　清宣統元年(1909)南洋官書局石印本　十二冊

320000－1644－0000930　208.1/23
欽定三通考證一卷　(清)□□輯　清光緒二十八年(1902)貫吾齋石印本　一冊

320000－1644－0000931　208.1/24
九通分類總纂二百四十卷　(清)汪鐘霖撰　清光緒二十八年(1902)上海文瀾書局石印本　六十四冊

320000－1644－0000932　208.1/27
皇朝政典挈要八卷　(日本)增田貢原著　(清)毛淦補編　清光緒二十八年(1902)上海書局石印本　四冊

320000－1644－0000933　208.2/1
紀元通考十二卷　(清)葉維庚撰　清道光八年(1828)鐘秀山房刻本　四冊

320000－1644－0000934　208.2/3
聖祖五幸江南全錄一卷　(清)□□撰　清宣統二年(1910)鉛印本　一冊

320000－1644－0000935　208.2/3f2
聖祖五幸江南全錄一卷　(清)□□撰　清宣統二年(1910)鉛印本　一冊

320000－1644－0000936　208.2/3f3
聖祖五幸江南全錄一卷　(清)□□撰　清宣統二年(1910)鉛印本　一冊

320000－1644－0000937　208.2/3f4
聖祖五幸江南全錄一卷　(清)□□撰　清宣統二年(1910)鉛印本　一冊

320000－1644－0000938　208.2/5
南巡盛典一百二十卷　(清)高晉等輯　清光緒八年(1882)上海點石齋石印本　八冊

320000－1644－0000939　208.2/6
文廟通考六卷首一卷　(清)牛樹梅輯　清同治十一年(1885)浙江書局刻本　二冊

320000－1644－0000940　208.2/7
學宮志不分卷　(清)□□撰　清光緒二十五年(1899)溧陽志書局活字印本　一冊

320000－1644－0000941　208.2/9
大清通禮五十卷　(清)穆克登額等纂　清光緒九年(1883)江蘇書局刻本　十二冊

320000－1644－0000942　208.2/10
吾學錄初編二十四卷　(清)吳榮光撰　清道光二十九年(1849)刻本　六冊

320000－1644－0000943　208.2/10＝2
吾學錄初編二十四卷　(清)吳榮光撰　清光緒二十年(1894)寶善書局石印本　四冊

320000－1644－0000944　208.2/10＝3
吾學錄初編二十四卷　(清)吳榮光撰　清同治九年(1870)江蘇書局刻本　六冊

320000－1644－0000945　208.2/11
皇朝祭器樂舞錄二卷　(清)徐暢達輯　清同治十年(1871)楚北崇文書局刻本　三冊

320000－1644－0000946　208.3/2
新編吏治懸鏡八卷　(清)徐文弼輯　清刻本　八冊

320000－1644－0000947　208.3/3
學治臆說二卷　(清)汪輝祖撰　清乾隆五十八年(1793)刻本　一冊

320000－1644－0000948　208.3/4
為政忠告三種　(元)張養浩撰　清光緒三十二年(1906)騆山顧氏石印本　一冊

320000－1644－0000949　208.3/4＝2
為政忠告三種　(元)張養浩撰　清光緒十四年(1888)刻本　一冊

320000－1644－0000950　208.3/8
漢官問答五卷　(清)陳樹鏞撰　清宣統二年(1910)泉唐汪氏鉛印本　一冊

320000－1644－0000951　208.4/1
荒政輯要九卷首一卷　(清)汪志伊纂　清同治八年(1869)楚北崇文書局刻本　二冊

320000－1644－0000952　208.4/2
熙朝紀政八卷　(清)王慶雲撰　清光緒二十

八年(1902)上海書局鉛印本　二冊

320000－1644－0000953　208.4/3
錢穀備要十卷　(清)王又槐編輯　清光緒十九年(1893)上海古香閣石印本　二冊

320000－1644－0000954　208.4/5
四川鹽法志四十卷首一卷　(清)丁寶楨等纂　清光緒八年(1882)刻本　二十冊

320000－1644－0000955　208.4/7
籌濟編三十二卷首一卷　(清)楊景仁輯　清光緒九年(1883)武昌書局刻本　八冊

320000－1644－0000956　208.4/8
欽定重修兩浙鹽法志三十卷首二卷　(清)阮元　(清)延豐等纂修　清同治十三年(1874)刻本　二十四冊

320000－1644－0000957　208.4/8＝2
兩浙鹽法續纂備考十二卷　(清)楊昌浚等纂　清同治十三年(1874)刻本　十二冊

320000－1644－0000958　208.4/9
欽定康濟錄四卷　(清)倪國璉撰　清同治三年(1864)浙江撫署刻本　三冊

320000－1644－0000959　208.4/9f2
欽定康濟錄四卷　(清)倪國璉撰　清同治三年(1864)浙江撫署刻本　三冊

320000－1644－0000960　208.4/11
籌洋芻議一卷　(清)薛福成撰　清光緒十年(1884)刻本　一冊

320000－1644－0000961　208.4/11＝2
籌洋芻議一卷　(清)薛福成撰　清光緒二十三年(1897)上海醉六堂石印本　一冊

320000－1644－0000962　208.5/5
滇緬劃界圖説一卷　(清)薛福成撰　清光緒二十八年(1902)無錫傳經樓石印本　一冊

320000－1644－0000963　208.5/5f2
滇緬劃界圖説一卷　(清)薛福成撰　清光緒二十八年(1902)無錫傳經樓石印本　一冊

320000－1644－0000964　208.5/5f3
滇緬劃界圖説一卷　(清)薛福成撰　清光緒二十八年(1902)無錫傳經樓石印本　一冊

320000－1644－0000965　208.5/5f4
滇緬劃界圖説一卷　(清)薛福成撰　清光緒二十八年(1902)無錫傳經樓石印本　一冊

320000－1644－0000966　208.5/5f5
滇緬劃界圖説一卷　(清)薛福成撰　清光緒二十八年(1902)無錫傳經樓石印本　一冊

320000－1644－0000967　208.5/5f6
滇緬劃界圖説一卷　(清)薛福成撰　清光緒二十八年(1902)無錫傳經樓石印本　一冊

320000－1644－0000968　208.5/6
出使須知一卷　(清)蔡鈞撰　清光緒十年(1884)鉛印本　一冊

320000－1644－0000969　208.6/3
補漢兵志一卷　(宋)錢文子撰　清乾隆四十四年(1779年)刻本　一冊

320000－1644－0000970　208.62/2
朔方備乘六十八卷首十二卷　(清)何秋濤纂輯　清光緒七年(1881)刻本　八冊

320000－1644－0000971　208.62/3
保甲書輯要四卷　(清)徐棟輯　清同治十二年(1873)羊城書局刻本　一冊

320000－1644－0000972　208.63/1
羅景山臺灣海防並開山日記不分卷　(清)羅景山撰　清影印本　一冊

320000－1644－0000973　208.7/6
嘉定長白二先生奏議四卷　夏震武輯　清宣統二年(1910)刻本　二冊

320000－1644－0000974　208.7/10
錢敏肅公奏疏七卷　(清)錢鼎銘撰　清光緒六年(1880)存素堂刻本　四冊

320000－1644－0000975　208.7/11
林文忠公政書三十七卷　(清)林則徐撰　**林文忠公事略一卷**　(清)李元度撰　清光緒刻本　十二冊

320000－1644－0000976　208.7/11＝2
林文忠公政書三十七卷　(清)林則徐撰　清光緒十一年(1885)刻本　十六册

320000－1644－0000977　208.7/13
沈文肅公政書七卷首一卷　(清)沈葆楨撰　清光緒六年(1880)吳門節署刻本　十三册

320000－1644－0000978　208.7/14
李肅毅伯奏議十三卷　(清)李鴻章撰　清光緒石印本　十二册

320000－1644－0000979　208.7/15
曾文正公奏稿三十六卷　(清)曾國藩撰　(清)李瀚章編録　清光緒二年(1876)長沙傳忠書局刻本　三十八册

320000－1644－0000980　208.7/16
曾文正公奏議補編四卷　(清)曾國藩撰　(清)薛福成編　清同治十三年(1874)蘇郡刻本　一册

320000－1644－0000981　208.7/17
曾文正公奏議十卷首一卷末一卷　(清)曾國藩撰　(清)薛福成編　清光緒二十二年(1896)上海圖書集成印書局鉛印本　四册

320000－1644－0000982　208.7/18
駱文忠公奏稿十卷　(清)駱秉章撰　清光緒十七年(1891)刻本　十册

320000－1644－0000983　208.7/19
彭剛直公奏稿八卷　(清)彭玉麟撰　清光緒十七年(1891)刻本　六册

320000－1644－0000984　208.7/19＝2
彭剛直公奏稿八卷　(清)彭玉麟撰　清光緒鉛印本　四册

320000－1644－0000985　208.7/19＝2f2
彭剛直公奏稿八卷　(清)彭玉麟撰　清光緒鉛印本　四册

320000－1644－0000986　208.7/20
三公奏議二十卷　盛宣懷輯　清光緒二年(1876)武進盛氏思補樓刻本　二十册

320000－1644－0000987　208.7/21
世宗憲皇帝上諭内閣一百五十九卷　(清)允祿　(清)弘晝編次　清乾隆粵東藩席刻本　三十二册

320000－1644－0000988　208.7/23
硃批諭旨三百六十卷　(清)鄂爾泰等編　清光緒十三年(1887)上海點石齋影印本　五十八册

320000－1644－0000989　208.7/25
戊戌奏稿一卷　康有為撰　麥仲華編　清宣統三年(1911)鉛印本　一册

320000－1644－0000990　208.7/27
留垣疏草一卷　(明)徐憲卿撰　清光緒八年(1882)刻本　二册

320000－1644－0000991　208.7/28
御授攝政王洪大經略奏對日鈔筆記二卷　(清)洪承疇撰　清光緒十三年(1887)廣百宋齋鉛印本　一册

320000－1644－0000992　叢書33
王船山遺書　(清)王夫之撰　清光緒二十七年(1901)湖南書局刻本　八册　存三種五十九卷(讀通鑑論七至二十四、宋論一至十五、永曆實録一至二十六)

320000－1644－0000993　208.7/7
存素堂集續編四卷　(清)錢寶琛著　清光緒六年(1880)刻本　四册

320000－1644－0000994　208.8/12
重建昭忠祠爵秩姓名録五卷　(清)鹿傳霖修　清光緒三十四年(1908)刻本　六册

320000－1644－0000995　208.8/13
江蘇省例續編不分卷三編不分卷四編不分卷　(清)□□編　清光緒江蘇書局刻本　五册

320000－1644－0000996　208.8/20
天水冰山録不分卷　(清)□□撰　清刻本　四册

320000－1644－0000997　208.8/20f2
天水冰山録不分卷　(清)□□撰　清刻本　四册

320000－1644－0000998　208.8/22

澳門公牘錄存一卷　(清)□□撰　清宣統二年(1910)泉唐汪氏鉛印本　一册

320000－1644－0000999　208.8/24

闈墨不分卷　(□)□□撰　清稿本　一册

320000－1644－0001000　208.9/3

大清律例按語一百四卷　(清)黄恩彤纂　清道光二十七年(1847)海山仙館刻本　一百二十册

320000－1644－0001001　208.9/5

大清律例增修統纂集成四十卷附督捕則例二卷　(清)姚雨薌輯　清光緒二十年(1894)鉛印本　二十四册

320000－1644－0001002　208.9/5＝2

大清律例增修統纂集成四十卷　(清)姚雨薌輯　清光緒三十四年(1908)上海文瑞樓石印本　二十三册

320000－1644－0001003　208.9/8

欽定學堂章程不分卷　(清)張百熙編　清光緒二十八(1902)鉛印本　一册

320000－1644－0001004　208.9/9

磨勘條例摘要一卷　(清)□□輯　清光緒十二年(1886)影印本　一册

320000－1644－0001005　208.9/14

重刊補注洗冤錄集證五卷　(清)王又槐增輯　(清)李觀瀾補輯　**續增洗冤錄辨證三卷**　(清)瞿中溶撰　清宣統元年(1909)上海文瑞樓石印本　五册

320000－1644－0001006　209/2

鐵路要覽三卷　(清)若癡主人撰　清光緒十五年(1889)富文閣石印本　二册

320000－1644－0001007　210/1

月令粹編二十四卷圖説一卷　(清)秦嘉謨輯　清嘉慶十七年(1812)琳琅仙館刻本　八册

320000－1644－0001008　211/1

山海經箋疏十八卷圖讚一卷訂譌一卷　(清)郝懿行撰　清光緒十二年(1886)上海還讀樓刻本　四册

320000－1644－0001009　211/1＝2

山海經箋疏十八卷圖讚一卷訂譌一卷　(清)郝懿行撰　清光緒十九年(1893)五彩公司石印本　五册

320000－1644－0001010　211/2

山海經十八卷　(晉)郭璞傳　(明)吴中珩校　明萬曆刻本　一册

320000－1644－0001011　211/3

山海經十八卷附篇目考一卷　(晉)郭璞傳　(清)畢沅校　清光緒三年(1877)浙江書局刻本　二册

320000－1644－0001012　211/4

山海經廣注十八卷　(清)吴任臣注　清康熙刻本　五册

320000－1644－0001013　211/7

地球韻言四卷　(清)張士瀛撰　清光緒三十年(1904)上海書局石印本　一册

320000－1644－0001014　211.1/2

十六國疆域志十六卷　(清)洪亮吉撰　清光緒四年(1878)授經堂刻本　六册

320000－1644－0001015　211.1/3

東晉疆域志四卷　(清)洪亮吉撰　清光緒十七年(1891)廣雅書局刻本　二册

320000－1644－0001016　211.1/4

漢書地理志校本二卷　(清)汪遠孫撰　清同治十年(1871)永康胡氏退補齋刻本　一册

320000－1644－0001017　211.1/5

天下郡國利病書一百二十卷　(清)顧炎武撰　清道光十四年(1834)濟南雅鑑齋倣聚珍本　七十四册

320000－1644－0001018　211.1/5＝2

天下郡國利病書一百二十卷　(清)顧炎武撰　清光緒慎記書莊石印本　二十四册

320000－1644－0001019　211.1/6

大清中外一統輿圖三十一卷首一卷　(清)嚴樹森編繪　清同治二年(1863)湖北撫署刻本

三十二册

320000－1644－0001020　211.1/6＝2
大清中外一統輿圖三十一卷　(清)嚴樹森編繪　清光緒二十四年(1898)石印本　六册

320000－1644－0001021　211.1/7
楚漢諸侯疆域志三卷　(清)嚴樹森編繪　清光緒二十四年(1898)石印本　一册

320000－1644－0001022　211.1/8
太平寰宇志二百卷目録二卷　(宋)樂史撰　清光緒八年(1882)金陵書局刻本　三十五册

320000－1644－0001023　211.1/9
廣輿記二十四卷提要一卷圖一卷　(明)陸應陽原纂　(清)蔡方炳增輯　清乾隆九年(1744)四美堂刻本　十二册

320000－1644－0001024　211.1/10
歷代地理志韻編今釋二十卷　(清)李光洛撰　(清)六嚴等編集　清道光十七年(1837)木活字印本　八册

320000－1644－0001025　211.1/10＝2
歷代地理志韻編今釋二十卷　(清)李光洛撰　(清)六嚴等編集　(清)馬貞榆校勘　清光緒二十四年(1898)上海掃葉山房石印本　五册

320000－1644－0001026　211.1/11
歷代地理沿革圖不分卷　(清)馬徵麟輯　清同治十一年(1872)刻本　四册

320000－1644－0001027　211.1/12
元豐九域志十卷　(宋)王存等删定　清光緒八年(1882)金陵書局刻本　四册

320000－1644－0001028　211.1/13
括地志八卷　(唐)李泰等撰　(清)孫星衍輯　清光緒七年(1881)刻本　二册

320000－1644－0001029　211.1/14
讀史方輿紀要一百三十卷　(清)顧祖禹著　清光緒二十七年(1901)上海圖書集成局鉛印本　二十八册

320000－1644－0001030　211.1/15
大清一統志五百卷　(清)和珅等纂修　清光緒二十三年(1897)杭州竹簡齋石印本　六十册

320000－1644－0001031　211.1/16
乾隆府廳州縣圖志五十卷　(清)洪亮吉撰　清光緒新化三味書室刻本　二十册

320000－1644－0001032　211.1/17
歷代輿地沿革險要圖不分卷　楊守敬　饒敦秩撰　清光緒五年(1879)東湖饒氏刻本　一册

320000－1644－0001033　211.1/18
皇朝輿地韻編二卷　(清)李兆洛輯　(清)六嚴等編輯　清木活字印本　一册

320000－1644－0001034　211.1/18＝2
皇朝輿地韻編二卷　(清)李兆洛輯　(清)馬貞榆校撰　清石印本　一册

320000－1644－0001035　211.1/19
皇朝輿地圖略不分卷　(清)六承如撰　(清)六嚴繪圖　清同治四年(1865)四知堂刻本　二册

320000－1644－0001036　211.1/22
漢書地理志校注二卷　(清)王紹蘭撰　清光緒二十二年(1896)蕭山陳氏遺經樓刻本　二册

320000－1644－0001037　211.21/2
日下舊聞四十二卷　(清)朱彝尊輯　(清)朱昆田補遺　清康熙二十七年(1688)六峰閣刻本　十四册

320000－1644－0001038　211.222/1
深州風土記二十二卷表五卷　(清)吳汝綸纂　清光緒二十六年(1900)文瑞書院刻本　八册

320000－1644－0001039　211.225/1
[乾隆]山西志輯要十卷　(清)雅德修　(清)汪本直纂　清刻本　十册

320000－1644－0001040　211.23/1
欽定滿洲源流考二十卷　(清)阿桂等撰　清

乾隆武英殿活字印本　八冊

320000－1644－0001041　211.23/1＝3
欽定滿洲源流考二十卷　(清)阿桂等撰　清光緒十九年(1893)杭州便益書局石印本　四冊

320000－1644－0001042　211.234/1
[道光]吉林外紀十卷　(清)薩英額纂修　清光緒二十一年(1895)漸西村舍刻本　四冊

320000－1644－0001043　211.235/2
[嘉慶]黑龍江外紀八卷　(清)西清纂　清光緒二十年(1894)漸西村舍刻本　二冊

320000－1644－0001044　211.251/2
[光緒]寶山縣志十四卷首一卷　(清)梁蒲貴　(清)吳康壽修　(清)朱延射　(清)潘履祥纂　清光緒八年(1882)學海書院刻本　八冊

320000－1644－0001045　211.251/5
[光緒]嘉定縣志三十二卷首一卷　(清)程其玨修　(清)楊震福等纂　清光緒八年(1882)刻本　十六冊

320000－1644－0001046　211.251/6
[光緒]川沙廳志十四卷首一卷末一卷　(清)陳方瀛修　(清)俞樾等纂　清光緒五年(1879)刻本　六冊

320000－1644－0001047　211.251/10:2
[光緒]婁縣續志二十卷　(清)汪坤厚等修　(清)張雲望纂　清光緒五年(1879)刻本　六冊

320000－1644－0001048　211.251/11
[光緒]青浦縣志三十卷首二卷　(清)汪祖綬修　(清)熊其英纂　清光緒五年(1879)尊經閣刻本　十二冊

320000－1644－0001049　211.251/12
[同治]上海縣志三十二卷首一卷末一卷　(清)應寶時修　(清)俞樾等纂　清同治十一年(1872)上海文廟南園志局刻本　十六冊

320000－1644－0001050　211.251/13
[嘉慶]松江府志八十四卷首二卷　(清)宋如林修　(清)孫星衍　(清)莫晉纂　清嘉慶二十三年(1818)松江府學明倫堂刻本　三十九冊

320000－1644－0001051　211.251/13:2
[光緒]松江府續志四十卷首一卷圖一卷　(清)博潤修　(清)姚光發等纂　清光緒十年(1884)刻本　二十四冊

320000－1644－0001052　211.251/16
[光緒]重修華亭縣志二十四卷首一卷末一卷　(清)楊開第修　(清)姚光發等纂　清光緒刻本　十冊

320000－1644－0001053　211.252/1
[道光]滕縣志十四卷首一卷　(清)王政修　(清)王庸立等纂　清道光二十六年(1846)刻本　八冊

320000－1644－0001054　211.252/3
[乾隆]濰縣志六卷首一卷末一卷　(清)張耀璧修　(清)王誦芬纂　清乾隆二十五年(1760)刻本　六冊

320000－1644－0001055　211.252/5
[同治]黃縣志十四卷首一卷末一卷　(清)吳準仁修　(清)尹繼美等纂　清同治十年(1871)刻本　四冊

320000－1644－0001056　211.252/6
[道光]重修平度州志二十七卷　(清)保忠等修　(清)李圖等纂　清道光二十九年(1849)刻本　八冊

320000－1644－0001057　211.252/7
[光緒]三續掖縣志四卷首一卷　(清)魏起鵬修　(清)王續藩纂　清光緒十九年(1893)刻掖縣全志本　十六冊

320000－1644－0001058　211.253/5
[咸豐]重修興化縣志十卷　(清)梁園棣等修　(清)鄭之僑等纂　清咸豐二年(1852)刻本　八冊

320000－1644－0001059　211.253/5＝2

[咸豐]重修興化縣志十卷 (清)梁園棣等修 (清)鄭之僑等纂 清咸豐二年(1852)刻本 八册

320000－1644－0001060 211.253/6

[道光]重修寶應縣志二十八卷首一卷 (清)孟毓蘭修 (清)喬載繇等纂 清道光二十年(1840)湯氏沐華堂刻本 六册

320000－1644－0001061 211.253/7

[咸豐]邳州志二十卷首一卷 (清)董用威 (清)馬軼群修 (清)魯一同纂 清咸豐元年(1851)刻光緒十八年(1892)重修二十一年(1895)印本 四册

320000－1644－0001062 211.253/9＝2

[光緒]鹽城縣志十七卷首一卷 (清)劉崇照修 (清)陳玉樹纂 清光緒二十一年(1895)刻本 十册

320000－1644－0001063 211.253/12:2

[光緒]吴江縣續志四十卷首一卷 (清)金祖曾等修 (清)熊其英等纂 清光緒五年(1879)刻本 八册

320000－1644－0001064 211.253/13

[光緒]江陰縣志三十卷首一卷 (清)盧思誠等修 (清)季念詒 夏煒如纂 清光緒六年(1880)刻本 二十册

320000－1644－0001065 211.253/14

[乾隆]金山縣志二十卷首一卷 (清)常琬修 (清)焦以敬等纂 清乾隆十八年(1753)刻本 六册

320000－1644－0001066 211.253/15

壬癸志稿二十八卷 (清)錢寶琛撰 清光緒六年(1880)刻本 四册

320000－1644－0001067 211.253/16

[光緒]無錫金匱縣志四十卷首一卷 (清)裴大中 (清)倪咸生修 (清)秦緗業等纂 清光緒七年(1881)刻本 二十册

320000－1644－0001068 211.253/17

[雍正]揚州府志四十卷 (清)尹會一修 (清)程夢星等纂 清雍正十一年(1733)刻本 十六册

320000－1644－0001069 211.253/17:1

[同治]續纂揚州府志二十四卷 (清)方濬頤修 (清)晏端書等纂 清同治十三年(1874)刻本 八册

320000－1644－0001070 211.253/18

[乾隆]常昭合志十二卷首一卷 (清)王錦 (清)楊繼熊修 (清)言如泗等纂 清光緒二十四年(1898)丁祖蔭木活字印本 十四册

320000－1644－0001071 211.253/19

[光緒]丹陽縣誌三十六卷首一卷 (清)劉誥等修 (清)徐錫麟纂 清光緒十一年(1885)鴻鳳書院刻本 十六册

320000－1644－0001072 211.253/21

[嘉慶]溧陽縣志十六卷 (清)陳鴻壽等修 (清)史炳等纂 清光緒二十二年(1896)木活字本 十册

320000－1644－0001073 211.253/21:1

[光緒]溧陽縣續志十六卷末一卷 (清)朱峻等修 (清)馮煦纂 清光緒二十五年(1899)木活字印本 一册

320000－1644－0001074 211.253/22

[同治]蘇州府志一百五十卷 (清)李銘皖等修 (清)馮桂芬纂 清光緒八年(1882)刻本 八十册

320000－1644－0001075 211.253/23

[嘉慶]重刊江寧府志五十六卷 (清)吕燕昭修 (清)姚鼐纂 清光緒六年(1880)刻本 十二册

320000－1644－0001076 211.253/23:2

[同治]續纂江寧府志十五卷首一卷 (清)蔣啟勳 (清)趙佑宸修 (清)汪士鐸等纂 清光緒六年(1880)刻本 十二册

320000－1644－0001077 211.253/25

[光緒]六合縣志八卷 (清)謝延庚等修 **圖説一卷** (清)賀廷壽等撰 清光緒十年

(1884)刻本　十册

320000－1644－0001078　211.253/26:2
[光緒]崑新兩縣續修合志五十二卷首一卷末一卷　(清)金吳瀾　(清)李福沂修　(清)汪堃　(清)朱成熙纂　清光緒六年(1880)刻本　二十四册

320000－1644－0001079　211.253/27
[光緒]丹徒縣志六十卷首四卷　(清)何昭章等修　(清)呂耀斗纂　清光緒五年(1879)刻本　三十二册

320000－1644－0001080　211.253/28
[乾隆]震澤縣志三十八卷首一卷　(清)陳和志修　(清)倪師孟等纂　清光緒十九年(1893)吳郡徐元圃刻本　八册

320000－1644－0001081　211.253/28f2
[乾隆]震澤縣志三十八卷首一卷　(清)陳和志修　(清)倪師孟等纂　清光緒十九年(1893)吳郡徐元圃刻本　八册

320000－1644－0001082　211.253/29:2
[嘉慶]江都縣續志十二卷首一卷　(清)王逢源修　(清)李保泰纂　清光緒七年(1881)刻本　四册

320000－1644－0001083　211.253/30
[道光]泰州志三十六卷首一卷　(清)王有慶等修　(清)陳世鎔等纂　清道光七年(1827)刻光緒三十四年(1908)遞修本　十二册

320000－1644－0001084　211.253/31
[光緒]泰興縣志二十六卷志餘一卷　(清)楊激雲修　(清)顧曾烜纂　清光緒十二年(1886)刻本　十册

320000－1644－0001085　211.253/32
[光緒]武進陽湖縣志三十卷首一卷　(清)王其淦等　(清)湯成烈纂　清光緒五年(1879)刻本　二十册

320000－1644－0001086　211.253/34
[同治]上江兩縣志二十九卷首一卷　(清)莫祥芝　(清)甘紹盤修　(清)汪士鐸等纂　清同治十三年(1874)刻本　十二册

320000－1644－0001087　211.253/36
[同治]徐州府志二十五卷　(清)吳世熊　(清)朱忻修　(清)劉庠　(清)方駿謨纂　清同治十三年(1874)刻本　十六册

320000－1644－0001088　211.253/38
甘棠小志四卷首一卷末一卷　(清)董醇撰　清咸豐五年(1855)刻本　四册

320000－1644－0001089　211.253/40
黎里志十六卷首一卷　(清)徐達源纂　清嘉慶十年(1805)徐氏孚遠堂刻禊湖書院印本　四册

320000－1644－0001090　211.253/40:2
黎里續志十六卷首一卷　(清)蔡丙圻纂　清光緒二十五年(1899)禊湖書院刻本　四册

320000－1644－0001091　211.253/43
北湖小志六卷首一卷　(清)焦循纂　清嘉慶十三年(1808)揚州阮氏刻本　二册

320000－1644－0001092　211.253/44
[嘉慶]重刊宜興縣志四卷首一卷　(清)阮升基修　(清)甯楷纂　清嘉慶二年(1797)刻本　二十册

320000－1644－0001093　211.253/46
[嘉慶]東臺縣志四十卷　(清)周右修　(清)蔡復午等纂　清嘉慶二十二年(1817)刻道光增修本　十册

320000－1644－0001094　211.253/50
[同治]宿遷縣志十九卷　(清)李德溥修　(清)方駿謨纂　清同治十三年(1874)刻本　六册

320000－1644－0001095　211.253/51
[光緒]睢寧縣志稿十八卷　(清)侯紹瀛修　(清)丁顯纂　清光緒十二年(1886)刻本　六册

320000－1644－0001096　211.253/52
[道光]重修儀徵縣志五十卷首一卷　(清)王檢心修　(清)劉文淇等纂　清光緒十六年

(1890)刻本　三十二册

320000－1644－0001097　211.253/53
周莊鎮志六卷　(清)陶煦撰　清光緒八年(1882)刻本　五册

320000－1644－0001098　211.254/3
[光緒]重修安徽通志三百五十卷補遺十卷　(清)吳坤修等修　(清)何紹基等纂　(清)盧士杰增修　(清)馮焯增纂　清光緒四年(1878)刻七年(1881)增修本　一百二十册

320000－1644－0001099　211.254/13
[淳熙]新安志十卷　(宋)趙不悔修　(宋)羅願纂　清光緒十四年(1888)李宗煝刻本　四册

320000－1644－0001100　211.256/1
[光緒]江西通志一百八十卷首五卷　(清)劉坤一等修　(清)劉繹等纂　清光緒七年(1881)刻本　一百二十册

320000－1644－0001101　211.265/2
[乾隆]潮州府志四十二卷首一卷　(清)周碩勳纂修　清光緒十九年(1893)刻本　二十五册

320000－1644－0001102　211.271/1
蜀典十二卷　(清)張澍撰　清光緒二年(1876)尊經書院刻本　四十册

320000－1644－0001103　211.274/5
衛藏通志十六卷首一卷　(清)松筠纂修　**附校字記一卷**　(清)袁昶撰　清光緒二十二年(1896)袁昶刻漸西村舍彙刊本　八册

320000－1644－0001104　211.3/1
[光緒]金匱縣輿地全圖不分卷附門則簡明册二卷　(清)華湛恩編　(清)華鴻模續編　清光緒三十四年(1908)鵝湖華存裕堂義莊石印本　六册

320000－1644－0001105　211.3/3
三閭匯考五卷　(清)屈見復纂輯　清鈔本　二册

320000－1644－0001106　211.31/3
滄浪小志二卷　(清)宋犖輯　清光緒十年(1884)江蘇書局刻本　一册

320000－1644－0001107　211.31/4
錫山景物略十卷　(清)王永積輯　清光緒二十四年(1898)刻本　五册

320000－1644－0001108　211.33/2
洛陽伽藍記五卷　(北魏)楊衒之撰　**集證一卷**　(清)吳若準撰　清道光十四年(1834)錢塘吳氏刻本　二册

320000－1644－0001109　211.33/2＝2
伽藍記五卷　(北魏)楊衒之撰　清乾隆刻本　一册

320000－1644－0001110　211.33/5
洞霄詩集十四卷　(元)孟宗寶輯　清乾隆四十九年(1784)刻本　一册

320000－1644－0001111　211.34/2
忠武祠墓志七卷首一卷末一卷　(清)李復心撰　清同治五年(1866)沔署刻本　四册

320000－1644－0001112　211.36/1
莫愁湖志六卷首一卷　(清)馬士圖撰　清光緒八年(1882)刻本　二册

320000－1644－0001113　211.36/1f2
莫愁湖志六卷首一卷　(清)馬士圖撰　清光緒八年(1882)刻本　二册

320000－1644－0001114　211.36/2
西湖志纂十二卷首一卷　(清)梁詩正等纂　清乾隆四十五年(1780)稽山施惠臣鈔本　五册

320000－1644－0001115　211.36/3
西湖志四十八卷　(清)傅王露等纂修　清光緒四年(1878)浙江書局刻本　二十册

320000－1644－0001116　211.36/4
西湖遊覽志二十四卷志餘二十六卷　(明)田汝成撰　清光緒二十二年(1896)錢塘丁氏嘉惠堂刻本　八册

320000－1644－0001117　211.36/4f2
西湖遊覽志二十四卷志餘二十六卷　(明)田

汝成撰　清光緒二十二年(1896)錢塘丁氏嘉惠堂刻本　八册

320000－1644－0001118　211.4/1
湖山便覽十二卷　(清)翟灝　(清)翟瀚輯　清光緒元年(1875)王氏槐蔭堂刻本　六册

320000－1644－0001119　211.41/1
金山志十卷　(清)盧見曾纂　清德州盧氏雅雨堂刻本　八册

320000－1644－0001120　211.41/2
焦山志十二卷　(清)盧見曾纂　清德州盧氏雅雨堂刻本　四册

320000－1644－0001121　211.41/2=2
焦山志二十六卷首一卷　(清)吳雲輯　**續志八卷**　(清)陳任暘輯　清同治十三年至光緒三十一年(1874－1905)刻本　九册

320000－1644－0001122　211.41/4
泰山道里記一卷　(清)聶鈫撰　清光緒二十三年(1897)刻本　一册

320000－1644－0001123　211.41/5
華嶽志八卷首一卷　(清)李榕纂輯　清道光十一年(1831)刻光緒九年(1883)增修本　四册

320000－1644－0001124　211.41/11
石鐘山志十六卷首一卷　(清)李成謀　(清)丁義方撰　清光緒九年(1883)聽濤眺雨軒刻本　八册

320000－1644－0001125　211.42/4
漢志水道疏證四卷　(清)洪頤煊撰　清光緒十八年(1892)廣雅書局刻本　一册

320000－1644－0001126　211.42/5
漢書地理志水道圖說七卷附考正德清胡氏禹貢圖一卷　(清)陳澧撰　清同治十一年(1872)刻本　二册

320000－1644－0001127　211.42/6
太湖備考十六卷首一卷　(清)金友理纂　清乾隆十五年(1750)藝蘭圃刻本　八册

320000－1644－0001128　211.42/8
水經注四十卷首一卷　(北魏)酈道元注　清光緒三年(1877)湖北崇文書局刻本　十二册

320000－1644－0001129　211.42/9
水經注四十卷首一卷　(北魏)酈道元注　清光緒十八年(1892)思賢講舍刻本　十六册

320000－1644－0001130　211.42/10
水經注疏要删補遺四十卷　楊守敬撰　清宣統元年(1909)刻本　六册

320000－1644－0001131　211.42/13
水經注匯校四十卷首一卷附錄二卷　(清)楊希閔撰　清光緒七年(1881)福州刻本　十六册

320000－1644－0001132　211.42/14
五省溝洫圖說一卷　(清)沈夢蘭撰　清光緒六年(1880)江蘇書局刻本　一册

320000－1644－0001133　211.42/15
水道提綱二十八卷　(清)齊召南撰　清光緒七年(1881)上海文瑞樓鉛印本　八册

320000－1644－0001134　211.5/1
漢西域圖考七卷首一卷　(清)李光廷撰　清上海鴻文書局石印本　四册

320000－1644－0001135　211.5/3
嶺表錄異三卷　(唐)劉恂撰　清乾隆武英殿活字印本　一册

320000－1644－0001136　211.5/8
鴻雪因緣三集　(清)麟慶撰　清光緒十二年(1886)上海同文書局石印本　三册

320000－1644－0001137　211.5/10
容美紀遊　(清)顧彩撰　清鈔本　一册

320000－1644－0001138　211.6/1
五洲圖考不分卷　(清)龔柴等編譯　清光緒二十八年(1902)上海徐家匯印書館鉛印本　四册

320000－1644－0001139　211.6/2
海國圖志一百卷　(清)魏源撰　清咸豐二年(1852)古微堂刻本　二十四册

320000 - 1644 - 0001140　211.6/2 = 2
海國圖志一百卷　(清)魏源撰　清光緒六年(1880)邵陽急當務齋刻本　三十二冊

320000 - 1644 - 0001141　211.6/3
海國圖志一百卷　(清)魏源撰　**續集二十五卷**　(英國)麥高爾撰　(美國)林樂知　(清)瞿昂來譯　清光緒二十一年(1895)上海積山書局石印本　十六冊

320000 - 1644 - 0001142　211.6/4
瀛環志略十卷　(清)徐繼畬撰　清同治十二年(1873)掞雲樓刻本　六冊

320000 - 1644 - 0001143　211.6/4 = 2
瀛環志略十卷　(清)徐繼畬撰　清掃葉山房鉛印本　四冊

320000 - 1644 - 0001144　211.6/5
續瀛環志略初編不分卷　(清)瞿昂來等譯　(清)薛福成鑒定　清光緒二十八年(1902)無錫傳經樓石印本　四冊

320000 - 1644 - 0001145　211.6/6
列國政要類考三卷　(清)吳敖編譯　清光緒二十八年(1902)寧波文明學社石印本　三冊

320000 - 1644 - 0001146　211.6/8
英法義比志譯略四卷　吳宗濂等譯　(清)薛福成鑒定　清光緒二十五年(1899)上海石印本　二冊

320000 - 1644 - 0001147　211.6/9
出使美日秘國日記十六卷　(清)崔國因撰　清光緒二十年(1894)鉛印本　十二冊

320000 - 1644 - 0001148　211.6/10
出使英法義比四國日記六卷　(清)薛福成撰　清光緒刻本　六冊

320000 - 1644 - 0001149　211.6/11:2
出使日記續刻十卷　(清)薛福成撰　清光緒二十四年(1898)刻本　十冊

320000 - 1644 - 0001150　211.6/11 = 3
出使英法義比四國日記六卷　(清)薛福成撰　清光緒鉛印本　四冊

320000 - 1644 - 0001151　211.6/11 = 3f2
出使英法義比四國日記六卷　(清)薛福成撰　清光緒鉛印本　四冊

320000 - 1644 - 0001152　211.6/14
外國竹枝詞一卷　(清)尤侗撰　清嘉慶八年(1803)養素樓刻本　一冊

320000 - 1644 - 0001153　211.6/15
東槎雜著一卷　姚文棟撰　清光緒十九年(1893)刻本　一冊

320000 - 1644 - 0001154　211.6/16
日本國志四十卷首一卷　(清)黃遵憲編纂　清光緒二十七年(1901)上海書局石印本　十冊

320000 - 1644 - 0001155　211.6/16 = 2
日本國志四十卷首一卷　(清)黃遵憲編纂　清光緒二十四年(1898)上海圖書集成局鉛印本　十冊

320000 - 1644 - 0001156　211.6/17
地理全志一卷　(英國)慕維廉撰　清光緒九年(1883)上海益智書會鉛印本　一冊

320000 - 1644 - 0001157　212/7
鐵雲藏龜不分卷　(清)劉鶚編　清光緒二十九年(1903)丹徒劉氏抱殘守缺齋石印本　六冊

320000 - 1644 - 0001158　212/21
殷商貞卜文字考一卷　羅振玉撰　清宣統二年(1910)玉簡齋石印本　一冊

320000 - 1644 - 0001159　212/21f2
殷商貞卜文字考一卷　羅振玉撰　清宣統二年(1910)玉簡齋石印本　一冊

320000 - 1644 - 0001160　212.1/4
金石索十二卷首一卷　(清)馮雲鵬　(清)馮雲鵷輯　清道光刻本　十二冊

320000 - 1644 - 0001161　212.1/4 = 2
金石索十二卷首一卷　(清)馮雲鵬　(清)馮雲鵷輯　清光緒三十三年(1907)上海文新書局石印本　二十四冊

320000－1644－0001162　212.1/5
金石契不分卷　(清)張燕昌撰　清光緒二十二年(1896)聚學軒刻本　四冊

320000－1644－0001163　212.1/6＝2
金石萃編一百六十卷　(清)王昶撰　清光緒十九年(1893)上海醉六堂石印本　二十四冊

320000－1644－0001164　212.1/6:2
金石續編二十一卷首一卷　(清)陸耀遹纂　(清)陸增祥校訂　清同治十三年(1874)雙白燕堂刻本　十冊

320000－1644－0001165　212.1/7＝2
金石萃編補正四卷　(清)方履籛撰　清光緒二十年(1894)上海醉六堂石印本　四冊

320000－1644－0001166　212.1/8
金石萃編補略二卷　(清)王言撰　清光緒八年(1882)刻本　二冊

320000－1644－0001167　212.1/10
東甌金石志十卷補遺二卷　(清)戴咸弼撰　清光緒二年(1876)溫州郡庠活字印本　六冊

320000－1644－0001168　212.1/13
金石屑不分卷　(清)鮑昌熙纂　清光緒二年(1876)刻本　四冊

320000－1644－0001169　212.1/15
筠清館金石文字五卷　(清)吳榮光撰　清道光二十二年(1842)南海吳氏筠清館刻本　五冊

320000－1644－0001170　212.1/16
金石文鈔八卷續鈔二卷　(清)趙紹祖輯　清嘉慶七年(1802)涇縣趙氏刻本　十冊

320000－1644－0001171　212.1/18
金石錄三十卷　(宋)趙明誠撰　清乾隆二十七年(1762)盧見曾刻雅雨堂叢書本　六冊

320000－1644－0001172　212.1/21
湖北金石詩一卷　(清)嚴觀撰　清光緒元年(1875)衢西張氏二銘草堂刻本　一冊

320000－1644－0001173　212.2/1＝2
兩罍軒彝器圖釋十二卷　(清)吳雲撰　清同治十一年(1872)石印本　六冊

320000－1644－0001174　212.2/4
陶齋吉金錄八卷　(清)端方輯　清光緒三十四年(1908)石印本　八冊

320000－1644－0001175　212.2/4＝2
陶齋吉金續錄二卷　(清)端方輯　清宣統元年(1909)石印本　二冊

320000－1644－0001176　212.2/4＝2f2
陶齋吉金續錄二卷　(清)端方輯　清宣統元年(1909)石印本　二冊

320000－1644－0001177　212.2/7
恒軒所見所藏吉金錄不分卷　(清)吳大澂藏并輯　清光緒十一年(1885)吳縣吳氏刻本　二冊

320000－1644－0001178　212.2/8
敬吾心室彝器款識不分卷　(清)朱善旂輯　清光緒三十四年(1908)石印本　二冊

320000－1644－0001179　212.2/15
宋王復齋鐘鼎款識一卷　(宋)王厚之輯　清嘉慶七年(1802)揚州阮氏積古齋刻本　一冊

320000－1644－0001180　212.2/17
攈古錄金文三卷　(清)吳式芬撰　清光緒二十一年(1895)刻本　九冊

320000－1644－0001181　212.2/18
攀古廔彝器款識二卷　(清)潘祖蔭撰　清同治十一年(1872)北京滂喜齋刻本　二冊

320000－1644－0001182　212.2/20
積古齋鐘鼎彝器款識十卷　(清)阮元撰　(清)朱爲弼撰　清嘉慶九年(1804)自刻本　四冊

320000－1644－0001183　212.2/20＝2
積古齋鐘鼎彝器款識十卷　(清)阮元撰　(清)朱爲弼撰　清光緒五年(1879)刻本　六冊

320000－1644－0001184　212.2/20＝3
積古齋鐘鼎彝器款識十卷　(清)阮元撰　(清)朱爲弼撰　清上海鴻文書局石印本

五冊

320000－1644－0001185　212.2/26
從古堂款識學十六卷　(清)徐同柏釋文　(清)徐士燕模錄　清光緒三十二年(1906)蒙學報館石印本　八冊

320000－1644－0001186　212.2/35
歷代鐘鼎彝器款識法帖二十卷　(宋)薛尚功撰　清嘉慶二年(1797)阮元刻本　四冊

320000－1644－0001187　212.2/35＝2
歷代鐘鼎彝器款識法帖二十卷　(宋)薛尚功撰　清光緒八年(1882)上海點石齋影印本　四冊

320000－1644－0001188　212.2/36
奇觚室吉金文述二十卷　劉心源撰　清光緒二十八年(1902)嘉魚劉氏石印本　十冊

320000－1644－0001189　212.3/8
陶齋藏石記四十四卷藏磚記二卷　(清)端方撰　清宣統元年(1909)石印本　十二冊

320000－1644－0001190　212.3/11
小蓬萊閣金石文字不分卷　(清)黃易輯　清道光十四年(1834)石墨軒刻本　六冊

320000－1644－0001191　212.3/15
寶刻叢編二十卷　(宋)陳思輯　清光緒十四年(1888)歸安陸氏刻本　十冊

320000－1644－0001192　212.3/15f2
寶刻叢編二十卷　(宋)陳思輯　清光緒十四年(1888)歸安陸氏刻本　八冊

320000－1644－0001193　212.3/17
金石史二卷　(清)郭忠昌撰　**閑者軒帖考一卷**　(清)孫承澤撰　清刻本　一冊

320000－1644－0001194　212.3/17f2
金石史二卷　(清)郭忠昌撰　**閑者軒帖考一卷**　(清)孫承澤撰　清刻本　一冊

320000－1644－0001195　212.3/19
隸釋二十七卷隸續二十一卷　(宋)洪适撰　**附汪本隸釋刊誤一卷**　(清)黃丕烈撰　清同治十年(1871)皖南洪氏晦木齋刻本　七冊

320000－1644－0001196　212.4/2
秦漢瓦當文字二卷續一卷　(清)程敦輯　清光緒石印本　三冊

320000－1644－0001197　212.5/2
古今錢略三十二卷首一卷末一卷　(清)倪模輯　清光緒五年(1879)望江倪氏兩疆勉齋刻本　十六冊

320000－1644－0001198　212.5/4
蒙古西域諸國錢譜四卷　(清)陳其鑣譯　張美翊定　清宣統三年(1911)鉛印本　一冊

320000－1644－0001199　212.5/6
古泉匯首集四卷元集十四卷亨集十四卷利集十八卷貞集十四卷續泉匯元集三卷亨集三卷利集三卷貞集五卷補遺二卷　(清)李佐賢編輯　清同治三年(1864)利津李氏石泉書屋刻本　二十冊

320000－1644－0001200　212.5/7
古泉叢話三卷　(清)戴熙撰　清同治十一年(1872)滂喜齋刻本　一冊

320000－1644－0001201　212.6/2
封泥考略十卷　(清)吳式芬輯　(清)陳介祺輯　清光緒三十年(1904)石印本　十冊

320000－1644－0001202　213.1/2
八史經籍志三十卷　(日本)□□輯　清光緒九年(1883)鎮海張壽榮刻本　十冊

320000－1644－0001203　213.1/28
漢藝文志考證十卷　(宋)王應麟撰　清光緒十年(1884)成都志古堂刻本　二冊

320000－1644－0001204　213.1/31
補後漢書藝文志一卷考十卷　曾樸撰　清光緒二十一年(1895)錫山文苑閣木活字印本　六冊

320000－1644－0001205　213.2/3
鐵琴銅劍樓藏書目錄二十四卷　(清)瞿鏞編　清光緒二十三年(1897)誦芬室刻本　十冊

320000－1644－0001206　213.2/13
古越藏書樓書目二十卷首一卷　(清)徐樹蘭

編　清光緒三十年(1904)崇實書局石印本　八册

320000－1644－0001207　213.3/6
天禄琳琅書目十卷　(清)于敏中等編　**後編二十卷**　(清)彭元瑞等編　清光緒十年(1884)長沙王氏刻本　十册

320000－1644－0001208　213.3/8＝2
欽定四庫全書簡明目錄二十卷　(清)紀昀等編　清同治廣州經韻樓刻本　十二册

320000－1644－0001209　213.3/10
日本訪書志十七卷　楊守敬輯　清光緒二十三年(1897)宜都楊氏鄰蘇園刻本　八册

320000－1644－0001210　213.3/13
直齋書錄解題二十二卷　(宋)陳振孫撰　清光緒九年(1883)江蘇書局刻本　六册

320000－1644－0001211　213.3/15
士禮居藏書題跋記六卷　(清)黄丕烈撰　清光緒十年(1884)吴縣潘氏滂喜齋刻本　四册

320000－1644－0001212　213.4/4
海虞藝文志六卷　(清)姚福均輯　清光緒二十三年(1897)常熟姚氏慕程齋刻本　二册

320000－1644－0001213　213.5/2
皇朝三通目錄十四卷　雷君彦編　清光緒二十九年(1903)上海圖書集成局石印本　四册

320000－1644－0001214　213.5/3
欽定續三通目錄十四卷　雷君彦編　清光緒二十九年(1903)上海圖書集成局石印本　四册

320000－1644－0001215　213.5/4
曝書雜記三卷　(清)錢泰吉撰　清同治刻本　一册

320000－1644－0001216　213.5/12
書目答問四卷附叢書目一卷别錄一卷姓名略一卷　(清)張之洞編　清光緒刻本　一册

320000－1644－0001217　213.5/14
彙刻書目二十卷　(清)顧修編　(清)朱學勤增訂　清光緒十五年(1889)上海福瀛書局刻本　二十册

320000－1644－0001218　213.5/15
彙刻書目初編十卷　(清)顧修輯　清嘉慶四年(1799)刻本　十册

320000－1644－0001219　213.5/24
經籍舉要一卷　(清)龍啓瑞撰　清光緒十九年(1893)中江講院刻本　一册

320000－1644－0001220　213.5/29
開有益齋讀書志六卷續志一卷金石文字記一卷　(清)朱緒曾撰　清光緒六年(1880)金陵翁氏茹古閣刻本　四册

320000－1644－0001221　301/1
二十二子　(清)浙江書局輯　清光緒浙江書局刻本　八十三册

320000－1644－0001222　301/1＝2
子書二十二種　(清)浙江書局輯　清光緒二十三年(1897)上海圖書集成局鉛印本　三十八册

320000－1644－0001223　301/4
諸子平議三十五卷　(清)俞樾撰　清光緒二十一年(1895)上海鴻文書局石印本　二册

320000－1644－0001224　301/5
新刻熙朝内閣評選六子纂要十二卷　(明)張位輯　(明)趙志皋輯　明萬曆二十一年(1593)仙源余氏刻本　一册　存四卷(一至四)

320000－1644－0001225　301/7
子書百家　(清)崇文書局輯　清光緒元年(1875)湖北崇文書局刻本　八十册

320000－1644－0001226　301/7f2
子書百家　(清)崇文書局輯　清光緒元年(1875)湖北崇文書局刻本　一百十册

320000－1644－0001227　302/4
大學衍義四十三卷　(宋)真德秀撰　清同治十一年(1872)浙江書局刻本　十册

320000－1644－0001228　302/4＝2
大學衍義四十三卷　(宋)真德秀撰　清光緒

二十七年(1901)上海書局石印本　六冊

320000－1644－0001229　302/5
洛學編五卷　(清)湯斌輯　清乾隆刻本　一冊

320000－1644－0001230　302/9
荀子二十卷　(唐)楊倞注　清光緒十年(1884)遵義黎氏影宋刻本　四冊

320000－1644－0001231　302/10
孔子集語十七卷　(清)孫星衍撰　清光緒三年(1877)浙江書局刻本　四冊

320000－1644－0001232　302/11
孔叢子三卷　(漢)孔鮒著　明萬曆新安程氏刻本　二冊

320000－1644－0001233　302/11＝2
孔叢子三卷　(漢)孔鮒著　(清)孔毓圻 (清)孔毓埏校　清孔魏圻、孔毓埏刻本　二冊

320000－1644－0001234　302/12
勸學篇二卷　(清)張之洞撰　清光緒二十四年(1898)兩湖書院鉛印本　二冊

320000－1644－0001235　302/12＝2
勸學篇二卷　(清)張之洞撰　清著易堂鉛印本　二冊

320000－1644－0001236　302/13
輶軒語不分卷　(清)張之洞撰　清光緒四年(1878)吳縣潘霨刻本　一冊

320000－1644－0001237　302/13＝2
輶軒語一卷書目答問不分卷　(清)張之洞撰　清光緒三年(1877)濠上書齋刻本　四冊

320000－1644－0001238　302/14
文中子中說十卷　(隋)王通撰　(宋)阮逸注　清光緒二年(1876)浙江書局刻本　二冊

320000－1644－0001239　302/15
孔子家語十卷　(三國魏)王肅注　清李光明莊刻本　四冊

320000－1644－0001240　302/16
思辨錄輯要二十二卷後集十三卷　(清)陸世儀撰　清光緒三年(1877)江蘇書局刻本　八冊

320000－1644－0001241　302/16＝2
思辨錄輯要二十二卷後集十三卷　(清)陸世儀撰　清宣統三年(1911)刻本　八冊

320000－1644－0001242　302/17
御纂性理精義十二卷　(清)李光地纂修　清康熙五十四年(1715)武英殿刻本　五冊

320000－1644－0001243　302/18
荀子二卷　(明)王納諫刪注　明萬曆刻本　四冊

320000－1644－0001244　302/19
傅子一卷　(晉)傅玄撰　清光緒元年(1875)湖北崇文書局刻本　一冊

320000－1644－0001245　302/21
近思錄集注十四卷　(宋)朱熹撰　(清)江永集注　清同治七年(1868)湖北崇文書局刻本　四冊

320000－1644－0001246　302/22
近思錄集解十四卷　(宋)葉采撰　清雍正三年(1725)尚義堂刻本　四冊

320000－1644－0001247　302/24
揚子法言十三卷　(漢)揚雄撰　(晉)李軌注　**附音義一卷**　(宋)□□撰　清光緒二年(1876)浙江書局刻本　一冊

320000－1644－0001248　302/24f2
揚子法言十三卷　(漢)揚雄撰　(晉)李軌注　**附音義一卷**　(宋)□□撰　清光緒二年(1876)浙江書局刻本　一冊

320000－1644－0001249　302/24＝2
揚子法言十三卷　(漢)揚雄撰　(晉)李軌注　清光緒二十三年(1897)上海圖書集成局鉛印本　一冊

320000－1644－0001250　302/24＝3
揚子法言十三卷　(漢)揚雄撰　(晉)李軌注　**附音義一卷**　(宋)□□撰　**冠子三卷**

(宋)陸佃解　(明)王宇評　清光緒二十三年(1897)上海圖書集成局鉛印本　一册

320000－1644－0001251　302/25
法言十卷　(漢)揚雄撰　(明)朱錫綸閲　清嘉慶刻本　一册

320000－1644－0001252　302/26
新書十卷　(漢)賈誼撰　清光緒元年(1875)浙江書局刻本　二册

320000－1644－0001253　302/26f2
新書十卷　(漢)賈誼撰　清光緒元年(1875)浙江書局刻本　二册

320000－1644－0001254　302/27
漢學商兑三卷　(清)方東樹撰　清光緒二十六年(1900)浙江書局刻本　二册

320000－1644－0001255　302/28
小學集注六卷　(宋)朱熹撰　(明)陳選集注　清同治八年(1869)順德黎氏教忠堂刻本　二册

320000－1644－0001256　302/28＝2
繪圖小學集注六卷附總論一卷　(明)陳選集注　清光緒三十二年(1906)上海藜光閣書局石印本　四册

320000－1644－0001257　302/29
小學集注六卷　(宋)朱熹撰　(明)陳選集注　清光緒二十五年(1899)上海書局石印本　五册

320000－1644－0001258　302/30
新序十卷　(漢)劉向撰　(明)鍾惺評　明天啟刻本　二册

320000－1644－0001259　302/30＝2
新序十卷　(漢)劉向撰　(明)程榮校　明萬曆程榮刻漢魏叢書本　二册

320000－1644－0001260　302/32
儒門語要六卷　(清)倪元坦撰　清光緒二十五年(1899)刻本　四册

320000－1644－0001261　302/33
從政遺規二卷　(清)陳弘謀輯　清乾隆七年(1742)培遠堂刻本　二册

320000－1644－0001262　302/34
理學辨似一卷　(清)潘欲仁撰　清木活字印本　一册

320000－1644－0001263　302/36
存立編一卷　(清)紀大奎撰　清光緒十八年(1892)朱絲玉壺齋刻本　一册

320000－1644－0001264　302/37
小學不分卷　(清)袁照輯　清同治十二年(1873)南郡繼善堂刻本　一册

320000－1644－0001265　302/41
曾子全書三卷　(明)曾承業編　清萬曆四十三年(1615)周延儒鈔本　一册

320000－1644－0001266　302/42
船山遺書　(清)王夫之撰　清同治四年(1865)湘鄉曾氏金陵節署刻本　一册　存一種三卷(張子正蒙注七至九)

320000－1644－0001267　302/43
人鑑三卷　(清)湯自銘輯　清同治七年(1868)刻本　一册

320000－1644－0001268　302/44
人譜一卷人譜類記二卷　(明)劉宗周撰　清同治七年(1868)蕺山書院刻本　二册

320000－1644－0001269　302/46
習是編二卷　(清)屈成霖編　清光緒二年(1876)刻本　四册

320000－1644－0001270　302/48
讀書舉要二卷　(清)楊希閔撰　清同治八年(1869)刻本　一册

320000－1644－0001271　302/49
小學六卷　(宋)朱熹撰　(清)高愈注　**文公朱夫子年譜一卷小學總論一卷**　(清)高愈編　清同治八年(1869)江蘇書局刻本　三册

320000－1644－0001272　302/50
正蒙集說十七卷　(清)楊方達纂　清乾隆五年(1740)復初堂刻本　二册

320000－1644－0001273　302/52
淵鑒齋御纂朱子全書六十六卷　（清）熊賜履　（清）李光地等纂修　清康熙五十二年(1713)刻本　二十四册

320000－1644－0001274　302/53
四語彙編　（清）詹坦編　清光緒十八年(1892)揚州府學刻本　四册

320000－1644－0001275　302/54
辨惑編四卷附録一卷　（元）謝應芳撰　清同治十年(1871)刻本　一册

320000－1644－0001276　302/55
至書一卷　（宋）蔡沈撰　清光緒歸安陸氏刻本　一册

320000－1644－0001277　302/56
慎餘録二卷　（清）鄭言紹輯　清光緒十五年(1889)刻本　二册

320000－1644－0001278　302/58
曾文正公家訓二卷　（清）曾國藩撰　清光緒十二年(1886)著易堂鉛印本　二册

320000－1644－0001279　302/59
答問三卷　（清）孫奇逢著　清順治十三年(1656)刻本　一册

320000－1644－0001280　302/62
呻吟語六卷　（明）吕坤撰　清乾隆五十九年(1794)吕燕昭江寧刻本　六册

320000－1644－0001281　302/62＝2
呻吟語六卷　（明）吕坤撰　清同治七年(1868)曾壽麟等刻本　六册

320000－1644－0001282　302/66
朱子要義一卷　（宋）朱熹撰　（清）李文貞輯　清鈔本　一册

320000－1644－0001283　302/67
楊椒山家訓一卷　（明）楊繼盛撰　清道光十八年(1838)晚桂堂刻本　一册

320000－1644－0001284　302/69
五種遺規　（清）陳弘謀輯　清宣統二年(1910)學部圖書局影印本　十四册

320000－1644－0001285　302/71
三字經一卷　（宋）王應麟撰　清太倉益有堂刻本　一册

320000－1644－0001286　302/72
三字經註解備要一卷　（宋）王應麟撰　（清）賀興思注解　清末民國上海著易堂鉛印本　一册

320000－1644－0001287　302/73
三字經訓詁一卷　（清）王相撰　清光緒十七年(1891)掃葉山房刻本　一册

320000－1644－0001288　302/75
小學韻語一卷　（清）羅澤南撰　清光緒三十二年(1906)商業圖書部石印本　一册

320000－1644－0001289　302/76
明夷待訪録一卷　（清）黄宗羲撰　清光緒二十三年(1897)上海鴻文書局石印本　二册

320000－1644－0001290　303/1
文子纘義十二卷　（元）杜道堅撰　清光緒三年(1877)浙江書局刻本　二册

320000－1644－0001291　303/1f2
文子纘義十二卷　（元）杜道堅撰　清光緒三年(1877)浙江書局刻本　二册

320000－1644－0001292　303/2＝3
列子八卷　（晉）張湛注　（唐）殷敬順釋文
墨子十六卷　（清）畢沅注　清光緒十九年(1893)上海鴻文書局石印二十五子彙函本　一册

320000－1644－0001293　303/3
莊子集釋十卷　（清）郭慶藩撰　清光緒二十年(1894)思賢講舍刻本　八册

320000－1644－0001294　303/9
會三歸一集一卷　（□）守雲道人輯　清上海翼化堂善書坊刻本　一册

320000－1644－0001295　303/10
抱朴子内篇二十卷外編五十卷　（晉）葛洪撰　清光緒十一年(1885)吴縣朱繼榮刻本　四册

320000－1644－0001296　303/11
南華真經旁注五卷　(明)方虛名撰　清康熙五十五年(1716)世榮堂刻本　六冊

320000－1644－0001297　303/15＝3
老子道德經二卷　(三國魏)王弼注　**附音義一卷**　(唐)陸德明撰　清光緒二十三年(1897)文瑞樓鉛印本　一冊

320000－1644－0001298　303/15＝5
老子道德經二卷　(三國魏)王弼注　**附音義一卷**　(唐)陸德明撰　**莊子十卷**　(晉)郭象注　(唐)陸德明音義　清光緒十九年(1893)上海鴻文書局石印二十五子彙函本　一冊

320000－1644－0001299　303/18
鶡冠子三卷　(宋)陸佃解　(明)王宇評　清嘉慶九年(1804)寶慶經綸堂刻本　一冊

320000－1644－0001300　303/25
至游子二卷　(明)□□撰　清光緒元年(1875)湖北崇文書局刻子書百家本　一冊

320000－1644－0001301　304/1
韓非子集解二十卷　(清)王先慎撰　清光緒二十二年(1896)刻本　六冊

320000－1644－0001302　304/2
商子五卷　清光緒元年(1875)湖北崇文書局刻子書百家本　一冊

320000－1644－0001303　304/4
韓非子二十卷識誤三卷　(清)顧廣圻撰　清嘉慶二十三年(1818)吳鼒刻韓晏合編本　四冊

320000－1644－0001304　304/4＝2
韓非子二十卷識誤三卷　(清)顧廣圻撰　清光緒元年(1875)浙江書局刻二十二子本　六冊

320000－1644－0001305　304/4＝4
韓非子二十卷　(□)□□注　**識誤三卷**　(清)顧廣圻撰　清光緒二十三年(1897)上海圖書集成局鉛印子書二十二種本　二冊

320000－1644－0001306　304/6
管子二十四卷　(唐)房喬注　清刻本　六冊

320000－1644－0001307　304/7
管子校正二十四卷　(清)戴望撰　清同治十一年(1872)刻本　四冊

320000－1644－0001308　304/8
弟子職集解一卷　(清)莊述祖輯　**句讀一卷補音一卷**　(清)黄彭年輯　清光緒十四年(1888)江蘇書局刻本　一冊

320000－1644－0001309　305/1
紀效新書十八卷首一卷　(明)戚繼光撰　清咸豐三年(1853)慎德堂刻本　六冊

320000－1644－0001310　305/2
開禧德安守城錄一卷　(宋)王致遠編　清同治十一年(1872)瑞安孫氏詒善祠塾刻永嘉叢書本　一冊

320000－1644－0001311　305/3
孫子十家注十三卷　(宋)吉天保輯　**遺說一卷**　(宋)鄭友賢撰　**敘錄一卷**　(清)畢以珣撰　清嘉慶二年(1797)陽湖孫氏刻本　六冊

320000－1644－0001312　305/4
孫子三卷吳子二卷司馬法一卷　清光緒元年(1875)湖北崇文書局刻子書百家本　一冊

320000－1644－0001313　305/6
讀史兵略十二卷　(清)胡林翼撰　清光緒上海紹先書局石印本　十二冊

320000－1644－0001314　305/7
練兵實紀九卷雜集六卷　(明)戚繼光撰　清光緒二十一年(1895)上海醉經樓石印本　四冊

320000－1644－0001315　305/9
素書一卷　(漢)黄石公撰　(宋)張商英注　**新語二卷**　(漢)陸賈撰　明萬曆刻本　一冊

320000－1644－0001316　306/2
豳風廣義三卷　(清)楊屾編輯　清光緒十六年(1890)陝西求友齋刻本　三冊

320000－1644－0001317　306/4
齊民要術十卷　(北魏)賈思勰撰　明萬曆胡

震亨、沈士龍刻秘冊彙函本　五冊

320000－1644－0001318　307.1/1
東垣十書　（金）李杲撰　（明）吴勉學（明）吴中衍校　明吴勉學刻本　十六冊

320000－1644－0001319　307.1/2
名醫類案十二卷　（明）江瓘編　（明）江應宿增補　清刻本　十二冊

320000－1644－0001320　307.3/1
本草綱目五十二卷圖三卷　（明）李時珍撰　清光緒十一年（1885）合肥張紹棠刻本　四十冊

320000－1644－0001321　307.3/2
本草備要八卷　（清）汪昂輯　清光緒七年（1881）掃葉山房刻本　四冊　存四卷（一至四）

320000－1644－0001322　307.5/1
絳雪園古方選注三卷附得宜本草一卷　（清）王子接注　（清）吴蒙校　清木活字印本　三冊

320000－1644－0001323　308.1/2
皇明天文述一卷地理述二卷　（明）鄭曉撰（明）鄭履准校　明萬曆刻本　一冊

320000－1644－0001324　308.1/4
史記天官書補目一卷　（清）孫星衍撰　**史表功比説一卷**　（清）張錫瑜撰　清光緒廣雅書局刻本　一冊

320000－1644－0001325　308.3/2
器象顯真四卷　（英國）白力蓋輯　（英國）傅蘭雅口譯　（清）徐建寅筆述　（清）曹鐘秀摹圖　清刻本　二冊

320000－1644－0001326　309/1
賞奇軒合編六卷　（清）□□輯　清光緒十二年（1886）上海同文書局石印本　五冊

320000－1644－0001327　309.1/10
翰林要訣一卷　（清）祁世長撰　清光緒十二年（1886）影印本　一冊

320000－1644－0001328　309.1/11
穰梨館過眼錄四十卷續錄十六卷　（清）陸心源編　清光緒十七年（1891）吴興陸氏家塾刻本　十一冊　存二十五卷（穰梨館過眼錄二十一至四十、續錄三至七）

320000－1644－0001329　309.1/12
書法正宗不分卷　（清）蔣和輯　清道光十年（1830）金邑干雲書屋刻本　一冊

320000－1644－0001330　309.1/13
十竹齋書畫譜不分卷　（清）胡正言輯　清刻彩色套印本　八冊

320000－1644－0001331　309.1/15
中麓畫品一卷　（明）李開先撰　**蜀語一卷**（明）李實撰　清刻本　一冊

320000－1644－0001332　309.1/17
桐陰論畫初編二卷首一卷附錄一卷畫訣二卷二編二卷三編二卷　（清）秦祖永撰　清光緒八年（1882）刻朱墨套印本　四冊

320000－1644－0001333　309.1/22
庚子銷夏記八卷　（清）孔承澤撰　清光緒四年（1878）崇川葛氏刻本　四冊

320000－1644－0001334　309.1/24
過雲廬畫論一卷　（清）范璣撰　清咸豐九年（1859）虞山潘氏刻本　一冊

320000－1644－0001335　309.1/27
清河書畫舫十二卷　（明）張丑撰　清掃葉山房影印本　十二冊

320000－1644－0001336　309.1/29
國朝書人輯略十一卷首一卷　震鈞輯　清光緒三十四年（1908）金陵刻朱印本　八冊

320000－1644－0001337　309.11/1
御刻三希堂石渠寶笈法帖三十二卷　（清）梁詩正等編　清拓本　三十二冊

320000－1644－0001338　309.11/3
淳化閣法帖釋文不分卷　（清）徐朝弼集釋　清吕容海鈔本　一冊

320000－1644－0001339　309.11/9
麓山寺碑一卷　（唐）李邕撰並書　清拓本

一册

320000－1644－0001340　309.11/12
李翕碑(西狹頌碑)一卷　(漢)仇靖書　清朱拓本　一册

320000－1644－0001341　309.11/87
漢西嶽華山廟碑不分卷　(漢)郭香察書　清影印本　三册

320000－1644－0001342　309.11/147
趙子昂書小楷龍興寺一卷　(元)趙孟頫書　清上海尚古山房石印本　一册

320000－1644－0001343　309.11/148
趙以烱甘時詩品一卷　(清)趙以烱書　清上海尚古山房石印本　一册

320000－1644－0001344　309.11/149
馮太史樂毅論一卷　(清)馮聯棠書　清上海尚古山房石印本　一册

320000－1644－0001345　309.11/159
張文襄書劄不分卷　(清)張之洞書　清宣統三年(1911)上海文明書局石印本　二册

320000－1644－0001346　309.11/160
名賢手劄墨不分卷　(清)駱秉章等書　清光緒十五年(1889)上海點石齋影印本　二册

320000－1644－0001347　309.11/160＝2
八賢手劄墨不分卷　(清)駱秉章等書　清光緒二十九年(1903)上海點石齋影印本　二册

320000－1644－0001348　309.11/168
詞林墨妙一卷二妙一卷三妙一卷　(清)馮文蔚等書　清光緒十八年(1892)石印本　二册

320000－1644－0001349　309.12/7
中國名畫集四集不分卷　狄葆賢輯　清宣統元年(1909)珂羅版影印本　二册

320000－1644－0001350　309.13/2
增刻紅樓夢圖詠不分卷　(清)王墀繪　清光緒八年(1882)上海點石齋石印本　一册

320000－1644－0001351　309.3/3
山門新語五學五卷　(清)周贇著　清光緒三十三年(1907)刻本　二册

320000－1644－0001352　310.1/2
重修宣和博古圖錄三十卷　(宋)王黼等撰　明萬曆二十七年(1599)于承祖刻本　十册

320000－1644－0001353　310.42/1
佩文齋廣群芳譜一百卷目錄二卷　(清)汪灝等編纂　清康熙四十七年(1708)刻本　二十九册

320000－1644－0001354　311/3
墨子十五卷目一卷篇目考一卷　(清)畢沅校注　清光緒二年(1876)浙江書局刻本　四册

320000－1644－0001355　311.1/2
淮南鴻烈解二十一卷　(漢)劉安撰　(漢)高誘注　明萬曆十八年(1590)汪一鸞刻本　一册　存五卷(十二至十六)

320000－1644－0001356　311.1/3
淮南子二十一卷　(漢)劉安撰　(漢)高誘注　清光緒二年(1876)浙江書局刻二十二子本　六册

320000－1644－0001357　311.1/10
群學肄言十六篇　(英國)斯賓塞爾撰　嚴復譯　清光緒二十九年(1903)上海文明編譯書局鉛印本　四册

320000－1644－0001358　311.1/13
校邠廬抗議二卷　(清)馮桂芬撰　清光緒十八年(1892)敏德堂刻本　二册

320000－1644－0001359　311.1/13f2
校邠廬抗議二卷　(清)馮桂芬撰　清光緒十八年(1892)敏德堂刻本　二册

320000－1644－0001360　311.1/13＝2
校邠廬抗議二卷　(清)馮桂芬撰　清光緒二十三年(1897)文端樓石印本　二册

320000－1644－0001361　311.1/14＝2
顔氏家訓七卷　(北齊)顔之推撰　清光緒七年(1881)汗青簃刻本　二册

320000－1644－0001362　311.1/17
盛世危言十四卷　(清)鄭觀應撰　清光緒二

十一年(1895)石印本　八册

320000－1644－0001363　311.1/19
新政真詮六卷　何啟　胡禮垣撰　清光緒二十七年(1901)格致新報館鉛印本　六册

320000－1644－0001364　311.1/21
呂氏春秋二十六卷　(漢)高誘注　(清)畢沅輯校　**附攷一卷**　(清)畢沅撰　清乾隆五十三年(1788)靈巖山館刻經訓堂叢書本　四册

320000－1644－0001365　311.1/22
續隻麈譚二卷　(清)胡承譜撰　清道光十二年(1832)涇縣趙氏古墨齋刻本　一册

320000－1644－0001366　311.1/24
開卷偶得十卷　(清)林春溥撰　清道光二十九年(1849)閩縣林氏竹柏山房刻本　四册

320000－1644－0001367　311.1/25
粟香隨筆八卷　金武祥撰　清光緒七年(1881)廣州刻本　四册

320000－1644－0001368　311.1/29
柳南隨筆六卷續筆四卷　(清)王應奎撰　清乾隆五年(1740)刻本　二册

320000－1644－0001369　311.1/30
九九銷夏錄十四卷　(清)俞樾撰　清光緒十八年(1892)刻本　四册

320000－1644－0001370　311.1/31
寒夜叢談三卷　(清)沈赤然撰　清光緒十一年(1885)新陽趙氏刻本　一册

320000－1644－0001371　311.1/32
香祖筆記十二卷　(清)王士禛撰　清宣統二年(1910)掃葉山房石印本　四册

320000－1644－0001372　311.1/34
封氏聞見記十卷　(唐)封演撰　清乾隆五十七年(1792)刻本　二册

320000－1644－0001373　311.1/49
寓簡十卷附錄一卷　(宋)沈作喆纂　清光緒二十年(1894)刻本　一册

320000－1644－0001374　311.1/50
貴耳集三卷　(宋)張端義著　(明)毛晉訂　明虞山毛氏汲古閣刻本　三册

320000－1644－0001375　311.1/51
西漚外集八卷　(清)李惺撰　清同治七年(1868)刻本　八册

320000－1644－0001376　311.1/52
劉子新論十卷　(北齊)劉晝撰　(唐)袁孝政注　明萬曆程榮刻漢魏叢書本　二册

320000－1644－0001377　311.1/53
新政應試必讀六卷　(清)顧厚焜選　清光緒二十八年(1902)上海石印局石印本　十二册

320000－1644－0001378　311.1/54
敬信錄一卷　(□)□□撰　清道光元年(1821)素位堂刻本　一册

320000－1644－0001379　311.1/55
七修類稿五十一卷續稿七卷　(明)郎瑛撰　清光緒六年(1880)廣州翰墨園刻本　十六册

320000－1644－0001380　311.1/56
尹文子二卷　清光緒元年(1875)湖北崇文書局刻子書百家百本　一册

320000－1644－0001381　311.2/1
日知錄集釋三十二卷附刊誤二卷　(清)顧炎武撰　(清)黄汝成集釋　清道光十四年(1834)嘉定黄氏西谿草廬刻本　十二册

320000－1644－0001382　311.2/1＝2
日知錄集釋三十二卷附刊誤二卷續刊誤二卷　(清)顧炎武撰　(清)黄汝成集釋　清同治八年(1869)廣州述古堂刻本　十二册

320000－1644－0001383　311.2/1＝3
日知錄集釋三十二卷附刊誤二卷續刊誤二卷　(清)顧炎武撰　(清)黄汝成集釋　清光緒十三年(1887)同文書局石印本　十一册

320000－1644－0001384　311.2/1＝4
日知錄集釋三十二卷附刊誤二卷續刊誤二卷　(清)顧炎武撰　(清)黄汝成集釋　清光緒二十一年(1895)上海點石齋石印本　四册

320000－1644－0001385　311.2/2

日知錄三十二卷 （清）顧炎武撰　清康熙三十四年(1695)遂初堂刻本　八册

320000－1644－0001386　311.2/3
日知錄之餘四卷 （清）顧炎武撰 （清）鄒福保輯　清宣統二年(1910)刻本　二册

320000－1644－0001387　311.2/3f2
日知錄之餘四卷 （清）顧炎武撰 （清）鄒福保輯　清宣統二年(1910)刻本　二册

320000－1644－0001388　311.2/4
日知錄刊誤二卷 （清）黄汝成撰　清同治八年(1869)刻本　一册

320000－1644－0001389　311.2/7
證俗文十九卷 （清）郝懿行撰　清光緒十年(1884)東路廳署刻本　三册　存十五卷(一至十五)

320000－1644－0001390　311.2/9
全謝山先生經史問答十卷 （清）全祖望撰　清乾隆三十年(1765)刻本　四册

320000－1644－0001391　311.2/11
校訂困學紀聞集證二十卷 （宋）王應麟撰（清）閻若璩等箋 （清）萬希槐集證 （清）屠繼序校補　清嘉慶胡氏山壽齋刻本　十二册

320000－1644－0001392　311.2/11＝2
校訂困學紀聞集證二十卷 （宋）王應麟撰（清）閻若璩等箋 （清）萬希槐集證 （清）屠繼序校補　清刻本　十二册

320000－1644－0001393　311.2/12
困學紀聞注二十卷首一卷 （清）翁元圻輯　清光緒十五年(1889)上海積山書局石印本　六册

320000－1644－0001394　311.2/12＝2
困學紀聞注二十卷 （清）翁元圻輯　清道光五年(1825)餘姚守福堂刻本　十二册

320000－1644－0001395　311.2/13
學林十卷 （宋）王觀國撰　清道光十年(1830)刻本　十册

320000－1644－0001396　311.2/14
東塾讀書記二十五卷 （清）陳澧撰　清光緒廣州刻本　五册　存二十一卷(一至二十一)

320000－1644－0001397　311.2/15
札迻十二卷 （清）孫詒讓著　清光緒二十年(1894)瑞安孫氏刻二十一年(1895)修本　四册

320000－1644－0001398　311.2/17
求闕齋讀書錄十卷 （清）曾國藩撰 （清）王啟原編輯　清光緒二年(1876)傳忠書局刻本　四册

320000－1644－0001399　311.2/17f2
求闕齋讀書錄十卷 （清）曾國藩撰 （清）王啟原編輯　清光緒二年(1876)傳忠書局刻本　三册

320000－1644－0001400　311.2/18
癸巳存稿十五卷 （清）俞正燮撰　清光緒十年(1884)刻本　六册

320000－1644－0001401　311.2/19
欽定四庫全書考證一百卷 （清）王太岳等纂　清刻本　四十八册

320000－1644－0001402　311.2/20
群書拾補三十七卷 （清）盧文弨撰　清光緒十三年(1887)上海蜚英館石印本　八册

320000－1644－0001403　311.2/21
十駕齋養新錄二十卷餘錄三卷 （清）錢大昕撰　清嘉慶十六年(1811)刻本　六册

320000－1644－0001404　311.2/22
愈愚錄六卷 （清）劉寶楠撰　清光緒十四年(1888)廣雅書局刻本　二册

320000－1644－0001405　311.2/23
讀書脞錄七卷 （清）孫志祖撰　清光緒十三年(1887)醉六堂刻本　四册

320000－1644－0001406　311.2/25
陔餘叢考四十三卷 （清）趙翼撰　清末上海鴻章書局石印本　十六册

320000－1644－0001407　311.2/26

讀書雜志八十二卷餘編二卷　(清)王念孫撰　清光緒二十年(1894)上海醉六堂石印本　八冊

320000－1644－0001408　311.2/26＝2
讀書雜志八十二卷餘編二卷　(清)王念孫撰　清光緒二十一年(1895)上海鴻文書局石印本　八冊

320000－1644－0001409　311.2/27
癸巳類稿十五卷　(清)俞正燮撰　清道光十三年(1833)求日益齋刻本　六冊

320000－1644－0001410　311.2/27＝2
癸巳類稿十五卷　(清)俞正燮撰　清光緒五年(1879)會稽章氏刻本　十二冊

320000－1644－0001411　311.2/28
義門讀書記五十八卷　(清)何焯撰　(清)蔣維鈞輯　清乾隆三十四年(1769)蔣維鈞刻本　八冊

320000－1644－0001412　311.2/29
雲谷雜記四卷首一卷末一卷　(宋)張淏撰　清光緒十九年(1893)刻本　二冊

320000－1644－0001413　311.2/30
煙嶼樓筆記八卷　(清)徐時棟撰　清光緒三十四年(1908)鄞縣徐氏蘧學齋鉛印本　一冊

320000－1644－0001414　311.2/30f2
煙嶼樓筆記八卷　(清)徐時棟撰　清光緒三十四年(1908)鄞縣徐氏蘧學齋鉛印本　一冊

320000－1644－0001415　311.2/31
曉讀書齋雜錄八卷　(清)洪亮吉撰　清光緒三年(1877)授經堂刻本　二冊　存四卷(一至四)

320000－1644－0001416　311.2/32
吹網錄六卷鷗陂漁話六卷　(清)葉廷琯撰　清同治八年(1869)蘇州刻本　四冊

320000－1644－0001417　311.2/33
無邪堂答問五卷　(清)朱一新撰　清光緒二十一年(1895)廣雅書局刻本　五冊

320000－1644－0001418　311.2/36
國學叢刊不分卷　羅振玉等編　清宣統三年(1911)石印本　三冊

320000－1644－0001419　311.2/38
群書校補一百卷　(清)陸心源輯　清光緒歸安陸氏刻本　七冊　存四十一卷(二十三至六十三)

320000－1644－0001420　311.2/39
能改齋漫錄十八卷　(宋)吳曾撰　清乾隆武英殿活字印本　七冊　存十六卷(一至五、八至十八)

320000－1644－0001421　311.2/40
通雅五十二卷首三卷　(清)方以智撰　清康熙五年(1666)姚文燮刻本　十冊

320000－1644－0001422　311.3/1
改良女子四書讀本二卷　(清)王相注　清光緒二年(1876)鉛印本　二冊

320000－1644－0001423　311.3/4
意林五卷　(唐)馬總撰　清乾隆四十七年(1782)武英殿木活字本　二冊

320000－1644－0001424　311.3/5
得一錄八卷　(清)余治輯　清光緒十一年(1885)寶善堂刻本　八冊

320000－1644－0001425　311.3/8
強學彙編十九卷　(清)馬冠群輯　清光緒二十三年(1897)上海文瑞樓石印本　八冊

320000－1644－0001426　311.3/9
玉芝堂談薈三十六卷　(明)徐應秋輯　明刻清遞修本　三十二冊

320000－1644－0001427　311.3/12
時務通考三十一卷　(清)杞廬主人撰　清光緒二十三年(1897)點石齋石印本　二十冊

320000－1644－0001428　311.3/14
二十世紀奇書快睹十卷　(清)陳琰輯　清宣統三年(1911)上海六藝書局石印本　四冊

320000－1644－0001429　311.3/17
續談助五卷　(宋)晁載之輯　清光緒十三年(1887)歸安陸氏刻十萬卷樓叢書本　二冊

320000－1644－0001430　311.3/17f2
續談助五卷　(宋)晁載之輯　清光緒十三年(1887)歸安陸氏刻十萬卷樓叢書本　二册

320000－1644－0001431　311.4/2
七修類稿五十一卷續稿七卷　(明)郎瑛撰　清光緒六年(1880)廣州翰墨園刻本　十六册

320000－1644－0001432　311.5/5
敏求軒述記十六卷　(清)陳世箴輯　清道光二十八年(1848)刻本　八册

320000－1644－0001433　311.5/6
郎潛紀聞初筆七卷二筆八卷三筆六卷　(清)陳康祺撰　清宣統二年(1910)上海掃葉山房石印本　十册

320000－1644－0001434　311.5/8
采風記五卷附紀程感事詩一卷時務論一卷　宋育仁編撰　清光緒二十一年(1895)袖海山房石印本　四册

320000－1644－0001435　311.5/9
文鈔一卷　(清)□□輯　清乾隆鈔本　一册

320000－1644－0001436　312.1/1
皇極經世緒言九卷首一卷　(宋)邵雍撰　(明)黄畿註　清嘉慶四年(1799)錢塘徐樹堂刻本　十册

320000－1644－0001437　312.3/1
靈棋經二卷　(漢)東方朔撰　(明)劉基等注　清乾隆白鹿山房木活字印本　四册

320000－1644－0001438　312.4/1
選擇備要不分卷　(清)俞榮寬編　清同治九年(1870)刻朱墨套印本　二册

320000－1644－0001439　312.6/3
天元五歌闡義五卷　(清)蔣大鴻撰　(清)章仲山注　**元空秘旨一卷**　(□)釋目講禪師撰　清道光三年(1823)經元堂刻本　一册

320000－1644－0001440　313/1
三藏真詮一卷　(明)陸西星撰　清鈔本　一册

320000－1644－0001441　313.1/2
法苑珠林一百二十卷　(唐)釋道世撰　明萬曆十九年(1591)清涼山妙德禪院刻徑山藏本　二十四册

320000－1644－0001442　313.1/4
大乘起信論直解二卷　(天竺)馬鳴菩薩撰　(明)釋德清注　清光緒十六年(1890)金陵刻經處刻本　一册

320000－1644－0001443　313.1/5
大佛頂首楞嚴經十卷　(唐)釋般剌密帝譯　清宣統元年(1909)文寶書局石印本　二册

320000－1644－0001444　313.1/13
一切經音義二十五卷　(唐)釋玄應撰　**補訂新譯大方廣佛華嚴經音義二卷**　(唐)釋慧苑撰　清同治八年(1869)刻本　六册

320000－1644－0001445　313.1/17
佛説阿彌陀經要解一卷　(後秦)釋鳩摩羅什譯　(清)釋智旭解　清光緒三十四年(1908)古歙成氏刻本　一册

320000－1644－0001446　313.1/22
妙法蓮華經藥王菩薩本事品不分卷　(後秦)釋鳩摩羅什譯　清同治六年(1867)常熟龐氏刻本　一册

320000－1644－0001447　314/5
四書典林三十卷　(清)江永編　清乾隆元年(1736)刻本　十二册

320000－1644－0001448　314/5＝1
四書古人典林十二卷　(清)江永撰　清乾隆三十九年(1774)集道堂刻本　四册

320000－1644－0001449　314/5＝2
四書古人典林十二卷　(清)江永撰　清光緒十三年(1887)石印本　一册

320000－1644－0001450　314/6
增廣四書類典串珠大全二卷　(清)臧志仁編　清光緒十二年(1886)廣東嶺南書局石印本　二册

320000－1644－0001451　314/7
格致精華録四卷　王仁俊述　**德國議院章程**

一卷德國合盟紀事本末一卷 (清)徐建寅譯 清光緒二十二年(1896)石印本 四冊

320000－1644－0001452 314/9

王先生十七史蒙求十六卷 (宋)王令撰 **李氏蒙求補注六卷** (清)金三俊輯 清大文堂刻本 六冊

320000－1644－0001453 314/11

宋稗類鈔三十六卷 (清)潘永因編 清宣統三年(1911)上海藜光社石印本 十二冊

320000－1644－0001454 314/12

佩文韻府一百六卷 (清)張玉書等編 **韻府拾遺一百六卷** (清)汪灝等編 清光緒十二年(1886)上海同文書局石印本 六十冊

320000－1644－0001455 314/12＝2

佩文韻府一百六卷 (清)張玉書等編 **韻府拾遺一百六卷** (清)汪灝等編 清光緒十八年(1892)上海同文書局石印本 六十冊

320000－1644－0001456 314/12＝3

佩文韻府一百六卷 (清)張玉書等編 **韻府拾遺一百六卷** (清)汪灝等編 清光緒八年(1882)上海點石齋石印本 十冊

320000－1644－0001457 314/12＝4

佩文韻府一百六卷 (清)張玉書等編 **韻府拾遺一百六卷** (清)汪灝等編 清光緒二十一年(1895)上海點石齋石印本 二十四冊

320000－1644－0001458 314/12＝5

佩文韻府一百六卷 (清)張玉書等編 **韻府拾遺一百六卷** (清)汪灝等編 清光緒二十二年(1896)上海同文書局石印本 三十九冊

320000－1644－0001459 314/13

新增說文韻府群玉二十卷 (元)陰時夫輯 (元)陰中夫注 清英秀堂刻本 二十冊

320000－1644－0001460 314/14

新編古今事文類聚前集六十卷後集五十卷續集二十八卷別集三十二卷 (宋)祝穆輯 **新集三十六卷外集十五卷** (宋)富大用輯 **遺集十五卷** (元)祝淵輯 明萬曆三十二年(1604)金陵唐富春德壽堂刻本 二十六冊 存一百五卷(前集六十卷、後集一至四十五)

320000－1644－0001461 314/15

事類賦三十卷 (宋)吳淑撰注 明嘉靖十一年(1532)華麟祥刻本 六冊

320000－1644－0001462 314/15＝2

事類賦三十卷 (宋)吳淑撰注 清乾隆二十九年(1764)刻本 四冊

320000－1644－0001463 314/16

廣事類賦四十卷 (清)華希閔撰 清康熙三十八年(1699)刻本 八冊

320000－1644－0001464 314/17

類書纂要三十三卷 (清)周魯輯 清康熙三年(1664)刻本 二十冊

320000－1644－0001465 314/19

玉海二百卷辭學指南四卷附刻十五種 (宋)王應麟撰 清光緒九年(1883)浙江書局刻本 一百二十冊

320000－1644－0001466 314/19＝2

玉海二百卷 (宋)王應麟撰 清光緒九年(1883)浙江書局刻本 二十一冊

320000－1644－0001467 314/20

子史精華一百六十卷 (清)允祿等撰 清光緒十年(1884)上海同文書局石印本 八冊

320000－1644－0001468 314/20＝2

子史精華一百六十卷 (清)允祿等撰 清光緒十二年(1886)上海同文書局石印本 八冊

320000－1644－0001469 314/20＝3

子史精華一百六十卷 (清)允祿等撰 清光緒十三年(1887)上海積山書局石印本 十冊

320000－1644－0001470 314/21

角山樓增補類腋六十七卷 (清)姚培謙輯 (清)趙克宜增輯 清咸豐十年(1860)趙克宜角山樓刻本 十二冊

320000－1644－0001471 314/22＝2

增補事類統編九十三卷 (清)黃葆真增輯 清光緒十八年(1892)上海鴻寶齋石印本 十

二册

320000－1644－0001472　314/23
增訂左傳類對賦不分卷續左傳類對賦不分卷　（宋）徐晉卿撰　（清）周春重編　清乾隆二年（1737）綠潤堂刻本　二册

320000－1644－0001473　314/24
類纂精華三十卷　（清）高大爵等纂　清乾隆二十三年（1758）刻本　六册

320000－1644－0001474　314/25
類林新詠三十六卷　（清）姚之駰撰　清康熙四十七年（1708）刻本　八册

320000－1644－0001475　314/27
五經典林五十四卷五經古人典林六卷　（清）何松編　清光緒元年（1875）刻本　十四册

320000－1644－0001476　314/28
經學輯要二十四卷　（清）吳頴炎等輯　清光緒十九年（1893）點石齋石印本　三十二册

320000－1644－0001477　314/29
新義錄一百卷　（清）孫璧文撰　清光緒八年（1882）漱石山房刻本　二十册

320000－1644－0001478　314/30
類腋五十五卷　（清）姚培謙輯　清乾隆清妙軒刻本　二十四册

320000－1644－0001479　314/32
群書備考古學捷十卷　（清）陳應麟纂輯　清乾隆元年（1736）浣花軒刻本　四册

320000－1644－0001480　314/33
策府統宗六十五卷　（清）劉昌齡撰　清光緒上海蜚英館石印本　二十册

320000－1644－0001481　314/35
分韻詩賦題解統編一百六卷　（清）王景曾編　清光緒十四年（1888）石印本　六册

320000－1644－0001482　314/36
格致鏡原一百卷　（清）陳元龍輯　清光緒十四年（1888）上海大同書局石印本　十六册

320000－1644－0001483　314/37
太平御覽一千卷目錄十五卷　（宋）李昉等纂　清嘉慶十二年至十七年（1807－1812）鮑崇城刻本　一百六十册

320000－1644－0001484　314/38
淵鑑類函四百五十卷目錄四卷　（清）張英等輯　清清吟堂刻本　一百四十册

320000－1644－0001485　314/38＝2
淵鑑類函四百五十卷　（清）張英等輯　清光緒二十年（1894）上海點石齋石印本　八册

320000－1644－0001486　314/40
天中記六十卷　（明）陳耀文輯　清光緒四年（1878）聽雨山房刻本　六十册

320000－1644－0001487　314/41
育正堂重訂幼學須知句解四卷　（清）程允升撰　（清）錢元龍校　清光緒二年（1876）蘇州文瑞樓刻本　一册

320000－1644－0001488　314/46
太史華句八卷　（明）淩迪知輯　清光緒上海鴻寶齋石印本　一册

320000－1644－0001489　314/47
左國腴詞八卷　（明）淩迪知輯　清光緒上海鴻寶齋石印本　一册

320000－1644－0001490　314/48
文選類雋十四卷　（清）何松輯　清光緒十八年（1892）石印本　一册

320000－1644－0001491　314/49
文料大成四卷　（□）□□撰　清光緒十五年（1889）上海石印本　二册

320000－1644－0001492　314/51
小知錄十二卷　（清）陸鳳藻輯　清同治十二年（1873）淮南書局刻本　四册

320000－1644－0001493　314/54
類聯集古十卷　（清）劉慶觀輯　清乾隆青藜閣刻本　二册

320000－1644－0001494　314/55
精選楹聯新編二卷　（清）俞樾撰　清宣統二年（1910）上海萃英書莊石印本　二册

320000－1644－0001495　314/59
對類便讀六卷首一卷　(清)程錫類編輯　清康熙四十六年(1707)書種堂刻本　四冊

320000－1644－0001496　401.1/4
唐宋十大家全集錄五十一卷首一卷　(清)儲欣輯評　清康熙松鱗堂刻本　三十二冊

320000－1644－0001497　401.1/5
汪羅彭薛四家合鈔　(清)國學扶輪社輯　清宣統二年(1910)上海國學扶輪社鉛印本　六冊

320000－1644－0001498　401.1/7
國朝二十四家文鈔二十四卷　(清)徐斐然輯　清嘉慶元年(1796)刻本　八冊

320000－1644－0001499　401.1/8
國朝六家詩鈔八卷　(清)劉執玉選　清嘉慶八年(1803)刻本　八冊

320000－1644－0001500　401.1/8＝2
國朝六家詩鈔八卷　(清)劉執玉選　清宣統二年(1910)澄衷學堂石印本　六冊

320000－1644－0001501　401.1/18
漢魏六朝百三名家集一百十八卷　(明)張溥輯　清光緒三年(1877)滇南唐氏壽考堂刻本　八十二冊

320000－1644－0001502　401.1/18＝2
漢魏六朝百三名家集一百十八卷　(明)張溥輯　明刻本　六十四冊

320000－1644－0001503　401.1/18＝3
漢魏六朝百三名家集一百十八卷　(明)張溥輯　清光緒十八年(1892)善化章經濟堂刻本　八十冊

320000－1644－0001504　401.1/21
塵海妙品十四卷　(清)陳琰編　清宣統三年(1911)上海六藝書局石印本　四冊

320000－1644－0001505　401.1/22
陸陳二先生文鈔十二卷　(清)葉裕仁編　清同治九年(1870)安道書院刻本　四冊

320000－1644－0001506　401.1/22:2
陸陳二先生詩鈔十六卷　(清)葉裕仁編　清光緒二年(1876)安道書院刻本　四冊

320000－1644－0001507　401.1/29
國朝八家四六文鈔　(清)吳鼒輯　清嘉慶二十四年(1819)紫文閣刻本　四冊

320000－1644－0001508　401.1/30
八家四六文注八卷補注一卷　(清)許貞幹注　清光緒十八年(1892)上海圖書集成印書局鉛印本　八冊

320000－1644－0001509　401.1/30f2
八家四六文注八卷補注一卷　(清)許貞幹注　清光緒十八年(1892)上海圖書集成印書局鉛印本　八冊

320000－1644－0001510　401.1/33
漢魏六朝名家集初刻　丁福保輯　清宣統三年(1911)無錫丁氏鉛印本　三十冊

320000－1644－0001511　401.1/34
六臣注文選六十卷　(南朝梁)蕭統編　(唐)李善等注　明吳勉學刻本　三十冊

320000－1644－0001512　401.2/2
古文辭類纂七十四卷　(清)姚鼐纂　**續古文辭類纂三十四卷**　王先謙編　清光緒三十三年(1907)上海商務印書館鉛印本　十二冊

320000－1644－0001513　401.2/2＝2
古文辭類纂七十四卷　(清)姚鼐纂　清同治八年(1869)江蘇書局刻本　一冊　存六卷(十三至十八)

320000－1644－0001514　401.2/3
續古文辭類纂二十八卷　(清)黎庶昌輯　清光緒十六年(1890)金陵書局刻本　八冊

320000－1644－0001515　401.2/5:2
古文析義二編十六卷　(清)林雲銘評注　(清)鄭郲等校　清康熙刻本　六冊

320000－1644－0001516　401.2/6
重訂古文釋義新編八卷　(清)余誠評注　清光緒二十三年(1897)刻本　八冊

320000－1644－0001517　401.2/7

古文苑二十一卷 (宋)章樵注 清光緒十二年(1886)江蘇書局刻本 四冊

320000－1644－0001518 401.2/7:2
續古文苑二十卷 (清)孫星衍纂 清光緒九年(1883)江蘇書局刻本 六冊

320000－1644－0001519 401.2/8
高等國文讀本四卷 唐文治編纂 清宣統元年(1909)上海文明書局鉛印本 四冊

320000－1644－0001520 401.2/11
古文翼八卷 (清)唐德宜編 清同治十二年(1873)常熟黄氏藝文堂刻本 八冊

320000－1644－0001521 401.2/12
古文一隅三卷 (清)朱宗洛評選 清道光三十年(1850)承裕堂刻本 一冊

320000－1644－0001522 401.2/12＝2
古文一隅三卷 (清)朱宗洛評選 清鉛印本 一冊

320000－1644－0001523 401.2/14＝2
古文雅正十四卷 (清)蔡世遠輯並評 清光緒二十二年(1896)上海圖書集成印書局鉛印本 三冊

320000－1644－0001524 401.2/17
古文筆法百篇十四卷 (清)李扶九編 (清)黄仁黻纂定 清光緒二十四年(1898)上海書局石印本 二冊

320000－1644－0001525 401.2/20
三餘堂古文觀止十二卷 (清)吴乘權 (清)吴大職輯 清康熙三十四年(1695)三餘堂刻本 六冊

320000－1644－0001526 401.2/23
六朝文絜四卷 (清)許槤評選 清道光五年(1825)刻本 二冊

320000－1644－0001527 401.2/23＝2
六朝文絜四卷 (清)許槤評選 清光緒三年(1877)上海刻朱墨套印本 一冊

320000－1644－0001528 401.2/25
東萊先生古文關鍵二卷 (宋)吕祖謙評 (宋)蔡文子注 (清)徐樹屏考異 清華綺刻本 二冊

320000－1644－0001529 401.2/26
全上古三代秦漢三國六朝文七百四十六卷 (清)嚴可均校輯 清光緒二十年(1894)黄岡王氏刻本 一百冊

320000－1644－0001530 401.2/27
古文眉詮七十九卷 (清)浦起龍輯 清乾隆九年(1744)三吳書院刻本 二十冊

320000－1644－0001531 401.2/28
古文賞音十二卷 (清)謝有輝纂 清康熙粤東刻本 十三冊

320000－1644－0001532 401.2/29
古文淵鑒六十四卷 (清)徐乾學等編注 清同治十二年(1873)浙江書局刻本 三十二冊

320000－1644－0001533 401.2/30
古今經世策論舉隅八卷 (清)邵恒照輯 清光緒二十四年(1898)刻本 八冊

320000－1644－0001534 401.2/31
涵芬樓古今文鈔一百卷 吳曾祺編纂 清宣統二年(1910)上海商務印書館鉛印本 一百冊

320000－1644－0001535 401.2/33
唐宋八家文讀本三十卷 (清)沈德潛選評 清光緒十四年(1888)刻本 十二冊

320000－1644－0001536 401.2/33＝2
唐宋八家文讀本三十卷 (清)沈德潛選評 清刻本 八冊

320000－1644－0001537 401.2/33:2
唐宋八家文讀本三十卷 (清)沈德潛選評 清光緒二十四年(1898)上海沈記書莊石印本 四冊

320000－1644－0001538 401.2/35
御選唐宋文醇五十八卷 (清)高宗弘曆選 清光緒三年(1877)浙江書局刻本 二十冊

320000－1644－0001539 401.2/35＝2
御選唐宋文醇五十八卷 (清)高宗弘曆選

清光緒十年(1884)刻本　二十四册

320000－1644－0001540　401.2/35＝3
御選唐宋文醇五十八卷　(清)高宗弘曆選　清乾隆三年(1738)武英殿刻四色套印本　二十四册

320000－1644－0001541　401.2/36
宋元明文鈔不分卷　(清)□□輯　清鈔本　十册

320000－1644－0001542　401.2/38
增廣古今人物論三十六卷　(明)鄭元直輯評　**續編十二卷**　(清)願學齋同人輯　清光緒二十五年(1899)杭州衢尊書局石印本　十二册

320000－1644－0001543　401.2/42
御選唐宋詩醇四十七卷目録二卷　(清)高宗弘曆選　清乾隆二十五年(1760)紫陽書院刻本　二十四册

320000－1644－0001544　401.2/42＝2
御選唐宋詩醇四十七卷目録二卷　(清)高宗弘曆選　清光緒刻本　一册　存二卷(五至六)

320000－1644－0001545　401.2/42＝3
御選唐宋詩醇四十七卷目録二卷　(清)高宗弘曆選　清刻本　二十四册

320000－1644－0001546　401.2/44＝2
古詩源十四卷　(清)沈德潛選　清嘉慶八年(1803)西山堂刻本　二册

320000－1644－0001547　401.2/44＝3
古詩源十四卷　(清)沈德潛選　清霽月山房刻本　二册

320000－1644－0001548　401.2/44＝4
古詩源十四卷　(清)沈德潛選　清康熙五十八年(1719)刻本　四册

320000－1644－0001549　401.2/44＝5
古詩源十四卷　(清)沈德潛選　清尊經閣刻本　四册

320000－1644－0001550　401.2/46
宋元明詩三百首二卷　(清)朱梓　(清)冷昌言輯　清光緒元年(1875)虞山鮑氏抱芳閣刻本　一册

320000－1644－0001551　401.2/46＝2
宋元明詩三百首二卷　(清)朱梓　(清)冷昌言輯　清光緒元年(1875)虞山黄氏藝文堂刻本　一册

320000－1644－0001552　401.2/48
增補重訂千家詩注解二卷　(清)任來吉選　(清)王相注　**新鐫五言千家詩會義直解一卷**　(清)王相等注輯　清嘉慶二十二年(1817)東郡文苑閣刻本　二册

320000－1644－0001553　401.2/53
駢體文鈔三十一卷　(清)李兆洛編　清同治六年(1867)婁江徐氏刻本　八册

320000－1644－0001554　401.2/53＝2
駢體文鈔三十一卷　(清)李兆洛編　清光緒八年(1882)刻本　八册

320000－1644－0001555　401.2/53＝2f2
駢體文鈔三十一卷　(清)李兆洛編　清光緒八年(1882)刻本　八册

320000－1644－0001556　401.2/55
樂府詩集一百卷目録二卷　(宋)郭茂倩編　明末清初毛氏汲古閣刻本　十六册

320000－1644－0001557　401.2/56
王阮亭古詩選三十二卷　(清)王士禛選　清康熙天黎閣刻乾隆元年(1736)印本　四册

320000－1644－0001558　401.2/56＝2
漁洋山人古詩選三十二卷　(清)王士禛選　清同治七年(1868)湘鄉曾氏刻本　八册

320000－1644－0001559　401.2/57
五七言今體詩鈔十八卷　(清)姚鼐選　清同治五年(1866)金陵書局刻本　二册

320000－1644－0001560　401.2/57＝2
五七言今體詩鈔十八卷　(清)姚鼐選　清刻本　二册

320000－1644－0001561　401.2/58

三十家詩鈔六卷末一卷　(清)曾國藩纂　(清)王定安增輯　清同治十三年(1874)傳忠書局刻本　六冊

320000－1644－0001562　401.2/62
八代詩選二十卷　王闓運編　清光緒七年(1881)四川尊經書局刻本　六冊

320000－1644－0001563　401.2/62f2
八代詩選二十卷　王闓運編　清光緒七年(1881)四川尊經書局刻本　六冊

320000－1644－0001564　401.2/62＝2
八代詩選二十卷　王闓運編　清光緒十六年(1890)江蘇書局刻本　八冊

320000－1644－0001565　401.2/64
文苑英華一千卷　(宋)李昉等編　明隆慶刻本　二十冊　存六百八十一卷(三百十至九百九十)

320000－1644－0001566　401.2/65
經史百家雜鈔二十六卷　(清)曾國藩纂　清光緒三十二年(1906)上海商務印書館鉛印本　十二冊

320000－1644－0001567　401.2/66
經史百家簡編二卷　(清)曾國藩纂　清同治十三年(1874)傳忠書局刻本　二冊

320000－1644－0001568　401.2/68
賦鈔六卷　(清)張惠言輯　清光緒四年(1878)宏達堂刻本　二冊

320000－1644－0001569　401.2/69
賦鈔箋略十五卷　(清)雷琳　(清)張杏濱撰　清乾隆三十一年(1766)刻本　八冊

320000－1644－0001570　401.2/69＝2
賦鈔箋略十五卷　(清)雷琳　(清)張杏濱撰　清嘉慶二十年(1815)刻本　八冊

320000－1644－0001571　401.2/69＝3
賦鈔箋略十五卷　(清)雷琳　(清)張杏濱撰　清嘉慶二十二年(1817)刻本　六冊

320000－1644－0001572　401.2/71
六朝唐賦讀本不分卷　(清)馬傳庚選注　清光緒十三年(1887)蜚英館石印本　二冊

320000－1644－0001573　401.2/72
賦海大觀三十二卷　(清)鴻寶齋書局編　清光緒鴻寶齋書局石印本　二十八冊

320000－1644－0001574　401.2/79
武侯全書二十卷首一卷　(清)趙承恩編輯　清光緒十年(1884)紅杏山房刻本　十冊

320000－1644－0001575　401.2/80
古文載道編十八卷　(清)張伯行選評　清康熙正誼堂刻本　八冊

320000－1644－0001576　401.2/81
文選六十卷　(南朝梁)蕭統編　(唐)李善注　清寶仁堂刻本　十二冊

320000－1644－0001577　401.2/81＝2
文選六十卷　(南朝梁)蕭統編　(唐)李善注　清同治八年(1869)金陵書局刻本　十冊

320000－1644－0001578　401.2/82
文選六十卷　(南朝梁)蕭統編　(唐)李善注　(清)何焯評點　清乾隆三十七年(1772)長洲葉氏海錄軒刻本　八冊　存五十四卷(三至五十六)

320000－1644－0001579　401.2/82＝2
文選六十卷　(南朝梁)蕭統編　(唐)李善注　(清)何焯評點　清乾隆三十七年(1772)長洲葉氏海錄軒刻本　十二冊

320000－1644－0001580　401.2/83＝6
文選六十卷　(南朝梁)蕭統編　(唐)李善注　**考異十卷**　(清)胡克家撰　清四明林氏刻本　二十四冊

320000－1644－0001581　401.2/84
文選五卷　(南朝梁)蕭統編　(唐)李善注　(明)孫鑛批註　**考異一卷**　(清)胡克家撰　清光緒十四年(1888)上海同文書局石印本　六冊

320000－1644－0001582　401.2/86
梁昭明文選十二卷　(南朝梁)蕭統編　(明)張鳳翼纂注　清康熙十一年(1672)願好堂刻

本　十二冊

320000－1644－0001583　401.2/87
增訂昭明文選集成詳註六十卷首一卷　(清)方廷珪評點　(清)于光華輯註　(清)陳雲程補訂　清乾隆四十八年(1783)龍江書屋刻本　二十四冊

320000－1644－0001584　401.2/88
重訂文選集評十五卷首一卷末一卷　(清)于光華編　清乾隆四十三年(1778)啓秀堂刻本　十六冊

320000－1644－0001585　401.2/88＝2
重訂文選集評十五卷首一卷末一卷　(清)于光華編次　清同治十一年(1872)江蘇書局刻本　十六冊

320000－1644－0001586　401.2/88＝2f2
重訂文選集評十五卷首一卷末一卷　(清)于光華編次　清同治十一年(1872)江蘇書局刻本　十六冊

320000－1644－0001587　401.2/88＝3
重訂文選集評十五卷首一卷末一卷　(清)于光華編次　清梓潼會刻本　十五冊

320000－1644－0001588　401.2/89
文選集釋二十四卷　(清)朱珔撰　清光緒元年(1875)涇川朱氏梅村家塾刻本　十二冊

320000－1644－0001589　401.2/90
文選音義八卷　(清)余蕭客輯　清乾隆二十三年(1758)静勝堂刻本　二冊

320000－1644－0001590　401.2/91
文選考異十卷　(清)胡克家撰　清光緒六年(1880)四明林氏刻本　四冊

320000－1644－0001591　401.2/92
文選補遺四十卷　(宋)陳仁子輯　(元)譚紹烈纂類　清乾隆二年(1737)陳文煜刻本　十二冊

320000－1644－0001592　401.2/92＝2
文選補遺四十卷　(宋)陳仁子輯　(元)譚紹烈纂類　清道光二十五年(1845)琅嬛館刻本　八冊

320000－1644－0001593　401.3/10
唐文粹一百卷　(宋)姚鉉編　**補遺二十六卷**　(清)郭麐輯　清光緒十六年(1890)杭州許氏榆園刻本　二十冊

320000－1644－0001594　401.3/11
唐人五十家小集　(清)江標輯　清光緒二十一年(1895)元和江氏靈鶼閣影宋刻本　十六冊

320000－1644－0001595　401.3/12
唐賢三昧集三卷　(清)王士禛編　清康熙二十七年(1688)刻本　三冊

320000－1644－0001596　401.3/14
三蘇策論十二卷　(清)張紹齡輯解　清宣統三年(1911)上海日新書莊石印本　一冊

320000－1644－0001597　401.3/15
明文在一百卷　(清)薛熙纂　清光緒十五年(1889)江蘇書局刻本　十冊

320000－1644－0001598　401.3/16
國朝文錄八十二卷　(清)姚椿輯　清光緒二十六年(1900)上海掃葉山房石印本　十六冊

320000－1644－0001599　401.3/17
江左校士錄六卷　(清)黄體芳輯　清光緒江蔭節署鉛印本　四冊

320000－1644－0001600　401.3/20
林嚴文鈔四卷　林紓　嚴復撰　清宣統元年(1909)上海國學扶輪社鉛印本　四冊

320000－1644－0001601　401.3/22
皇朝經世文編一百二十卷姓名總目三卷　(清)賀長齡輯　清光緒十二年(1886)思補樓石印本　六十冊

320000－1644－0001602　401.3/22f2
皇朝經世文編一百二十卷姓名總目三卷　(清)賀長齡輯　清光緒十二年(1886)思補樓石印本　六十冊

320000－1644－0001603　401.3/22＝2
皇朝經世文編一百二十卷生存姓名一卷姓名

總目二卷　(清)賀長齡輯　清光緒十三年(1887)上海廣百宋齋鉛印本　二十四冊

320000－1644－0001604　401.3/22＝3
皇朝經世文編一百二十卷生存姓名一卷姓名總目二卷　(清)賀長齡輯　清光緒二十二年(1896)掃葉山房石印本　二十四冊

320000－1644－0001605　401.3/23
皇朝經世文續編一百二十卷　(清)葛士濬輯　清光緒十七年(1891)上海廣百宋齋鉛印本　二十四冊

320000－1644－0001606　401.3/23＝2
皇朝經世文新增續編一百二十卷　(清)葛士濬輯　**新增時務續編四十卷新增洋務續編八卷**　(清)三畫堂主人輯　清光緒二十三年(1897)掃葉山房鉛印本　三十冊

320000－1644－0001607　401.3/24
皇朝經世文新編二十一卷　(清)麥仲華輯　清光緒二十八年(1902)瑤林書館石印本　二十冊

320000－1644－0001608　401.3/24f2
皇朝經世文新編二十一卷　(清)麥仲華輯　清光緒二十八年(1902)瑤林書館石印本　二十冊

320000－1644－0001609　401.3/25
國朝文匯甲前集二十卷甲集六十卷乙集七十卷丙集三十卷丁集二十卷姓名目錄一卷　國學扶輪社輯　清宣統元年(1909)上海國學扶輪社石印本　一百一冊

320000－1644－0001610　401.3/26
普天忠憤全集十四卷　(清)孔廣德編　清光緒二十一年(1895)石印本　十二冊

320000－1644－0001611　401.3/30
金文雅十六卷作者考一卷　(清)莊仲方編　清光緒十七年(1891)江蘇書局刻本　四冊

320000－1644－0001612　401.3/32
唐詩近體四卷　(清)胡本淵評選　清同治七年(1868)木樨山房刻本　二冊

320000－1644－0001613　401.3/34
唐四家詩集　(清)胡鳳丹輯選　清宣統三年(1911)掃葉山房石印本　五冊

320000－1644－0001614　401.3/35
古唐詩合解十二卷古詩四卷　(清)王堯衢注　清光緒文成堂刻本　六冊

320000－1644－0001615　401.3/36
眾妙集一卷　(宋)趙師秀輯　**剪綃集二卷**　(宋)李龏撰　明末毛氏汲古閣刻本　一冊

320000－1644－0001616　401.3/37
唐詩三百首注疏六卷　(清)蘅塘退士(孫洙)編　(清)章燮注　**唐詩三百首續選六卷**　(清)于慶元編　清光緒十年(1884)湖南學庫山房刻本　七冊

320000－1644－0001617　401.3/38
唐詩三百首續選六卷　(清)于慶元編　清咸豐六年(1856)刻本　一冊

320000－1644－0001618　401.3/39
中晚唐詩叩彈集十二卷續集三卷　(清)杜詔　(清)杜庭珠輯　清康熙四十三年(1704)采山亭刻本　三冊

320000－1644－0001619　401.3/41
才調集十卷　(五代)韋縠集　(清)馮舒評點　清康熙四十三年(1704)汪氏垂雲堂刻本　十冊

320000－1644－0001620　401.3/42
全唐詩九百卷目錄十二卷　(清)曹寅等編　清康熙四十四年至四十六年(1705－1707)揚州詩局刻本　一百二十冊

320000－1644－0001621　401.3/42＝2
全唐詩九百卷目錄十二卷　(清)曹寅等編　清光緒十三年(1887)上海同文書局石印本　三十二冊

320000－1644－0001622　401.3/43
御定全唐詩錄一百卷　(清)徐倬編　清康熙四十五年(1706)刻本　二十四冊

320000－1644－0001623　401.3/44

全唐詩鈔八十卷補遺十六卷　(清)吴成儀編　清乾隆二十四年(1759)刻本　二十冊

320000－1644－0001624　401.3/47
西崑酬唱集二卷　(宋)楊億等編　清嘉慶十六年(1811)祝氏留香室刻本　二冊

320000－1644－0001625　401.3/48
西崑酬唱集二卷　(宋)楊億等編　清光緒邵武徐氏刻本　一冊

320000－1644－0001626　401.3/51
宋詩略十八卷　(清)汪景龍　(清)姚壎輯　清乾隆三十五年(1770)竹雨山房刻本　四冊

320000－1644－0001627　401.3/52
元詩選不分卷十集　(清)顧嗣立輯　清康熙長洲顧氏秀野草堂刻本　十五冊

320000－1644－0001628　401.3/53
明詩綜一百卷　(清)朱彝尊編　(清)汪森等輯評　清康熙四十四年(1705)六峰閣刻本　三十二冊

320000－1644－0001629　401.3/54
明詩別裁集十二卷　(清)沈德潛　(清)周準輯　清乾隆四年(1739)刻本　六冊

320000－1644－0001630　401.3/55
唐詩解五十卷　(清)唐汝詢選釋　清萬笈堂刻本　二十冊

320000－1644－0001631　401.3/56
南宋雜事詩七卷　(清)沈嘉轍等撰　清武林芹香齋刻本　六冊

320000－1644－0001632　401.3/57
十種唐詩選十七卷　(清)王士禛輯　清康熙長洲韓菼刻本　四冊　存六種(河嶽英靈集、篋中集、搜玉集、御覽集、極玄集、又玄集)

320000－1644－0001633　401.3/58
金詩選四卷　(清)顧奎光選輯　清乾隆十六年(1751)刻本　一冊

320000－1644－0001634　401.3/63
明三十家詩選初集八卷二集八卷　(清)汪端輯　清同治十二年(1873)蘊蘭吟館刻本　八冊

320000－1644－0001635　401.3/65
欽定國朝詩別裁集三十二卷　(清)沈德潛纂評　清乾隆二十六年(1761)刻本　十二冊

320000－1644－0001636　401.3/67
小題正鵠初集一卷二集一卷三集一卷　(清)李元度輯　**養正草一卷**　(清)李元度撰　**訓蒙草一卷**　(清)路德撰　清光緒十七年(1891)鴻寶齋石印本　四冊

320000－1644－0001637　401.3/68
小題清華集初集一卷二集一卷　(清)盛元音輯　清光緒二十年(1894)石印本　四冊

320000－1644－0001638　401.3/69
南宋文範七十卷外編四卷　(清)莊仲方編　清光緒十四年(1888)江蘇書局刻本　十六冊

320000－1644－0001639　401.3/70
十國宮詞一百首一卷　(清)吴省蘭輯　清宣統三年(1911)上海掃葉山房石印本　一冊

320000－1644－0001640　401.3/71
啟禎宮詞二卷　(清)秦蘭徵　(清)王譽昌撰　(清)瞿紹基輯　清嘉慶十六年(1811)瞿氏鐵琴銅劍樓刻本　一冊

320000－1644－0001641　401.3/73
感舊集十六卷　(清)王士禛輯　(清)盧見曾補傳　清乾隆十七年(1752)刻本　八冊

320000－1644－0001642　401.3/74
本朝館閣詩二十卷附録一卷續附録一卷　(清)阮學浩　(清)阮學濬編　清乾隆二十三年(1758)困學書屋刻本　十二冊

320000－1644－0001643　401.3/75
廬山詩録四卷　(清)陳三立輯　清光緒十九年(1893)刻本　一冊

320000－1644－0001644　401.3/79
河間詩集不分卷　(清)畢蔭笏輯　清刻本　一冊

320000－1644－0001645　401.3/89
湖海文傳七十五卷　(清)王昶輯　清道光十

九年(1839)刻同治五年(1866)重修本　十冊

320000－1644－0001646　401.3/90
國朝古文正的五卷附錄二卷　楊彝珍纂輯　清光緒六年(1880)獨山莫氏鉛印本　六冊

320000－1644－0001647　401.3/91
同人集十二卷　(清)冒襄輯　清乾隆水繪庵刻本　十二冊

320000－1644－0001648　401.3/92
東海投桃集一卷附錄一卷　(清)俞樾撰並輯　清光緒十七年(1891)刻本　一冊

320000－1644－0001649　401.3/93
清暉贈言十卷附錄一卷　(清)徐永宣輯　清宣統三年(1911)順德鄧氏風雨樓鉛印本　三冊

320000－1644－0001650　401.3/94
萃林詩賦一卷　(清)張端卿等撰　清光緒十二年(1886)石印本　一冊

320000－1644－0001651　401.3/95
學海堂初集十六卷　(清)阮元編　清道光五年(1825)啓秀山房刻本　六冊

320000－1644－0001652　401.3/96
切問齋文鈔三十卷　(清)陸燿輯　清道光刻本　十冊

320000－1644－0001653　401.3/102
國朝駢體正宗十二卷　(清)曾燠輯　清光緒十三年(1887)上海蜚英館影印本　六冊

320000－1644－0001654　401.3/103
兩論大題分類文鈔不分卷　(清)雋味齋主人編　清光緒十四年(1888)石印本　十二冊

320000－1644－0001655　401.3/105
本朝五言近體瓣香集十六卷　(清)許英編注　清乾隆二十八年(1763)刻本　四冊

320000－1644－0001656　401.3/109
麗澤課藝選二卷　(清)姚瑩俊選評　清光緒二十一年(1895)蕭山陳氏木活字印本　二冊

320000－1644－0001657　401.3/110
共賞集初編一卷續一卷附一卷　(清)錢辰錄　清咸豐七年(1857)躍龍雲窟刻本　一冊

320000－1644－0001658　401.3/111
松鶴介壽圖唱和詩集二卷　(清)許少期編　清光緒三十四年(1908)石印本　一冊

320000－1644－0001659　401.3/118
本朝館閣賦前集十二卷　(清)葉抱崧等編　清乾隆二十九年(1764)困學齋刻本　六冊

320000－1644－0001660　401.3/118:2
本朝館閣賦後集七卷補遺一卷附錄一卷　(清)程琰等編　清乾隆三十三年(1768)困學齋刻本　四冊

320000－1644－0001661　401.3/123
國朝名人書札二卷　吳曾祺編　清宣統二年(1910)上海商務印書館鉛印本　四冊

320000－1644－0001662　401.3/124
分類賦學雞跖集三十卷附錄一卷　(清)張維城編　清光緒八年(1882)上海淞隱閣鉛印本　八冊

320000－1644－0001663　401.3/125
賦韻海錄一卷　(清)文匯館編　清光緒十四年(1888)上海點石齋石印本　十二冊

320000－1644－0001664　401.3/126
律賦青雲集一卷　(清)夏同善選　清光緒十年(1884)道積書屋刻本　二冊

320000－1644－0001665　401.3/127
分韻四景詩四卷　(清)徐樹銘等撰　清光緒十三年(1887)上海鴻文書局石印本　一冊

320000－1644－0001666　401.3/128
南菁講舍文集六卷附錄一卷　(清)黃以周輯　清光緒十五年(1889)刻本　四冊

320000－1644－0001667　401.3/129
湖海詩傳四十六卷　(清)王昶輯　清嘉慶八年(1803)刻本　十冊

320000－1644－0001668　401.3/129=2
湖海詩傳四十六卷　(清)王昶輯　清同治四年(1865)刻本　十六冊

320000－1644－0001669　401.3/131
試帖詩一卷　(□)□□撰　清鈔本　一册

320000－1644－0001670　401.3/132
道咸同光四朝詩史一斑錄　(清)孫雄輯　清光緒三十四年至宣統元年(1908－1909)油印本　十册　存四編(續編三至六編)

320000－1644－0001671　401.4/1:2
松陵文集三編五十五卷　陳去病纂輯　清宣統三年(1911)鉛印本　一册

320000－1644－0001672　401.4/5
中州名賢文表三十卷　(明)劉昌輯　**續中州名賢文表六十八卷**　邵松年輯　清光緒三十年(1904)上海鴻文書局石印本　二十八册

320000－1644－0001673　401.4/7
淮安藝文志十卷　(清)王琛著　清同治十二年(1873)刻本　八册

320000－1644－0001674　401.4/12
樵川二家詩六卷　(清)徐幹輯　清光緒七年(1881)邵武徐氏刻本　二册

320000－1644－0001675　401.4/14
江蘇詩徵一百八十三卷　(清)王豫輯　清道光元年(1821)焦山海西庵詩徵閣刻本　四十册

320000－1644－0001676　401.4/15
徐州詩徵八卷　(清)桂中行編　清光緒十七年(1891)刻本　八册

320000－1644－0001677　401.4/15f2
徐州詩徵八卷　(清)桂中行編　清光緒十七年(1891)刻本　八册

320000－1644－0001678　401.4/18
海虞文徵三十卷目錄二卷　邵松年輯　清光緒三十一年(1905)上海鴻文書局石印本　十五册

320000－1644－0001679　401.4/22
兩浙輶軒錄四十卷補遺十卷　(清)阮元編　清光緒十六年(1890)浙江書局刻本　三十二册

320000－1644－0001680　401.4/24
國朝常州駢體文錄三十一卷附結一宧駢體文一卷　屠寄輯　清光緒十六年(1890)武進屠氏刻本　六册

320000－1644－0001681　401.4/25
津門徵獻詩八卷　(清)華鼎元撰　清光緒十二年(1886)刻本　四册

320000－1644－0001682　402/1＝5
楚辭集注八卷辯證二卷後語六卷　(宋)朱熹撰　清光緒八年(1882)江蘇書局刻本　二册

320000－1644－0001683　402/2＝2
楚辭十七卷　(漢)王逸注　(宋)洪興祖補注　清同治十一年(1872)金陵書局刻本　四册

320000－1644－0001684　402/5
楚辭通釋十四卷末一卷　(清)王夫之撰　清同治四年(1865)湘鄉曾氏金陵節署刻本　三册

320000－1644－0001685　402/6
楚辭辨證二卷　(宋)朱熹撰　清光緒二十二年(1896)新化三味堂刻本　一册

320000－1644－0001686　402/7
楚辭新注八卷末一卷　(清)屈復集注　(清)屈啓賢編　清乾隆三年(1738)刻本　四册

320000－1644－0001687　402/8
楚辭燈四卷附事蹟考一卷　(清)林雲銘撰　清經國堂刻本　四册

320000－1644－0001688　402/8＝2
楚辭燈四卷附事蹟考一卷　(清)林雲銘撰　清乾隆刻本　二册

320000－1644－0001689　402/13
屈子章句七卷　(清)劉夢鵬著　清嘉慶五年(1800)藜青堂刻本　四册

320000－1644－0001690　403.1/1
徐孝穆全集六卷　(南朝陳)徐陵撰　(清)吳兆宜箋注　**附備考一卷**　(清)徐文炳撰　清振宜堂刻本　一册

320000－1644－0001691　403.1/2

江文通集四卷附錄一卷　(南朝梁)江淹撰　(清)梁賓輯校　清乾隆二十四年(1759)考城安愚堂刻本　四冊

320000－1644－0001692　403.1/3
諸葛武侯集四卷首一卷　(三國蜀)諸葛亮撰　清同治十年(1871)楚醴聚奎書閣刻本　四冊

320000－1644－0001693　403.1/5＝2
靖節先生集十卷首一卷末一卷　(晉)陶潛撰　(清)陶澍注　清光緒九年(1883)江蘇書局刻本　四冊

320000－1644－0001694　403.1/6
曹集銓評十卷逸文一卷年譜一卷附錄一卷　(三國魏)曹植撰　(清)丁晏纂集　清同治十一年(1872)金陵書局刻本　二冊

320000－1644－0001695　403.1/7
梁武帝集八卷　(南朝梁)武帝蕭衍撰　清宣統三年(1911)無錫丁氏鉛印本　一冊

320000－1644－0001696　403.1/8
庾子山集十六卷　(北周)庾信撰　(清)倪璠注　**年譜一卷總釋一卷**　(清)倪璠撰　清同治八年(1869)刻本　十二冊

320000－1644－0001697　403.1/9
陶靖節詩集四卷附總論一卷　(晉)陶潛撰　(清)蔣薰評閱　清穀采齋刻本　二冊

320000－1644－0001698　403.1/10
陶詩彙注四卷首一卷末一卷　(清)吳瞻泰輯　清康熙四十四年(1705)拜經堂刻本　一冊

320000－1644－0001699　403.1/11
陶潛詩一卷雜文一卷　(晉)陶潛撰　清光緒元年(1875)影宋刻本　一冊

320000－1644－0001700　403.2/3
杜工部集二十卷首一卷　(唐)杜甫撰　(明)王世貞等評　清道光十四年(1834)芸葉盦刻六色套印本　八冊

320000－1644－0001701　403.2/7
重刊五百家注音辯昌黎先生文集四十卷　(唐)韓愈撰　(宋)魏仲舉輯注　清兩儀堂刻本　十二冊

320000－1644－0001702　403.2/8
昌黎先生全集錄八卷　(唐)韓愈撰　(清)儲欣錄　清光緒八年(1882)江蘇書局刻本　七冊

320000－1644－0001703　403.2/9
習之先生全集錄二卷　(唐)李翺撰　(清)儲欣錄　清康熙松鱗堂刻本　一冊

320000－1644－0001704　403.2/10
昌黎先生集考異十卷　(宋)朱熹撰　清光緒十一年(1885)新陽趙氏刻本　二冊

320000－1644－0001705　403.2/13
唐陸宣公集二十二卷首一卷　(唐)陸贄撰　清雍正元年(1723)年羹堯刻本　六冊

320000－1644－0001706　403.2/13＝2
唐陸宣公集二十二卷　(唐)陸贄撰　清光緒二十七年(1901)上海煥文書局石印本　四冊

320000－1644－0001707　403.2/14
唐陸宣公集二十二卷首一卷增輯一卷附錄一卷　(唐)陸贄撰　清光緒二年(1876)江蘇書局刻本　六冊

320000－1644－0001708　403.2/14f2
唐陸宣公集二十二卷首一卷增輯一卷附錄一卷　(唐)陸贄撰　清光緒二年(1876)江蘇書局刻本　六冊

320000－1644－0001709　403.2/15
唐陸宣公翰苑集二十四卷首一卷末一卷　(唐)陸贄撰　(清)張佩芳注釋　清光緒十八年(1892)柏經正堂刻本　八冊

320000－1644－0001710　403.2/16
李翰林集三十卷　(唐)李白撰　**札記一卷**　劉世珩撰　清光緒三十四年至宣統元年(1908－1909)影宋刻本　二十冊

320000－1644－0001711　403.2/17
李太白文集三十六卷　(唐)李白撰　(清)王琦輯注　清乾隆二十四年(1759)寶笏樓刻本

二十册

320000－1644－0001712　403.2/17＝2
李太白文集三十六卷　(唐)李白撰　(清)王琦輯注　清聚錦堂刻本　十六册

320000－1644－0001713　403.2/19
杜詩詳注二十五卷首一卷　(清)仇兆鰲輯注　清康熙四十二年(1703)刻本　十三册

320000－1644－0001714　403.2/19＝2
杜詩詳注二十五卷首一卷附錄二卷　(清)仇兆鰲輯注　清大文堂刻本　十六册

320000－1644－0001715　403.2/20
杜工部集二十卷　(唐)杜甫撰　(清)錢謙益箋注　**唱和題詠附錄一卷諸家詩話一卷略例一卷**　(清)□□輯　清康熙六年(1667)錢曾刻本　十八册

320000－1644－0001716　403.2/21
杜工部集二十卷　(唐)杜甫撰　(清)錢謙益箋注　(清)何焯評點　**唱和題詠附錄一卷諸家詩話一卷略例一卷**　(清)□□輯　清宣統二年(1910)上海國學扶輪社鉛印本　八册

320000－1644－0001717　403.2/22
杜工部集二十卷　(唐)杜甫撰　(清)錢謙益箋注　(清)吳農祥等評　**唱和題咏附錄一卷諸家詩話一卷附錄一卷年譜一卷略例一卷**　(清)□□輯　清宣統三年(1911)上海時中書局影印本　八册

320000－1644－0001718　403.2/23
讀杜小箋三卷二箋二卷　(清)錢謙益撰　清宣統三年(1911)上海國學扶輪社影印本　一册

320000－1644－0001719　403.2/24
杜詩鏡銓二十卷首一卷附錄一卷　(清)楊倫撰　**讀書堂杜工部文集注解二卷**　(清)張溍撰　清同治十一年(1872)吳棠望三益齋刻本　十册

320000－1644－0001720　403.2/24f2
杜詩鏡銓二十卷首一卷附錄一卷　(清)楊倫撰　**讀書堂杜工部文集注解二卷**　(清)張溍撰　清同治十一年(1872)吳棠望三益齋刻本　十册

320000－1644－0001721　403.2/25
趙子常選杜律五言注三卷　(唐)杜甫撰　(明)趙汸注　(清)查弘道　(清)金集補注　**虞伯生選杜律七言注三卷**　(唐)杜甫撰　(元)虞集注　(清)查弘道　(清)金集補注　清亦山草堂刻本　二册

320000－1644－0001722　403.2/26
杜詩偶評四卷　(清)沈德潛纂　清乾隆十二年(1747)長洲潘氏賦閒草堂刻本　二册

320000－1644－0001723　403.2/27
讀杜心解六卷首二卷　(清)浦起龍講解　清雍正二年(1724)無錫浦氏寧我齋刻本　八册

320000－1644－0001724　403.2/28
唱經堂杜詩解四卷附沉吟樓借杜詩一卷　(清)金人瑞撰　清學易堂刻本　四册

320000－1644－0001725　403.2/31
王子安集注二十卷首一卷末一卷　(唐)王勃撰　(清)蔣清翊注　清光緒九年(1883)吳縣蔣氏雙唐碑館刻本　六册

320000－1644－0001726　403.2/32
王右丞集二十八卷首一卷末一卷　(唐)王維撰　(清)趙殿成箋注　清乾隆二年(1737)刻本　八册

320000－1644－0001727　403.2/33
樊川文集二十卷外集一卷别集一卷　(唐)杜牧撰　清光緒二十二年(1896)景蘇園影宋刻本　四册

320000－1644－0001728　403.2/34
樊川詩集四卷别集一卷外集一卷補遺一卷　(唐)杜牧撰　(清)馮集梧注　清光緒十六年(1890)湘南書局刻本　六册

320000－1644－0001729　403.2/35
集千家註杜工部詩集二十卷　(唐)杜甫撰　(元)高楚芳編　明長洲許自昌刻本　十二册

320000－1644－0001730　403.2/35＝2
集千家註杜工部詩集二十卷文集二卷附録一卷　(唐)杜甫撰　(宋)黄鶴補注　明嘉靖十五年(1536)玉幾山人刻明易山人印本　五册
存十三卷(一至十三)

320000－1644－0001731　403.2/36
分類補註李太白詩二十五卷　(唐)李白撰　(宋)楊齊賢注　(元)蕭士贇補注　**年譜一卷**　(宋)薛仲邕撰　明六經堂刻本　十二册

320000－1644－0001732　403.2/37
昌黎先生詩集注十一卷年譜一卷　(唐)韓愈撰　(清)顧嗣立删補　清康熙三十八年(1699)長洲顧氏秀野草堂刻本　二册

320000－1644－0001733　403.2/38
昌黎先生詩增注證訛十一卷年譜一卷　(唐)韓愈撰　(清)顧嗣立删補　(清)黄鉞增注證訛　清咸豐七年(1857)四明鮑氏刻本　二册

320000－1644－0001734　403.2/40
李長吉歌詩四卷外集一卷首一卷　(唐)李賀撰　(清)王琦彙解　清乾隆二十五年(1760)寶笏樓刻本　二册

320000－1644－0001735　403.2/40＝2
李長吉歌詩四卷外集一卷首一卷　(唐)李賀撰　(清)王琦彙解　清光緒四年(1878)宏達堂刻本　二册

320000－1644－0001736　403.2/44＝2
溫飛卿詩集九卷　(唐)溫庭筠撰　(明)曾益注　(清)顧予咸補注　清光緒八年(1882)萬軸山房刻本　二册

320000－1644－0001737　403.2/45
王摩詰集六卷　(唐)王維撰　清光緒十年(1884)上海同文書局石印本　二册

320000－1644－0001738　403.2/46
岑嘉州集八卷　(唐)岑參撰　清光緒十年(1884)上海同文書局石印本　二册

320000－1644－0001739　403.2/47
孟東野集十卷附一卷　(唐)孟郊撰　清宣統二年(1910)上海著易堂石印本　三册

320000－1644－0001740　403.2/48
追昔遊集三卷　(唐)李紳著　清宣統二年(1910)上海著易堂石印本　一册

320000－1644－0001741　403.2/54
李義山詩文集詳注十一卷首二卷　(唐)李商隱著　(清)馮浩注　清同治七年(1868)馮寶圻刻本　八册

320000－1644－0001742　403.2/54f2
李義山詩文集詳注十一卷首二卷　(唐)李商隱著　(清)馮浩注　清同治七年(1868)馮寶圻刻本　八册

320000－1644－0001743　403.2/55
重訂李義山詩集箋注三卷　(唐)李商隱撰　(清)朱鶴齡箋注　(清)程夢星删補　**詩話一卷年譜一卷**　(清)程夢星輯　清乾隆十一年(1746)東柯草堂刻本　四册

320000－1644－0001744　403.2/56
李義山詩集三卷附詩譜一卷諸家詩評一卷　(唐)李商隱撰　(清)朱鶴齡箋注　(清)何焯等評　(清)沈厚塽輯評　清同治九年(1870)廣州倅署刻三色套印本　四册

320000－1644－0001745　403.2/57
李義山文集十卷　(唐)李商隱撰　(清)徐樹穀箋　(清)徐炯注　清康熙四十七年(1708)昆山徐氏花谿草堂刻本　二册

320000－1644－0001746　403.2/58
樊南文集評注八卷　(唐)李商隱撰　(清)馮浩注　清乾隆四十五年(1780)德聚堂刻本　四册

320000－1644－0001747　403.2/59
樊南文集補編十二卷附録一卷　(唐)李商隱撰　(清)錢振倫箋　(清)錢振常注　清同治五年(1866)吳棠望三益齋刻本　四册

320000－1644－0001748　403.2/62
柳柳州外集一卷附録一卷　(唐)柳宗元撰　清光緒四年(1878)合肥蒯氏刻本　一册

320000－1644－0001749　403.2/65
重刊校正笠澤叢書四卷補遺一卷續補遺一卷　（唐）陸龜蒙撰　清刻本　二冊

320000－1644－0001750　403.3/2＝2
東坡集四十卷後集二十卷奏議十五卷内制集十卷樂語一卷外制集三卷應詔集十卷續集十二卷　（宋）蘇軾撰　**年譜一卷**　（宋）王宗稷撰　清光緒三十四年至宣統元年（1908－1909）端方寶華盦刻本　四十冊

320000－1644－0001751　403.3/4
王臨川全集一百卷目錄二卷　（宋）王安石撰　清光緒九年（1883）聽香館刻本　十二冊

320000－1644－0001752　403.3/4f2
王臨川全集一百卷目錄二卷　（宋）王安石撰　清光緒九年（1883）聽香館刻本　二十一冊

320000－1644－0001753　403.3/5
臨川先生全集錄四卷　（宋）王安石撰　（清）儲欣錄　清康熙四十四年（1705）遺清堂刻本　三冊

320000－1644－0001754　403.3/6
司馬溫公文集八十二卷首一卷目錄一卷　（宋）司馬光撰　明末刻清康熙四十七年（1708）重修本　二十四冊

320000－1644－0001755　403.3/7
范文正公集二十卷別集四卷　（宋）范仲淹撰　清宣統二年（1910）刻本　四冊

320000－1644－0001756　403.3/8＝2
山谷詩集注二十卷　（宋）黄庭堅撰　（宋）任淵注　**外集詩注十七卷**　（宋）黄庭堅撰　（宋）史容注　**別集詩注二卷**　（宋）黄庭堅撰　（宋）史季温注　清光緒二十六年（1900）義寧陳氏刻宣統二年（1910）印本　十冊

320000－1644－0001757　403.3/9
宋黄文節公文集別集十九卷首一卷　（宋）黄庭堅撰　清乾隆三十年（1765）寧州緝香堂刻本　六冊

320000－1644－0001758　403.3/10
黄青社先生伐檀集二卷　（宋）黄庶撰　清乾隆三十年（1765）寧州緝香堂刻本　二冊

320000－1644－0001759　403.3/11
宋大家曾文定公文鈔十卷　（宋）曾鞏撰　（明）茅坤批評　清刻本　二冊

320000－1644－0001760　403.3/12
南豐先生元豐類稿五十卷續附一卷　（宋）曾鞏撰　**集外文二卷**　（宋）曾鞏撰　（清）顧崧齡輯　清康熙五十六年（1717）顧崧齡刻本　八冊

320000－1644－0001761　403.3/13
岳忠武王文集八卷首一卷末一卷　（宋）岳飛撰　（清）黄邦甯輯　清刻本　四冊

320000－1644－0001762　403.3/14
淮海集十七卷後集二卷補遺一卷詞一卷考證一卷　（宋）秦觀撰　（清）王敬之等纂輯　清道光十七年（1837）高郵王敬之刻本　六冊

320000－1644－0001763　403.3/14f2
淮海集十七卷後集二卷詞一卷補遺一卷年譜節要一卷　（宋）秦觀撰　（清）王敬之等纂輯　清道光十七年（1837）高郵王敬之刻本　六冊

320000－1644－0001764　403.3/15
白石道人詩集二卷集外詩一卷詩説一卷歌曲四卷歌曲別集一卷附錄一卷　（宋）姜夔撰　清宣統二年（1910）上海掃葉山房石印本　三冊

320000－1644－0001765　403.3/17
東坡全集一百十五卷目錄七卷　（宋）蘇軾撰　明刻本　二十一冊

320000－1644－0001766　403.3/18
坡仙集十六卷　（宋）蘇軾撰　明萬曆二十八年（1600）陳氏繼志齋刻本　六冊

320000－1644－0001767　403.3/19
蘇文忠公詩編注集成一百三卷　（清）王文誥輯　清嘉慶二十四年（1819）武林韻山堂刻本　十二冊

320000－1644－0001768　403.3/19＝2
蘇文忠公詩編注集成一百三卷　(清)王文誥輯　清光緒十四年(1888)浙江書局刻本　二十三册

320000－1644－0001769　403.3/19＝2f2
蘇文忠公詩編注集成一百三卷　(清)王文誥輯　清光緒十四年(1888)浙江書局刻本　二十三册

320000－1644－0001770　403.3/20
蘇文忠詩合注五十卷首一卷　(宋)蘇軾撰　(清)馮應榴輯注　清乾隆五十八年(1793)踵息齋刻同治九年(1870)重修本　十二册

320000－1644－0001771　403.3/21
施注蘇詩四十二卷東坡年譜一卷　(宋)蘇軾撰　(宋)施元之注　(清)邵長蘅等删補　**王注正譌一卷**　(清)邵長蘅删補　**蘇詩續補遺二卷**　(清)馮景補注　清康熙三十八年(1699)刻本　十册

320000－1644－0001772　403.3/24
蘇詩補注八卷　(清)翁方綱撰　**志道集一卷**　(宋)顧禧撰　清乾隆四十七年(1782)刻本　二册

320000－1644－0001773　403.3/25
蘇學士文集十六卷　(宋)蘇舜欽撰　清宣統三年(1911)北京龍文閣書局石印本　六册

320000－1644－0001774　403.3/26
楊龜山先生集四十二卷首一卷　(宋)楊時撰　清康熙四十六年(1707)楊氏刻本　二册

320000－1644－0001775　403.3/27
石湖居士詩集三十四卷　(宋)范成大撰　清康熙二十七年(1688)刻本　四册

320000－1644－0001776　403.3/30
朱子集一百四卷目錄二卷　(宋)朱熹撰　清同治紫霞洲祠堂刻本　五十八册

320000－1644－0001777　403.3/31
劍南詩稿八十五卷放翁逸稿二卷渭南文集五十卷　(宋)陸游撰　明毛氏汲古閣刻本　四十八册

320000－1644－0001778　403.3/32
劍南詩鈔六卷　(宋)陸游撰　(清)楊大鶴選　清光緒八年(1882)文苑山房刻本　八册

320000－1644－0001779　403.3/35
後山先生集二十四卷　(宋)陳師道撰　清光緒十一年(1885)番禺陶氏愛廬刻本　六册

320000－1644－0001780　403.3/36
欒城後集二十四卷三集十卷應詔集十二卷　(宋)蘇轍撰　(明)王執禮校　清道光十二年(1832)眉州三蘇祠刻本　八册

320000－1644－0001781　403.3/38
嘉祐集二十卷　(宋)蘇洵撰　清道光十二年(1832)眉州三蘇祠刻本　四册

320000－1644－0001782　403.3/40
呂東萊先生文集二十卷首一卷　(宋)吕祖謙撰　(清)王崇炳編　清同治七年(1868)永康胡氏退補齋刻本　十册

320000－1644－0001783　403.3/41
艮齋先生薛常州浪語集三十五卷　(宋)薛季宣撰　清同治十年(1871)金陵書局刻本　六册

320000－1644－0001784　403.3/43
方泉先生詩集三卷　(宋)周文璞撰　清宣統元年(1909)國光社影印本　一册

320000－1644－0001785　403.3/44
文信國公集二十卷首一卷　(宋)文天祥撰　清同治七年(1868)楚醴景萊書室刻本　十六册

320000－1644－0001786　403.3/45
歐陽文忠公全集一百五十三卷附錄五卷首一卷　(宋)歐陽修撰　清光緒十九年(1893)澹雅書局刻本　四十册

320000－1644－0001787　403.3/47
止齋先生文集五十二卷附錄一卷　(宋)陳傅良撰　清光緒五年(1879)刻本　一册

320000－1644－0001788　403.3/50

六一居士全集録五卷外集録二卷　(宋)歐陽修撰　(清)儲欣録　清康熙松鱗堂刻本　四册

320000－1644－0001789　403.3/51
欒城先生全集録六卷　(宋)蘇轍撰　(清)儲欣録　清康熙松鱗堂刻本　二册

320000－1644－0001790　403.3/52
南豐先生全集録二卷　(宋)曾鞏撰　(清)儲欣録　清康熙刻本　一册

320000－1644－0001791　403.3/53
臨川先生全集録四卷　(宋)王安石撰　(清)儲欣録　清康熙松鱗堂刻本　二册

320000－1644－0001792　403.4/1
元遺山先生集四十卷首一卷附録一卷補載一卷新樂府四卷續夷堅志四卷附年譜三種　(金)元好問撰　(清)張穆校　清京都翰文齋刻本　十六册

320000－1644－0001793　403.5/1
松雪齋集十卷外集一卷　(元)趙孟頫撰　清清德堂刻本　二册

320000－1644－0001794　403.5/7
雁門集六卷目録一卷　(元)薩都剌著　清康熙十九年(1680)半野軒刻本　六册

320000－1644－0001795　403.5/8
仁山金先生文集四卷附録一卷　(元)金履祥撰　(清)金弘勳校輯　清雍正三年(1725)刻本　一册

320000－1644－0001796　403.6/1
讀書後八卷　(明)王世貞撰　清乾隆二十七年(1762)天隨堂刻本　二册

320000－1644－0001797　403.6/2
陳忠裕全集三十卷首一卷末一卷　(明)陳子龍撰　(清)王昶輯　清嘉慶八年(1803)簳山草堂刻本　十二册

320000－1644－0001798　403.6/3
新刻張太岳先生文集四十七卷　(明)張居正撰　清咸豐、同治江陵鄧氏刻本　十六册

320000－1644－0001799　403.6/4
楊忠愍公全集四卷　(明)楊繼盛撰　章鈺重訂　清康熙三十七年(1698)敬一齋刻本　四册

320000－1644－0001800　403.6/7
大復山人詩集精華録八卷附詩話一卷　(明)何景明撰　(清)吳寧編　清乾隆五十年(1785)惕堂刻本　四册

320000－1644－0001801　403.6/9
唐荆川先生文集十八卷補遺一卷附録一卷　(明)唐順之撰　清光緒二十一年(1895)武進盛氏恩惠齋刻朱印本　八册

320000－1644－0001802　403.6/20
宗伯集八十一卷　(明)馮琦著　明萬曆刻本　十九册　存七十五卷(一至七十五)

320000－1644－0001803　403.6/21
吕新吾先生去僞齋文集十卷　(明)吕坤撰　清康熙十三年(1674)吕愼多刻本　十二册

320000－1644－0001804　403.6/22
青邱高季迪先生鳧藻集五卷　(明)高啓撰　清雍正六年(1728)文瑞樓刻本　一册

320000－1644－0001805　403.6/29
歸震川先生全集四十卷附録一卷　(明)歸有光撰　(清)歸玠編　清康熙五十九年(1720)刻本　十二册

320000－1644－0001806　403.6/31
西廂記不分卷　(元)王實甫著　(清)鄒可庭訂正　清鈔本　一册

320000－1644－0001807　403.6/33
默庵遺集八卷　(清)馮舒撰　清光緒二十五年(1899)常熟翁氏刻朱印本　一册

320000－1644－0001808　403.7/1
錢牧齋文鈔不分卷　(清)錢謙益撰　清宣統元年(1909)上海國學扶輪社鉛印本　四册

320000－1644－0001809　403.7/2
劉氏遺書八卷　(清)劉台拱撰　清光緒十五年(1889)廣雅書局刻本　二册

320000 - 1644 - 0001810　403.7/9
述學内篇三卷外篇一卷補遺一卷别錄一卷　(清)汪中撰　清同治八年(1869)揚州書局刻本　二册

320000 - 1644 - 0001811　403.7/9f2
述學内篇三卷外篇一卷補遺一卷别錄一卷　(清)汪中撰　清同治八年(1869)揚州書局刻本　二册

320000 - 1644 - 0001812　403.7/9f3
述學内篇三卷外篇一卷補遺一卷别錄一卷　(清)汪中撰　清同治八年(1869)揚州書局刻本　二册

320000 - 1644 - 0001813　403.7/9f4
述學内篇三卷外篇一卷補遺一卷别錄一卷　(清)汪中撰　清同治八年(1869)揚州書局刻本　二册

320000 - 1644 - 0001814　403.7/9f5
述學内篇三卷外篇一卷補遺一卷别錄一卷　(清)汪中撰　清同治八年(1869)揚州書局刻本　二册

320000 - 1644 - 0001815　403.7/9 = 2
述學内篇三卷外篇一卷補遺一卷别錄一卷　(清)汪中撰　清嘉慶刻本　三册

320000 - 1644 - 0001816　403.7/11
南山集十六卷附潛虚先生年譜一卷　(清)戴名世撰　清光緒二十一年(1895)印鴻堂刻本　八册

320000 - 1644 - 0001817　403.7/12
楊園先生全集五十四卷　(清)張履祥撰　**年譜一卷**　(清)蘇惇元撰　清同治十年(1871)江蘇書局刻本　十六册

320000 - 1644 - 0001818　403.7/16
胡文忠公遺集十卷首一卷　(清)胡林翼撰　清同治三年(1864)武昌節署刻本　八册

320000 - 1644 - 0001819　403.7/16 = 2
胡文忠公遺集十卷首一卷　(清)胡林翼撰　清同治五年(1866)刻本　五册

320000 - 1644 - 0001820　403.7/16 = 3
胡文忠公遺集十卷首一卷　(清)胡林翼撰　清同治七年(1868)醉六堂刻本　八册

320000 - 1644 - 0001821　403.7/16 = 3f2
胡文忠公遺集十卷首一卷　(清)胡林翼撰　清同治七年(1868)醉六堂刻本　八册

320000 - 1644 - 0001822　403.7/16 = 4
胡文忠公遺集十卷首一卷　(清)胡林翼撰　清同治五年(1866)刻本　八册

320000 - 1644 - 0001823　403.7/18
邃雅堂集十卷續編一卷　(清)姚文田撰　清道光元年至八年(1821 - 1828)江陰學使署刻本　五册

320000 - 1644 - 0001824　403.7/19
文貞文集十卷别集四卷制義一卷目錄一卷　王祖畬撰　清光緒二十四年(1898)刻朱印本　八册

320000 - 1644 - 0001825　403.7/20
庸盦海外文編四卷　(清)薛福成撰　清光緒二十二年(1896)上海醉六堂石印本　二册

320000 - 1644 - 0001826　403.7/20 = 2
庸盦海外文編四卷　(清)薛福成撰　清光緒二十一年(1895)無錫薛氏刻本　四册

320000 - 1644 - 0001827　403.7/21
初學集一百十卷目錄二卷　(清)錢謙益撰　(清)錢曾箋注　清宣統二年(1910)邃漢齋鉛印本　二十四册

320000 - 1644 - 0001828　403.7/22
定峰樂府十卷軼詩一卷首一卷　(清)沙張白著　(清)沙豫等校錄　清光緒二十四年(1898)刻本　二册

320000 - 1644 - 0001829　403.7/23
左傳樂府一卷　(清)徐校撰　清嘉慶二十五年(1820)刻本　一册

320000 - 1644 - 0001830　403.7/24
拙尊園叢稿六卷　(清)黎庶昌撰　清光緒李光明莊刻本　四册

320000－1644－0001831　403.7/26
湖海樓全集五十一卷　(清)陳維崧撰　清乾隆六十年(1795)浩然堂刻本　十八册

320000－1644－0001832　403.7/27
陳檢討集二十卷　(清)陳維崧撰　清素位堂刻本　四册

320000－1644－0001833　403.7/27＝2
陳檢討集二十卷　(清)陳維崧撰　清同治十三年(1874)大文堂刻本　八册

320000－1644－0001834　403.7/30
漁洋山人精華錄十卷　(清)王士禛撰　清康熙三十九年(1700)林佶寫刻本　四册

320000－1644－0001835　403.7/31
漁洋山人精華錄箋注十二卷補注一卷年譜一卷附錄一卷　(清)王士禛撰　(清)金榮箋注　(清)徐淮纂輯　清鳳翽堂刻本　十册

320000－1644－0001836　403.7/31f2
漁洋山人精華錄箋注十二卷補注一卷年譜一卷附錄一卷　(清)王士禛撰　(清)金榮箋注　(清)徐淮纂輯　清鳳翽堂刻本　八册

320000－1644－0001837　403.7/32
漁洋山人精華錄訓纂十卷目錄二卷　(清)王士禛撰　(清)惠棟訓纂　**漁洋山人自纂年譜註補二卷金氏精華錄箋注辨訛一卷**　(清)惠棟撰　清惠氏紅豆齋刻本　十二册

320000－1644－0001838　403.7/33
帶經堂集九十二卷　(清)王士禛撰　(清)程哲校編　清乾隆十二年(1747)刻本　二十四册

320000－1644－0001839　403.7/34
有正味齋詩集十六卷駢體文二十四卷外集五卷詞集八卷　(清)吴錫麒撰　清嘉慶十三年(1808)刻本　十二册

320000－1644－0001840　403.7/35
有正味齋詩集十六卷詩續集八卷駢體文二十四卷駢體文續集八卷外集五卷詞集八卷詞續集二卷詞外集二卷　(清)吴錫麒撰　清嘉慶刻本　十九册

320000－1644－0001841　403.7/36
有正味齋駢體文二十四卷　(清)吴錫麒著　(清)王廣業箋　清咸豐九年(1859)青箱塾刻本　六册

320000－1644－0001842　403.7/39
隰西草堂詩集五卷文集三卷附遯渚唱和集一卷　(清)萬壽祺撰　(清)孫運錦輯　清咸豐七年(1857)刻本　三册

320000－1644－0001843　403.7/41
太鶴山人集十三卷　(清)端木國瑚撰　清嘉慶刻本　六册

320000－1644－0001844　403.7/42
倚晴樓詩集十二卷續集四卷詩餘四卷　(清)黄燮清撰　清咸豐、同治刻本　六册

320000－1644－0001845　403.7/42f2
倚晴樓詩集十二卷續集四卷詩餘四卷　(清)黄燮清撰　清咸豐、同治刻本　三册

320000－1644－0001846　403.7/44
煙嶼樓詩集十八卷　(清)徐時棟撰　**重刻游杭合集一卷**　(清)徐元第　(清)徐時棟撰　清同治六年(1867)葉氏虎胛山房刻本、清同治三年(1864)城西草堂刻本　四册

320000－1644－0001847　403.7/45
意苕山館詩稿十六卷　(清)陸嵩著　清光緒十八年(1892)京師刻本　四册

320000－1644－0001848　403.7/47
人境廬詩草十一卷　(清)黄遵憲撰　清宣統三年(1911)鉛印本　四册

320000－1644－0001849　403.7/49
郘亭詩鈔六卷　(清)莫友芝撰　清咸豐三年(1853)湘川講舍刻同治五年(1866)江寧三山客舍重修本　一册

320000－1644－0001850　403.7/52
寄閒小草三卷　(清)周煜撰　清道光刻本　一册

320000－1644－0001851　403.7/53

巢經巢詩鈔九卷　(清)鄭珍著　清咸豐四年(1854)遵義鄭氏刻本　二冊

320000－1644－0001852　403.7/55
詩集四卷　(清)陳祖范著　清乾隆刻本　一冊

320000－1644－0001853　403.7/57
御製圓明園詩二卷　(清)高宗弘曆撰　(清)鄂爾泰注　(清)張廷玉注　清光緒十三年(1887)天津石印書屋石印本　二冊

320000－1644－0001854　403.7/58
范伯子詩集十九卷　(清)范當世撰　清光緒三十四年(1908)刻本　四冊

320000－1644－0001855　403.7/60
通隱堂詩存四卷　(清)張京度撰　清同治六年(1867)五百梅花草堂刻本　一冊

320000－1644－0001856　403.7/60f2
通隱堂詩存四卷　(清)張京度撰　清同治六年(1867)五百梅花草堂刻本　一冊

320000－1644－0001857　403.7/63
悔初廬詩稿二卷　(清)柴文杰著　清光緒三年(1877)刻本　一冊

320000－1644－0001858　403.7/64
亨甫詩選八卷　(清)張際亮著　清光緒邵武徐氏刻本　六冊

320000－1644－0001859　403.7/64f2
亨甫詩選八卷　(清)張際亮著　清光緒邵武徐氏刻本　五冊　存七卷(一至四、六至八)

320000－1644－0001860　403.7/69
板橋詩鈔三卷詞鈔一卷題畫一卷小唱一卷家書一卷　(清)鄭燮著　清乾隆十四年(1749)刻本　二冊

320000－1644－0001861　403.7/72
古杼秋館遺稿三卷　(清)侯楨著　清光緒刻本　二冊

320000－1644－0001862　403.7/72＝2
古杼秋館遺稿三卷　(清)侯楨著　清光緒二十三年(1897)無錫吳氏禮讓堂刻本　二冊

320000－1644－0001863　403.7/74
藴眞居詩集六卷詩餘一卷　(清)陸學欽著　清光緒十三年(1887)刻本　二冊

320000－1644－0001864　403.7/75
菘耘文鈔四卷　(清)季錫疇著　清光緒五年(1879)褱弇閣刻本　一冊

320000－1644－0001865　403.7/75f2
菘耘文鈔四卷　(清)季錫疇著　清光緒五年(1879)褱弇閣刻本　一冊

320000－1644－0001866　403.7/75f3
菘耘文鈔四卷　(清)季錫疇著　清光緒五年(1879)褱弇閣刻本　一冊

320000－1644－0001867　403.7/75f4
菘耘文鈔四卷　(清)季錫疇著　清光緒五年(1879)褱弇閣刻本　一冊

320000－1644－0001868　403.7/75f5
菘耘文鈔四卷　(清)季錫疇著　清光緒五年(1879)褱弇閣刻本　一冊

320000－1644－0001869　403.7/75f6
菘耘文鈔四卷　(清)季錫疇著　清光緒五年(1879)褱弇閣刻本　一冊

320000－1644－0001870　403.7/75f7
菘耘文鈔四卷　(清)季錫疇著　清光緒五年(1879)褱弇閣刻本　一冊

320000－1644－0001871　403.7/77
嚴太僕先生集十二卷　(清)嚴虞惇著　清光緒九年(1883)常熟嚴氏刻本　二冊

320000－1644－0001872　403.7/78
春融堂集六十八卷　(清)王昶撰　清光緒十八年(1892)刻本　二十冊

320000－1644－0001873　403.7/79
養一齋文集二十卷　(清)李兆洛著　清光緒四年(1878)刻本　十冊

320000－1644－0001874　403.7/79＝2
養一齋文集二十卷詩集四卷賦一卷詩餘一卷　(清)李兆洛著　清光緒四年(1878)刻本　十冊

320000－1644－0001875　403.7/82
望溪先生文集十八卷集外文十卷集外文補遺二卷年譜二卷　(清)方苞著　(清)戴鈞衡編　清咸豐元年(1851)刻本　十六冊

320000－1644－0001876　403.7/83
庸庵文續編二卷　(清)薛福成撰　清光緒十五年(1889)刻本　二冊

320000－1644－0001877　403.7/83:2
庸庵文編四卷　(清)薛福成撰　清光緒十三年(1887)刻本　四冊

320000－1644－0001878　403.7/84
曾文正公文集三卷詩集一卷　(清)曾國藩撰　清宣統三年(1911)掃葉山房石印本　二冊

320000－1644－0001879　403.7/85
庸庵文别集六卷　(清)薛福成撰　清光緒二十九年(1903)石印本　五冊

320000－1644－0001880　403.7/86
曾文正公雜著四卷　(清)曾國藩撰　(清)李瀚章編　清同治十三年(1874)傳忠書局刻本　二冊

320000－1644－0001881　403.7/86＝2
曾文正公雜著四卷　(清)曾國藩撰　(清)李瀚章編　清光緒十四年(1888)鴻文書局鉛印本　一冊

320000－1644－0001882　403.7/87
曾文正公詩集三卷　(清)曾國藩撰　清光緒二年(1876)傳忠書局刻本　一冊

320000－1644－0001883　403.7/88
曾文正公書札二十七卷　(清)曾國藩撰　(清)李瀚章編　清光緒二年(1876)傳忠書局刻本　十三冊

320000－1644－0001884　403.7/94
歸宫詹集四卷　(清)歸允肅著　清光緒十三年(1887)刻本　四冊

320000－1644－0001885　403.7/95
忠雅堂詩集二十七卷補遺二卷詞集二卷　(清)蔣士銓撰　清藻思堂刻本　八冊

320000－1644－0001886　403.7/96
三魚堂文集十二卷外集六卷附錄一卷　(清)陸隴其著　(清)侯銓編　清康熙四十年(1701)琴川書屋刻本　八冊

320000－1644－0001887　403.7/100
庚星文稿錄存一卷詩稿錄存一卷　(清)陸咸清撰　清光緒三十年(1904)刻本　一冊

320000－1644－0001888　403.7/101
三省樓賸稿一卷　(清)張婉撰　清光緒三十三年(1907)鉛印本　一冊

320000－1644－0001889　403.7/102
王強之賸稿一卷　(清)王文持撰　清宣統三年(1911)鉛印本　一冊

320000－1644－0001890　403.7/103
甘泉鄉人稿二十四卷餘稿二卷　(清)錢泰吉撰　**年譜一卷**　(清)錢應溥撰　清同治十一年(1872)刻本　六冊

320000－1644－0001891　403.7/104
汪梅村先生集十二卷外集一卷　(清)汪士鐸撰　清光緒七年(1881)刻本　四冊

320000－1644－0001892　403.7/105
清吟堂集九卷神功聖德詩一卷皇帝親平漠北頌一卷經進文稿六卷苑西集十二卷隨輦集十卷續集一卷　(清)高士奇撰　清康熙朗潤堂刻本　六冊

320000－1644－0001893　403.7/108
湘綺樓全集三十卷　王闓運撰　清光緒三十三年(1907)長沙刻本　十二冊

320000－1644－0001894　403.7/108＝2
湘綺樓全集三十卷　王闓運撰　清宣統二年(1910)上海國學扶輪社石印本　十二冊

320000－1644－0001895　403.7/108＝2f2
湘綺樓全集三十卷　王闓運撰　清宣統二年(1910)上海國學扶輪社石印本　十二冊

320000－1644－0001896　403.7/110
煙嶼樓文集四十卷　(清)徐時棟撰　清光緒元年(1875)葛氏松竹居刻本　八冊

320000－1644－0001897　403.7/111
遜學齋文鈔十二卷文續鈔五卷詩鈔十卷詩續鈔五卷　(清)孫衣言撰　清光緒十七年(1891)刻本　十二冊

320000－1644－0001898　403.7/114
扁善齋文存三卷詩存二卷　(清)鄧嘉緝撰　清光緒三十三年(1907)刻本　四冊

320000－1644－0001899　403.7/115
萬善花室文稿四卷　(清)方履籛著　清光緒十二年(1886)溧陽繆氏小岯山館刻本　二冊

320000－1644－0001900　403.7/116
古微堂内集三卷外集七卷　(清)魏源著　清光緒四年(1878)淮南書局刻本　四冊

320000－1644－0001901　403.7/116f2
古微堂内集三卷外集七卷　(清)魏源著　清光緒四年(1878)淮南書局刻本　四冊

320000－1644－0001902　403.7/118
通甫類稿四卷續編二卷詩存四卷詩存之餘二卷　(清)魯一同撰　清咸豐九年(1859)刻本　六冊

320000－1644－0001903　403.7/119
仲實類稿一卷詩存二卷　(清)魯蕡著　清光緒刻本　二冊

320000－1644－0001904　403.7/121
寒支初集十卷二集四卷首一卷　(清)李世熊著撰　清同治十三年(1874)刻本　十四冊

320000－1644－0001905　403.7/122
陳迦陵文集六卷儷體文集十卷湖海樓詩集八卷詞全集三十卷　(清)陳維崧撰　清康熙患立堂刻本　十六冊

320000－1644－0001906　403.7/123
安雅堂文集二卷重刻文集二卷詩一卷二鄉亭詞三卷　(清)宋琬撰　清順治至乾隆刻本　六冊

320000－1644－0001907　403.7/124
徧行堂集十六卷　(清)釋今釋著　清宣統三年(1911)上海國學扶輪社鉛印本　八冊

320000－1644－0001908　403.7/126
五是堂詩集八卷　(清)顧王霖著　清光緒八年(1882)刻本　二冊

320000－1644－0001909　403.7/128
秋士先生遺集六卷　(清)彭績撰　清光緒七年(1881)刻本　二冊

320000－1644－0001910　403.7/129
潛莊文鈔六卷　(清)卜起元著　清光緒五年(1879)甬江刻本　一冊

320000－1644－0001911　403.7/130
存素堂文稿四卷補遺一卷　(清)錢寶琛著　清同治九年(1870)刻本　二冊

320000－1644－0001912　403.7/131
積石文稿十八卷　(清)張履著　清光緒二十年(1894)刻本　六冊

320000－1644－0001913　403.7/132
雲逗樓集不分卷　(清)楊度汪著　清光緒六年(1880)刻本　二冊

320000－1644－0001914　403.7/133
顯志堂稿十二卷　(清)馮桂芬著　清光緒二年(1876)校邠廬刻本　四冊

320000－1644－0001915　403.7/134
讁麐堂遺集文二卷詩二卷　(清)戴望撰　清宣統三年(1911)歸安陸氏刻本　一冊

320000－1644－0001916　403.7/135
孟塗前集十卷後集二十二卷文集十卷駢體文二卷　(清)劉開撰　清道光六年(1826)桐城姚氏檗山草堂刻本　八冊

320000－1644－0001917　403.7/136
敬業堂詩集五十卷續集六卷　(清)查慎行撰　清康熙五十八年(1719)刻雍正增修本　十四冊

320000－1644－0001918　403.7/137
牧齋初學集一百十卷目錄二卷　(清)錢謙益撰　明崇禎刻本　二十四冊

320000－1644－0001919　403.7/138
牧齋初學集詩注二十卷有學集詩注十四卷

（清）錢謙益撰 （清）錢曾注 清春暉堂刻本 十二册

320000－1644－0001920 403.7/139
堯峰文鈔五十卷 （清）汪琬撰 （清）林佶編 清康熙三十二年（1693）林佶寫刻本 十五册 存四十卷（一至四十）

320000－1644－0001921 403.7/140
午亭文編五十卷 （清）陳廷敬撰 （清）林佶輯錄 清乾隆四十三年（1778）澤州陳氏刻本 十六册

320000－1644－0001922 403.7/141
恥躬堂文集二十卷冬心詩一卷遊山詩一卷首一卷 （清）彭士望撰 清康熙三十年（1691）晉江王氏刻本 六册

320000－1644－0001923 403.7/142
秋笳集八卷 （清）吳兆騫著 清雍正四年（1726）刻本 四册

320000－1644－0001924 403.7/143
思綺堂文集十卷 （清）章藻功撰 清耕禮堂刻本 十册

320000－1644－0001925 403.7/144
安雅堂詩一卷文集二卷二鄉亭詞三卷重刻文集二卷書啟一卷未刻稿八卷入蜀集二卷 （清）宋琬著 清順治至乾隆刻本 十六册

320000－1644－0001926 403.7/145
曝書亭集八十卷附錄一卷目錄一卷 （清）朱彝尊撰 清康熙五十三年（1714）朱稻孫刻本 十五册

320000－1644－0001927 403.7/146
道古堂文集四十八卷詩集二十六卷 （清）杭世駿撰 清乾隆五十五年至五十七年（1790－1792）仁和杭賓仁刻本 十四册

320000－1644－0001928 403.7/147
更生齋文甲集四卷乙集四卷詩集八卷詩餘二卷 （清）洪亮吉著 清嘉慶七年（1802）洋川書院刻本 四册

320000－1644－0001929 403.7/148
樊榭山房集十卷 （清）厲鶚撰 清乾隆武林繡墨齋刻本 四册

320000－1644－0001930 403.7/149
秋樹讀書樓遺集十六卷 （清）史善長著 清道光十六年（1836）吳江柳氏勝谿草堂刻本 四册

320000－1644－0001931 403.7/150
大雲山房文稿初集四卷二集四卷言事二卷 （清）惲敬著 清同治二年（1863）刻本 六册

320000－1644－0001932 403.7/150＝2
大雲山房文稿初集四卷二集四卷 （清）惲敬著 清光緒十四年（1888）湖北官書處刻本 八册

320000－1644－0001933 403.7/150＝2f2
大雲山房文稿初集四卷二集四卷 （清）惲敬著 清光緒十四年（1888）湖北官書處刻本 八册

320000－1644－0001934 403.7/151
邃懷堂文集四卷詩前編六卷詩後編六卷小清容山館詞鈔二卷哀忠集三卷 （清）袁翼撰 清光緒十四年（1888）刻本 八册

320000－1644－0001935 403.7/152
鐵莊文集八卷疏快軒詩二卷詩餘一卷 （清）陸楣著 清光緒二十一年（1895）活字印本 四册

320000－1644－0001936 403.7/153
漸西村人初集詩十三卷 （清）袁昶撰 清光緒二十年（1894）避舍蓋公堂刻本 三册

320000－1644－0001937 403.7/154
知退齋稿七卷 （清）張瑛撰 清光緒二十四年（1898）刻本 三册

320000－1644－0001938 403.7/155
介石山房遺文二卷 （清）朱培源撰 清宣統二年（1910）朱氏刻本 二册

320000－1644－0001939 403.7/157
也儂詩草十卷遺稿四卷 （清）王慶善撰 清光緒二十七年（1901）金陵狀元境宜春閣木活

字印本　八册

320000－1644－0001940　403.7/158
二林居集二十四卷　(清)彭紹升撰　清光緒七年(1881)刻本　六册

320000－1644－0001941　403.7/159
吴學士文集四卷詩集五卷　(清)吴鼒撰　(清)梁肇煌輯　清光緒八年(1882)江寧藩署刻本　六册

320000－1644－0001942　403.7/160
尊聞居士集八卷遺稿一卷　(清)羅有高撰　清光緒七年(1881)刻本　二册

320000－1644－0001943　403.7/161
清暉閣贈貽尺牘二卷　(清)王翬撰　清宣統三年(1911)順德鄧氏風雨樓鉛印本　一册

320000－1644－0001944　403.7/162
切問齋集十二卷首一卷　(清)陸燿撰　清光緒十八年(1892)刻本　四册

320000－1644－0001945　403.7/163
顧雙溪集九卷　(清)顧奎光撰　清光緒二十一年(1895)鉛印本　二册

320000－1644－0001946　403.7/164
西亭文鈔十二卷首一卷末一卷　(清)王原撰　清光緒十七年至十八年(1891－1892)不遠復齋刻本　四册

320000－1644－0001947　403.7/165
四焉齋文集八卷　(清)曹一士撰　清宣統二年(1910)木活字印本　四册

320000－1644－0001948　403.7/166
古微堂内集二卷外集八卷　(清)魏源著　清宣統元年(1909)上海國學扶輪社鉛印本　二册

320000－1644－0001949　403.7/169
青萍軒文録二卷　(清)薛福保著　清光緒八年(1882)刻本　一册

320000－1644－0001950　403.7/170
觀河集四卷　(清)彭紹升著　清光緒四年(1878)刻本　一册

320000－1644－0001951　403.7/171
白圭榭古文遺稿一卷　(清)張璐著　清光緒二十五年(1899)弇山學舍刻本　一册

320000－1644－0001952　403.7/173
小謨觴館文集注四卷文續集注二卷附録四卷補遺一卷　(清)彭兆蓀撰　(清)繆朝荃編輯　清光緒二十五年(1899)東倉書庫刻本　五册

320000－1644－0001953　403.7/174
錢南園先生遺集五卷　(清)錢灃撰　清光緒十九年(1893)浙江書局刻本　四册

320000－1644－0001954　403.7/177
缾水齋詩集十六卷詩别集二卷　(清)舒位撰　清嘉慶二十一年(1816)刻本　四册

320000－1644－0001955　403.7/178
船山詩草二十卷　(清)張問陶撰　清嘉慶二十年(1815)石韞玉刻本　六册

320000－1644－0001956　403.7/179
鮚埼亭集十卷首一卷　(清)全祖望撰　清嘉慶姚江借樹山房刻本　四册

320000－1644－0001957　403.7/181
删亭文集二卷　周同愈著　清光緒三十三年(1907)上海文明書局鉛印本　一册

320000－1644－0001958　403.7/182
濂亭文集八卷　(清)張裕釗著　清宣統元年(1909)上海掃葉山房石印本　二册

320000－1644－0001959　403.7/183
施閏章先生學餘文集二十八卷詩集五十卷　(清)施閏章撰　清宣統三年(1911)上海國學扶輪社石印本　十册

320000－1644－0001960　403.7/185
壯悔堂文集十卷遺稿一卷四憶堂詩集六卷遺稿一卷　(清)侯方域撰　清宣統元年(1909)中國圖書公司鉛印本　四册

320000－1644－0001961　403.7/188
石笥山房文集六卷年譜一卷附補遺一卷詩集十一卷詩餘一卷詩集續補遺二卷　(清)胡天

游撰　清宣統二年(1910)上海國學扶輪社石印本　十册

320000－1644－0001962　403.7/189
板橋全集不分卷　(清)鄭燮著　清光緒十八年(1892)上海積山書局石印本　四册

320000－1644－0001963　403.7/191
孫淵如先生全集二十二卷　(清)孫星衍撰　清光緒十一年(1885)吳縣朱氏槐廬刻本　十二册

320000－1644－0001964　403.7/192
鳴原堂論文二卷　(清)曾國藩纂　清同治十二年(1873)勵志齋刻本　一册

320000－1644－0001965　403.7/193
有正味齋駢文十六卷補注一卷　(清)吳錫麒著　(清)葉聯芬箋注　清道光刻本　八册

320000－1644－0001966　403.7/194
兩當軒集二十二卷附録四卷考異二卷　(清)黄景仁著　清光緒二年(1876)家塾刻本　六册

320000－1644－0001967　403.7/194f2
兩當軒集二十二卷附録四卷考異二卷　(清)黄景仁著　清光緒二年(1876)家塾刻本　六册

320000－1644－0001968　403.7/194f3
兩當軒集二十二卷附録四卷考異二卷　(清)黄景仁著　清光緒二年(1876)家塾刻本　六册

320000－1644－0001969　403.7/195
兩當軒詩鈔十四卷悔存詞鈔二卷　(清)黄景仁著　清嘉慶二十二年(1817)刻本　四册

320000－1644－0001970　403.7/196
心白日齋集六卷　(清)尹耕雲撰　清光緒十年(1884)刻本　三册

320000－1644－0001971　403.7/199
天真閣集五十四卷外集六卷附長真閣集七卷　(清)孫原湘撰　清嘉慶五年至十七年(1800－1812)昭文孫氏刻本　十六册

320000－1644－0001972　403.7/202
悔初廬詩稿十一卷别集一卷　(清)柴文杰著　清光緒二十一年(1895)刻本　三册

320000－1644－0001973　403.7/204
小謨觴館詩集八卷詩餘附録一卷文集四卷詩續集二卷文續集二卷　(清)彭兆蓀撰　清嘉慶十一年(1806)韓江寓舍刻本　四册

320000－1644－0001974　403.7/206
古歡室詩集三卷詞集一卷　(清)曾懿著　清光緒三十年(1904)刻本　二册

320000－1644－0001975　403.7/207
小林壑詩鈔不分卷　(清)鍾鼎著　清同治元年(1862)刻本　一册

320000－1644－0001976　403.7/208
有恒心齋駢體文六卷　(清)程鴻詔撰　清同治十二年(1873)吳文楷刻本　二册

320000－1644－0001977　403.7/209
越縵堂駢體文四卷散體文一卷　(清)李慈銘著　清光緒二十三年(1897)刻本　二册

320000－1644－0001978　403.7/210
左海文集乙編駢體文二卷　(清)陳壽祺著　清嘉慶三山陳氏刻本　二册

320000－1644－0001979　403.7/212
知止盦詩録六卷詩餘一卷聯語一卷　(清)黄宗起撰　**退齋詩存一卷**　(清)黄世礽撰　清宣統二年(1910)試金石室刻本　二册

320000－1644－0001980　403.7/213
墨壽閣詩集四卷　(清)汪承慶撰　清光緒二十七年(1901)刻本　二册

320000－1644－0001981　403.7/214
小瓊海詩初集三卷二集六卷三集八卷　(清)陳赫著　清道光刻本　六册

320000－1644－0001982　403.7/217
香屑集十八卷首一卷末一卷　(清)黄之雋撰　清雍正十二年(1734)海寧陳氏刻本　四册

320000－1644－0001983　403.7/223
小倉山房詩集三十七卷補遺二卷文集三十五

卷　(清)袁枚撰　清光緒三十四年(1908)上海集成圖書公司鉛印本　十四册

320000－1644－0001984　403.7/225
小倉山房尺牘十卷牘外餘言一卷　(清)袁枚撰　清光緒十八年(1892)鉛印本　二册

320000－1644－0001985　403.7/229
王氏漁洋詩鈔十二卷目録一卷　(清)王士禛撰　清宣統二年(1910)上海時中書局影印本　八册

320000－1644－0001986　403.7/230
戴東原集十二卷　(清)戴震撰　**覆校札記一卷**　(清)段玉裁撰　清乾隆五十七年(1792)刻本　六册

320000－1644－0001987　403.7/232
梵隱堂詩存十卷　(清)釋祖觀撰　清同治五年(1866)通濟庵刻本　二册

320000－1644－0001988　403.7/235
卅六芙蓉館詩存六卷　(清)張曾望撰　清光緒二十四年(1898)太倉繆氏刻本　一册

320000－1644－0001989　403.7/235f2
卅六芙蓉館詩存六卷　(清)張曾望撰　清光緒二十四年(1898)太倉繆氏刻本　一册

320000－1644－0001990　403.7/236
青萍軒詩録一卷　(清)薛福保撰　清光緒刻本　一册

320000－1644－0001991　403.7/237
春秋詠事詩三卷　(清)楊錞撰　清慶譽堂刻本　一册

320000－1644－0001992　403.7/239
吳汝綸文集四卷附鈔一卷　(清)吳汝綸撰　清宣統元年(1909)上海國學扶輪社石印本　五册

320000－1644－0001993　403.7/240
龔定盦全集　(清)龔自珍撰　清宣統元年(1909)上海國學扶輪社鉛印本　一册

320000－1644－0001994　403.7/241
芙蓉山館詩鈔八卷補鈔一卷詞鈔二卷文鈔一卷　(清)楊芳燦著　清嘉慶十二年(1807)刻本　四册

320000－1644－0001995　403.7/242
璞齋集五卷　(清)諸可寶著　清光緒十四年(1888)長洲黄氏木活字印本　二册

320000－1644－0001996　403.7/243
丹魁堂詩集七卷　(清)季芝昌著　**茗韻軒遺詩一卷**　(清)王甥稙撰　清同治四年(1865)紫琅寓館刻本　三册

320000－1644－0001997　403.7/246
亦青山館詩鈔二卷續一卷　(清)龔煒著　清道光十九年(1839)刻本　一册

320000－1644－0001998　403.7/247
清抱居詩稿一卷　(清)畢庭杰著　清光緒二十四年(1898)刻本　一册

320000－1644－0001999　403.7/248
紉餘小草一卷　(清)鄒佩蘭撰　清光緒元年(1875)刻本　一册

320000－1644－0002000　403.7/249
左文襄公詩集一卷文集五卷聯語一卷　(清)左宗棠撰　清宣統元年(1909)鉛印本　二册

320000－1644－0002001　403.7/251
蘇鄰遺詩二卷　(清)李鴻裔撰　清光緒十四年(1888)遵義黎氏刻本　一册

320000－1644－0002002　403.7/251:2
蘇鄰遺詩續集一卷　(清)李鴻裔撰　清光緒十七年(1891)中江李氏石印本　一册

320000－1644－0002003　403.7/253
杏香廬詩稿二卷　(清)繆兆禧撰　清光緒六年(1880)刻本　一册

320000－1644－0002004　403.7/254
思誤齋詩鈔二卷詩餘一卷　(清)章簡撰　清光緒二十六年(1900)刻本　一册

320000－1644－0002005　403.7/255
孟和詩草二卷　(清)范鈞撰　清光緒十六年(1890)梁溪華氏文苑閣刻本　一册

320000－1644－0002006　403.7/257
任午橋存稿三卷　(清)任朝楨撰　清光緒十年(1884)刻本　一册

320000－1644－0002007　403.7/258
詅癡小草三卷　(清)張焜揚撰　清道光十八年(1838)刻本　二册

320000－1644－0002008　403.7/260
天游閣集五卷詩補一卷附録一卷　(清)顧太清撰　清宣統二年(1910)上海神州國光社鉛印本　一册

320000－1644－0002009　403.7/264
學圃詩藁一卷詞賸一卷　(清)鄭德璜撰　清光緒二十六年(1900)遺經樓刻本　一册

320000－1644－0002010　403.7/266
測海集六卷　(清)彭紹升撰　清光緒二年(1876)成都刻本　一册

320000－1644－0002011　403.7/267
塵遠齋賦賸一卷　(清)顧瓚撰　清光緒二十一年(1895)鉛印本　一册

320000－1644－0002012　403.7/268
春草軒詩存一卷　(清)楊掄撰　**寄漚外集詩一卷**　(清)劉繼增撰　清光緒十年(1884)萱蔭堂刻本　一册

320000－1644－0002013　403.7/269
經雅堂遺稿不分卷　(清)孫慧良撰　(清)華翼綸訂　清光緒六年(1880)梁谿華氏刻本　一册

320000－1644－0002014　403.7/270
小鷗波館詩鈔十卷詞鈔一卷　(清)潘曾瑩撰　清道光二十五年(1845)刻本　二册

320000－1644－0002015　403.7/271
樹堂詩鈔十一卷文鈔一卷　(清)朱滋年撰　清嘉慶江甯顧晴崖刻本　二册

320000－1644－0002016　403.7/272
笛漁小稿十卷　(清)朱昆田撰　清康熙五十三年(1714)朱稻孫刻本　一册

320000－1644－0002017　403.7/273
邵子湘全集三十卷　(清)邵長蘅撰　清康熙四十四年(1705)青門草堂刻本　八册

320000－1644－0002018　403.7/274
西堂全集　(清)尤侗撰　清康熙兩儀堂刻本　十九册　存(西堂雜俎一至三集、雜著十七種)

320000－1644－0002019　403.7/275
四憶堂詩集六卷遺稿一卷　(清)侯方域撰　清乾隆刻本　二册

320000－1644－0002020　403.7/276
甌北詩鈔二十卷　(清)趙翼撰　清乾隆五十六年(1791)湛貽堂刻本　四册　存十四卷(七言古詩四卷、五言律詩一卷、七言律詩四卷、絕句二卷、五言古詩三卷)

320000－1644－0002021　403.7/277
甌北詩鈔二十卷　(清)趙翼撰　清同治十三年(1874)刻本　八册

320000－1644－0002022　403.7/278
滄江紅雨樓詩集一卷　(清)陶宗亮撰　清光緒十二年(1886)刻本　一册

320000－1644－0002023　403.7/280
歸愚詩鈔二十卷　(清)沈德潛撰　清乾隆十六年(1751)教忠堂刻本　五册

320000－1644－0002024　403.7/281
培遠堂手札節存三卷　(清)陳弘謀撰　清光緒十七年(1891)閩藩署刻本　一册

320000－1644－0002025　403.7/281f2
培遠堂手札節存三卷　(清)陳弘謀撰　清光緒十七年(1891)閩藩署刻本　一册

320000－1644－0002026　403.7/281f3
培遠堂手札節存三卷　(清)陳弘謀撰　清光緒十七年(1891)閩藩署刻本　一册

320000－1644－0002027　403.7/281f4
培遠堂手札節存三卷　(清)陳弘謀撰　清光緒十七年(1891)閩藩署刻本　一册

320000－1644－0002028　403.7/281f5
培遠堂手札節存三卷　(清)陳弘謀撰　清光

緒十七年(1891)閩藩署刻本　一册

320000－1644－0002029　403.7/283
太倉孫子福先生遺草二卷　(清)孫壽祺撰　清光緒十九年(1893)海陽刻本　二册

320000－1644－0002030　403.7/284
歸奩文稿八卷　(清)葉裕仁撰　清光緒八年(1882)蔣銘勳刻本　四册

320000－1644－0002031　403.7/286
安般簃集詩續十卷　(清)袁昶撰　清光緒刻本　二册　存二卷(壬至癸)

320000－1644－0002032　403.7/286f2
安般簃集詩續十卷　(清)袁昶撰　清光緒刻本　二册　存二卷(壬至癸)

320000－1644－0002033　403.7/287
於湖小集三卷附錄一卷　(清)袁昶撰　清光緒二十年(1894)水明樓刻本　二册

320000－1644－0002034　403.7/288
龍川先生詩鈔一卷　(清)李光炘撰　清光緒三十三年(1907)鉛印本　一册

320000－1644－0002035　403.7/289
止吉祥居詩稿三卷　(清)金國瑩撰　清同治十年(1871)刻本　一册

320000－1644－0002036　403.7/290
寒松閣詩不分卷　(清)張鳴珂撰　清光緒三十年(1904)影印本　一册

320000－1644－0002037　403.7/292
弢園尺牘續鈔六卷　(清)王韜撰　清光緒十五年(1889)弢園鉛印本　二册

320000－1644－0002038　403.7/292f2
弢園尺牘續鈔六卷　(清)王韜撰　清光緒十五年(1889)弢園鉛印本　二册

320000－1644－0002039　403.7/294
惜抱軒尺牘八卷　(清)姚鼐著　清宣統三年(1911)上海國學扶輪社鉛印本　二册

320000－1644－0002040　403.7/297
魏伯子文集十卷　(清)魏際瑞撰　清道光二十五年(1845)紱園書塾刻本　一册　存一卷(一)

320000－1644－0002041　403.7/298
魏季子文集十六卷　(清)魏禮撰　清道光二十五年(1845)刻本　一册　存一卷(一)

320000－1644－0002042　403.7/299
曾文正公詩集四卷　(清)曾國藩撰　(清)李瀚章輯　清同治十三年(1874)傳忠書局刻本　二册

320000－1644－0002043　403.7/300
石均軒詩初集二卷　(清)鄧元鏸撰　清光緒鉛印本　一册

320000－1644－0002044　403.7/302
定山堂古文小品二卷　(清)龔鼎孳撰　清光緒四年(1878)上海淞隱閣鉛印本　一册

320000－1644－0002045　403.7/303
雲臥山莊詩集八卷首一卷末一卷家訓二卷　(清)郭崑燾撰　清光緒十一年(1885)湘陰郭氏岵瞻堂刻本　四册

320000－1644－0002046　403.7/304
詩盋盦詩稿初集九卷二集三卷　(清)楊敬傳著　清楊曾瀚鈔本　四册

320000－1644－0002047　403.7/311
賓萌集六卷　(清)俞樾撰　清光緒二十五年(1899)刻本　二册

320000－1644－0002048　403.7/312
天韻閣詩存一卷　(清)黃箴撰　清光緒三十一年(1905)上海文明書局鉛印本　一册

320000－1644－0002049　403.7/314
仙心閣詩鈔八卷　(清)彭慰高撰　清光緒三年(1877)刻本　二册

320000－1644－0002050　403.7/315
仙心閣文鈔二卷　(清)彭慰高撰　清光緒刻本　一册

320000－1644－0002051　403.7/316
蜨庵詩鈔八卷　(清)楊棨撰　清同治二年(1863)刻本　二册

320000－1644－0002052　403.7/317
勿憚改齋吟草四卷續草四卷　（清）顧師軾撰　清光緒十三年(1887)太倉繆氏刻本　二册

320000－1644－0002053　403.7/320
梅村詩集箋注十八卷　（清）吴偉業撰　（清）吴翌鳳箋注　清嘉慶十九年(1814)滄浪吟榭刻本　十二册

320000－1644－0002054　403.7/320＝2
梅村詩集箋注十八卷　（清）吴偉業撰　（清）吴翌鳳箋注　清光緒十年(1884)湖北官書處刻本　十二册

320000－1644－0002055　403.7/321
吴詩集覽二十卷補注二十卷　（清）吴偉業撰　（清）靳榮藩注　**吴詩談藪二卷拾遺一卷**　（清）靳榮藩輯　清乾隆四十年(1775)凌雲亭刻本　十六册

320000－1644－0002056　403.7/341
酒詩不分卷　（清）□□撰　稿本　八頁

320000－1644－0002057　403.7/342
韻山堂詩集七卷　（清）王文誥撰　清光緒十四年(1888)浙江書局刻本　一册

320000－1644－0002058　403.7/343
新刻小學神童詩一卷　（□）□□撰　清同治五年(1866)安雅堂刻本　一册

320000－1644－0002059　403.7/344
新刻小學神童詩一卷　（□）□□撰　清刻本　一册

320000－1644－0002060　403.7/345
新刻續千家詩二卷　（清）余治撰輯　清光緒蘇城保息安節局刻本　一册

320000－1644－0002061　403.8/39
樊山全集八十二卷　樊增祥撰　清光緒十九年至三十二年(1893－1906)刻本　二十四册

320000－1644－0002062　403.8/52
樊山集二十四卷　樊增祥撰　清光緒十九年至二十二年(1893－1896)渭南縣署刻本　六册

320000－1644－0002063　403.8/61
靜庵文集一卷詩稿一卷　王國維著　清光緒三十一年(1905)鉛印本　一册

320000－1644－0002064　404.1/6
小檀欒室匯刻閨秀詞十集　徐乃昌輯　清光緒二十二年(1896)南陵徐氏刻本　二十册

320000－1644－0002065　404.1/6f2
小檀欒室匯刻閨秀詞十集　徐乃昌輯　清光緒二十二年(1896)南陵徐氏刻本　十六册　缺二集(九至十)

320000－1644－0002066　404.1/6＝2
閨秀詞鈔十六卷補遺一卷續補遺四卷　徐乃昌輯　清宣統元年至三年(1909－1911)南陵徐氏小檀欒室刻本　十册

320000－1644－0002067　404.2/3
詞綜三十八卷明詞綜十二卷　（清）朱彝尊輯　（清）王昶補輯　清嘉慶七年(1802)三泖漁莊刻本　十六册

320000－1644－0002068　404.2/3＝2
詞綜三十六卷　（清）朱彝尊輯　（清）汪森輯　清康熙十七年(1678)汪氏裘杼樓刻本　八册

320000－1644－0002069　404.2/4
宛鄰齋詞選附録一卷　（清）鄭善長輯録　清鈔本　一册

320000－1644－0002070　404.2/9
宋七家詞選七卷　（清）戈載輯　（清）杜文瀾校注　清光緒十一年(1885)曼陀羅華閣刻本　一册

320000－1644－0002071　404.2/9f2
宋七家詞選七卷　（清）戈載輯　（清）杜文瀾校注　清光緒十一年(1885)曼陀羅華閣刻本　四册

320000－1644－0002072　404.2/10
詞選二卷　（清）張惠言輯　**附録一卷**　（清）鄭善長輯　**續詞選二卷**　（清）董毅輯　清同治十一年(1872)會稽章氏刻本　二册

320000－1644－0002073　404.2/10＝2
詞選二卷　（清）張惠言輯　**附録一卷**　（清）鄭善長輯　**續詞選二卷**　（清）董毅輯　清宣統三年（1911）上海掃葉山房石印本　一册

320000－1644－0002074　404.2/20
御選歷代詩餘一百二十卷　（清）沈辰垣等編纂　清康熙四十六年（1707）内府刻本　六十四册

320000－1644－0002075　404.3/10
曝書亭集詞注七卷　（清）朱彝尊撰　（清）李富孫注　清道光九年（1829）刻本　七册

320000－1644－0002076　404.3/12
眉綠樓詞八卷　（清）顧文彬撰　清光緒十年（1884）吴下刻本　四册

320000－1644－0002077　404.3/12＝2
眉綠樓詞八卷　（清）顧文彬撰　清刻本　一册　存一卷（五）

320000－1644－0002078　404.3/15
水雲樓詞二卷　（清）蔣春霖撰　清咸豐十一年（1861）曼陀羅華閣刻本　一册

320000－1644－0002079　404.3/21
有正味齋詞集八卷　（清）吴錫麒撰　清嘉慶刻本　二册

320000－1644－0002080　404.3/22
空青館詞稿三卷　（清）邊浴禮撰　清咸豐刻本　一册

320000－1644－0002081　404.3/27
山中白雲詞八卷附録一卷　（宋）張炎著　清雍正四年（1726）珍藝堂刻本　二册

320000－1644－0002082　404.3/29
白石道人歌曲六卷歌詞别集一卷附録一卷　（宋）姜夔撰　清宣統二年（1910）影印本　一册

320000－1644－0002083　404.3/34
石湖詞一卷補遺一卷　（宋）范成大撰　清乾隆、道光長塘鮑氏刻知不足齋叢書本　一册

320000－1644－0002084　404.3/36
蘋洲漁笛譜二卷　（宋）周密撰　清乾隆、道光長塘鮑氏刻知不足齋叢書本　一册

320000－1644－0002085　404.4/4
詞辨二卷介存齋論詞雜著一卷　（清）周濟撰　清光緒四年（1878）周氏刻本　一册

320000－1644－0002086　404.5/1
詞律二十卷　（清）萬樹編　清康熙二十六年（1687）萬氏堆絮園刻本　十二册

320000－1644－0002087　404.5/1＝2
詞律二十卷附韻目一卷　（清）萬樹編　**詞人姓氏録一卷**　（清）杜文瀾編　清光緒二年（1876）吴下刻本　十六册

320000－1644－0002088　404.5/1：2
詞律拾遺八卷　（清）徐本立纂　清同治十二年（1873）吴下刻本　六册

320000－1644－0002089　404.5/4＝2
白香詞譜箋四卷　（清）舒夢蘭輯　（清）謝朝徵箋　清光緒十一年（1885）刻本　一册

320000－1644－0002090　405.2/6
後四聲猿四卷　（清）桂馥撰　清道光刻本　一册

320000－1644－0002091　405.2/14
增像第六才子書五卷首一卷　（元）王實甫撰　（清）金人瑞評　清光緒上海鴻寶齋石印本　六册

320000－1644－0002092　405.2/16
崔府君斷冤家債主雜劇一卷　（元）鄭廷玉撰　**傷梅香騙翰林風月雜劇一卷**　（元）鄭德輝撰　明萬曆吴興臧氏刻本　一册

320000－1644－0002093　405.3/8
牡丹亭還魂記二卷　（明）湯顯祖撰　清木石居影印本　四册

320000－1644－0002094　405.3/8f2
牡丹亭還魂記二卷　（明）湯顯祖撰　清木石居影印本　四册

320000－1644－0002095　405.3/9＝3
紅雪樓九種曲　（清）蔣士銓撰　清乾隆刻本

十一冊

320000－1644－0002096　405.3/9＝4

藏園九種曲　(清)蔣士銓撰　清漁古堂刻本　十一冊

320000－1644－0002097　405.3/9＝5

藏園九種曲　(清)蔣士銓撰　清經綸堂刻本　十四冊

320000－1644－0002098　405.3/10＝2

笠翁十種曲　(清)李漁撰　清大文堂刻本　二十冊

320000－1644－0002099　405.3/13＝2

燕子箋記二卷　(清)阮大鋮撰　(清)雪韻堂批點　清同治十三年(1874)寄傲山房刻本　四冊

320000－1644－0002100　405.3/16

梅花夢二卷　(清)張道撰　清光緒二十年(1894)刻本　四冊

320000－1644－0002101　405.3/17

桃花扇四卷　(清)孔尚任撰　清光緒二十一年(1895)蘭雪堂刻本　五冊

320000－1644－0002102　405.3/17f2

桃花扇四卷　(清)孔尚任撰　清光緒二十一年(1895)蘭雪堂刻本　五冊

320000－1644－0002103　405.3/18＝2

倚晴樓七種曲　(清)黃燮清撰　清光緒刻本　六冊

320000－1644－0002104　405.3/20

花萼吟二卷　(清)夏綸撰　清乾隆世光堂刻本　四冊

320000－1644－0002105　405.3/21

凰求鳳二卷　(清)李漁撰　清康熙刻本　二冊

320000－1644－0002106　405.3/22

精忠記二卷　(明)姚茂良撰　清康熙刻本　二冊

320000－1644－0002107　405.3/23

慎鸞交二卷　(清)李漁撰　清康熙刻本　二冊

320000－1644－0002108　405.3/24

八義記二卷　(明)徐元撰　明毛氏汲古閣刻本　二冊

320000－1644－0002109　405.3/27

繡像十五貫十六卷　(清)鴛湖逸史撰　清同治六年(1867)蓮溪書屋刻本　四冊

320000－1644－0002110　405.3/28

新刻玉蜻蜓八卷　(□)□□撰　清同治十二年(1873)刻本　四冊

320000－1644－0002111　405.3/31

成裕堂繪像第七才子書六卷　(明)高明撰　(清)毛綸評　(清)毛宗崗手錄　清雍正十三年(1735)刻本　十二冊

320000－1644－0002112　405.3/34

廣寒梯傳奇二卷　(清)夏綸撰　(清)徐夢元評　清乾隆世光堂刻本　二冊

320000－1644－0002113　405.4/8

紅樓夢散套十六卷　(清)吳鎬撰　清嘉慶蟾坡閣刻本　一冊

320000－1644－0002114　405.4/16

樂府新編陽春白雪前集五卷後集五卷　(元)楊朝英編　清光緒三十一年(1905)南陵徐乃昌影元刻本　一冊

320000－1644－0002115　405.4/18

秋水庵花影集五卷　(明)施紹莘撰　清順治刻本　一冊　存三卷(三至五)

320000－1644－0002116　405.5/1

繡像雙珠鳳全傳十二卷八十回　(□)海上一葉道人撰　清同治二年(1863)淨雅書屋刻本　十二冊

320000－1644－0002117　405.5/2＝2

來生福彈詞三十六回　(清)橘中逸叟撰　清刻本　三十六冊

320000－1644－0002118　405.5/3

新刻玉釧緣全傳三十二卷二百三十四回

(清)西湖居士著　清道光二十二年(1842)刻本　六十四冊

320000－1644－0002119　405.5/4
繡像萬花樓全傳六卷　(□)□□撰　清光緒二年(1876)玉蘭軒刻本　八冊

320000－1644－0002120　405.5/5
果報録十二卷一百回　(清)海蘭濤撰　清刻本　五冊

320000－1644－0002121　405.5/6
天雨花三十回　(清)陶貞懷輯補　清光緒十七年(1891)學庫山房刻本　三十冊

320000－1644－0002122　405.5/7
繡像九美圖全傳十二卷七十五回　(清)曹春江編　清道光二十三年(1843)四友軒刻本　十二冊

320000－1644－0002123　405.5/8
新編繡像福壽大紅袍十四卷一百回　(清)廢閑主人編　清光緒八年(1882)刻本　十四冊

320000－1644－0002124　405.5/9
繡像全圖再生緣全傳二十卷　(清)陳瑞生撰　(清)侯芝改編　清上海錦章圖書局石印本　二十冊

320000－1644－0002125　405.5/12
繡像落金扇全傳八卷　(清)吹竽先生編　清同治十二年(1873)刻本　十二冊

320000－1644－0002126　405.5/13
繡像玉連環八卷　(清)朱素仙撰　清道光三年(1823)亦芸書屋刻本　十二冊

320000－1644－0002127　405.7/1
納書楹曲譜正集四卷續集四卷外集二卷　(清)葉堂訂譜　清乾隆五十七年(1792)葉氏納書楹刻本　十冊

320000－1644－0002128　405.7/2
納書楹補遺曲譜四卷　(清)葉堂訂譜　清乾隆五十七年(1792)葉氏納書楹刻本　四冊

320000－1644－0002129　405.7/3
納書楹四夢全譜八卷　(清)葉堂訂譜　清乾隆五十七年(1792)葉氏納書楹刻本　八冊

320000－1644－0002130　405.9/1
韻學驪珠二卷　(清)沈乘麐輯　清光緒十八年(1892)華亭顧文善齋刻本　二冊

320000－1644－0002131　405.9/1f2
韻學驪珠二卷　(清)沈乘麐輯　清光緒十八年(1892)華亭顧文善齋刻本　二冊

320000－1644－0002132　405.9/1f3
韻學驪珠二卷　(清)沈乘麐輯　清光緒十八年(1892)華亭顧文善齋刻本　二冊

320000－1644－0002133　405.9/1f4
韻學驪珠二卷　(清)沈乘麐輯　清光緒十八年(1892)華亭顧文善齋刻本　二冊

320000－1644－0002134　405.9/1f5
韻學驪珠二卷　(清)沈乘麐輯　清光緒十八年(1892)華亭顧文善齋刻本　二冊

320000－1644－0002135　405.9/1f6
韻學驪珠二卷　(清)沈乘麐輯　清光緒十八年(1892)華亭顧文善齋刻本　二冊

320000－1644－0002136　405.9/1＝2
韻學驪珠二卷　(清)沈乘麐輯　清嘉慶元年(1796)枕流居刻本　四冊

320000－1644－0002137　406.1/5
竇存四卷　(清)胡式鈺撰　清道光二十一年(1841)刻本　二冊

320000－1644－0002138　406.1/6
新編分門古今類事二十卷　(宋)宋□撰　清光緒十八年(1892)歸安陸氏刻本　四冊

320000－1644－0002139　406.1/7
世說新語八卷　(南朝宋)劉義慶撰　(南朝梁)劉孝標注　明淩瀛初刻四色套印本　十二冊

320000－1644－0002140　406.1/8
李卓吾批點世說新語補二十卷　(南朝宋)劉義慶撰　(南朝梁)劉孝標注　(明)何良俊補　(明)李贄批點　明萬曆書林余圮孺刻本　八冊

320000－1644－0002141　406.1/9
世說新語補二十卷　(南朝宋)劉義慶撰　(南朝梁)劉孝標注　(明)何良俊補　(明)王世貞刪定　(清)黄汝琳補訂　清乾隆二十七年(1762)茂清書屋刻本　十二册

320000－1644－0002142　406.1/12
世說新語六卷　(南朝宋)劉義慶撰　(南朝梁)劉孝標注　清光緒三年(1877)湖北崇文書院刻本　四册

320000－1644－0002143　406.1/17
唐代叢書二十四卷　(清)陳世熙輯　清同治十年(1871)京都琉璃廠刻本　七册　存七卷(一、六至七、十一、十三至十五)

320000－1644－0002144　406.1/17＝2
唐代叢書十二集一百六十四帙　(清)陳世熙輯　清光緒二十二年(1896)上海賜書堂石印本　七册　存六集(一、三、九至十二)

320000－1644－0002145　406.1/17＝2f2
唐代叢書十二集一百六十四帙　(清)陳世熙輯　清光緒二十二年(1896)上海賜書堂石印本　十册　存十集(一至六、九至十二)

320000－1644－0002146　406.1/17＝3
唐代叢書六集　(清)王文誥輯　清嘉慶十一年(1806)刻本　三十六册

320000－1644－0002147　406.1/17＝3f2
唐代叢書六集　(清)王文誥輯　清嘉慶十一年(1806)刻本　二十三册　缺四種(靈鬼志、妖佞傳、東陽夜怪錄、物怪錄)

320000－1644－0002148　406.1/17＝3f3
唐代叢書六集　(清)王文誥輯　清嘉慶十一年(1806)刻本　十五册　缺二十一種

320000－1644－0002149　406.1/17＝6
唐人說薈　(清)陳世熙纂　清刻本　十一册　存三十五種

320000－1644－0002150　406.1/20
寄園寄所寄十二卷　(清)趙吉士輯　清宣統三年(1911)文盛書局石印本　八册

320000－1644－0002151　406.1/20＝2
寄園寄所寄十二卷　(清)趙吉士輯　清光緒三益堂刻本　六册

320000－1644－0002152　406.1/21
兩般秋雨盦隨筆八卷　(清)梁紹壬輯　清光緒十年(1884)錢唐許氏刻本　八册

320000－1644－0002153　406.1/24
屑玉叢談初集六卷二集六卷三集六卷四集六卷　(清)錢徵　蔡爾康輯　清光緒上海申報館鉛印本　十二册

320000－1644－0002154　406.1/29
搜神記二十卷　題(晉)干寶撰　**搜神後記十卷**　題(晉)陶潛撰　明毛氏刻本　三册

320000－1644－0002155　406.1/31
太平廣記五百卷　(宋)李昉等編　清乾隆二十年(1755)槐蔭草堂刻本　六十四册

320000－1644－0002156　406.1/31＝2
太平廣記五百卷　(宋)李昉等編　清嘉慶元年(1796)寶章堂刻本　四十册

320000－1644－0002157　406.1/32＝2
閱微草堂筆記二十四卷　(清)紀昀撰　清光緒二十四年(1898)宏文閣鉛印本　六册

320000－1644－0002158　406.1/32＝3
閱微草堂筆記二十四卷　(清)紀昀撰　清道光十五年(1835)羊城刻本　十二册

320000－1644－0002159　406.1/34
觚賸八卷續編四卷　(清)鈕琇輯　清宣統三年(1911)上海國學扶輪社鉛印本　二册

320000－1644－0002160　406.1/35
重訂西青散記八卷西青文略一卷　(清)史震林撰　清光緒四年(1878)鉛印本　四册

320000－1644－0002161　406.1/36
虞初新志二十卷　(清)張潮輯　清末民國間上海文瑞樓石印本　五册

320000－1644－0002162　406.1/38
庸庵筆記六卷　(清)薛福成撰　清光緒二十三年(1897)遺經樓刻本　六册

320000－1644－0002163　406.1/40
蕉軒隨錄十二卷續錄二卷　(清)方濬師撰　清同治十一年(1872)退一步齋刻本　十四册

320000－1644－0002164　406.1/41
酉陽雜俎二十卷續集十卷　(唐)段成式撰　(明)毛晉訂　明廣文堂刻本　六册

320000－1644－0002165　406.1/41＝2
酉陽雜俎二十卷續集十卷　(唐)段成式撰　清道光二十九年(1849)小嫏嬛山館刻本　六册

320000－1644－0002166　406.1/41＝3
酉陽雜俎二十卷續集十卷　(唐)段成式撰　清光緒二年(1876)五鳳樓刻本　六册

320000－1644－0002167　406.1/42
北夢瑣言二十卷　(宋)孫光憲撰　清光緒五年(1879)刻本　二册

320000－1644－0002168　406.1/43
剪燈叢話十二卷　(□)□□輯　明萬曆刻本　一册　存三卷(七至九)

320000－1644－0002169　406.1/47＝2
涑水記聞十六卷補遺一卷　(宋)司馬光撰　清掃葉山房石印本　四册

320000－1644－0002170　406.1/52
博物志十卷　題(晉)張華撰　(清)汪士漢校　清刻本　一册

320000－1644－0002171　406.1/54
唐人小説四種　(□)□□輯　清鈔本　一册

320000－1644－0002172　406.1/69
唐語林八卷　(宋)王讜撰　**校勘記一卷**　(清)錢熙祚校　清光緒十九年(1893)湖北官書處刻本　四册

320000－1644－0002173　406.1/70
客舍偶聞一卷　(清)彭孫貽撰　清宣統三年(1911)泉唐汪氏鉛印本　一册

320000－1644－0002174　406.1/71:1
大唐新語十三卷　(唐)劉肅撰　明萬曆會稽商氏半埜堂刻稗海本　三册

320000－1644－0002175　406.1/71:2
北夢瑣言二十卷　(宋)孫光憲撰　**因話錄六卷**　(唐)趙璘撰　明萬曆會稽商氏半埜堂刻稗海本　三册

320000－1644－0002176　406.1/71:3
因話錄六卷　(唐)趙璘撰　**玉泉子一卷**　(唐)□□撰　**樂善錄二卷**　(宋)李昌齡撰　明萬曆會稽商氏半埜堂刻稗海本　一册

320000－1644－0002177　406.1/71:4
蠡海集一卷　(明)王逵撰　明萬曆會稽商氏半埜堂刻稗海本　一册

320000－1644－0002178　406.1/71:5
過庭錄一卷　(宋)范公稱撰　明萬曆會稽商氏半埜堂刻稗海本　一册

320000－1644－0002179　406.1/71:6
搜採異聞錄五卷　(宋)永亨撰　**東軒筆錄十五卷**　(宋)魏泰著　明萬曆會稽商氏半埜堂刻稗海本　二册

320000－1644－0002180　406.1/71:7
青箱雜記十卷　(宋)吳處厚著　明萬曆會稽商氏半埜堂刻稗海本　一册

320000－1644－0002181　406.1/71:8
避暑錄話二卷　(宋)葉夢得撰　明萬曆會稽商氏半埜堂刻稗海本　二册

320000－1644－0002182　406.1/71:9
畫墁錄一卷　(宋)張舜民撰　**游宦紀聞十卷**　(宋)張世南撰　明萬曆會稽商氏半埜堂刻稗海本　二册

320000－1644－0002183　406.1/71:10
夢溪筆談二十六卷　(宋)沈括撰　**侍兒小名錄拾遺一卷**　(宋)張邦畿撰　明萬曆會稽商氏半埜堂刻稗海本　三册

320000－1644－0002184　406.1/71:11
墨莊漫錄十卷　(宋)張邦基撰　明萬曆會稽商氏半埜堂刻稗海本　一册　存五卷(一至五)

320000－1644－0002185　406.2/3

今古奇觀四十卷　(明)抱甕老人輯　清永言堂刻本　十冊

320000－1644－0002186　406.2/3＝2
繡像全圖今古奇觀四十卷　(明)抱甕老人輯　清文淵堂刻本　十二冊

320000－1644－0002187　406.2/5
繪圖古今奇聞二十二卷　(清)王寅撰　清光緒十七年(1891)燕山耕餘主人鉛印本　四冊

320000－1644－0002188　406.3/3
繡像七續彭公案全傳四卷二十四回　(清)濁物撰　清宣統二年(1910)上海江左書林石印本　四冊

320000－1644－0002189　406.4/3＝2
聊齋志異新評十六卷　(清)蒲松齡撰　清道光二十二年(1842)廣順但氏刻朱墨套印本　十六冊

320000－1644－0002190　406.4/3＝3
聊齋志異新評十六卷　(清)蒲松齡撰　(清)王士禛評　(清)但明倫新評　(清)吕湛恩注　清光緒十年(1884)上海著易堂鉛印本　六冊

320000－1644－0002191　406.4/4
詳注聊齋志異圖詠十六卷　(清)蒲松齡撰　(清)吕湛恩注　清光緒十四年(1888)上海鴻寶齋石印本　八冊

320000－1644－0002192　406.5/2
新編繪圖三國志八卷三百三十三回　(□)□□撰　清上海錦章圖書局石印本　八冊

320000－1644－0002193　406.5/6
增像小五義傳六卷一百二十四回　(清)石玉崑撰　清光緒三十二年(1906)上海書局石印本　六冊

320000－1644－0002194　406.5/6＝2
小五義傳六卷一百二十四回　(清)石玉崑撰　清光緒十六年(1890)北京文光樓鉛印本　六冊

320000－1644－0002195　406.5/6＝2:2
繡像續小五義傳一百二十四回　(清)石玉崑撰　清光緒十八年(1892)上洋珍藝書局鉛印本　六冊

320000－1644－0002196　406.5/8
東周列國志二十七卷一百八回　(清)蔡界評點　清上海書局鉛印本　八冊

320000－1644－0002197　406.5/9
西遊真詮一百回　(清)陳士斌詮解　清善美堂刻本　二十冊

320000－1644－0002198　406.5/11
二十四史通俗演義六卷四十四回　(清)吕撫輯　(清)吕維垣等校　清光緒十五年(1889)上海廣百宋齋鉛印本　六冊

320000－1644－0002199　406.5/11＝2
綱鑑二十四史通俗演義六卷　(清)吕撫輯　清光緒二十一年(1895)珍藝書局鉛印本　六冊

320000－1644－0002200　406.5/12
繪圖永慶昇平全傳八卷　(清)郭廣瑞撰　清光緒二十九年(1903)上海簡青齋書局石印本　八冊

320000－1644－0002201　406.5/13
繪圖三下南唐全傳四卷五十三回　(清)好古主人撰　清上海中原書局石印本　四冊

320000－1644－0002202　406.5/16
燕山外史注釋二卷　(清)陳球撰　(清)若駚子輯注　清末民國間上海錦章圖書局石印本　一冊

320000－1644－0002203　406.5/18
結水滸全傳七十卷一百四十回結子一回　(清)俞萬春撰　清文聚堂刻本　二十四冊

320000－1644－0002204　406.5/21
繡像東西晉演義十二卷　(明)陳氏尺蠖齋評釋　清宣統二年(1910)仁記書局刻本　十二冊

320000－1644－0002205　406.5/22
鏡花緣一百回　(清)李汝珍撰　清末上海申

報館鉛印本　十二册

320000－1644－0002206　406.5/28
品花寶鑑六十回　(清)陳森撰　清光緒刻本　二十册

320000－1644－0002207　406.5/29
海公大紅袍傳六十回　(清)李春芳撰　清同治六年(1867)聚盛堂刻本　十二册

320000－1644－0002208　406.5/30
封神演義十九卷一百回　(明)許仲琳撰　清光緒十六年(1890)海陵書屋刻本　二十册

320000－1644－0002209　406.5/30＝2
新刻鍾伯敬先生批評封神演義一百回　(明)許仲琳撰　(明)鍾惺評　清光緒九年(1883)掃葉山房刻本　二十册

320000－1644－0002210　406.5/32
新刻按鑑編纂開闢衍繹通俗志傳六卷八十回　(明)周游撰　(明)王黌釋　清光緒十年(1884)上海大共和日報石印本　六册

320000－1644－0002211　406.5/34
新刻增删二度梅奇說十六卷三十二回　(清)拈花堂主人編輯　清光緒二年(1876)興化寶經堂刻本　六册

320000－1644－0002212　406.5/35
雙鳳奇緣傳二十卷八十回　(清)雪樵主人撰　清道光二十六年(1846)一也軒刻本　十册

320000－1644－0002213　406.5/35＝2
雙鳳奇緣傳二十卷八十回　(清)雪樵主人撰　清道光七年(1827)以文居刻本　四册

320000－1644－0002214　406.5/36
新鐫異説五虎平西珍珠旗演義狄青前傳十四卷一百十二回　(□)□□撰　清經綸堂刻本　十四册

320000－1644－0002215　406.5/37
第八才子書白圭志四集十六回　(清)崔象川輯　(清)何晴川評　清經綸堂刻本　四册

320000－1644－0002216　406.5/38
繡像醒世姻緣傳一百回　(清)西周生輯撰　清道光二十年(1840)上海書屋石印本　十册

320000－1644－0002217　406.5/45
第一才子書六十卷一百二十回　(明)羅貫中撰　(清)毛宗崗評　清光緒十六年(1890)上海圖書集成局石印本　十二册

320000－1644－0002218　406.5/45＝2
增像全圖三國志演義第一才子書十二卷一百二十回　(明)羅貫中撰　(清)毛宗崗評　清光緒三十年(1904)上海書局石印本　十二册

320000－1644－0002219　406.5/45＝3
四大奇書第一種十九卷首一卷　(明)羅貫中撰　(清)毛宗崗評　清光緒十四年(1888)上海掃葉山房刻本　二十册

320000－1644－0002220　406.5/45＝4
第一才子書六十卷一百二十回　(明)羅貫中撰　(清)毛宗崗評　清光緒十七年(1891)上海點石齋石印本　五册

320000－1644－0002221　406.5/48
石頭記八十回　(清)曹霑撰　清上海有正書局石印本　八册

320000－1644－0002222　406.5/49
紅樓夢一百二十回　(清)曹霑撰　(清)高鶚撰　(清)王希廉評　清道光十二年(1832)刻本　二十四册

320000－1644－0002223　406.5/55
後水滸蕩平四大寇傳六卷四十九回　(明)陳忱撰　清光緒二十七年(1901)上海書局石印本　六册

320000－1644－0002224　406.5/56
繡像西遊記四卷　(明)楊致和撰　清錦盛堂刻本　二册

320000－1644－0002225　407/1＝2
文心雕龍十卷　(南朝梁)劉勰撰　(清)黄叔琳輯注　清乾隆六年(1741)黄氏養素堂刻本　四册

320000－1644－0002226　407/1＝3
文心雕龍十卷　(南朝梁)劉勰撰　(清)黄叔

琳輯注　(清)紀昀評　清道光十三年(1833)兩廣節署刻朱墨套印本　四冊

320000－1644－0002227　407/8
帶經堂詩話三十卷首一卷　(清)王士禛撰　(清)張宗柟輯　清同治十二年(1873)廣州藏修堂刻本　十冊

320000－1644－0002228　407/14
北江詩話四卷　(清)洪亮吉著　(清)張祥河訂　清道光刻本　二冊

320000－1644－0002229　407/15
養一齋詩話十卷李杜詩話三卷　(清)潘德輿撰　清道光十六年(1836)刻本　四冊

320000－1644－0002230　407/17
司空詩品注釋一卷　(唐)司空圖撰　(□)□□注　清李光明莊刻本　一冊

320000－1644－0002231　407/17f2
司空詩品注釋一卷　(唐)司空圖撰　(□)□□注　清李光明莊刻本　一冊

320000－1644－0002232　407/17＝2
司空詩品注釋一卷　(唐)司空圖撰　(□)□□注　清同治九年(1870)文會堂刻本　一冊

320000－1644－0002233　407/18
金石三例十五卷　(清)盧見曾輯　清乾隆二十年(1755)刻本　四冊

320000－1644－0002234　407/19
國朝詩人徵略六十卷　(清)張維屏輯　清道光十年(1830)刻本　十冊

320000－1644－0002235　407/19＝2
國朝詩人徵略二編六十四卷　(清)張維屏輯　清道光二十二年(1842)刻本　八冊

320000－1644－0002236　407/23＝2
文章指南五卷　(明)歸有光評選　清光緒二年(1876)皖江節署刻本　五冊

320000－1644－0002237　407/24
聲調譜說一卷纂例一卷　(清)吳紹澯纂訂　**蠡說一卷通韻譜說一卷**　(清)宋弼撰　清如皋藝林堂刻本　一冊

320000－1644－0002238　407/25
昭昧詹言十卷續八卷續錄二卷附錄一卷附考一卷　(清)方東樹撰　清宣統元年(1909)安徽官紙印刷局鉛印本　四冊

320000－1644－0002239　407/35
漁隱叢話前集六十卷後集四十卷　(宋)胡仔纂輯　清乾隆五年至六年(1740－1741)楊佑啟耘經樓刻本　十冊

320000－1644－0002240　407/37
讀書作文譜十二卷父師善誘法二卷　(清)唐彪輯著　清康熙三十八年(1699)刻本　三冊

320000－1644－0002241　407/38
全唐詩話六卷　(宋)尤袤著　清宣統三年(1911)三樂堂石印本　六冊

320000－1644－0002242　407/49
漁洋詩話二卷　(清)王士禛撰　清同治九年(1870)許灣立文堂刻本　二冊

320000－1644－0002243　407/51
靈芬館詩話十二卷　(清)郭麐撰　清嘉慶刻本　一冊

320000－1644－0002244　407/52
宋四六話十二卷　(清)彭元瑞撰　清道光二十六年(1846)刻本　四冊

320000－1644－0002245　407/54
詩式五卷　(唐)釋皎然撰　清光緒十八年(1892)歸安陸氏刻本　一冊

320000－1644－0002246　407/56
本事詩十二卷　(清)徐釚輯　清乾隆二十二年(1757)半松書屋刻本　二冊

320000－1644－0002247　407/57
明人詩品二卷　(清)杜蔭棠輯錄　**夢曉樓隨筆一卷**　(清)宋顧樂撰　清同治八年(1869)虞山顧氏刻本　一冊

320000－1644－0002248　407/60
許彥周詩話一卷　(宋)許顗撰　清刻本　一冊

320000－1644－0002249　501/14

昭代叢書甲集五十卷乙集四十卷　（清）張潮編　清康熙三十六年(1697)刻本　十七册

320000－1644－0002250　501/16

士禮居黃氏叢書　（清）黃丕烈輯　清光緒十三年(1887)上海蜚英館石印本　三十册

320000－1644－0002251　501/18

秘書二十一種　（清）汪士漢輯　清乾隆七年(1742)文盛堂刻本　二十册

320000－1644－0002252　501/29

十萬卷樓叢書　（清）陸心源輯　清光緒歸安陸氏刻本　四十五册　存二十種(二編九種、三編十一種)

320000－1644－0002253　501/35

秘書二十八種　（清）汪士漢輯　清嘉慶十六年(1811)務本書局刻本　十一册

320000－1644－0002254　501/39

功順堂叢書　（清）潘祖蔭輯　清光緒吴縣潘氏刻本　三十二册

320000－1644－0002255　501/40

滂喜齋叢書　（清）潘祖蔭輯　清同治六年至光緒九年(1867－1883)吴縣潘氏京師刻本　三十二册

320000－1644－0002256　501/41:1

春秋公羊禮疏十一卷　（清）淩曙撰　清同治至光緒刻歸安姚氏彙印咫進齋叢書本　三册

320000－1644－0002257　501/41:2

公羊問答二卷　（清）淩曙撰　**孝經疑問一卷**　（明）姚舜牧撰　清同治至光緒刻歸安姚氏彙印咫進齋叢書本　一册

320000－1644－0002258　501/41:3

說文答問疏證六卷　（清）薛傳均撰　清同治至光緒刻歸安姚氏彙印咫進齋叢書本　一册

320000－1644－0002259　501/41:4

瘞鶴銘圖考一卷　（清）汪士鋐著　**蘇齋唐碑選一卷**　（清）翁方綱撰　**姚氏藥言一卷**　（明）姚舜牧撰　**咽喉脈證通論一卷**　（□）□□撰　清同治至光緒刻歸安姚氏彙印咫進齋叢書本　一册

320000－1644－0002260　501/41:5

務民義齋算學　（清）徐有壬撰　清同治至光緒刻歸安姚氏彙印咫進齋叢書本　一册

320000－1644－0002261　501/41:6

大雲山房十二章圖說二卷雜記二卷　（清）惲敬撰　**棠湖詩稿一卷**　（宋）岳珂撰　**春艸堂遺稿一卷**　（清）姚陽元著　清同治至光緒刻歸安姚氏彙印咫進齋叢書本　一册

320000－1644－0002262　501/41:7

小爾雅疏證五卷　（清）葛其仁撰　清同治至光緒刻歸安姚氏彙印咫進齋叢書本　一册

320000－1644－0002263　501/41:8

說文引經考二卷補遺一卷　（清）吳玉搢撰　清同治至光緒刻歸安姚氏彙印咫進齋叢書本　二册

320000－1644－0002264　501/41:9

說文檢字二卷　（清）毛謨撰　**補遺一卷**　（清）姚覲元撰　清同治至光緒刻歸安姚氏彙印咫進齋叢書本　一册

320000－1644－0002265　501/41:10

古今韻攷四卷　（清）李因篤撰　**前徽錄一卷**　（清）姚世錫著　清同治至光緒刻歸安姚氏彙印咫進齋叢書本　一册

320000－1644－0002266　501/41:11

中州金石目四卷補遺一卷　（清）姚晏撰　清同治至光緒刻歸安姚氏彙印咫進齋叢書本　一册

320000－1644－0002267　501/41:12

三十五舉一卷　（元）吾邱衍撰　**續三十五舉一卷**　（清）桂馥撰　**再續三十五舉一卷**　（清）姚晏撰　**安吳論書一卷**　（清）包世臣撰　清同治至光緒刻歸安姚氏彙印咫進齋叢書本　一册

320000－1644－0002268　501/41:13

寒秀艸堂筆記四卷　（清）姚衡撰　清同治至

光緒刻歸安姚氏彙印咫進齋叢書本　一冊

320000－1644－0002269　501/41:14

禮記天算釋一卷　(清)孔廣牧撰　**孝經鄭注一卷**　(漢)鄭玄撰　(清)嚴可均輯　**爾雅補郭二卷**　(清)翟灝撰　清同治至光緒刻歸安姚氏彙印咫進齋叢書本　一冊

320000－1644－0002270　501/41:15

說文新附攷六卷　(清)鄭珍撰　清同治至光緒刻歸安姚氏彙印咫進齋叢書本　二冊

320000－1644－0002271　501/41:16

汲古閣說文訂一卷　(清)段玉裁撰　清同治至光緒刻歸安姚氏彙印咫進齋叢書本　一冊

320000－1644－0002272　501/41:17

說文校定本二卷　(清)朱士端撰　清同治至光緒刻歸安姚氏彙印咫進齋叢書本　一冊

320000－1644－0002273　501/41:18

四聲等子一卷　(□)□□撰　**銷燬抽燬書目一卷**　清同治至光緒刻歸安姚氏彙印咫進齋叢書本　一冊

320000－1644－0002274　501/41:19

禁書總目一卷違礙書目一卷　清同治至光緒刻歸安姚氏彙印咫進齋叢書本　一冊

320000－1644－0002275　501/41:20

慎疾芻言一卷　(清)徐大椿撰　**陽宅闢謬一卷**　(清)姚文田撰　**清閟齋詩存三卷**　(清)周鼎樞著　清同治至光緒刻歸安姚氏彙印咫進齋叢書本　一冊

320000－1644－0002276　501/41=2

咫進齋叢書　(清)姚覲元輯　清同治至光緒刻歸安姚氏彙印本　七冊　存八種(姚氏藥言、孝經疑問、中州金石錄、說文答問疏證、說文引經考、大雲山房十二章圖說、大雲山房雜記、蘇齋唐碑選)

320000－1644－0002277　501/42

南菁書院叢書　王先謙　繆荃孫輯　清光緒十四年(1888)江陰南菁書院刻本　二十八冊

320000－1644－0002278　501/45

龍威秘書　(清)馬俊良輯　清世德堂刻本　八十冊

320000－1644－0002279　501/47

增訂漢魏叢書　(清)王謨輯　清宣統三年(1911)上海大通書局石印本　三十冊

320000－1644－0002280　501/47=2

增訂漢魏叢書　(清)王謨輯　清宣統三年(1911)育文書局石印本　十九冊

320000－1644－0002281　501/47=3

增訂漢魏叢書　(清)王謨輯　清乾隆五十六年(1791)金谿王氏刻本　三十冊

320000－1644－0002282　501/48:1

白石道人詩集二卷　(宋)姜夔撰　清光緒十年(1884)刻榆園叢刻本　一冊

320000－1644－0002283　501/48:2

白石道人歌曲四卷別集一卷白石詩詞評論一卷補遺一卷　(宋)姜夔撰　(清)許增輯　清光緒十年(1884)刻榆園叢刻本　一冊

320000－1644－0002284　501/48:3

山中白雲詞八卷　(宋)張炎撰　清光緒八年(1882)刻榆園叢刻本　二冊

320000－1644－0002285　501/48:4

衍波詞二卷　(清)王士禛撰　清光緒十五年(1889)刻榆園叢刻本　一冊

320000－1644－0002286　501/48:5

納蘭詞五卷　(清)納蘭性德撰　清光緒六年(1880)刻榆園叢刻本　一冊

320000－1644－0002287　501/48:6

靈芬館詞　(清)郭麐撰　清光緒五年(1879)刻榆園叢刻本　二冊

320000－1644－0002288　501/48:7

端谿硯史三卷　(清)吳蘭修撰　清光緒十五年(1889)刻榆園叢刻－娛園叢刻本　一冊

320000－1644－0002289　501/48:8

金粟箋說一卷　(清)張燕昌撰　**賞延素心錄一卷**　(清)周二學著　**書畫說鈴一卷**　(清)陸時化著　**陽羨名陶錄二卷**　(清)吳騫著

清光緒十五年(1889)刻榆園叢刻－娛園叢刻本　一冊

320000－1644－0002290　501/48:9
娛園叢刻　(清)許增輯　清光緒十五年(1889)刻榆園叢刻本　一冊　存七種(藏書記要、流通古書約、閒者軒帖考、漫堂墨品、雪堂墨品、筆史、頻羅庵論書)

320000－1644－0002291　501/48:10
笙月詞五卷花影詞一卷　(清)王詒壽撰　清同治十一年(1872)刻榆園叢刻本　一冊

320000－1644－0002292　501/48:11
縵雅堂駢體文八卷　(清)王詒壽撰　清光緒六年(1880)刻榆園叢刻本　二冊

320000－1644－0002293　501/48:12
拜石山房詞鈔四卷　(清)顧翰撰　**微波詞一卷**　(清)錢枚撰　清光緒十五年(1889)刻榆園叢刻本　一冊

320000－1644－0002294　501/48:13
松壺畫贅二卷畫憶二卷　(清)錢杜著　清光緒十四年(1888)刻榆園叢刻本　一冊

320000－1644－0002295　501/50:1
李氏易傳十七卷　(唐)李鼎祚集解　清乾隆二十一年(1756)德州盧氏雅雨堂刻本　三冊

320000－1644－0002296　501/50:2
鄭氏周易三卷　(漢)鄭玄撰　(宋)王應麟輯　(清)惠棟補輯　清乾隆二十一年(1756)德州盧氏雅雨堂刻本　一冊

320000－1644－0002297　501/50:3
尚書大傳四卷　(漢)伏勝撰　(漢)鄭玄注　**鄭司農集一卷**　(漢)鄭玄撰　清乾隆二十一年(1756)德州盧氏雅雨堂刻本　一冊

320000－1644－0002298　501/50:4
大戴禮記十三卷　(北周)盧辯注　清乾隆二十一年(1756)德州盧氏雅雨堂刻本　一冊

320000－1644－0002299　501/50:5
戰國策三十三卷　(漢)高誘注　清乾隆二十一年(1756)德州盧氏雅雨堂刻本　二冊

320000－1644－0002300　501/50:6
匡謬正俗八卷　(唐)顏師古撰　清乾隆二十一年(1756)德州盧氏雅雨堂刻本　一冊

320000－1644－0002301　501/50:7
摭言十五卷　(五代)王定保撰　清乾隆二十一年(1756)德州盧氏雅雨堂刻本　一冊

320000－1644－0002302　501/50:8
北夢瑣言二十卷　(宋)孫光憲纂輯　清乾隆二十一年(1756)德州盧氏雅雨堂刻本　二冊

320000－1644－0002303　501/50:9
封氏聞見記十卷　(唐)封演撰　清乾隆二十一年(1756)德州盧氏雅雨堂刻本　一冊

320000－1644－0002304　501/50:10
文昌雜錄六卷補遺一卷　(宋)龐元英撰　清乾隆二十一年(1756)德州盧氏雅雨堂刻本　一冊

320000－1644－0002305　501/51
懷豳雜俎叢書　徐乃昌輯　清光緒、宣統南陵徐氏刻本　十冊

320000－1644－0002306　501/56
平津館叢書　(清)孫星衍輯　清光緒十一年(1885)吳縣朱氏槐廬家塾刻本　五十冊

320000－1644－0002307　501/58
古逸叢書　(清)黎庶昌輯　清光緒遵義黎氏日本東京使署影刻本　四十九冊

320000－1644－0002308　501/59
函海　(清)李調元輯　清乾隆綿州李氏萬卷樓刻嘉慶十四年(1809)李鼎元重修道光五年(1825)李朝夔遞修本　一百九十二冊

320000－1644－0002309　501/60
積學齋叢書　徐乃昌輯　清光緒南陵徐氏刻本　二十冊

320000－1644－0002310　501/62
玉函山房輯佚書　(清)馬國翰輯　清光緒十年(1884)楚南書局刻本　一百冊

320000－1644－0002311　501/65
粵雅堂叢書　(清)伍崇曜輯　清道光至光緒

南海伍氏刻本　三百二十册

320000－1644－0002312　501/70
藕香零拾　繆荃孫輯　清光緒至宣統刻本　三十二册

320000－1644－0002313　501/72
正誼堂全書　（清）張伯行輯　（清）楊浚重輯　清同治五年（1866）福州正誼書院刻八年至光緒十三年（1869－1887）續刻本　一百五十八册

320000－1644－0002314　501/75:1
易象意言一卷　（宋）蔡淵撰　**儀禮識誤三卷**　（宋）張淳撰　清乾隆浙江刻武英殿聚珍版書本　一册

320000－1644－0002315　501/75:2
絜齋毛詩經筵講義四卷　（宋）袁燮撰　清乾隆浙江刻武英殿聚珍版書本　一册

320000－1644－0002316　501/75:3
春秋辨疑四卷　（宋）蕭楚著　清乾隆浙江刻武英殿聚珍版書本　一册

320000－1644－0002317　501/75:4
兩漢刊誤補遺十卷　（宋）吴仁傑撰　清刻武英殿聚珍版書本　二册

320000－1644－0002318　501/75:5
歲寒堂詩話二卷　（宋）張戒撰　**嶺表錄異三卷**　（唐）劉恂撰　清乾隆浙江刻武英殿聚珍版書本　一册

320000－1644－0002319　501/75:6
麟臺故事五卷　（宋）程俱撰　清乾隆浙江刻武英殿聚珍版書本　一册

320000－1644－0002320　501/75:7
絳帖平六卷　（宋）姜夔撰　清浙江刻武英殿聚珍版書本　一册

320000－1644－0002321　501/75:8
明本釋三卷　（宋）劉荀撰　清乾隆浙江刻武英殿聚珍版書本　一册

320000－1644－0002322　501/75:9
項氏家説十卷附錄二卷　（宋）項安世撰　清刻武英殿聚珍版書本　三册

320000－1644－0002323　501/75:10
孫子算經三卷　（唐）李淳風等注　**夏侯陽算經三卷**　（□）夏侯陽撰　清乾隆浙江刻武英殿聚珍版書本　一册

320000－1644－0002324　501/75:11
五經算術二卷　（北周）甄鸞撰　（唐）李淳風等注　清乾隆浙江刻武英殿聚珍版書本　一册

320000－1644－0002325　501/75:12
學林十卷　（宋）王觀國撰　清乾隆福建刻武英殿聚珍版書本　三册　存六卷（一至六）

320000－1644－0002326　501/75:13
甕牖閒評八卷　（宋）袁文撰　清乾隆浙江刻武英殿聚珍版書本　二册

320000－1644－0002327　501/75:14
考古質疑六卷　（宋）葉大慶撰　清乾隆浙江刻武英殿聚珍版書本　一册

320000－1644－0002328　501/75:15
朝野類要五卷　（宋）趙升撰　清乾隆福建刻武英殿聚珍版書本　一册

320000－1644－0002329　501/75:16
澗泉日記三卷　（宋）韓淲撰　清乾隆浙江刻武英殿聚珍版書本　一册

320000－1644－0002330　501/75:17
拙軒集六卷　（金）王寂撰　清乾隆浙江刻武英殿聚珍版書本　一册

320000－1644－0002331　501/75:18
金淵集六卷　（元）仇遠著　清乾隆浙江刻武英殿聚珍版書本　一册

320000－1644－0002332　501/75:19
浩然齋雅談三卷　（宋）周密撰　清乾隆浙江刻武英殿聚珍版書本　一册

320000－1644－0002333　501/77
説郛一百二十卷　（明）陶宗儀輯　清順治三年（1646）兩浙督學周南李際期宛委山堂刻本　五册　存四卷（六十六、七十一、一百十一、

一百十五）

320000－1644－0002334　501/77f2
說郛一百二十卷　（明）陶宗儀輯　清順治三年（1646）兩浙督學周南李際期宛委山堂刻本　九冊

320000－1644－0002335　501/77f3
說郛一百二十卷　（明）陶宗儀輯　清順治三年（1646）兩浙督學周南李際期宛委山堂刻本　四冊

320000－1644－0002336　501/78
掌故叢編　（清）掃葉山房輯　清光緒二十七年（1901）上海掃葉山房石印本　八冊

320000－1644－0002337　501/80:1
楊龜山先生文集六卷　（宋）楊時撰　清康熙、雍正刻正誼堂叢書本　二冊

320000－1644－0002338　501/80:2
尹和靖集一卷　（宋）尹焞撰　清康熙、雍正刻正誼堂叢書本　一冊

320000－1644－0002339　501/80:3
羅豫章集十卷　（宋）羅從彥著　清康熙、雍正刻正誼堂叢書本　一冊

320000－1644－0002340　501/80:4
李延平集四卷　（宋）李侗著　清康熙、雍正刻正誼堂叢書本　一冊

320000－1644－0002341　501/80:5
張南軒先生文集七卷　（宋）張栻撰　清康熙、雍正刻正誼堂叢書本　二冊

320000－1644－0002342　501/80:6
黃勉齋先生文集八卷　（宋）黃榦著　清康熙、雍正刻正誼堂叢書本　二冊

320000－1644－0002343　501/80:7
許魯齋先生集六卷　（元）許衡撰　清康熙、雍正刻正誼堂叢書本　一冊

320000－1644－0002344　501/80:8
薛敬軒先生文集十卷　（明）薛瑄撰　清康熙、雍正刻正誼堂叢書本　二冊

320000－1644－0002345　501/80:9
胡敬齋先生文集三卷　（明）胡居仁撰　清康熙、雍正刻正誼堂叢書本　二冊

320000－1644－0002346　501/80:10
諸葛武侯文集四卷　（三國蜀）諸葛亮撰　清康熙、雍正刻正誼堂叢書本　一冊

320000－1644－0002347　501/80:11
方正學集七卷　（明）方孝孺撰　清康熙、雍正刻正誼堂叢書本　二冊

320000－1644－0002348　501/80:12
二程粹言二卷　（宋）楊時輯　清康熙、雍正刻正誼堂叢書本　二冊

320000－1644－0002349　501/80:13
伊洛淵源錄十四卷　（宋）朱熹撰　清康熙、雍正刻正誼堂叢書本　二冊

320000－1644－0002350　501/80:14
陳清瀾先生學蔀通辯十二卷　（明）陳建撰　清康熙、雍正刻正誼堂叢書本　二冊

320000－1644－0002351　501/80:15
薛文清公讀書錄八卷　（明）薛瑄撰　清康熙、雍正刻正誼堂叢書本　二冊

320000－1644－0002352　501/80:16
道南源委六卷　（明）朱衡撰　清康熙、雍正刻正誼堂叢書本　二冊

320000－1644－0002353　501/80:17
讀禮志疑六卷　（清）陸隴其撰　清康熙、雍正刻正誼堂叢書本　二冊

320000－1644－0002354　501/80:18
問學錄四卷　（清）陸隴其撰　清康熙、雍正刻正誼堂叢書本　一冊

320000－1644－0002355　501/80:19
湯潛庵先生集二卷　（清）湯斌著　清康熙、雍正刻正誼堂叢書本　一冊

320000－1644－0002356　501/80:20
道統錄二卷附錄一卷　（清）張伯行著　清康熙、雍正刻正誼堂叢書本　二冊

320000－1644－0002357　501/80:21
廣近思錄十四卷　(清)張伯行輯　清康熙、雍正刻正誼堂叢書本　四册

320000－1644－0002358　501/80:22
唐宋八大家文鈔十九卷　(清)張伯行輯　清康熙、雍正刻正誼堂叢書本　八册

320000－1644－0002359　502/4
涇川叢書　(清)趙紹祖　(清)趙繩祖輯　清道光十二年(1832)涇縣趙氏古墨齋刻本　二十八册

320000－1644－0002360　502/9
永嘉叢書　(清)孫衣言輯　清同治至光緒瑞安孫氏詒善祠塾刻本　四十二册

320000－1644－0002361　503/1
項城袁氏家集　丁振鐸輯　清宣統三年(1911)清芬閣鉛印本　五十五册

320000－1644－0002362　503/2
玉山朱氏遺書　(清)諸可寶輯　清光緒二十六年(1900)玉山書院刻本　三册

320000－1644－0002363　503/5
吳氏一家稿　(清)吳清鵬輯　清咸豐五年(1855)錢塘吳氏刻本　十四册

320000－1644－0002364　503/7
陽湖錢氏家集十六卷　錢振鍠輯　清光緒三十三年(1907)木活字印本　三册

320000－1644－0002365　503/10
一家詩詞鈔五卷　(清)滕櫄膚輯　清光緒二十六(1900)刻本　一册

320000－1644－0002366　504/6
鹿洲全集　(清)藍鼎元撰　清刻本　七册　存四種(平臺紀略、東征集、修史試筆、女學)

320000－1644－0002367　504/7
朱子遺書　(宋)朱熹撰　清刻本　六册

320000－1644－0002368　504/8:1
石經考異二卷諸史然疑一卷　(清)杭世駿撰　清咸豐元年(1851)長沙小嫏嬛山館刻杭氏七種本　一册

320000－1644－0002369　504/8:2
漢書蒙拾三卷　(清)杭世駿撰　清咸豐元年(1851)長沙小嫏嬛山館刻杭氏七種本　一册

320000－1644－0002370　504/8:3
榕城詩話三卷　(清)杭世駿撰　清咸豐元年(1851)長沙小嫏嬛山館刻杭氏七種本　一册

320000－1644－0002371　504/8:4
後漢書蒙拾二卷晉書補傳贊一卷　(清)杭世駿撰　清咸豐元年(1851)長沙小嫏嬛山館刻杭氏七種本　一册

320000－1644－0002372　504/8:5
文選課虚四卷　(清)杭世駿撰　清咸豐元年(1851)長沙小嫏嬛山館刻杭氏七種本　一册

320000－1644－0002373　504/8:6
續方言二卷　(清)杭世駿撰　清咸豐元年(1851)長沙小嫏嬛山館刻杭氏七種本　一册

320000－1644－0002374　504/10:1
彊識編四卷續一卷　(清)朱士端撰　清同治元年(1862)寶應朱氏刻春雨樓叢書本　二册

320000－1644－0002375　504/10:2
説文校定本　(清)朱士端撰　清同治元年(1862)寶應朱氏刻春雨樓叢書本　一册

320000－1644－0002376　504/10:3
宜禄堂收藏金石記六卷　(清)朱士端撰　清同治二年(1863)寶應朱氏刻春雨樓叢書本　二册

320000－1644－0002377　504/10:4
吉金樂石山房文集一卷續編一卷詩集二卷　(清)朱士端撰　清同治三年(1864)寶應朱氏刻春雨樓叢書本　一册

320000－1644－0002378　504/12
船山遺書　(清)王夫之撰　清同治四年(1865)湘鄉曾國荃金陵刻本　一百二十册

320000－1644－0002379　504/12=2
船山遺書　(清)王夫之撰　清同治四年(1865)湘鄉曾氏金陵節署刻本　九册　存二十二種

320000－1644－0002380　504/14
竹柏山房十五種　（清）林春溥撰　清嘉慶至咸豐刻本　四十册

320000－1644－0002381　504/16
春在堂全書　（清）俞樾撰　清光緒十一年（1885）刻本　一百八册

320000－1644－0002382　504/16＝2
春在堂全書　（清）俞樾撰　清光緒九年（1883）刻本　六十九册

320000－1644－0002383　504/17
嘉定錢氏潛研堂全書　（清）錢大昕撰　清光緒十年（1884）長沙龍氏家塾刻本　十册

320000－1644－0002384　504/19
庸庵全集　（清）薛福成撰　清光緒二十三年（1897）上海醉六堂石印本　十二册

320000－1644－0002385　504/19＝2
庸庵全集　（清）薛福成撰　清光緒二十三年（1897）上海醉六堂石印本　四十四册

320000－1644－0002386　504/20
曾文正公全集　（清）曾國藩撰　清光緒二年（1876）傳忠書局刻本　一百册

320000－1644－0002387　504/25
惜抱軒全集　（清）姚鼐撰　清同治五年（1866）省心閣刻本　十六册

320000－1644－0002388　504/26
犢山類稿　（清）周鎬撰　清光緒十年（1884）滎汝楫木活字印本　八册

320000－1644－0002389　504/27
曾惠敏公全集　（清）曾紀澤撰　清光緒二十年（1894）上海石印本　四册

320000－1644－0002390　504/30
徐氏雜著　（清）徐大椿撰　清光緒十九年（1893）上海圖書集成印書局鉛印本　一册

320000－1644－0002391　504/32：1
易貫五卷　（清）俞樾撰　清光緒二十五年（1899）刻春在堂全書－第一樓叢書刻本　二册

320000－1644－0002392　504/32：2
論語小言一卷　（清）俞樾撰　清光緒二十五年（1899）刻春在堂全書－第一樓叢書刻本　一册

320000－1644－0002393　504/32：3
古書疑義舉例七卷　（清）俞樾撰　清光緒二十五年（1899）刻春在堂全書－第一樓叢書刻本　二册

320000－1644－0002394　504/32：4
兒笘録四卷　（清）俞樾撰　清光緒二十五年（1899）刻春在堂全書－第一樓叢書刻本　一册

320000－1644－0002395　504/32：5
讀書餘録二卷　（清）俞樾撰　清光緒二十五年（1899）刻春在堂全書－第一樓叢書刻本　一册

320000－1644－0002396　504/32：6
詁經精舍自課文二卷　（清）俞樾撰　清光緒二十五年（1899）刻春在堂全書－第一樓叢書刻本　一册

320000－1644－0002397　504/32：7
湖樓筆談七卷　（清）俞樾撰　清光緒二十五年（1899）刻春在堂全書－第一樓叢書刻本　二册

320000－1644－0002398　504/34
隨園三十六種　（清）袁枚撰　清光緒十八年（1892）上海圖書集成印書局鉛印本　六册

320000－1644－0002399　020/1
英字指南六卷　（清）楊勳輯譯　清光緒五年（1879）求志草堂刻本　六册

320000－1644－0002400　020/1＝2
增廣英字指南六卷　（清）楊勳撰　清光緒二十五年（1899）商務印書館鉛印本　六册

320000－1644－0002401　023/1＝2
歐洲各國憲法不分卷　（日本）衆議院編（清）汪有齡譯　清光緒二十八年（1902）刻本　一册

320000－1644－0002402　025/1

天演論二卷　(英國)赫胥黎著　嚴復譯　清光緒二十七年(1901)刻本　一册

320000－1644－0002403　026/1

哲學要領前編不分卷十一章後編不分卷十二章　(日本)井上圓了著　(清)羅伯雅譯　清光緒二十八年(1902)刻本　二册

320000－1644－0002404　028/1

穆勒名學八篇不分卷　(英國)穆勒約翰著　嚴復譯　清光緒三十一年(1905)金粟齋石印本　二册

320000－1644－0002405　029/1

原富五卷　(英國)亞丹斯密撰　嚴復譯　清光緒二十七年(1901)南洋公學譯書院鉛印本　八册

320000－1644－0002406　030/1

群學肄言不分卷　(英國)斯賓塞爾撰　嚴復譯　清光緒二十九年(1903)上海文明編譯書局鉛印本　四册

320000－1644－0002407　031/1

中東戰紀本末初編八卷續編四卷　(美國)林樂知注譯　蔡爾康輯　清上海圖書集成局鉛印本　十二册

320000－1644－0002408　033/1

西國近事彙編四卷　(美國)金楷理譯　(清)蔡錫齡筆述　清鉛印本　四册

320000－1644－0002409　034/1

列國變通興盛記四卷　(英國)李提摩太著　清光緒二十四年(1898)上海廣學會鉛印本　一册

320000－1644－0002410　035/1

泰西新史攬要二十四卷表一卷　(英國)馬懇西原本　(英國)李提摩太譯　清光緒二十八年(1902)上海美華書館鉛印本　八册

320000－1644－0002411　035/1＝2

節本泰西新史攬要八卷　(英國)馬懇西原本　(英國)李提摩太譯　(清)周慶雲節錄　清上海書局石印本　二册

320000－1644－0002412　035/1＝3

泰西新史攬要二十四卷表一卷　(英國)馬懇西原本　(英國)李提摩太譯　蔡爾康述　清光緒二十四年(1898)上海美華書館鉛印本　七册

320000－1644－0002413　036/1

世界通史三十卷　(日本)石川利之著　清光緒二十八年(1902)世界書局石印本　十册

320000－1644－0002414　037/1＝2

萬國史記二十卷　(日本)岡本監輔著　清光緒二十三年(1897)慎記書店石印本　四册

320000－1644－0002415　037/1＝3

萬國史記二十卷　(日本)岡本監輔著　清光緒鉛印本　八册

320000－1644－0002416　038/1

世界近代史二卷　(日本)松平康國編纂　梁啟勳譯　清光緒二十八年(1902)上海廣智書局鉛印本　二册

320000－1644－0002417　039/1

大英國志八卷續刻一卷　(英國)慕維廉譯　清咸豐六年(1856)上海墨海書院刻本　二册

320000－1644－0002418　040/1

拿破崙本紀四卷四十二章　(英國)洛加德撰　林紓　魏易譯　清光緒三十一年(1905)京師學務處官書局鉛印本　四册

320000－1644－0002419　041/1

普法戰紀十四卷　(清)張宗良口譯　(清)王韜輯　清同治十二年(1873)中華印務總局鉛印本　八册

320000－1644－0002420　041/1＝2

普法戰紀二十卷　(清)張宗良口譯　(清)王韜輯　清光緒十二年(1886)弢園王氏鉛印本　十册

320000－1644－0002421　043/1

義大利獨立戰史六卷附錄一卷　(清)東京留學生譯　清光緒二十八年(1902)上海商務印

書館鉛印本　一册

320000－1644－0002422　044/1
義大利獨立史六編　(日本)松井廣吉著　(清)張仁普譯　清光緒二十八年(1902)上海廣智書局鉛印本　一册

320000－1644－0002423　045/1
土耳其國志一卷　(清)薛福成鑒定　吴宗濂　(清)郭家驥譯　清光緒二十八年(1902)石印本　一册

320000－1644－0002424　046/1
土耳機史不分卷　(日本)北村三郎編　趙必振譯　清光緒二十八年(1902)上海廣智書局鉛印本　一册

320000－1644－0002425　047/1
蒙古史二卷　(日本)河野元三述　歐陽瑞驊譯　清宣統三年(1911)江南圖書館鉛印本　二册

320000－1644－0002426　048/1
尼羅海戰史不分卷十七章溫聖脱海戰史不分卷九章哥品杭海戰史一編不分卷十三章二編不分卷四章　(美國)耶特瓦德斯邊著　(日本)越山平三郎譯　清光緒二十九年(1903)上海商務印書館鉛印本　一册

320000－1644－0002427　049/1
新譯法史攬要三卷　(法國)費克度著　(清)劉翹翰　(清)王文耿譯　清光緒二十八年(1902)上海廣智書局鉛印本　一册　存一卷(三)

320000－1644－0002428　050/1
東洋史要二卷　(日本)桑原隲藏撰　樊炳清譯　清光緒二十五年(1899)上海東文學社影印本　四册

320000－1644－0002429　051/1
中等教育日本歷史五卷附諸國封建沿革略一卷歷代表略一卷　(日本)萩野由之著　(清)劉大猷譯　清光緒二十七年(1901)教育世界社石印本　四册

320000－1644－0002430　052/1
日本維新三十年史不分卷十二編附錄一卷　(日本)東京博文館編輯　上海廣智書局譯　清光緒二十九年(1903)上海廣智書局鉛印本　六册

320000－1644－0002431　053/1
十九世紀外交史不分卷十七章　(日本)平田久著　張相譯　清光緒二十八年(1902)史學齋刻本　四册

320000－1644－0002432　054/1
化學分原八卷　(英國)蒲陸山撰　(英國)傅蘭雅口譯　(清)徐建寅筆述　清刻本　二册

320000－1644－0002433　055/1
中國近世輿地圖説二十三卷　(清)羅汝楠編纂　(清)方新繪圖　清宣統元年(1909)廣東教忠學堂石印本　二册

320000－1644－0002434　經部 1
欽定篆文六經四書不分卷　(清)李光地等編　清光緒九年(1883)上海同文書局石印本　十册

320000－1644－0002435　經部 2
十三經注疏　(明)毛晉編　明汲古閣刻本　一百二十册

320000－1644－0002436　經部 3
相臺五經　(宋)岳珂編撰　清道光刻本　八册　存三種(周易、毛詩、尚書)

320000－1644－0002437　經部 4
御纂周易折中二十二卷首一卷　(清)李光地等撰　清康熙五十四年(1715)刻本　九册　存二十卷(一至八、十一至二十二)

320000－1644－0002438　經部 5
御纂周易折中二十二卷首一卷　(清)李光地等撰　清康熙五十四年(1715)刻本　十二册

320000－1644－0002439　經部 6
易翼述信十二卷　(清)王又樸撰　清乾隆十六年(1751)詩禮堂刻本　六册

320000－1644－0002440　經部 7

周易注疏二卷 (清)崔燾輯 清同治十三年(1874)鈔本 二冊

320000－1644－0002441 經部 8
周易節注讀五卷 (清)鄧傳元撰 稿本 五冊

320000－1644－0002442 經部 10
周易本義十二卷 (宋)朱熹撰 清光緒十九年(1893)江南書局刻本 二冊

320000－1644－0002443 經部 11
經說 (清)吳汝綸撰 清光緒二十年(1894)都門印書館刻本 五冊

320000－1644－0002444 經部 12
禹貢班義述三卷附漢糜水入尚龍谿考一卷 (清)成蓉鏡撰 清光緒十一年(1885)刻本 一冊

320000－1644－0002445 經部 13
禹貢錐指二十卷圖一卷 (清)胡渭撰 清康熙四十四年(1705)漱六軒刻本 十二冊

320000－1644－0002446 經部 14
書經六卷 (宋)蔡沈撰 清光緒七年(1881)金陵書局刻本 四冊

320000－1644－0002447 經部 15
今文尚書考證三十卷 (清)皮錫瑞撰 清光緒二十三年(1897)師伏堂刻本 四冊 存十八卷(一至十八)

320000－1644－0002448 經部 16
欽定書經傳說彙纂二十一卷首二卷序一卷 (清)王頊齡等撰 清雍正八年(1730)内府刻本 十二冊

320000－1644－0002449 經部 18
尚書古文證疑四卷 (清)孫喬生撰 清嘉慶天心閣刻本 一冊

320000－1644－0002450 經部 19
詩經體注大全體要五卷 (清)高朝瓔輯 清光緒十年(1884)上海點石齋石印本 一冊

320000－1644－0002451 經部 20
詩經集注八卷 (宋)朱熹輯撰 清李光明莊刻本 六冊 存六卷(一至六)

320000－1644－0002452 經部 21
欽定詩經傳說彙纂二十一卷首二卷詩序二卷 (清)王鴻緒等纂 清雍正五年(1727)刻本 二十四冊

320000－1644－0002453 經部 25
禮記二十卷 (漢)鄭玄注 清乾隆四十八年(1783)刻本 八冊

320000－1644－0002454 經部 26
禮記集說十卷 (元)陳澔撰 清光緒十九年(1893)江南書局刻本 六冊

320000－1644－0002455 經部 28
夏小正戴氏傳四卷考略一卷別錄一卷 (宋)傅崧卿撰 清同治八年(1869)傅氏長恩閣刻本 一冊

320000－1644－0002456 經部 29
欽定儀禮義疏四十八卷 (清)鄂爾泰等撰 清刻本 六冊 存六卷(四十三至四十八)

320000－1644－0002457 經部 30
周官精義十二卷 (清)連斗山編 清嘉慶七年(1802)學源堂刻本 六冊

320000－1644－0002458 經部 31
文公家禮儀節八卷 (宋)朱熹編 (明)楊慎輯 明正德九年(1514)楊慎木活字印本 五冊 存七卷(一至三、五至八)

320000－1644－0002459 經部 32
喪禮或問一卷離騷經正義一卷 (清)方苞著 清雍正四年(1726)刻本 一冊

320000－1644－0002460 經部 33
晚壄哀刊八卷 (清)王世鈞録 清乾隆四十三年(1778)刻本 二冊

320000－1644－0002461 經部 34
聖門禮志一卷 (清)孔傳鐸纂 (清)孔令貽輯 清光緒十三年(1887)刻本 一冊

320000－1644－0002462 經部 36
春秋經傳集解三十卷 (晉)杜預撰 (唐)陸德明音義 **春秋名號歸一圖二卷** (五代)馮

繼先撰　**春秋年表一卷**　(□)□□撰　清乾隆四十八年(1783)武英殿刻本　十二册

320000－1644－0002463　經部37
欽定春秋傳説彙纂三十八卷首二卷　(清)王掞等撰　清康熙六十年(1721)刻本　二十四册

320000－1644－0002464　經部38
御纂春秋直解十二卷　(清)傅恒等撰　清乾隆刻本　一册　存一卷(十)

320000－1644－0002465　經部40
公羊傳十二卷穀梁傳十二卷　(明)鍾惺評　明崇禎九年(1636)刻本　十册

320000－1644－0002466　經部41
監本附音春秋公羊注疏二十八卷　(漢)何休注　(唐)徐彦疏　**附校勘記一卷**　(清)阮元撰　(清)盧宣旬摘録　清嘉慶二十年(1815)江西南昌府學刻重栞宋本十三經注疏本　六册

320000－1644－0002467　經部42
春秋公羊經傳解詁十二卷附校記一卷　(漢)何休注　清同治二年(1863)揚州汪氏問禮堂刻本　二册

320000－1644－0002468　經部43
春秋公羊經傳解詁十二卷附校記一卷　(漢)何休注　清光緒二十一年(1895)金陵書局刻本　二册

320000－1644－0002469　經部45
春秋穀梁傳注疏二十卷　(晉)范甯集解　(唐)楊士勛疏　(唐)陸德明音義　明汲古閣刻本　五册

320000－1644－0002470　經部46
春秋穀梁傳十二卷　(晉)范甯集解　清同治七年(1868)金陵書局刻本　二册

320000－1644－0002471　經部47
春秋穀梁傳十二卷　(晉)范甯集解　清光緒二十一年(1895)金陵書局刻本　二册

320000－1644－0002472　經部49
春秋左傳五十卷提要一卷　(晉)杜預注　(宋)林堯叟補注　清光緒十年(1884)常州麟玉山房刻本　十六册

320000－1644－0002473　經部50
左傳選十四卷　(清)儲欣評　清乾隆七年(1742)同文堂刻本　六册

320000－1644－0002474　經部53
左傳事緯十二卷　(清)馬驌撰　清光緒三十四年(1908)上海文瑞樓石印本　六册

320000－1644－0002475　經部54
左傳義法舉要一卷　(清)方望溪撰　(清)王兆符　(清)程崟輯　清雍正刻抗希堂十六種本　一册

320000－1644－0002476　經部55
左傳文法讀本十二卷　(清)劉培極撰　(清)吳闓生撰　清宣統元年(1909)桐城吳氏鉛印本　六册

320000－1644－0002477　經部56
春秋繁露十七卷　(漢)董仲舒撰　清光緒八年(1882)淮南書局刻本　二册

320000－1644－0002478　經部57
春秋繁露十七卷　(漢)董仲舒撰　清光緒二十三年(1897)鉛印本　一册

320000－1644－0002479　經部60
孝經一卷　(唐)玄宗李隆基注　清同治七年(1868)金陵書局刻本　一册

320000－1644－0002480　經部63
孝經集注一卷附弟子職一卷　(清)任文田集注　清掃葉山房刻本　一册

320000－1644－0002481　經部66
四書通證六卷　(元)張存中編　清同治鍾謙鈞刻本　一册

320000－1644－0002482　經部68
大學章句一卷中庸章句一卷　(宋)朱熹撰　清光緒九年(1883)文昌書局刻本　一册

320000－1644－0002483　經部70
玉函山房輯佚書　(清)馬國翰輯　清光緒十

年(1884)楚南書局刻本　四册　存二十一種

320000－1644－0002484　經部71
鄉黨圖考十卷　(清)江永撰　清嘉慶二十四年(1819)掃葉山房刻本　六册

320000－1644－0002485　經部72
六經圖定本六卷　(清)王皜輯　清乾隆五年(1740)向山堂刻本　六册

320000－1644－0002486　經部73
七經小傳三卷　(宋)劉敞著　清同治十二年(1873)粤東書局刻本　一册

320000－1644－0002487　經部74
定正洪範集説一卷　(元)胡一中撰　**毛詩指説一卷**　(唐)成伯璵撰　清同治刻本　一册

320000－1644－0002488　經部75
五經類編二十八卷　(清)周世樟編輯　清雍正二年(1724)穀詒堂刻本　九册　存二十五卷(一至二十、二十四至二十八)

320000－1644－0002489　經部76
經義述聞三十二卷　(清)王引之撰　清光緒七年(1881)上海文瑞樓石印本　十三册　存十卷(十一、十四至二十二)

320000－1644－0002490　經部77
論語注疏解經二十卷　(三國魏)何晏集解　(宋)邢昺疏　**校勘記二十卷**　(清)阮元撰　**孝經注疏九卷**　(唐)玄宗李隆基注　(宋)邢昺疏　**校勘記九卷**　(清)阮元撰　清光緒十三年(1887)脈望仙館石印本　一册

320000－1644－0002491　經部78
十三經客難五十五卷附黄淮安瀾編二卷經學史學策一卷畏齋文集四卷　(清)龔元玠撰　清道光二十六年(1846)刻本　十册　存二十六卷(周易客難一、書經客難一至三、詩經客難一至二、春秋客難一至二十)

320000－1644－0002492　經部79
重校十三經不二字不分卷　(清)李鴻藻撰　清石印本　一册

320000－1644－0002493　經部80
十三經集字摹本不分卷　(清)彭玉雯纂　清道光二十九年(1849)刻本　八册

320000－1644－0002494　經部81
爾雅三卷　(晉)郭璞注　清嘉慶二十二年(1817)清芬閣刻本　三册

320000－1644－0002495　經部82
爾雅注疏十一卷　(晉)郭璞注　(宋)邢昺疏　清嘉慶七年(1802)刻本　四册

320000－1644－0002496　經部83
臨文便覽二卷　(清)龍光甸　(清)龍啟瑞編　清同治十三年(1874)京都松竹齋刻本　四册

320000－1644－0002497　經部84
讀書作文譜十二卷父師善誘法二卷　(清)唐彪著　清文成堂刻本　四册

320000－1644－0002498　經部86
小學鈎沈十九卷　(清)任大椿撰　清光緒十年(1884)李氏半畝園刻本　四册

320000－1644－0002499　經部87
小學彙函十三種　(清)鍾謙鈞輯　清乾隆四十年(1775)盧氏抱經堂刻本　三十二册

320000－1644－0002500　經部88
六書鈔不分卷　(明)謝從寧撰　明萬曆刻本　一册

320000－1644－0002501　經部89
復古編二卷　(宋)張有撰　**校正一卷**　(清)葛鳴陽撰　**附録一卷曾樂軒稿一卷**　(宋)張維撰　**安陸集一卷**　(宋)張先撰　清光緒八年(1882)淮南書局刻本　三册

320000－1644－0002502　經部90
説文解字十五卷　(漢)許慎撰　(宋)徐鉉校定　明汲古閣刻本　六册

320000－1644－0002503　經部91
説文解字十五卷　(漢)許慎撰　(宋)徐鉉校定　清同治十年(1871)刻本　三册

320000－1644－0002504　經部92
説文解字十五卷　(漢)許慎撰　(宋)徐鉉校

定　清光緒七年(1881)淮南書局刻本　五冊

320000－1644－0002505　經部94
仿唐寫本說文解字木部箋異一卷　(清)莫友芝箋　清同治三年(1864)刻本　一冊

320000－1644－0002506　經部95
說文提要一卷　(清)陳建侯撰　清光緒元年(1875)湖北崇文書局刻本　一冊

320000－1644－0002507　經部96
說文佚字考四卷　(清)張鳴珂撰　清光緒十三年(1887)刻本　一冊

320000－1644－0002508　經部97
說文答問疏證六卷　(清)錢大昕撰　(清)薛傳均疏證　清道光十九年(1839)刻本　一冊

320000－1644－0002509　經部98
說文古本考十四卷　(清)沈濤纂　清光緒十年(1884)吳縣潘氏滂喜齋刻本　八冊

320000－1644－0002510　經部99
說文引經考二卷　(清)吳玉搢著　清道光元年(1821)刻本　一冊

320000－1644－0002511　經部100
說文引經考異十六卷　(清)柳榮宗撰　清同治六年(1867)刻本　四冊

320000－1644－0002512　經部101
說文辨疑一卷　(清)顧廣圻撰　清光緒三年(1877)崇文書局刻本　一冊

320000－1644－0002513　經部102
說文辨字正俗八卷　(清)李富孫撰　清嘉慶二十三年(1818)刻本　三冊

320000－1644－0002514　經部103
說文通檢十四卷首一卷末一卷　(清)黎永椿編　清光緒十四年(1888)掃葉山房刻本　二冊

320000－1644－0002515　經部104
說文逸字二卷　(清)鄭珍撰　**附錄一卷**　(清)鄭知同撰　清湖南經濟書堂刻本　二冊

320000－1644－0002516　經部105
說文說一卷　(清)孫濟世撰　**轉注古義考一卷**　(清)曹仁虎撰　清光緒十三年(1887)許氏古均閣刻許學叢刻本　一冊

320000－1644－0002517　經部110
歷代鐘鼎彝器款識法帖二十卷　(宋)薛尚功撰　清嘉慶二年(1797)阮元刻本　四冊

320000－1644－0002518　經部111
積古齋鐘鼎彝器款識十卷　(清)阮元撰　(清)朱爲弼撰　清嘉慶九年(1804)刻本　四冊

320000－1644－0002519　經部112
六書通十卷　(明)閔齊伋撰　清乾隆六十年(1795)刻本　四冊

320000－1644－0002520　經部113
隸辨八卷　(清)顧藹吉撰　清乾隆八年(1743)黃晟刻本　十六冊

320000－1644－0002521　經部114
重刻清文虛字指南編二卷　(清)萬福著　清光緒二十一年(1895)京都隆福寺聚珍堂刻本　一冊

320000－1644－0002522　經部115
新千字文一卷　(清)夏祥宇編　清光緒十二年(1886)刻本　一冊

320000－1644－0002523　經部116
文字蒙求四卷　(清)王筠撰　清光緒十三年(1887)刻本　二冊

320000－1644－0002524　經部118
字學舉隅一卷　(清)龍啟瑞輯　清同治十年(1871)刻本　一冊

320000－1644－0002525　經部119
字學舉隅一卷　(清)龍啟瑞輯　清光緒懿文齋刻本　一冊

320000－1644－0002526　經部120
字學舉隅續編一卷　(清)汪敘疇編　清光緒二年(1876)刻本　一冊

320000－1644－0002527　經部121
龍文鞭影四卷　(明)蕭良有纂輯　(清)楊臣

靜增訂　(清)李恩綬校補　清光緒十一年(1885)刻本　四册

320000－1644－0002528　經部 122
空谷傳聲一卷　(清)汪鎏撰　清光緒八年(1882)李光明莊刻本　一册

320000－1644－0002529　經部 124
澄衷蒙學堂字課圖說四卷　(清)劉樹屏編　(清)吳子城繪圖　清光緒三十三年(1907)澄衷學堂石印本　八册

320000－1644－0002530　經部 125
經韻集字析解二卷　(清)彭良敞集注　清道光十年(1830)灤源書院刻本　二册

320000－1644－0002531　經部 126
釋字百韻一卷　(清)陳勱撰　清光緒二年(1876)潘祖蔭刻本　一册

320000－1644－0002532　經部 127
廣韻五卷　(宋)陳彭年等撰　明内府刻本　二册

320000－1644－0002533　經部 128
重修廣韻五卷　(宋)陳彭年等修　清光緒刻本　三册　存四卷(二至五)

320000－1644－0002534　經部 129
校補詩韻合璧五卷補遺一卷　(清)湯文潞編　清光緒七年(1881)濟南裕和堂刻本　五册

320000－1644－0002535　經部 130
佩文廣韻彙編五卷　(清)李元祺編　清同治十一年(1872)金陵書局刻本　二册

320000－1644－0002536　經部 131
佩文詩韻釋要五卷　(清)周兆基輯　清光緒十二年(1886)刊本　一册

320000－1644－0002537　經部 132
古今韻略五卷　(清)邵長蘅撰　清康熙三十五年(1696)宋犖刻本　五册

320000－1644－0002538　經部 133
韻法直圖一卷　(明)梅膺祚撰　**韻法横圖一卷**　(明)李世澤撰　清刻本　一册

320000－1644－0002539　經部 136
剔弊廣增分韻五方元音二卷首一卷　(清)樊騰鳳撰　(清)趙培梓改編　清嘉慶十五年(1810)高明雲克巳齋刻本　一册

320000－1644－0002540　經部 137
增補剔弊五方元音二卷首一卷　(清)樊騰鳳撰　(清)趙培梓編　清光緒十一年(1885)書業德刻本　一册　存一卷(首一卷)

320000－1644－0002541　史部 1
史記一百三十卷　(漢)司馬遷撰　(南朝宋)裴駰集解　(唐)司馬貞索隱　(唐)張守節正義　明崇禎十三年(1640)素位堂刻本　十二册　存四十卷(一至四十)

320000－1644－0002542　史部 2
史記一百三十卷　(漢)司馬遷撰　(南朝宋)裴駰集解　(唐)司馬貞索隱　(唐)張守節正義　清同治五年至九年(1866－1870)金陵書局刻本　二十册

320000－1644－0002543　史部 3
史記一百三十卷　(漢)司馬遷撰　(南朝宋)裴駰集解　(唐)司馬貞索隱　(唐)張守節正義　清光緒四年(1878)金陵書局刻本　十二册

320000－1644－0002544　史部 4
增定史記纂不分卷　(明)淩稚隆輯　明萬曆刻本　十六册

320000－1644－0002545　史部 5
史記評林一百三十卷　(明)淩稚隆輯　清光緒十年(1884)佩蘭堂刻本　二十四册

320000－1644－0002546　史部 6
史記菁華錄六卷　(清)姚祖恩撰　清道光四年(1824)扶荔山房刻朱墨套印本　六册

320000－1644－0002547　史部 8
漢書一百二十卷　(漢)班固撰　(唐)顔師古注　清三讓堂刻本　三十四册

320000－1644－0002548　史部 9
漢書一百二十卷　(漢)班固撰　(唐)顔師古

注　清同治八年(1869)金陵書局刻本　十六册

320000 - 1644 - 0002549　史部 11
漢書評林一百卷　(明)淩稚隆輯　清光緒十七年(1891)星沙養翮書齋刻本　二十四册

320000 - 1644 - 0002550　史部 12
後漢書九十卷　(南朝宋)范曄撰　(唐)李賢注　**續漢書志三十卷**　(晉)司馬彪撰　(南朝梁)劉昭注補　清同治八年(1869)金陵書局刻本　三十册

320000 - 1644 - 0002551　史部 13
後漢書九十卷　(南朝宋)范曄撰　(唐)李賢注　**續漢書志三十卷**　(晉)司馬彪撰　(南朝梁)劉昭注補　清同治八年(1869)金陵書局刻本　十五册　缺十一卷(九十至一百)

320000 - 1644 - 0002552　史部 14
後漢書九十卷　(南朝宋)范曄撰　(唐)李賢注　**續漢書志三十卷**　(晉)司馬彪撰　(南朝梁)劉昭注補　清光緒二十八年(1902)史學會社影印本　七册

320000 - 1644 - 0002553　史部 15
兩漢刊誤補遺十卷　(宋)吴仁傑撰　清乾隆四十一年(1776)長塘鮑氏刻知不足齋叢書本　二册

320000 - 1644 - 0002554　史部 17
三國志六十五卷　(晉)陳壽撰　(南朝宋)裴松之注　清同治九年(1870)金陵書局刻本　八册

320000 - 1644 - 0002555　史部 18
三國志六十五卷　(晉)陳壽撰　(南朝宋)裴松之注　清咸豐四川吳棠刻本　八册　存四十一卷(魏志四至六、十一至十三、二十八至三十,蜀志一至十五,吴志四至二十)

320000 - 1644 - 0002556　史部 19
晉書一百三十卷　(唐)房喬等撰　**音義三卷**　(唐)何超撰　清同治十年(1871)金陵書局刻本　二十册

320000 - 1644 - 0002557　史部 20
陳書三十六卷　(唐)姚思廉撰　清同治十一年(1872)金陵書局刻本　四册

320000 - 1644 - 0002558　史部 21
魏書一百四十卷　(北齊)魏收撰　明萬曆刻清康熙遞修本　二十四册

320000 - 1644 - 0002559　史部 22
尚友錄二十二卷補遺二十二卷　(唐)李延壽撰　清同治十二年(1873)金陵書局刻本　十二册

320000 - 1644 - 0002560　史部 23
北史一百卷　(唐)李延壽撰　清同治十一年(1872)金陵書局刻本　二十册

320000 - 1644 - 0002561　史部 24 - 1
舊五代史一百五十卷目錄二卷　(宋)薛居正等撰　清同治十一年(1872)湖北崇文書局刻本　十六册

320000 - 1644 - 0002562　史部 24
五代史七十四卷　(宋)歐陽修撰　(宋)徐無黨注　清同治十一年(1872)湖北崇文書局刻本　八册

320000 - 1644 - 0002563　史部 25
遼史一百十五卷附考證　(元)脫脫等撰　清同治十二年(1873)江蘇書局刻本　十二册

320000 - 1644 - 0002564　史部 26
金史一百三十五卷　(元)脫脫等撰　明嘉靖刻清順治、康熙遞修本　二十册

320000 - 1644 - 0002565　史部 27
金史一百三十五卷　(元)脫脫等撰　清咸豐元年(1851)新會陳氏刻本　三十册　存一百二十六卷(一至七十二、八十二至一百三十五)

320000 - 1644 - 0002566　史部 30
諸史然疑一卷榕城詩話三卷　(清)杭世駿撰　清乾隆四十五年(1780)長塘鮑氏刻知不足齋叢書本　一册

320000 - 1644 - 0002567　史部 32

廿一史約編八卷前編一卷後編一卷　（清）鄭元慶撰　清康熙三十五年（1696）魚計亭刻本　八冊

320000－1644－0002568　史部33
二十二史劄記三十六卷補遺一卷　（清）趙翼撰　清光緒二十年（1894）廣雅書局刻本　十一冊　存三十三卷（一至三十、三十五至三十六，補遺一卷）

320000－1644－0002569　史部34
史略八十七卷　（清）朱堃輯　清同治五年（1866）刻本　二十冊

320000－1644－0002570　史部35
岣嶁鑑撮四卷附紀年節畧一卷讀史論略一卷　（清）曠敏本纂　清乾隆四十年（1775）澄滓山房刻本　四冊

320000－1644－0002571　史部36
萬國通史前編十卷　（英國）李思倫白輯譯　蔡爾康筆述　清光緒二十九年（1903）廣學會鉛印本　十冊

320000－1644－0002572　史部38
御撰資治通鑑綱目三編四十卷　（清）舒赫德等撰　清同治十一年（1872）江西書局刻本　十二冊

320000－1644－0002573　史部39
資治通鑑綱目五十九卷　（宋）朱熹撰　明成化刻本　二十二冊　存十九卷（二十二至三十五、三十八至四十二）

320000－1644－0002574　史部40
綱鑑會纂三十九卷首一卷附甲子紀元歷代建都考一卷　（明）王世貞編　清乾隆經正堂刻本　二十八冊

320000－1644－0002575　史部41
袁王綱鑑合編三十九卷　（明）袁黃　（明）王世貞編　**明紀綱目二十卷**　（清）張廷玉等編　清光緒三十年（1904）上海商務印書館鉛印本　十三冊　缺三卷（袁王綱鑑合編十一至十三）

320000－1644－0002576　史部43
四朝東華錄五十九卷　王先謙編　清光緒廣百宋齋鉛印本　八冊

320000－1644－0002577　史部44
東華錄一百九十五卷　王先謙編　清光緒十三年（1887）上海廣百宋齋鉛印本　十四冊　存七十九卷

320000－1644－0002578　史部45
嘉慶東華續錄五十卷　王先謙編　清光緒十年（1884）鉛印本　八冊

320000－1644－0002579　史部46
東華錄三十二卷　（清）蔣良騏撰　清道光如不及齋刻本　十一冊　存二十二卷（一至十、十三至十四、十九至二十、二十五至三十二）

320000－1644－0002580　史部47
稽古錄二十卷附校勘記一卷　（宋）司馬光撰　清光緒五年（1879）江蘇書局刻本　四冊

320000－1644－0002581　史部48
帝王廟謚年諱譜一卷　（清）陸費墀撰　清刻本　一冊

320000－1644－0002582　史部50
通鑑紀事本末二百三十九卷　（宋）袁樞撰　（明）張溥論正　清刻本　十二冊　存六十七卷（七十六至九十四、一百十七至一百四十、二百一至二百十一、二百二十七至二百三十九）

320000－1644－0002583　史部51
明史紀事本末八十卷　（清）谷應泰撰　清同治十三年（1874）江西書局刻本　二十冊

320000－1644－0002584　史部53
兩浙庚辛紀略一卷　（清）陳學繩撰　清同治元年（1862）刻本　一冊

320000－1644－0002585　史部54
湘軍記二十卷　（清）王定安撰　清光緒十六年（1890）袖海山房影印本　四冊

320000－1644－0002586　史部56
戰國策十二卷　（明）閔齊伋裁注　明萬曆刻

清康熙四十二年(1703)學聚堂重修本　三冊

320000－1644－0002587　史部58
戰國策校注十卷　(宋)鮑彪校注　(元)吳師道重校　清光緒二十二年(1896)長沙刻惜陰軒叢書本　六冊　存八卷(一至二、四、六至十)

320000－1644－0002588　史部61
國語九卷　(明)閔齊伋注　明萬曆四十七年(1619)閔齊伋刻清康熙四十二年(1703)學聚堂重修本　六冊　存四卷(一至四)

320000－1644－0002589　史部62
國語二十一卷　(三國吳)韋昭注　清同治九年(1870)經綸堂刻本　六冊

320000－1644－0002590　史部66
汲冢周書十卷　(晉)孔晁注　明萬曆刻本　四冊

320000－1644－0002591　史部68
明季稗史彙編十六種　(清)留雲居士輯　清都城琉璃廠留雲居士鉛印本　十二冊

320000－1644－0002592　史部73
韻史二卷韻史補一卷　(清)許遯翁撰　(清)朱玉岑補　**朱子白鹿洞規一卷**　(清)王澍編　**陳文恭公豫章書院學約十則一卷**　(清)陳弘謀編　**五經贊一卷**　(清)陸榮秬撰　清同治五年(1866)刻本　一冊

320000－1644－0002593　史部74
百姓昭明一卷　(清)夏雲集編　清光緒十一年(1885)刻本　一冊

320000－1644－0002594　史部75
晏子春秋七卷音義二卷　(清)孫星衍撰　**校刊二卷**　(清)黄以周撰　清光緒二十三年(1897)文瑞樓鉛印本　一冊

320000－1644－0002595　史部76
列女傳八卷　(漢)劉向撰　(清)梁端校注　清上海會文堂石印本　四冊

320000－1644－0002596　史部77
續表忠記八卷　(清)趙吉士輯　(清)盧宜輯　清康熙三十七年(1698)寄園刻本　三冊　存六卷(三至八)

320000－1644－0002597　史部78
貳臣傳八卷逆臣傳二卷　(清)國史館編　清京都榮錦書坊刻本　十冊

320000－1644－0002598　史部82
昭代名人尺牘小傳二十四卷　(清)吳修編　清光緒三十四年(1908)刻本　二冊

320000－1644－0002599　史部83
尚友録二十二卷續集二十二卷　(明)廖用賢編纂　(清)張伯琮補輯　清光緒十四年(1888)上海點石齋石印本　八冊

320000－1644－0002600　史部84
增廣尚友録統編二十二卷　(清)應祖錫編輯　清光緒二十八年(1902)鴻寶齋石印本　十五冊　存二十一卷(一至十四、十六至二十二)

320000－1644－0002601　史部85
聖賢像贊四卷　(明)冠洋子編　清光緒四年(1878)曲阜會文堂刻本　四冊

320000－1644－0002602　史部86
關聖帝君聖跡圖志全集五卷　(清)盧湛輯　清刻本　一冊　存一卷(三)

320000－1644－0002603　史部88
歷年紀略不分卷附潛確錄一卷　(清)惠霔嗣撰　(清)秦善繼增補　清刻本　一冊

320000－1644－0002604　史部90
華陽國志十四卷　(晉)常璩著　清乾隆五十六年(1791)金谿王氏刻本　一冊　存四卷(六至九)

320000－1644－0002605　史部91
南陽人物志十卷　(清)馬海峰撰　**明代南陽人物志八卷**　(清)劉沛然編　清同治九年(1870)刻本　十二冊

320000－1644－0002606　史部92
文獻徵存録十卷　(清)錢林撰　(清)王藻編　清咸豐八年(1858)有嘉樹軒刻本　五冊

存五卷(一至五)

320000－1644－0002607　史部 93
國朝先正事略六十卷　(清)李元度撰　清同治五年(1866)循陔草堂刻本　二十四册

320000－1644－0002608　史部 94
國朝先正事略六十卷　(清)李元度撰　清同治五年(1866)循陔草堂刻本　三十一册　存五十九卷(二至六十)

320000－1644－0002609　史部 96
大清搢紳全書不分卷　(清)□□編　清光緒三十一年(1905)榮禄堂刻本　四册

320000－1644－0002610　史部 98
中州同官録六卷　(清)楊國楨撰　清光緒七年(1881)刻本　六册

320000－1644－0002611　史部 102
張清恪公[伯行]年譜二卷　(清)張師栻　(清)張師載編　清乾隆四年(1739)正誼堂刻本　一册

320000－1644－0002612　史部 105
魏貞庵先生[裔介]年譜一卷　(清)魏荔彤編　清光緒五年(1879)刻本　一册

320000－1644－0002613　史部 106
孫夏峰先生[奇逢]年譜二卷孝友堂家規一卷家訓二卷　(清)趙禦眾等編次　(清)方苞訂正　清光緒五年(1879)定州王氏謙德堂刻畿輔叢書本　一册

320000－1644－0002614　史部 107
桐溪達叟[嚴辰]自編年譜一卷　(清)嚴辰編　清光緒刻本　一册

320000－1644－0002615　史部 109
張景武行述一卷　(清)張輔濤　(清)張開鼎述　清光緒刻本　一册

320000－1644－0002616　史部 110
張贊臣行述一卷　(清)張兆吉等述　清光緒刻本　一册

320000－1644－0002617　史部 114
合肥相國七十年賜壽圖不分卷附壽言不分卷　(清)陳文琪繪圖　(清)羅豐禄等輯　清光緒海軍石印書局石印本　六册

320000－1644－0002618　史部 119
張修府日記(咸豐十一年至光緒六年)　(清)張修府撰　稿本　十五册　存(咸豐十一年至同治元年、同治三年至七年、同治十年至光緒六年)

320000－1644－0002619　史部 125
清毅先生譜稿不分卷徐州張氏族譜不分卷　(清)張象賢撰　稿本　八册

320000－1644－0002620　史部 127
[銅山]張氏族譜不分卷　(□)□□撰　清乾隆刻本　二册

320000－1644－0002621　史部 128
[江都]王氏宗譜二卷　(清)王萬山修　清同治十一年(1872)刻本　二册

320000－1644－0002622　史部 130
曹氏支譜不分卷　(□)□□撰　清光緒六年(1880)教本堂刻本　一册

320000－1644－0002623　史部 133
簡易明經通譜(宣統己酉科)不分卷各行省優貢全録不分卷　(清)龍雲齋主人編　清宣統二年(1910)京都琉璃廠刻本　五册

320000－1644－0002624　史部 134
各省選拔同年明經通譜(光緒己酉科)不分卷　(□)□□撰　清光緒二十二年(1896)京都琉璃廠刻本　四册

320000－1644－0002625　史部 135
江南鄉試闈墨光緒壬寅科不分卷　(清)嚴良沛撰　清刻本　一册

320000－1644－0002626　史部 136
江蘇選拔貢卷光緒己酉科不分卷　祁世倬撰　清刻本　一册

320000－1644－0002627　史部 137
江南鄉試朱卷乾隆癸酉科不分卷　(清)楊志淑撰　清乾隆刻本　一册

320000－1644－0002628　史部 138

江南鄉試朱卷乾隆辛酉科不分卷 （清）韓毓杞撰 清乾隆刻本 一册

320000－1644－0002629 史部 141
病榻夢痕録二卷雙節堂庸訓六卷 （清）汪輝祖撰 清咸豐元年(1851)刻本 四册

320000－1644－0002630 史部 142
歷代史論二卷 （明）顧充撰 清光緒八年(1882)刻本 二册

320000－1644－0002631 史部 143
歷代史論十二卷 （明）張溥撰 清光緒五年(1879)刻本 八册

320000－1644－0002632 史部 145
新輯分類史論大成十九卷 （清）行素生編輯 清光緒二十八年(1902)上海醉六堂書林石印本 五册 存十卷(十至十九)

320000－1644－0002633 史部 146
唐鑑二十四卷 （宋）范祖禹撰 （宋）吕祖謙音註 清同治十三年(1874)蓉城尊經書院刻本 四册

320000－1644－0002634 史部 147
臣鑑録四卷 （清）尹會一輯 清光緒五年(1879)定州王氏謙德堂刻畿輔叢書－尹健餘先生全集本 一册

320000－1644－0002635 史部 148
涉史隨筆一卷 （晉）葛洪撰 **客杭日記一卷** （元）郭畀撰 清乾隆四十年(1775)長塘鮑氏刻知不足齋叢書本 一册

320000－1644－0002636 史部 150
校讐通義四卷 （清）章學誠著 清光緒上海會文堂書局鉛印本 二册

320000－1644－0002637 史部 151
求己録三卷 （清）蘆涇遯士編 清光緒二十七年(1901)志強書舍石印本 三册

320000－1644－0002638 史部 152
國朝謚法考一卷 （清）王士禛輯 清康熙三十四年(1695)刻本 一册

320000－1644－0002639 史部 153
文廟丁祭譜一卷 （清）藍鍾瑞輯 清同治七年(1868)江蘇書局刻本 一册

320000－1644－0002640 史部 154
文廟丁祭譜一卷 （清）藍鍾瑞輯 清光緒蘇州府學刻本 一册

320000－1644－0002641 史部 155
實政録七卷 （明）吕坤撰 清同治十一年(1872)浙江書局刻本 六册

320000－1644－0002642 史部 156
皕墉盦勝觚四卷 陳廷英撰 清宣統三年(1911)南洋印刷官廠鉛印本 一册

320000－1644－0002643 史部 158
佐治藥言一卷續一卷 （清）汪輝祖纂 清乾隆五十一年(1786)刻本 二册

320000－1644－0002644 史部 159
補注洗冤録集證五卷附檢骨圖格一卷寶鑑編一卷急救方一卷石香秘録一卷 （清）王又槐輯 （清）李觀瀾補輯 （清）阮其新補注 清光緒十七年(1891)京都琉璃廠刻彩色套印本 六册

320000－1644－0002645 史部 160
文獻通考序一卷 （元）馬端臨撰 清刻本 一册

320000－1644－0002646 史部 161
南巡盛典一百二十卷 （清）高晉等輯 清光緒八年(1882)上海點石齋石印本 八册

320000－1644－0002647 史部 162
硃批諭旨三百六十卷 （清）鄂爾泰等編 清光緒十三年(1887)上海點石齋影印本 六十册

320000－1644－0002648 史部 163
諭摺彙存不分卷 清光緒鉛印本 六册 存(光緒二十年十二月初一至二十二日)

320000－1644－0002649 史部 164
閣鈔彙編不分卷 清光緒鉛印本 一册 存(光緒二十九年(1903)奏摺)

320000－1644－0002650 史部 165

普天同悲錄一卷　(清)坑餘子撰　清宣統元年(1909)石印本　一冊

320000－1644－0002651　史部166
光緒政要三十四卷　(清)沈桐生輯　清宣統元年(1909)上海南洋官書局鉛印本　二十三冊　存二十四卷(五至八、十一、十三至二十二、二十四至二十六、二十八至二十九、三十一至三十四)

320000－1644－0002652　史部167
欽定中樞政考綠營四十卷　(清)明亮等纂修　清嘉慶刻本　四冊　存四卷(五、七至九)

320000－1644－0002653　史部168
陸宣公奏議讀本四卷　(唐)陸贄撰　(清)汪銘謙輯　(清)馬傳庚評點　清光緒二十六年(1900)會稽馬氏刻本　二冊

320000－1644－0002654　史部169
林文忠公政書三十七卷　(清)林則徐撰　清光緒林氏刻本　十冊

320000－1644－0002655　史部170
左文襄公奏稿初編三十八卷續編七十六卷三編六卷　(清)左宗棠撰　清光緒二十八年(1902)上海古香閣石印本　十二冊

320000－1644－0002656　史部171
彭剛直公奏稿四卷　(清)彭玉麟撰　清光緒二十八年(1902)石印本　四冊

320000－1644－0002657　史部172
魏文毅公奏議三卷　(清)魏裔介撰　清光緒刻畿輔叢書本　一冊　存二卷(二至三)

320000－1644－0002658　史部173
戊戌奏稿不分卷　康有為撰　麥仲華編　清宣統三年(1911)鉛印本　一冊

320000－1644－0002659　史部174
六部條款不分卷　清同治刻本　一冊

320000－1644－0002660　史部175
欽定六部處分則例五十二卷　(清)清平等纂修　清光緒二十一年(1895)紫英山房刻本　一冊　存五卷(一至五)

320000－1644－0002661　史部176
三場程式一卷　(清)監臨院編　清光緒刻本　一冊

320000－1644－0002662　史部177
摘錄科場事例二卷　(清)梅啟照摘錄　清同治十二年(1873)刻本　二冊

320000－1644－0002663　史部178
奏定學堂章程不分卷　(清)張百熙等編　清鉛印本　三冊

320000－1644－0002664　史部179
徐郡志局採訪章程一卷　清刻本　一冊

320000－1644－0002665　史部180
籌洋芻議一卷　(清)薛福成撰　清光緒二十三年(1897)文瑞樓鉛印本　一冊

320000－1644－0002666　史部181
鹽法議略二卷　(清)王守基纂　清光緒十九年(1893)上海廣百宋齋鉛印本　一冊

320000－1644－0002667　史部183
萬國公法四卷　(美國)惠頓編纂　(美國)丁韙良譯　清光緒二十四年(1898)上海新學會石印本　二冊　存二卷(二至三)

320000－1644－0002668　史部184
新文牘十卷　清宣統三年(1911)上海南洋官書局石印本　二十冊

320000－1644－0002669　史部185
公民必讀初編不分卷十章　孟昭常撰　清光緒三十四年(1908)上海中新書局鉛印本　一冊

320000－1644－0002670　史部189
清嘉錄十二卷　(清)顧祿撰　清光緒三年(1877)葛氏嘯園刻本　六冊

320000－1644－0002671　史部190
卜歲恒言四卷　(清)吳鵠輯　清嘉慶八年(1803)步雲閣刻本　一冊

320000－1644－0002672　史部192
兩罍軒彝器圖釋十二卷　(清)吳雲撰　清同治十二年(1873)刻本　四冊　存八卷(一至

二、七至十二）

320000－1644－0002673　史部 193
淳化閣法帖釋文十卷　（清）徐朝弼集釋　清嘉慶十七年（1812）蘭州榆蔭堂刻本　一冊

320000－1644－0002674　史部 195
隨軒金石文字不分卷　（清）徐渭仁撰　清道光二十三年（1843）刻本　四冊

320000－1644－0002675　史部 199
石墨鐫華八卷　（明）趙崡撰　清乾隆三十九年（1774）長塘鮑氏刻知不足齋叢書本　二冊

320000－1644－0002676　史部 201
語石十卷　葉昌熾撰　清宣統元年（1909）刻本　四冊

320000－1644－0002677　史部 202
兩漢金石記二十二卷　（清）翁方綱撰　清乾隆五十四年（1789）南昌使院刻本　六冊

320000－1644－0002678　史部 203
金石録三十卷　（宋）趙明誠撰　清順治謝世箕刻本　六冊

320000－1644－0002679　史部 204
金石録補二十七卷續跋七卷　（清）葉奕苞撰　清光緒十三年（1887）行素草堂刻本　二冊　存十四卷（一至七、續跋七卷）

320000－1644－0002680　史部 205
金石索十二卷　（清）馮雲鵬　（清）馮雲鵷輯　清道光四年（1824）崇川馮氏邃古齋刻本　八冊　存八卷（金索三至七，石索二至三、六）

320000－1644－0002681　史部 206
金石存十五卷　（清）吳玉搢纂　清嘉慶二十四年（1819）李氏聞妙香室刻本　四冊

320000－1644－0002682　史部 207
東甌金石志十二卷　（清）戴咸弼撰　（清）孫詒讓校補　清光緒九年（1883）刻本　四冊

320000－1644－0002683　史部 208
金石綜例四卷　（清）馮登府撰　清光緒十三年（1887）行素草堂刻本　一冊

320000－1644－0002684　史部 209
金石稱例四卷續一卷　（清）梁廷枏撰　清光緒十三年（1887）行素草堂刻本　一冊

320000－1644－0002685　史部 210
碑版文廣例十卷　（清）王芑孫撰　清道光二十一年（1841）刻本　四冊

320000－1644－0002686　史部 211
碑別字五卷　（清）羅振鋆輯　清光緒二十年（1894）刻食舊堂叢書本　二冊

320000－1644－0002687　史部 212
寰宇訪碑錄十二卷　（清）孫星衍撰　（清）邢澍撰　清光緒九年（1883）江蘇書局刻本　二冊　存六卷（一至三、八至十）

320000－1644－0002688　史部 213
漢魏六朝墓銘纂例四卷　（清）李富孫撰　清光緒十三年（1887）行素草堂刻本　一冊

320000－1644－0002689　史部 214
竹崦盦金石目録不分卷　（清）趙魏藏並撰　清鈔本　三冊　存三冊（一、三至四）

320000－1644－0002690　史部 216
書林清話十卷　葉德輝述　清宣統三年（1911）刻本　五冊

320000－1644－0002691　史部 218
士禮居藏書題跋記六卷　（清）黄丕烈撰　清光緒八年（1882）吳縣潘氏刻本　四冊

320000－1644－0002692　史部 219
鐵琴銅劍樓藏書目録二十四卷　（清）瞿鏞編　清光緒二十四年（1898）常熟瞿氏刻本　十二冊

320000－1644－0002693　史部 220
安雅堂書目四卷　（□）□□撰　清鈔本　四冊

320000－1644－0002694　史部 221
欽定古今圖書集成提要一卷　（清）蔣廷錫等輯　清光緒十年（1884）鉛印本　一冊

320000－1644－0002695　史部 224
元和郡縣圖志四十卷　（唐）李吉甫撰　清光

緒六年(1880)金陵書局刻本　八冊

320000－1644－0002696　史部225
[乾隆]元和郡縣補志九卷　(清)嚴觀撰　清光緒八年(1882)金陵書局刻本　二冊

320000－1644－0002697　史部226
吳郡圖經續記三卷　(宋)朱長文撰　清同治十二年(1873)江蘇書局刻本　一冊

320000－1644－0002698　史部227
齊乘六卷　(元)于欽撰　**釋音一卷**　(元)于潛撰　**考證六卷**　(清)周嘉猷撰　清乾隆四十六年(1781)周氏刻本　三冊

320000－1644－0002699　史部228
[光緒]徐州府銅山縣鄉土志不分卷　(清)袁國鈞修　(清)楊世楨纂　清光緒刻本　一冊

320000－1644－0002700　史部229
[乾隆]豐縣志十六卷首一卷　(清)盧世昌纂修　清乾隆二十四年(1759)刻道光三年(1823)重修本　六冊

320000－1644－0002701　史部230
[乾隆]沛縣志十卷首一卷　(清)李棠纂修　清乾隆五年(1740)刻本　三冊　存七卷(四至十)

320000－1644－0002702　史部231
[嘉慶]蕭縣志十八卷首一卷　(清)潘鎔修　(清)沈學淵等纂　清嘉慶二十年(1815)刻本　五冊　存九卷(六至十四)

320000－1644－0002703　史部232
[同治]續蕭縣志十八卷首一卷　(清)顧景濂修　(清)段廣瀛等纂　清光緒元年(1875)刻本　四冊　存十二卷(一至七、十四至十八)

320000－1644－0002704　史部233
[咸豐]邳州志二十卷首一卷　(清)董用威　(清)馬軼群修　(清)魯一同纂　清咸豐元年(1851)刻光緒十八年(1892)重修二十一年(1895)印本　二冊　存十一卷(一至五、十六至二十,首一卷)

320000－1644－0002705　史部234
[同治]宿遷縣志十九卷　(清)李德溥修　(清)方駿謨纂　清同治十三年(1874)刻本　六冊

320000－1644－0002706　史部239
[嘉靖]仁和縣志十四卷　(明)沈朝宣纂修　清光緒十九年(1893)武林丁氏刻本　八冊　存十卷(一至二、四至八、十至十二)

320000－1644－0002707　史部240
[乾隆]沈邱縣志十二卷　(清)何源洙修　(清)魯之璠纂　清乾隆十一年(1746)刻本　四冊

320000－1644－0002708　史部241
[光緒]祥符縣志二十四卷首一卷　(清)沈傳義修　(清)黃舒昺纂　清光緒二十四年(1898)刻本　五冊　存八卷(十七至二十四)

320000－1644－0002709　史部243
[道光]淮寧縣志二十七卷　(清)永銘等修　(清)趙任之等纂　清道光六年(1826)刻本　十二冊

320000－1644－0002710　史部246
[康熙]徽州府志十八卷圖一卷　(清)丁廷楗等修　(清)趙吉士等纂　清康熙三十八年(1699)趙吉士萬青閣刻本　十冊

320000－1644－0002711　史部248
武夷山志二十四卷首一卷　(清)董天工撰　清道光二十七年(1847)羅氏五夫尺木軒刻本　八冊

320000－1644－0002712　史部249
焦山志二十六卷首一卷　(清)吳雲輯　清同治十三年(1874)刻本　八冊

320000－1644－0002713　史部250
焦山續志八卷　(清)陳任暘輯　清光緒三十一年(1905)刻本　二冊

320000－1644－0002714　史部251
羅浮山志會編二十二卷首一卷　(清)宋廣業纂輯　清康熙五十五年(1716)刻本　九冊　缺三卷(一至三)

320000－1644－0002715　史部253
盤山志十卷首一卷補遺四卷　(清)釋智樸纂輯　清康熙刻同治十一年(1872)增修本　四冊

320000－1644－0002716　史部254
連陽八排風土記八卷　(清)李來章著　清連山書院刻本　三冊　存五卷(一至二、六至八)

320000－1644－0002717　史部255
湖山便覽十二卷　(清)翟灝　(清)翟瀚輯　清乾隆三十一年(1766)刻本　六冊

320000－1644－0002718　史部256
西湖志四十八卷首一卷　(清)李衛纂　(清)傅王露等修　清光緒四年(1878)浙江書局刻本　二十冊

320000－1644－0002719　史部257
莫愁湖志六卷首一卷　(清)馬士圖撰　清光緒十七年(1891)刻本　二冊

320000－1644－0002720　史部258
莫愁湖楹聯便覽一卷　(清)釋壽安輯　清光緒五年(1879)刻本　一冊

320000－1644－0002721　史部260
嶺海見聞四卷　(清)錢以塏撰　清乾隆十四年(1749)崇山堂刻本　二冊　存二卷(一至二)

320000－1644－0002722　史部261
河防一覽十四卷　(明)潘季馴撰　清乾隆十三年(1748)刻本　九冊

320000－1644－0002723　史部262
苗防備覽二十二卷　(清)嚴如熤撰　清嘉慶二十五年(1820)刻本　六冊　存十八卷(一至十五、二十至二十二)

320000－1644－0002724　史部263
平播全書十五卷　(明)李化龍撰　清光緒五年(1879)定州王氏謙德堂刻畿輔叢書本　八冊　存九卷(一至九)

320000－1644－0002725　史部264
長白徵存錄八卷　張鳳台等輯　清宣統二年(1910)鉛印本　四冊

320000－1644－0002726　史部267
闕里志二十四卷　(明)陳鎬撰　(清)孔胤植等增補　清初刻本　十冊

320000－1644－0002727　史部268
忠武祠墓志七卷首一卷末一卷　(清)李復心撰　清同治五年(1866)沔署刻本　四冊

320000－1644－0002728　史部270
揚州畫舫錄十八卷　(清)李斗撰　清乾隆六十年(1795)自然盦刻本　六冊

320000－1644－0002729　史部271
拱宸橋竹枝詞二卷　(清)陳栩撰　清光緒二十六年(1900)刻本　一冊　存一卷(一上)

320000－1644－0002730　史部276
使俄草八卷　(清)王之春撰　清光緒二十一年(1895)上海文藝齋石印本　五冊　存七卷(一至六、八)

320000－1644－0002731　子部4
孔子家語十卷　(三國魏)王肅注　清李光明莊刻本　四冊

320000－1644－0002732　子部5
荀子二十卷　(唐)楊倞注　清光緒二十三年(1897)鉛印本　二冊

320000－1644－0002733　子部7
刪定荀子一卷　(清)方苞刪定　清乾隆元年(1736)刻本　一冊

320000－1644－0002734　子部8
新書十卷　(漢)賈誼撰　清光緒二十三年(1897)三味書局刻本　一冊　存五卷(一至五)

320000－1644－0002735　子部9
說苑二十卷　(漢)劉向撰　明嘉靖二十六年(1547)何良俊刻本　八冊

320000－1644－0002736　子部12
文中子中說十卷　(隋)王通撰　(宋)阮逸注　清光緒二十三年(1897)上海圖書集成局鉛

印本　一册

320000－1644－0002737　子部 13
新刊分類近思録十四卷　(宋)朱熹撰　明刻本　七册　存十二卷(一至六、九至十四)

320000－1644－0002738　子部 14
真文忠公心經一卷　(宋)真德秀撰　清刻本　一册

320000－1644－0002739　子部 15
小學集注六卷　(宋)朱熹撰　(明)陳選集注　清同治六年(1867)金陵書局刻本　二册

320000－1644－0002740　子部 16
小學纂注六卷附朱子年譜一卷小學總論一卷　(清)高愈纂注　清光緒十四年(1888)掃葉山房刻本　四册

320000－1644－0002741　子部 17
讀書録十卷　(明)薛瑄撰　明正德十五年(1520)刻本　五册

320000－1644－0002742　子部 18
孟子事實録二卷　(清)崔述撰　清光緒五年(1879)定州王氏謙德堂刻畿輔叢書－崔東壁遺書本　一册

320000－1644－0002743　子部 19
士鑑録四卷　(清)尹會一輯　清光緒五年(1879)定州王氏謙德堂刻畿輔叢書本　一册

320000－1644－0002744　子部 20
女鑑録四卷　(清)尹會一撰　清光緒五年(1879)定州王氏謙德堂刻畿輔叢書－尹健餘先生全集本　一册

320000－1644－0002745　子部 23
輶軒語不分卷　(清)張之洞撰　清光緒四年(1878)敏德室刻本　二册

320000－1644－0002746　子部 24
勸學篇二卷　(清)張之洞撰　清光緒二十四年(1898)長沙府署刻本　一册

320000－1644－0002747　子部 25
人譜一卷　(明)劉宗周撰　清嘉慶十九年(1814)刻本　一册

320000－1644－0002748　子部 26
人範六卷　(清)蔣元輯　清光緒二十六年(1900)格致書院刻本　二册

320000－1644－0002749　子部 27
讀書做人譜不分卷　(清)龍炳垣輯　清道光三十年(1850)刻本　二册

320000－1644－0002750　子部 31
校邠廬抗議二卷　(清)馮桂芬撰　清光緒十八年(1892)敏德堂刻本　一册　存一卷(下)

320000－1644－0002751　子部 32
資鏡録二卷　(清)沈峻輯　清道光十六年(1836)刻本　一册

320000－1644－0002752　子部 33
志學箴一卷　(清)楊以增撰　清咸豐三年(1853)楊氏海源閣刻本　一册

320000－1644－0002753　子部 34
新刊性理大全八卷　(宋)周敦頤撰　(宋)朱熹注　清刻本　四册

320000－1644－0002754　子部 36
顔氏家訓二卷　(北齊)顔之推撰　清末民國間上海文瑞樓石印本　一册

320000－1644－0002755　子部 38
課心録一卷　(清)王希人撰　清咸豐五年(1855)刻本　一册

320000－1644－0002756　子部 39
善善録一卷　(清)半癡老人輯　清光緒十一年(1885)彭城徐氏刻本　一册

320000－1644－0002757　子部 40
安樂銘一卷　(清)王正朋輯　清光緒三十一年(1905)刻本　一册

320000－1644－0002758　子部 42
二十四孝弟詩輯注二卷　(清)蕭培元著　清光緒十九年(1893)山東書局刻本　一册

320000－1644－0002759　子部 44
女四書二卷　(清)王相箋注　清光緒六年(1880)李光明莊刻本　二册

320000－1644－0002760　子部 46
教女遺規不分卷　(清)陳弘謀編　清鈔本　一册

320000－1644－0002761　子部 47
治家教子歌一卷訓女歌一卷　(□)□□撰　清刻本　一册

320000－1644－0002762　子部 51
老子道德經二卷　(三國魏)王弼注　**經典釋文二卷**　(唐)陸德明撰　清上海掃葉山房石印本　一册

320000－1644－0002763　子部 52
道德經評注二卷　(漢)河上公章句　(明)歸有光批閲　清嘉慶九年(1804)聚文堂刻十子全書本　一册

320000－1644－0002764　子部 53
道德真經注四卷　(元)吴澄述　清光緒元年(1875)湖北崇文書局刻本　一册

320000－1644－0002765　子部 54
道德經注釋二卷　(春秋)李耳著　(唐)吕純陽衍義　清光緒二十二年(1896)金陵蔭餘堂刻本　一册　存一卷(上)

320000－1644－0002766　子部 56
老子章義二卷　(清)姚鼐撰　清同治九年(1870)吴氏刻本　一册

320000－1644－0002767　子部 57
老子翼八卷　(明)焦竑撰　(明)王元貞校　清光緒二十一年(1895)漸西村舍刻本　四册

320000－1644－0002768　子部 59
太上感應篇圖說八卷　(清)黄正元纂輯　清咸豐十年(1860)河南田文華齋刻本　八册

320000－1644－0002769　子部 60
太上感應篇直講不分卷　(□)□□撰　清光緒十八年(1892)點石齋石印本　一册

320000－1644－0002770　子部 64
列子八卷　(晉)張湛注　清光緒二十三年(1897)文瑞樓石印本　一册

320000－1644－0002771　子部 67
司馬彪莊子注一卷補遺一卷　(晉)司馬彪注　(清)茆泮林輯　清道光十四年(1834)梅瑞軒刻本　二册

320000－1644－0002772　子部 68
莊子不分卷　王闓運注　清同治八年(1869)刻本　二册

320000－1644－0002773　子部 69
莊子十卷　(晉)郭象注　(唐)陸德明音義　清末民國間上海文瑞樓石印本　四册

320000－1644－0002774　子部 70
莊子三卷　(戰國)莊周撰　**闕誤一卷**　(明)楊慎撰　清光緒元年(1875)湖北崇文書局刻本　二册

320000－1644－0002775　子部 73
莊子南華真經十卷　(晉)郭象注　(唐)陸德明音義　清光緒十一年(1885)傳忠書局刻本　六册

320000－1644－0002776　子部 75
南華經解四卷　(清)宣穎撰　清上海會文堂書局石印本　四册

320000－1644－0002777　子部 76
南華發覆八卷　(明)釋性通注　清乾隆十四年(1749)懷德堂刻本　四册

320000－1644－0002778　子部 79
指南針　(清)劉一明注解　清光緒六年(1880)上海翼化堂刻本　二册　存七種(陰符經、敲爻歌、百字碑、黄鶴賦、無根樹解、黄庭經解、四百字解)

320000－1644－0002779　子部 80
删定管子一卷　(清)方苞删定　清乾隆元年(1736)刻本　一册

320000－1644－0002780　子部 83
韓非子二十卷　(□)□□注　**識誤三卷**　(清)顧廣圻撰　清光緒二十三年(1897)上海圖書集成局鉛印子書二十二種本　二册

320000－1644－0002781　子部 85
王安石新法論一卷　(日本)高橋作衛著

(清)陳超譯　清光緒二十八年(1902)上海廣智書局鉛印本　一冊

320000－1644－0002782　子部86
孫子十家注十三卷　(宋)吉天保輯　(清)孫星衍　(清)吳人驥校　**遺說一卷**　(宋)鄭友賢撰　**敘錄一卷**　(清)畢以珣撰　清光緒二十三年(1897)文瑞樓刻本　二冊

320000－1644－0002783　子部88
諸葛武侯行兵遁甲金函玉鏡圖六卷　(三國蜀)諸葛亮著　清光緒二十二年(1896)稽古書屋石印本　一冊

320000－1644－0002784　子部90
劉伯溫先生重纂諸葛忠武侯兵法心要火集不分卷　(明)劉伯溫纂　清咸豐三年(1853)麟桂木活字印本　一冊

320000－1644－0002785　子部91
武經三書三卷附射圖　(清)黎利賓等撰　清咸豐崇讓堂刻本　一冊

320000－1644－0002786　子部93
武經總要後集二十一卷　(宋)曾公亮等撰　明鈔本　九冊　存十五卷(一至二、五、八至九、十二至二十一)

320000－1644－0002787　子部95
登壇必究四十卷　(明)王鳴鶴輯　明萬曆二十七年(1599)刻本　三十一冊

320000－1644－0002788　子部96
紀效新書十八卷首一卷　(明)戚繼光撰　清咸豐三年(1853)慎德堂刻本　五冊　缺一卷(十八)

320000－1644－0002789　子部97
臨陣心法一卷　(清)劉連捷撰　清光緒十六年(1890)金陵刻本　一冊

320000－1644－0002790　子部99
農政全書六十卷　(明)徐光啟撰　清宣統元年(1909)上海求學齋局石印本　八冊

320000－1644－0002791　子部101
欽定授時通考七十八卷　(清)鄂爾泰等撰　清道光六年(1826)成都文三鳳刻本　十二冊　存三十二卷(六、八至九、十三至十八、四十二至四十五、六十至七十八)

320000－1644－0002792　子部102
神農本草經讀四卷附錄一卷　(清)陳念祖著　清光緒十五年(1889)刻本　二冊

320000－1644－0002793　子部103
本草從新十八卷　(清)吳儀洛撰　清刻本　三冊　存九卷(一至九)

320000－1644－0002794　子部104
繪圖針灸大成十卷　(明)楊繼洲撰　清光緒三十四年(1908)上海章福記石印本　一冊

320000－1644－0002795　子部105
攝生總要九卷　(明)洪基撰　清光緒三年(1877)敦厚堂刻本　八冊

320000－1644－0002796　子部106
醫門法律六卷尚論篇四卷尚論後篇四卷寓意草一卷　(清)俞昌撰　清上海簡清齋書局石印本　五冊

320000－1644－0002797　子部109
御定萬年書一卷　(清)欽天監編　清光緒刻本　一冊

320000－1644－0002798　子部110
新編算學啟蒙三卷　(元)朱世傑撰　清同治九年(1870)刻本　三冊

320000－1644－0002799　子部113
江邨消夏錄三卷　(清)高士奇撰　清上海文瑞樓石印本　三冊

320000－1644－0002800　子部117
歷代畫史彙傳七十二卷附錄二卷　(清)彭蘊璨編　清光緒八年(1882)掃葉山房刻本　十七冊　存五十八卷(十七至七十二、附錄二卷)

320000－1644－0002801　子部118
國朝畫徵錄三卷續錄二卷明人附錄一卷　(清)張庚著　清乾隆四年(1739)蔣泰、湯之昱刻本　二冊

320000－1644－0002802　子部 119
國朝畫徵錄三卷續錄二卷明人附錄一卷（清）張庚著　清光緒十三年（1887）校經山房刻本　六册

320000－1644－0002803　子部 126
藝苑叢話十六卷　（清）陳琰編　清宣統三年（1911）上海六藝書局石印本　三册　存十二卷（一至八、十三至十六）

320000－1644－0002804　子部 127
墨林今話十八卷　（清）蔣寶齡撰　**續編一卷**　（清）蔣茝生撰　清咸豐二年（1852）刻本　二册

320000－1644－0002805　子部 131
眼福編初集十四卷二集十五卷三集七卷（清）楊恩壽撰　清光緒刻本　三册　存十二卷（初集十二至十四、二集一至九）

320000－1644－0002806　子部 133
名人尺牘墨寶第一集六卷　（清）文明書局選　清宣統二年（1910）上海文明書局石印本　六册

320000－1644－0002807　子部 135
續三十五舉一卷再續三十五舉一卷重訂續三十五舉一卷　（清）桂馥撰　清道光常熟顧湘刻本　一册

320000－1644－0002808　子部 136
印言一卷　（清）陳鍊撰　**論印絕句一卷**（清）沈心撰　**印學管見一卷**　（清）馮承輝撰　清刻本　一册

320000－1644－0002809　子部 137
續印人傳八卷　（清）汪啟淑撰　清刻本　二册

320000－1644－0002810　子部 138
爛石山房印譜一卷　（□）□□篆刻　清鈐印本　一册

320000－1644－0002811　子部 140
青山琴譜六卷琴況一卷　（清）徐上瀛撰　清康熙十二年（1673）大還閣刻本　六册

320000－1644－0002812　子部 141
誠一堂琴譜六卷琴談二卷　（清）程允基撰　清康熙四十四年（1705）紅雪齋刻本　八册

320000－1644－0002813　子部 142
琴譜一卷　（□）□□撰　清道光二十八年（1848）筱林鈔本　一册

320000－1644－0002814　子部 143
琴譜集要不分卷　（□）守靜山人輯　清光緒八年（1882）徐湘鈔本　一册

320000－1644－0002815　子部 144
海昌二妙集三卷首一卷　（清）蒯光典輯　清光緒二十三年（1897）浮曇末齋刻本　六册

320000－1644－0002816　子部 145
桃花泉奕譜二卷　（清）范世勳著　清上海千頃堂書局石印本　二册

320000－1644－0002817　子部 146
七巧八分圖十六卷補遺一卷　（清）錢芸吉輯　清同治十三年（1874）刻套印本　五册

320000－1644－0002818　子部 148
古玉圖考不分卷　（清）吳大澂撰　清光緒十五年（1889）上海同文書局石印本　四册

320000－1644－0002819　子部 151
王子若摹刻硯史手牘一卷　（清）王曰申撰　**高南阜硯史年譜一卷**　（清）錢侍辰撰　清咸豐二年（1852）王相刻本　一册

320000－1644－0002820　子部 152
文房肆考八卷　（清）唐秉鈞撰　（清）康愷繪　清乾隆四十三年（1778）竹暎山莊刻本　六册

320000－1644－0002821　子部 155
鈔幣論一卷　（清）許楣著　清光緒二十三年（1897）文瑞樓石印本　一册

320000－1644－0002822　子部 156
墨子閒詁十五卷附錄一卷後語二卷　（清）孫詒讓撰　清末民國間上海掃葉山房石印本　八册

320000－1644－0002823　子部 157

墨子後語二卷 （清）孫詒讓撰 清末民國間上海掃葉山房石印本 一册

320000－1644－0002824 子部 162
淮南子二十一卷 （漢）劉安撰 （漢）高誘注 清光緒二十三年（1897）圖書集成局石印本 二册

320000－1644－0002825 子部 164
白虎通德論四卷 （漢）班固撰 清上海掃葉山房石印本 一册

320000－1644－0002826 子部 167
摭言十五卷 （五代）王定保撰 清乾隆二十一年（1756）德州盧氏雅雨堂刻本 三册

320000－1644－0002827 子部 168
呂語集粹四卷 （明）呂坤著 （清）尹會一輯 清道光十二年（1832）刻本 一册

320000－1644－0002828 子部 170
桂海虞衡志一卷 （宋）范成大撰 **三墳一卷** （晉）阮咸注 **列仙傳二卷** （漢）劉向撰 **古今注三卷** （晉）崔豹著 清刻祕書廿一種本 一册

320000－1644－0002829 子部 172
容齋隨筆十六卷續筆十六卷三筆十六卷四筆十六卷五筆十卷 （宋）洪邁著 明崇禎三年（1630）馬元調刻本 六册 存三十四卷（隨筆五至十六、續筆一至五、四筆一至七、五筆卷一至十）

320000－1644－0002830 子部 173
老學庵筆記十卷 （宋）陸游撰 明萬曆刻本 二册

320000－1644－0002831 子部 174
夢溪筆談二十六卷補筆談一卷 （宋）沈括撰 明萬曆會稽商氏半埜堂刻稗海本 一册 存十卷（九至十八）

320000－1644－0002832 子部 175
學齋佔畢纂一卷 （宋）史繩祖撰 **儲華穀袪疑説纂一卷** （宋）儲泳撰 **墨莊漫錄十卷** （宋）張邦基撰 明萬曆會稽商氏半埜堂刻稗海本 二册

320000－1644－0002833 子部 176
齊東野語二十卷 （宋）周密撰 明萬曆會稽商氏半埜堂刻稗海本 一册 存四卷（十七至二十）

320000－1644－0002834 子部 183
春渚紀聞十卷 （宋）何薳撰 清嘉慶十六年（1811）祝氏留香堂刻本 二册

320000－1644－0002835 子部 185
池北偶談二十六卷 （清）王士禛撰 清文萃堂刻本 八册

320000－1644－0002836 子部 186
桐陰清話八卷 （清）倪鴻撰 清同治十三年（1874）刻本 三册 存六卷（三至八）

320000－1644－0002837 子部 187
義門讀書記五十八卷 （清）何焯撰 （清）蔣維鈞輯 清乾隆三十四年（1769）蔣維鈞刻本 十册

320000－1644－0002838 子部 188
香祖筆記十二卷 （清）王士禛撰 清宣統二年（1910）掃葉山房石印本 四册

320000－1644－0002839 子部 189
畫禪室隨筆四卷 （明）董其昌著 清康熙五十九年（1720）大魁堂刻本 二册

320000－1644－0002840 子部 191
退庵隨筆二十二卷年譜一卷 （清）梁章鉅輯 清上海文瑞樓石印本 八册

320000－1644－0002841 子部 192
板橋雜記一卷附錄一卷 （清）余懷撰 清李廬石印本 一册

320000－1644－0002842 子部 193
古今藥石不分卷 （明）宋纁輯 明萬曆十六年（1588）刻本 一册

320000－1644－0002843 子部 194
古今説海 （明）陸楫編 清道光元年（1821）邵氏西山堂刻本 十册

320000－1644－0002844　子部 195

桃溪客語五卷　(清)吳騫著　清乾隆五十三年(1788)刻本　二册

320000－1644－0002845　子部 196

黄眉故事十卷　(明)鄧志謨輯　清乾隆七年(1742)天德堂刻本　六册

320000－1644－0002846　子部 197

徐氏雜著　(清)徐大椿撰　清光緒十九年(1893)上海圖書集成印書局鉛印本　一册

320000－1644－0002847　子部 198

存拙齋札疏一卷　羅振玉撰　清光緒十四年(1888)刻本　一册

320000－1644－0002848　子部 199

譚誤四卷　(清)馬樸撰　清同治九年(1870)敦倫堂刻本　二册

320000－1644－0002849　子部 204

庸書内篇二卷　(清)陳熾撰　清光緒二十二年(1896)鉛印本　一册

320000－1644－0002850　子部 205

日知録三十二卷日知録之餘四卷　(清)顧炎武撰　清乾隆六十年(1795)刻本　十八册

320000－1644－0002851　子部 206

日知録集釋三十二卷附刊誤二卷續刊誤二卷　(清)顧炎武撰　(清)黄汝成集釋　清光緒三年(1877)刻本　十五册　存三十卷(一至二十六、二十九至三十二)

320000－1644－0002852　子部 207

七修類稿五十一卷續稿七卷　(明)郎瑛撰　清乾隆四十年(1775)耕煙草堂刻本　十六册

320000－1644－0002853　子部 208

癸巳類稿十五卷　(清)俞正燮撰　清光緒五年(1879)會稽章氏刻本　十二册

320000－1644－0002854　子部 209

增廣智囊補二十八卷　(明)馮夢龍輯　清宣統三年(1911)上海文盛書局石印本　六册

320000－1644－0002855　子部 210

傳家寶初集八卷二集八卷三集八卷四集八卷　(清)石成金撰　清光緒二十一年(1895)石印本　十二册

320000－1644－0002856　子部 212

自知録二卷　(清)陸毅撰　清光緒二十二年(1896)粵東成文室刻本　一册

320000－1644－0002857　子部 213

評選直省闈藝大全八卷　(清)久敬齋主人輯　清光緒三十年(1904)上海久敬齋石印本　八册

320000－1644－0002858　子部 214

驅病集初編十二卷續編六卷二續編六卷三續編六卷　(清)焦鳳翔撰　稿本　十一册

320000－1644－0002859　子部 215

聰訓齋語二卷恆產瑣言一卷合說一卷　(清)張英撰　清光緒五年(1879)善化章經濟堂刻本　一册

320000－1644－0002860　子部 216

見道集十二卷補遺一卷附録一卷　黄治基編　清光緒二十九年(1903)福州道學院刻本　四册

320000－1644－0002861　子部 218

桂杏聯芳譜六卷附録一卷續附録一卷　(清)徐謙輯　清同治十年(1871)萍寄軒惜字會刻本　四册

320000－1644－0002862　子部 221

幼學歌五卷續一卷　(清)王用臣編　清光緒十一年(1885)刻本　二册　存三卷(一至二、續一卷)

320000－1644－0002863　子部 222

類廣牖蒙三字經一卷　(元)區氏原本　(清)楊炳奎輯録　清鈔本　一册

320000－1644－0002864　子部 223

三字經注解備要二卷　(宋)王應麟撰　(清)賀興思注解　清光緒十八年(1892)德茂堂刻本　一册

320000－1644－0002865　子部 224

辨學啓蒙不分卷附考課諸問一卷　(英國)哲

分斯撰　(英國)艾約瑟譯　清光緒二十四年(1898)石印本　一冊

320000－1644－0002866　子部225
富貴叢譚四卷　(清)邵紀棠輯　清同治十一年(1872)鉛印本　一冊

320000－1644－0002867　子部229
菜根譚一卷　(明)洪應明著　**娑羅館清語一卷**　(明)屠隆撰　清光緒十三年(1887)揚州藏經禪院刻本　一冊

320000－1644－0002868　子部230
好生救劫編五卷　(清)常存敬畏齋主人輯　清同治五年(1866)刻本　一冊

320000－1644－0002869　子部235
格物入門七卷　(美國)丁韙良著　清光緒二十四年(1898)上海書局石印本　七冊

320000－1644－0002870　子部236
電學大成四種　(英國)田大里等著　(英國)傅蘭雅譯　清光緒二十三年(1897)上海璣衡堂刻本　六冊

320000－1644－0002871　子部237
電學圖說五卷　(英國)傅蘭雅譯　清光緒十三年(1887)益智書會刻本　一冊

320000－1644－0002872　子部238
電學須知一卷　(英國)傅蘭雅編　清光緒十三年(1887)益智書會刻本　一冊

320000－1644－0002873　子部239
化學須知一卷　(英國)傅蘭雅編　清光緒十二年(1886)益智書會刻本　一冊

320000－1644－0002874　子部240
化學大成七種　(清)薄陸山等撰　清光緒十年(1884)益智書會鉛印本　二冊

320000－1644－0002875　子部241
管窺輯要八十卷　(清)黃鼎撰　清順治十年(1653)六安黃氏刻本　三十冊　缺一卷(十五)

320000－1644－0002876　子部242
大清同治十三年甲戌時憲書一卷　(清)欽天監編　清同治十三年(1874)刻本　一冊

320000－1644－0002877　子部245
羅經秘竅十卷　(清)甘霖著　明崇禎十五年(1642)刻本　八冊　存七卷(一至七)

320000－1644－0002878　子部247
御定奇門寶鑒十四卷　(唐)徐道符撰　清鈔本　九冊　存七卷(一、五、八至九、十一至十二、十四)

320000－1644－0002879　子部248
玉曆鈔傳警世不分卷　(清)淡癡道人述　清同治元年(1862)刻本　一冊

320000－1644－0002880　子部249
卜筮正宗十四卷　(清)王維德輯　清康熙四十八年(1709)英德堂刻本　四冊　存九卷(一至四、七至九、十三至十四)

320000－1644－0002881　子部251
陽宅集成八卷　(清)姚廷鑾撰　清乾隆十六年(1751)刻本　八冊

320000－1644－0002882　子部252
陰宅一訣千金一卷　(□)□□撰　清鈔本　一冊

320000－1644－0002883　子部255
金剛般若波羅蜜經一卷　(後秦)釋鳩摩羅什譯　清鈔本　一冊

320000－1644－0002884　子部256
金剛經集注四卷心經注一卷　(明)成祖朱棣集注　清光緒二十一年(1895)刻本　四冊

320000－1644－0002885　子部260
佛說觀無量壽佛經附圖頌一卷　(宋)釋畺良耶舍譯　清順治十二年(1655)刻本　一冊

320000－1644－0002886　子部262
無量義經一卷　(南朝齊)釋曇摩伽陀耶舍譯　**佛說觀普賢菩薩行法經一卷**　(南朝宋)釋曇摩蜜多譯　清光緒刻本　一冊

320000－1644－0002887　子部263
維摩詰所說經三卷　(後秦)釋鳩摩羅什譯　清康熙三年(1664)刻本　一冊

320000－1644－0002888　子部268
勸發菩提心文一卷　(清)釋實賢撰　清刻本　一冊

320000－1644－0002889　子部270
御選雲棲蓮池袾宏大師語錄一卷　(明)釋袾宏語　(清)世宗胤禛選　清光緒刻本　一冊

320000－1644－0002890　子部271
四典要會四卷首一卷　(清)馬復初著　清光緒三十年(1904)鎮江清真寺刻本　二冊　存二卷(一、四)

320000－1644－0002891　子部273
指月錄三十二卷　(明)瞿汝稷輯　明萬曆刻本刻本　四冊　存十二卷(十八至二十、二十四至三十二)

320000－1644－0002892　子部274
景德傳燈錄三十卷　(宋)釋道原纂　明萬曆三十四年(1606)徑山寂照庵刻本　八冊

320000－1644－0002893　子部275
禪林重刻寶訓筆説三卷　(清)釋智祥撰　清乾隆十三(1748)廣陵樂善禪院刻本　三冊

320000－1644－0002894　子部276
閲藏知津四十四卷總目四卷　(明)釋智旭編　清光緒十八年(1892)金陵刻經處刻本　十冊

320000－1644－0002895　子部277
閲藏隨筆二卷　(清)釋元度撰　(清)釋太穆節解　清宣統元年(1909)刻本　二冊

320000－1644－0002896　子部279
往生集三卷附錄一卷　(明)釋袾宏輯　清光緒二十四年(1898)刻本　一冊

320000－1644－0002897　子部280
西歸直指五卷　(清)周夢顔撰　清光緒五年(1879)錢塘許靈霊刻本　一冊

320000－1644－0002898　子部282
格致鏡原一百卷　(清)陳元龍撰　清雍正十三年(1735)刻本　二十四冊

320000－1644－0002899　子部283
山堂肆考二百二十八卷補遺十二卷　(明)彭大翼撰　明萬曆二十三年(1595)刻本　三十三冊　存七十四卷(宫集一至八、角集一至四十二、徵集一至二十四)

320000－1644－0002900　子部284
重訂事類賦三十卷　(宋)吴淑撰注　(明)華麟祥校　清刻本　六冊

320000－1644－0002901　子部285
廣事類賦四十卷　(清)華希閔撰　清乾隆二十九年(1764)無錫華氏劍光閣刻本　八冊

320000－1644－0002902　子部286
廣廣事類賦三十二卷　(清)吳世旃撰注　清道光十八年(1838)務本堂刻本　八冊

320000－1644－0002903　子部287
增補事類統編九十三卷首一卷　(清)黄葆真增輯　清光緒九年(1883)谷經堂刻本　四十八冊

320000－1644－0002904　子部288
增補事類統編九十三卷首一卷　(清)黄葆真增輯　清道光二十六年(1846)丹陽黄氏刻本　四十冊

320000－1644－0002905　子部289
角山樓增補類腋六十七卷　(清)姚培謙輯　(清)趙克宜增輯　清咸豐十年(1860)趙克宜角山樓刻本　二十四冊

320000－1644－0002906　子部290
子史精華一百六十卷　(清)允祿等撰　清光緒十五年(1889)上海蜚英館石印本　八冊

320000－1644－0002907　子部291
子史輯要詩賦題解四卷續編四卷　(清)胡本淵編　清乾隆三十九年(1774)維揚愛日堂刻本　四冊

320000－1644－0002908　子部292
策學纂要十六卷　(清)戴朋　(清)黄卷輯　清乾隆刻本　四冊

320000－1644－0002909　子部293
策府統宗六十五卷　(清)劉昌齡撰　清光緒

十四年(1888)上海同文書局石印本　十四册　存四十卷(一至三、五至十、十三至二十六、三十至四十六)

320000－1644－0002910　子部 294
文林綺繡五種　(明)淩迪知輯　清光緒二十年(1894)上海鴻寶齋石印本　五册

320000－1644－0002911　子部 295
謝華啟秀集八卷　(明)楊慎輯　清道光六年(1826)掃葉山房刻本　四册

320000－1644－0002912　子部 296
疑年賡錄二卷　(清)張鳴珂編　清光緒二十四年(1898)寒松閣刻本　一册

320000－1644－0002913　子部 298
左氏蒙求注一卷　(清)許乃濟撰　**六經蒙求一卷**　(清)黄本驥輯　清石印本　一册

320000－1644－0002914　子部 299
古事比五十二卷　(清)方中德輯　清光緒三十年(1904)上海通時書局石印本　六册

320000－1644－0002915　子部 300
尺牘初桄二卷附二卷　(清)子虛氏編　清光緒十年(1884)滬西慈母堂鉛印本　二册

320000－1644－0002916　子部 301
分類詳注飲香尺牘四卷　(清)飲香居士編　(清)慵隱子箋釋　清乾隆五十二年(1787)至誠堂刻本　四册

320000－1644－0002917　子部 303
錦字箋四卷　(清)黄澐纂　清康熙二十八年(1689)錫山文星堂刻本　四册

320000－1644－0002918　子部 306
佩文韻府一百六卷　(清)張玉書等編　**韻府拾遺一百六卷**　(清)汪灝等編　清廣東嶺南潘氏海山仙館刻本　二百五十册　缺五卷(佩文韻府一至五)

320000－1644－0002919　子部 308
增廣試律大觀三十二卷附詩韻音訓辨同一卷詩賦類腋一卷　(清)補蠹書屋主人編　清翠筠山房刻本　十二册

320000－1644－0002920　集部 1
文選六十卷　(南朝梁)蕭統撰　(唐)李善注　(清)何焯評點　清乾隆三十七年(1772)葉氏海綠軒刻朱墨套印本　十二册

320000－1644－0002921　集部 2
文選六十卷　(南朝梁)蕭統編　(唐)李善注　(清)何焯評點　清學庫山房刻本　十二册

320000－1644－0002922　集部 3
文選六十卷　(南朝梁)蕭統編　(唐)李善注　(清)何焯評點　清嘉慶十四年(1809)上海著易堂刻本　十五册　存五十七卷(四至六十)

320000－1644－0002923　集部 4
文選六十卷　(南朝梁)蕭統編　(唐)李善注　清同治八年(1869)金陵書局刻本　十册

320000－1644－0002924　集部 5
文選六十卷　(南朝梁)蕭統編　(唐)李善注　**考異十卷**　(清)胡克家撰　清光緒上海會文堂書局石印本　十六册

320000－1644－0002925　集部 6
選賦六卷　(南朝梁)蕭統選　(明)郭正域評點　明吴興淩氏鳳笙閣刻朱墨套印本　五册　存五卷(二至六)

320000－1644－0002926　集部 9
六朝文絜箋注十二卷　(清)許槤評選　(清)黎經誥箋注　清光緒十五年(1889)枕溢書屋刻本　四册

320000－1644－0002927　集部 10
選注六朝唐賦一卷　(清)馬傳庚選注　清同治十三年(1874)京都馬氏刻本　二册

320000－1644－0002928　集部 11
選雅二十卷　程先甲撰　清光緒二十八年(1902)千一齋刻本　八册

320000－1644－0002929　集部 12
古文觀止十二卷　(清)吳乘權　(清)吳大職輯　清康熙三十四年(1695)杭城三餘堂刻本　六册

320000－1644－0002930　集部 13
古文辭類纂七十四卷　(清)姚鼐纂　清道光康氏刻本　十二册

320000－1644－0002931　集部 15
續古文苑二十卷　(清)孫星衍纂　清光緒九年(1883)江蘇書局刻本　六册

320000－1644－0002932　集部 16
重訂古文雅正十四卷　(清)蔡世遠編　清道光八年(1828)懷清書屋刻本　四册

320000－1644－0002933　集部 21
駢體文鈔三十一卷　(清)李兆洛編　清同治六年(1867)婁江徐氏刻本　十二册

320000－1644－0002934　集部 23
古文釋義八卷　(清)余誠評注　清光緒十五年(1889)敬文堂刻本　八册

320000－1644－0002935　集部 24
皇朝經世文編一百二十卷姓名總目三卷(清)賀長齡輯　清光緒十二年(1886)思補樓石印本　五十七册　存一百十六卷(一至五十四、五十七至七十五、七十八至一百二十)

320000－1644－0002936　集部 37
劉豫章集一卷　(南朝梁)劉潛撰　**劉庶子集一卷**　(南朝梁)劉孝威撰　清光緒十八年(1892)善化章經濟堂刻本　一册

320000－1644－0002937　集部 38
詩品三卷　(南朝梁)鍾嶸撰　(清)汪士漢校　**劍俠傳四卷**　(唐)□□撰　清刻本　一册

320000－1644－0002938　集部 40
御選唐宋文醇五十八卷　(清)高宗弘曆選　清喬光烈刻本　二十四册

320000－1644－0002939　集部 41
唐宋八家鈔八卷　(清)高嵣編　清道光二十三年(1843)天德堂刻本　八册

320000－1644－0002940　集部 42
唐宋八大家類選十四卷　(清)儲欣輯評　清嘉慶十八年(1813)刻本　八册

320000－1644－0002941　集部 43
唐宋十大家全集錄五十一卷首一卷　(清)儲欣輯評　清康熙四十四年(1705)居易堂刻本　四册

320000－1644－0002942　集部 47
赤牘隨筆三卷附名公治劄一卷　(明)周詩雅輯　明萬曆刻本　三册

320000－1644－0002943　集部 48
歷代名媛尺牘二卷　(□)□□輯　清同治刻朱墨套印本　一册　存一卷(上)

320000－1644－0002944　集部 49
尺牘青蓮十二卷　(明)何偉然撰　清刻本　十册

320000－1644－0002945　集部 51
分類尺牘新語廣編二十四卷補編一卷　(清)汪淇箋評　清康熙七年(1668)刻本　六册

320000－1644－0002946　集部 52
國朝文匯甲前集二十卷甲集六十卷乙集七十卷丙集三十卷丁集二十卷　國學扶輪社輯　清宣統元年(1909)上海國學扶輪社石印本　八十四册　缺一卷(甲集三十二)

320000－1644－0002947　集部 53
國朝駢體正宗十二卷　(清)曾燠輯　清嘉慶十一年(1806)賞雨茅屋刻本　六册

320000－1644－0002948　集部 54
忠雅堂評選四六法海八卷　(清)蔣士銓評述　清步悦山房刻朱墨套印本　八册

320000－1644－0002949　集部 56
魏氏三子文集　(清)魏際瑞等撰　(清)林時泰輯　清刻本　八册　存十二卷(魏伯子文集四至五、八,魏叔子文集一至三、八、十一、十八,魏季子文集八、十三至十四)

320000－1644－0002950　集部 59
宫閨組韻二卷　(清)陳圳撰　清張采薇鉛印本　一册

320000－1644－0002951　集部 60
清嘉集二編五卷　(□)□□撰　清光緒十四年(1888)南菁書院刻本　五册

320000－1644－0002952　集部 61

詩賦楷模不分卷　(清)倚雲書屋主人輯　清光緒十二年(1886)刻朱墨套印本　一冊

320000－1644－0002953　集部 62

董方立遺書　(清)董祐誠撰　**移華館駢體文四卷**　(清)董基誠　清同治八年(1869)蓉城刻本　七冊

320000－1644－0002954　集部 63

學仕遺規四卷　(清)陳弘謀輯　清光緒五年(1879)江蘇書局刻本　五冊

320000－1644－0002955　集部 65

知止齋外編一卷　(清)任重光撰　清光緒十八年(1892)刻本　一冊

320000－1644－0002956　集部 66

小題清華初集不分卷　(清)沈菊泉選編　清同治十一年(1872)報芳閣刻本　二冊

320000－1644－0002957　集部 67

得月樓賦不分卷四編　(清)張元灝選評　耿觀文　茅謙箋注　清光緒十五年(1889)上海積山書局石印本　四冊

320000－1644－0002958　集部 68

曾文正公家書十卷家訓二卷　(清)曾國藩撰　**曾文正公大事記四卷**　(清)王定安撰　**曾文正公榮哀錄一卷**　(清)□□編　清末民國間上海著易堂書局石印本　八冊

320000－1644－0002959　集部 69

經義塾鈔一卷　(清)俞樾撰　**經義模範一卷**　(宋)張才叔撰　清光緒二十七年(1901)德清俞氏曲園刻本　七冊

320000－1644－0002960　集部 70

楹聯錄存五卷附錄一卷　(清)俞樾撰　**春在堂挽言一卷**　(清)□□輯　清光緒刻本　四冊

320000－1644－0002961　集部 71

五十名家書札不分卷　(清)陸心源輯　清光緒二十一年(1895)上海復古齋石印本　四冊

320000－1644－0002962　集部 73

名賢手札不分卷　(清)郭慶藩輯　清光緒十一年(1885)上海同文書局石印本　四冊

320000－1644－0002963　集部 74

名賢手札不分卷　(清)郭慶藩輯　清光緒十五年(1889)上海點石齋石印本　二冊

320000－1644－0002964　集部 75

憑山閣增定留青全集二十四卷　(清)陳枚輯　清康熙二十三年(1684)刻本　十六冊　存十三卷(五至十七)

320000－1644－0002965　集部 77

隨園三十八種　(清)袁枚編著　清光緒十八年(1892)勤裕堂鉛印本　二十八冊　存十五種(小倉山房文集、小倉山房外集、小倉山房詩集、袁太史稿、隨園文稿、隨園尺牘、隨園詩話、隨園詩話補遺、新齋諧、續新齋諧、隨園尺牘、隨園尺牘餘言、隨園隨筆、隨園續同人、隨園食單)

320000－1644－0002966　集部 80

林嚴文鈔四卷　林紓　嚴復撰　清宣統元年(1909)申新書局鉛印本　四冊

320000－1644－0002967　集部 84

全唐詩九百卷　(清)曹寅等編　清康熙刻本　一百三冊　缺十五冊(第三函五至六、第四函一、三,第五函六至八,第六函八至九,第九函十,第十一函七、十,第十二函一、七至八)

320000－1644－0002968　集部 85

刪定唐詩解二十四卷　(明)唐汝詢輯　(清)吳昌祺評　清康熙四十年(1701)誦懿堂刻本　十冊

320000－1644－0002969　集部 86

重訂唐詩別裁集二十卷　(清)沈德潛選　清乾隆二十八年(1763)教忠堂刻本　八冊

320000－1644－0002970　集部 90

唐詩近體四卷　(清)胡本淵評選　清光緒二年(1876)狀元閣刻本　二冊

320000－1644－0002971　集部 92

唐詩三百首注疏六卷　(清)蘅塘退士(孫洙)編　(清)章燮注　清道光十五年(1835)東昌寶興堂刻本　六冊

320000－1644－0002972　集部93
唐詩三百首注疏六卷　(清)蘅塘退士(孫洙)編　(清)章燮注　清光緒十七年(1891)上海掃葉山房刻本　六冊

320000－1644－0002973　集部94
唐人萬首絶句選七卷　(宋)洪邁輯　(清)王士禎選本　清同治九年(1870)刻本　二冊

320000－1644－0002974　集部95
唐人五言長律清麗集六卷　(清)徐曰璉　(清)沈士駿輯　清乾隆二十二年(1757)刻本　二冊

320000－1644－0002975　集部96
唐詩紀一百七十卷　題(明)方一元輯　明萬曆十三年(1585)新安吳琯刻本　三冊　存二種十九卷(初唐二至八、盛唐四十九至六十)

320000－1644－0002976　集部97
懷園集李詩八卷杜詩八卷　(清)車萬育輯　清康熙三十三年(1694)懷園刻本　六冊

320000－1644－0002977　集部102
十二家唐詩二十四卷　(明)張遜業編　明嘉靖三十一年(1552)江都黄埻刻本　十二冊

320000－1644－0002978　集部104
姚選唐人絶句詩鈔不分卷　(清)姚鼐輯　清末民國間上海文明書局石印本　一冊

320000－1644－0002979　集部105
呂衡州詩集一卷　(唐)吕溫　**張祜詩集一卷**　(唐)張祜撰　清末民國間上海掃葉山房石印本　一冊

320000－1644－0002980　集部106
浣花集二卷韋端已補遺一卷　(唐)韋莊撰　**徐昭夢詩集一卷**　(唐)徐寅撰　清末民國間上海掃葉山房石印本　一冊

320000－1644－0002981　集部109
繪圖對韻千家詩詳注七卷　(清)京師書業公司輯　清宣統元年(1909)上海章福記書局石印本　一冊

320000－1644－0002982　集部110
增補重訂千家詩注解二卷　(元)謝枋得選　(清)王相選注　**諸名家百壽詩一卷贈賀詩一卷**　(清)王相選輯　清金陵狀元閣刻本　一冊

320000－1644－0002983　集部111
寒山拾得詩不分卷　(唐)釋寒山　(唐)釋拾得撰　**附豐幹詩一卷**　(唐)釋豐幹撰　清成都文殊院刻本　一冊

320000－1644－0002984　集部112
二家宫詞二卷三家宫詞三卷　(明)毛晉輯　清同治十二年(1873)淮南書局刻本　一冊

320000－1644－0002985　集部113
漁洋山人古詩選三十二卷　(清)王士禛輯　清同治五年(1866)金陵書局刻本　九冊　缺四卷(七言詩五至八)

320000－1644－0002986　集部114
五言詩十七卷五言今體詩九卷七言詩十五卷七言今體詩九卷　(清)王士禛輯　清上海掃葉山房石印本　四冊　存十九卷(五言詩七至十一、七言詩一至五、七言今體詩一至九)

320000－1644－0002987　集部116
御選唐宋詩醇四十七卷目錄二卷　(清)高宗弘曆選　清乾隆二十五年(1760)遺安堂刻朱墨套印本　二十四冊

320000－1644－0002988　集部117
鍾呂二子詩　題(漢)鍾離權　題(唐)吕嵒撰　清光緒鉛印本　一冊

320000－1644－0002989　集部129
二李唱和集一卷　(宋)李昉　(宋)李至撰　清光緒十五年(1889)陳榘影宋刻本　一冊

320000－1644－0002990　集部130
南宋雜事詩七卷　(清)沈嘉轍等撰　清武林芹香齋刻本　二冊

320000－1644－0002991　集部131

宋四名家詩鈔　(清)周之麟　(清)柴升輯　清康熙三十二年(1693)有文堂刻本　六册

320000-1644-0002992　集部134
宋元明詩約鈔三百首不分卷　(清)朱梓　(清)冷昌言輯　清道光二十一年(1841)華峰書屋刻本　二册

320000-1644-0002993　集部135
元詩選不分卷十集首一卷　(清)顧嗣立輯　清康熙長洲顧氏秀野草堂刻本　四十八册

320000-1644-0002994　集部136
明詩別裁集十二卷　(清)沈德潛　(清)周準輯　清乾隆四年(1739)刻本　六册

320000-1644-0002995　集部138
欽定國朝詩別裁集三十二卷　(清)沈德潛纂評　清乾隆二十六年(1761)刻本　十二册

320000-1644-0002996　集部139
欽定國朝詩別裁集三十二卷　(清)沈德潛纂評　清刻本　十册　存二十一卷(三至九、十四至二十三、二十七至三十)

320000-1644-0002997　集部140
欽定熙朝雅頌集一百六卷首集二十六卷餘集二卷　(清)鐵保等輯　清嘉慶九年(1804)刻本　二十二册　存九十三卷(正集一至三十一、三十九至六十八、七十五至八十,首集二十六卷)

320000-1644-0002998　集部141
國朝六家詩鈔八卷　(清)劉執玉選　清乾隆三十二年(1767)刻本　六册

320000-1644-0002999　集部142
三十家詩鈔六卷　(清)曾國藩纂　(清)王定安增輯　清同治十三年(1874)刻本　六册

320000-1644-0003000　集部144
七家詩選七卷　(清)張熙宇評選　清李光明莊刻朱墨套印本　四册

320000-1644-0003001　集部145
七家試帖詩輯注匯鈔不分卷　(清)張熙宇輯　(清)王植桂匯注　清光緒十二年(1886)崇德書院刻本　九册

320000-1644-0003002　集部149
續金陵詩徵六卷首一卷　(清)朱紹亭輯　清光緒二十年(1894)刻本　四册　存四卷(一至三、五)

320000-1644-0003003　集部152
江左十五子詩選十五卷　(清)宋犖編　清上海掃葉山房石印本　六册

320000-1644-0003004　集部153
綿津山人詩集三十四卷　(清)宋犖撰　**緯蕭草堂詩三卷**　(清)宋至撰　清康熙四十七年(1708)刻本　六册

320000-1644-0003005　集部154
感舊集十六卷　(清)王士禛輯　(清)盧見曾補傳　清乾隆十七年(1752)刻本　七册　存十四卷(三至十六)

320000-1644-0003006　集部155
古詩源十四卷　(清)沈德潛選　清霽月山房刻本　二册

320000-1644-0003007　集部156
庚辰集五卷唐人試律説一卷　(清)紀昀編　清文盛堂刻本　六册

320000-1644-0003008　集部158
二談女史詩詞合刊四卷附一卷季紅花館偶吟一卷　(清)孫錫祉編　清光緒十六年(1890)歸安孫氏刻本　二册

320000-1644-0003009　集部159
隨園女弟子詩選五卷　(清)袁枚編輯　清嘉慶元年(1796)刻本　一册

320000-1644-0003010　集部161
素文女子遺稿一卷　(清)袁機撰　**南園詩選二卷**　(清)何士顒著　清隨園刻本　一册

320000-1644-0003011　集部164
伴月樓詩鈔一卷　(清)秋蟾女史編　清光緒三十一年(1905)鉛印本　一册

320000-1644-0003012　集部165
北陵遺韻一卷　(清)昔慶昌輯　清光緒十二

年(1886)刻本　一册

320000－1644－0003013　集部 166
儀鄭堂殘稿二卷　(清)曹堉撰　清同治九年(1870)刻本　一册

320000－1644－0003014　集部 167
悼往詩存一卷　(清)文慧編輯　清同治三年(1864)刻本　一册

320000－1644－0003015　集部 168
吟秋樓詩鈔八卷附味堂詩鈔一卷　(清)鄔鶴舟撰　清道光二十四年(1844)刻本　二册

320000－1644－0003016　集部 169
清心詩鈔二卷詞鈔一卷　(清)守清山人輯　清光緒十七年(1891)刻本　一册

320000－1644－0003017　集部 170
冷吟仙館詩稿八卷附錄一卷　(清)左錫嘉撰　清光緒十七年(1891)刻本　五册

320000－1644－0003018　集部 171
贈别詩草一卷　(清)孫化隆編撰　清刻本　一册

320000－1644－0003019　集部 173
新選翰林院同官詩二卷　(清)支恒榮編選　清光緒十二年(1886)生香吟館刻本　二册

320000－1644－0003020　集部 174
增廣詩句題解彙編四卷　(清)同文書局編　清光緒十年(1884)上海同文書局石印本　四册

320000－1644－0003021　集部 176
白下愚園集八卷　(清)胡光國編　清光緒二十一年(1895)刻本　六册

320000－1644－0003022　集部 186
一見能詩一卷　(清)崇雅堂主人編　清石印本　一册

320000－1644－0003023　集部 187
曹集銓評十卷逸文一卷年譜一卷附錄一卷　(三國魏)曹植撰　(清)丁晏纂集　清同治十一年(1872)金陵書局刻本　二册

320000－1644－0003024　集部 188
陶潛詩一卷　(晉)陶潛撰　清光緒元年(1875)影宋刻本　一册

320000－1644－0003025　集部 190
陶靖節詩集四卷　(晉)陶潛撰　(清)蔣薰評閱　清康熙二十九年(1690)刻本　四册

320000－1644－0003026　集部 192
劉秘書集一卷　(南朝梁)劉孝綽撰　清光緒十八年(1892)善化章經濟堂刻本　一册

320000－1644－0003027　集部 194
庾子山集十六卷　(北周)庾信撰　(清)倪璠注　**年譜一卷總釋一卷**　(清)倪璠撰　清道光十九年(1839)同文堂刻本　十二册

320000－1644－0003028　集部 195
李太白文集三十六卷　(唐)李白撰　(清)王琦輯注　清聚錦堂刻本　十二册

320000－1644－0003029　集部 196
杜工部詩集二十卷集外詩一卷文集二卷補注一卷年譜一卷　(唐)杜甫撰　(清)朱鶴齡輯注　(清)錢謙益鑒定　清金陵葉永茹刻本　九册

320000－1644－0003030　集部 198
杜詩鏡銓二十卷附錄一卷年譜一卷　(清)楊倫撰　**讀書堂杜工部文集注解二卷**　(清)張溍撰　清同治十一年(1872)吳棠望三益齋刻本　十二册

320000－1644－0003031　集部 202
白香山詩集四十卷　(唐)白居易撰　(清)汪立名輯　**年譜一卷**　(清)汪立名撰　**年譜舊本一卷**　(宋)陳振孫撰　清康熙四十二年(1703)一隅草堂刻本　十二册

320000－1644－0003032　集部 206
昌黎先生集四十卷外集十卷遺文一卷朱子校昌黎先生集傳一卷　(唐)韓愈撰　(宋)廖瑩中輯注　清同治八年(1869)江蘇書局刻本　九册

320000－1644－0003033　集部 207

昌黎先生詩集注十一卷年譜一卷 （唐）韓愈撰 （清）顧嗣立刪補 清道光二十五年(1845)膺德堂刻朱墨套印本 四册

320000－1644－0003034 集部208
韓昌黎詩集編年箋注十二卷 （清）方世舉撰 清乾隆二十三年(1758)盧見曾雅雨堂刻本 八册 存八卷(一至三、七至八、十至十二)

320000－1644－0003035 集部210
韓文公文鈔十六卷 （唐）韓愈撰 （明）茅坤選評 明刻朱墨套印本 六册

320000－1644－0003036 集部211
柳河東文集六卷 （唐）柳宗元撰 清宣統二年(1910)上海會文堂鉛印本 六册

320000－1644－0003037 集部215
顔魯公文集三十卷 （唐）顔眞卿撰 （清）黄本驥編 **年譜一卷** （宋）留元剛撰 清道光二十五年(1845)湘陰蔣瓌刻三長物齋叢書本 十二册

320000－1644－0003038 集部216
唐皮日休文藪十卷 （唐）皮日休撰 清鈔本 四册

320000－1644－0003039 集部229
李義山詩集三卷附詩譜一卷諸家詩評一卷 （唐）李商隱撰 （清）朱鶴齡箋注 （清）何焯等評 （清）沈厚塽輯評 清同治九年(1870)廣州倅署刻三色套印本 四册

320000－1644－0003040 集部232
寇忠愍公詩集三卷附寇忠愍公旌忠之碑一卷 （宋）寇準撰 清宣統三年(1911)中華圖書館影印本 二册

320000－1644－0003041 集部238
東坡全集七十五卷 （宋）蘇軾撰 明文盛堂刻本 三十四册

320000－1644－0003042 集部239
蘇文忠公詩集五十卷 （宋）蘇軾撰 （清）紀昀評 清道光十四年(1834)刻本 十二册

320000－1644－0003043 集部243
宋黄文節公文集正集三十二卷外集二十四卷別集十九卷首四卷 （宋）黄庭堅撰 **附黄青社伐檀集二卷** （宋）黄庶撰 清同治江右義甯雙井沖和堂刻本 二十四册 缺十一卷(正集四至十二、二十四,首四卷)

320000－1644－0003044 集部244
黄詩全集四十四卷年譜十四卷 （宋）黄庭堅撰 清光緒二年(1876)刻本 二十册

320000－1644－0003045 集部246
元豐類稿五十卷 （宋）曾鞏撰 清乾隆二十八年(1763)刻本 十四册

320000－1644－0003046 集部248
歐文選一卷 （宋）歐陽修撰 清光緒二十六年(1900)天津文美齋石印本 一册

320000－1644－0003047 集部249
王臨川文集四卷 （宋）王安石撰 清宣統二年(1910)上海會文堂書局印本 四册

320000－1644－0003048 集部250
龍川文集三十卷辨僞考異二卷附録二卷 （宋）陳亮撰 清光緒元年(1875)崇文書局刻本 九册 存二十六卷(一至二十六)

320000－1644－0003049 集部253
明道文集五卷 （宋）程顥撰 清刻本 一册

320000－1644－0003050 集部254
伊川文集八卷 （宋）程頤撰 清刻本 三册

320000－1644－0003051 集部256
劍南詩鈔不分卷 （宋）陸游撰 （清）楊大鶴選 清康熙二十四年(1685)刻本 四册

320000－1644－0003052 集部259
青山集三十卷續集五卷 （宋）郭祥正撰 清道光九年(1829)刻本 六册

320000－1644－0003053 集部264
松雪齋文集十卷外集一卷 （元）趙孟頫撰 明天順六年(1462)岳璿刻本 四册 存七卷(一至二、五至六、九至十,外集一卷)

320000－1644－0003054 集部265
剡源集三十卷 （元）戴表元撰 **札記一卷**

（清）郁松年撰　清道光二十年（1840）上海郁氏宜稼堂刻本　七册

320000－1644－0003055　集部266
六如居士全集補遺一卷制義一卷畫譜三卷外集六卷　（明）唐寅著　（清）唐仲冕輯　清嘉慶六年（1801）果克山房刻本　四册

320000－1644－0003056　集部269
歸震川先生全集四十卷　（明）歸有光撰　清康熙十四年（1675）刻本　十册

320000－1644－0003057　集部270
楊忠愍公全集四卷　（明）楊繼盛撰　章鈺輯　清光緒二年（1876）顧學堂刻本　四册

320000－1644－0003058　集部272
申端愍公詩集八卷　（明）申佳胤撰　清光緒五年（1879）謙德堂刻本　一册

320000－1644－0003059　集部273
張文忠公文集十一卷詩集六卷　（明）張居正撰　清宣統三年（1911）醉古堂石印本　四册

320000－1644－0003060　集部274
熊襄愍公尺牘四卷　（明）熊廷弼撰　清光緒二十一年（1895）刻本　四册

320000－1644－0003061　集部275
去偽齋集十卷附錄一卷呂書四種　（明）呂坤著　清道光七年（1827）開封府署刻本　十册　缺二卷（三、七）

320000－1644－0003062　集部276
來禽館集二十九卷　（明）邢侗撰　清光緒十七年（1891）刻本　四册　存十卷（一至十）

320000－1644－0003063　集部279
史忠正公集四卷　（明）史可法撰　清同治十一年（1872）隴西平泉小墅刻本　二册

320000－1644－0003064　集部280
明宫詞一卷　（清）程嗣章著　清上海掃葉山房石印本　一册

320000－1644－0003065　集部281
御製文集四十卷總目五卷　（清）聖祖玄燁撰　清康熙五十三年（1714）刻本　二十二册

320000－1644－0003066　集部282
壯悔堂文集十卷遺稿一卷　（清）侯方域撰　清同治刻本　六册

320000－1644－0003067　集部283
四憶堂詩集六卷遺稿一卷　（清）侯方域撰　清同治十三年（1874）刻本　二册

320000－1644－0003068　集部284
吴梅村先生詩集二十卷　（清）吴偉業撰　清康熙七年（1668）刻本　八册

320000－1644－0003069　集部285
梅村詩集箋注十八卷　（清）吴偉業撰　（清）吴翌鳳箋注　清嘉慶十九年（1814）滄浪吟榭刻本　十册

320000－1644－0003070　集部286
吴詩談藪拾遺一卷　（清）靳榮藩撰　清乾隆四十年（1775）凌雲亭刻本　一册

320000－1644－0003071　集部288
隰西草堂詩集五卷　（清）萬壽祺撰　（清）孫運錦輯　清道光四年（1824）刻本　一册

320000－1644－0003072　集部289
漁洋山人精華録箋注十二卷補注一卷年譜一卷　（清）王士禛撰　（清）金榮箋注　（清）徐淮纂輯　清鳳翽堂刻本　十册

320000－1644－0003073　集部290
漁洋山人精華録訓纂十卷　（清）王士禛撰　（清）惠棟撰　清惠氏紅豆齋刻本　八册　存五卷（一至五）

320000－1644－0003074　集部291
蠶尾續集十卷　（清）王士禛撰　清康熙刻本　一册　存三卷（一至三）

320000－1644－0003075　集部292
挹奎樓選稿十二卷　（清）林雲銘撰　（清）仇兆鰲選　清康熙三十五年（1696）刻本　四册

320000－1644－0003076　集部293
忠雅堂集三十卷　（清）蔣士銓撰　清乾隆二十七年（1762）學餘堂刻本　十册

320000－1644－0003077　集部294

忠雅堂文集三十卷　(清)蔣士銓撰　清刻本　六冊　存十五卷(六至二十)

320000－1644－0003078　集部295
敬業堂詩集五十卷　(清)查慎行撰　清乾隆刻本　九冊　存四十七卷(一至四十七)

320000－1644－0003079　集部296
十笏草堂詩四卷　(清)王士禄著　清乾隆信芳閣刻本　一冊

320000－1644－0003080　集部297
賴古堂詩十二卷　(清)周亮工著　清信芳閣刻本　一冊　存六卷(一至六)

320000－1644－0003081　集部298
篤素堂文集十六卷詩集七卷　(清)張英撰　清康熙四十年(1701)刻本　四冊　存十六卷(文集一至二、十至十六,詩集七卷)

320000－1644－0003082　集部298＝1
書經衷論四卷　(清)張英撰　清康熙四十年(1701)刻本　一冊

320000－1644－0003083　集部298＝2
易經衷論二卷　(清)張英撰　清康熙四十年(1701)刻本　一冊

320000－1644－0003084　集部299
有懷堂詩文集二十八卷　(清)韓菼撰　清康熙四十二年(1703)刻本　五冊

320000－1644－0003085　集部300
勉行堂詩集二十四卷首一卷　(清)程晉芳撰　清嘉慶刻本　六冊

320000－1644－0003086　集部301
虛直堂文集二十四卷　(清)劉榛撰　(清)田蘭芳選　清康熙二十七年(1688)刻本　六冊

320000－1644－0003087　集部302
尤西堂全集三十七卷　(清)尤侗撰　清末民國間上海文瑞樓石印本　十二冊

320000－1644－0003088　集部303
西河合集　(清)毛奇齡撰　清康熙蕭山書留草堂刻本　十五冊　存十二種(奏疏、議、揭子、史馆劄子、史館擬判、序、五言絶句、七言絶句、排律、七言古詩、五言律詩、七言律詩)

320000－1644－0003089　集部305
兩當軒集二十二卷附錄四卷考異二卷　(清)黃景仁著　清光緒二年(1876)家塾刻本　六冊

320000－1644－0003090　集部307
惜抱先生尺牘八卷　(清)姚鼐撰　清宣統元年(1909)小萬柳堂刻本　二冊

320000－1644－0003091　集部308
更生齋文甲集四卷乙集四卷詩集八卷詩餘二卷　(清)洪亮吉撰　清嘉慶七年(1802)洋川書院刻本　六冊

320000－1644－0003092　集部309
味間齋遺草五卷　(清)李象鵠著　清嘉慶十年(1805)刻本　一冊

320000－1644－0003093　集部310
有正味齋詩集十六卷詩續集八卷駢體文二十四卷駢體文續集八卷外集五卷詞集八卷詞續集二卷詞外集二卷　(清)吳錫麒撰　清嘉慶刻本　十六冊

320000－1644－0003094　集部311
願學齋試帖初稿一卷　(清)陳稷田撰　清嘉慶二十四年(1819)刻本　一冊

320000－1644－0003095　集部312
午亭文編五十卷　(清)陳廷敬撰　(清)林佶輯錄　清乾隆四十三年(1778)澤州陳氏刻本　十一冊　存三十四卷(十七至五十)

320000－1644－0003096　集部313
船山詩選六卷附同人唱和詩集三卷　(清)張問陶著　清嘉慶、道光吳縣黃氏刻本　一冊

320000－1644－0003097　集部314
館課我法詩箋四卷　(清)紀昀著　(清)郭斌評注　清嘉慶九年(1804)匯源堂刻本　二冊

320000－1644－0003098　集部315
紀曉嵐詩注釋四卷　(清)紀昀著　(清)郭斌評注　清嘉慶六年(1801)萬有樓刻本　二冊　存二卷(一至二)

320000－1644－0003099　集部316
斯文規範八卷　(清)王茂修輯著　清康熙五十九年(1720)步月樓刻本　二冊

320000－1644－0003100　集部317
寒支初集十卷二集四卷　(清)李世熊撰　清同治十三年(1874)刻本　十四冊

320000－1644－0003101　集部318
甌北集五十三卷　(清)趙翼撰　清嘉慶十七年(1812)湛貽堂刻本　十一冊　存五十卷(一至二十六、三十至五十三)

320000－1644－0003102　集部320
北墅緒言五卷　(清)陸次雲撰　清康熙二十五年(1686)錢塘陸氏刻本　一冊　存三卷(一至三)

320000－1644－0003103　集部322
閒情偶寄十六卷　(清)李漁著　清康熙十年(1671)翼聖堂刻本　六冊

320000－1644－0003104　集部323
秋蟲吟一卷　(清)童鈺撰　清乾隆二十六年(1761)蠅鬚館刻本　一冊

320000－1644－0003105　集部324
二樹詩略五卷　(清)童鈺撰　(清)盧世昌批點　清乾隆十三年(1748)刻本　一冊

320000－1644－0003106　集部326
蘇門山人詩鈔三卷　(清)張符升撰　清乾隆五十六年(1791)刻本　二冊

320000－1644－0003107　集部327
彭門詩草四卷　(清)龍圖撰　清嘉慶十二年(1807)刻本　一冊

320000－1644－0003108　集部328
玉山詩鈔四卷文鈔四卷附刻一卷　(清)項樟撰　清乾隆二十七年(1762)刻本　二冊　存五卷(詩鈔一至二、文鈔三至四、附刻一卷)

320000－1644－0003109　集部329
藹唐詩集八卷附碧閣遺稿一卷　(清)王瑋慶撰　清嘉慶十四年(1809)刻本　四冊

320000－1644－0003110　集部331
璿璣碎錦二卷　(清)萬樹著　清光緒十四年(1888)似靜齋刻本　二冊

320000－1644－0003111　集部335
音注小倉山房尺牘八卷附補遺　(清)袁枚撰　(清)胡光斗箋釋　清光緒十一年(1885)著易堂刻本　四冊

320000－1644－0003112　集部336
袁文箋正十六卷補注一卷　(清)袁枚撰　(清)石韞玉箋　清光緒十四年(1888)上海蜚英館石印本　五冊

320000－1644－0003113　集部340
碧腴齋詩存八卷　(清)胡德琳撰　清錢塘袁氏隨園刻本　一冊

320000－1644－0003114　集部343
恕谷後集十三卷　(清)李塨撰　清光緒五年(1879)定州王氏謙德堂刻畿輔叢書－李恕谷遺書本　四冊

320000－1644－0003115　集部344
陳學士文集十五卷　(清)陳儀著　清光緒五年(1879)定州王氏謙德堂刻畿輔叢書本　五冊　存十二卷(一至七、十一至十五)

320000－1644－0003116　集部345
居業堂文集二十卷　(清)王源著　清光緒五年(1879)定州王氏謙德堂刻本　三冊　存九卷(一至二、十至十三、十八至二十)

320000－1644－0003117　集部346
兼濟堂集九卷瓊琚佩語一卷　(清)魏裔介著　清光緒五年(1879)定州王氏謙德堂刻本　七冊

320000－1644－0003118　集部347
銅劍堂存稿一卷斑箱唱和詩一卷　(清)王佑曾著　清光緒二十八年(1902)刻本　一冊

320000－1644－0003119　集部348
南岡草堂詩選二卷續編一卷　(清)秦際唐著　清光緒二十七年(1901)刻本　二冊

320000－1644－0003120　集部349
思貽堂詩集十二卷　(清)黃文琛撰　清咸豐

元年(1851)漢陽黄氏刻本　五册　存六卷(一至二、五至八)

320000－1644－0003121　集部 350
傳樸堂詩稿四卷　(清)葛金烺撰　清光緒二十一年(1895)刻本　一册　存三卷(一至三)

320000－1644－0003122　集部 351
望衡堂詩鈔一卷　(清)吳聯元著　清光緒八年(1882)刻本　一册

320000－1644－0003123　集部 352
重桂堂集十一卷　(清)許正綬撰　清光緒十年(1884)上虞許氏刻本　二册

320000－1644－0003124　集部 353
在山堂集三十卷　(清)程大中著　清光緒九年(1883)敦德堂刻本　八册

320000－1644－0003125　集部 354
廣雅堂詩集不分卷　(清)張之洞著　清光緒石印本　一册

320000－1644－0003126　集部 355
自春堂詩十二卷　(清)楊鑄著　清道光九年(1829)石瓢仙館刻本　一册　存六卷(一至六)

320000－1644－0003127　集部 356
謫仙堂劫後詩草二卷　(清)李心鋭著　清光緒十六年(1890)刻本　二册

320000－1644－0003128　集部 357
鹿洲全集四十三卷　(清)藍鼎元撰　清雍正十年(1732)刻本　二十册

320000－1644－0003129　集部 361
青墅詩鈔十卷讀史雜感八卷　(清)鄭大謨撰　清嘉慶桑苧古園刻本　八册

320000－1644－0003130　集部 362
思補齋詩集六卷　(清)潘世恩撰　清道光三十年(1850)刻本　二册

320000－1644－0003131　集部 363
勤業齋詩二集八卷　(清)湯國泰著　清道光二十四年(1844)仁山堂刻本　四册

320000－1644－0003132　集部 364
無怠懈齋詩稿一卷　(清)梁藹如撰　清道光三十年(1850)梁氏刻本　一册

320000－1644－0003133　集部 365
綠野齋文集四卷　(清)劉鴻翺撰　清道光七年(1827)同懷堂刻本　四册

320000－1644－0003134　集部 366
綠野齋太湖詩草一卷　(清)劉鴻翺撰　清道光二十四年(1844)刻本　一册

320000－1644－0003135　集部 367
恬齋存稿一卷　(清)韋坦撰　清同治十三年(1874)刻本　一册

320000－1644－0003136　集部 368
心白日齋集六卷　(清)尹耕雲撰　清光緒十年(1884)刻本　三册

320000－1644－0003137　集部 369
知止齋遺編三卷　(清)任重光撰　清光緒十八年(1892)澹和堂刻本　三册

320000－1644－0003138　集部 370
扁善齋詩存一卷　(清)鄧嘉緝撰　清光緒二十七年(1901)刻本　一册

320000－1644－0003139　集部 371
扁善齋文存二卷　(清)鄧嘉緝撰　清光緒二十七年(1901)刻本　二册

320000－1644－0003140　集部 372
讀雪齋詩集九卷　(清)孫文川撰　清光緒八年(1882)刻本　二册

320000－1644－0003141　集部 373
一規八棱硯齋詞鈔一卷文鈔一卷　(清)徐廷華著　清光緒九年(1883)武昌刻本　一册

320000－1644－0003142　集部 374
一規八棱硯齋詩鈔六卷　(清)徐廷華著　清光緒九年(1883)武昌刻本　一册　存三卷(一至三)

320000－1644－0003143　集部 375
養一齋集二十六卷詞三卷詩話十卷李杜詩話三卷劄記九卷　(清)潘德輿撰　清咸豐三年

(1853)刻本　十六冊

320000－1644－0003144　集部376
紫筠軒詩略二卷　(清)湯清玉撰　清道光十六年至十七年(1836－1837)刻本　二冊

320000－1644－0003145　集部377
瑞芍軒詩鈔四卷詞稿一卷　(清)許乃穀撰　清同治七年(1868)仁和許氏刻本　二冊

320000－1644－0003146　集部378
嘯雲軒詩集四卷　(清)程畹著　清同治十一年(1872)刻本　一冊

320000－1644－0003147　集部379
印雪軒詩稿一卷　(清)胡鴻澤撰　清光緒四年(1878)刻本　一冊

320000－1644－0003148　集部380
憶秋軒詩鈔一卷續鈔一卷　(清)范淑撰　清光緒十六年(1890)刻本　一冊

320000－1644－0003149　集部384
棣萼書屋集毛詩詩一卷　(清)賈學閔著　清嘉慶二十五年(1820)刻本　一冊

320000－1644－0003150　集部385
晝延年室詩稿六卷詩餘三卷　(清)袁起著　清同治三年(1864)刻本　三冊

320000－1644－0003151　集部386
寒松閣詩八卷駢體文一卷續一卷詞四卷　(清)張鳴珂撰　清光緒十年至三十二年(1884－1906)刻本　四冊

320000－1644－0003152　集部387
香蘇山館全集　(清)吳嵩梁撰　清道光二十三年(1843)石溪舫刻本　十二冊

320000－1644－0003153　集部388
花宜館詩鈔十六卷　(清)吳振棫著　清道光二十七年(1847)刻本　一冊　存一卷(蓬轉集)

320000－1644－0003154　集部389
雪鴻吟館詩存　(清)韓聞南著　清光緒十四年(1888)金陵龍文齋刻本　一冊

320000－1644－0003155　集部390
吟秋館詩續稿二卷　(清)朱葆元撰　清光緒五年(1879)刻本　一冊

320000－1644－0003156　集部392
見在龕詩鈔四卷　(清)濮文暹撰　清光緒三十二年(1906)刻本　二冊

320000－1644－0003157　集部393
梅窩詩鈔三卷　(清)陳良玉撰　清光緒元年(1875)刻本　一冊　存二卷(一至二)

320000－1644－0003158　集部394
烏目山房詩存六卷　(清)蔣因培撰　清光緒十年(1884)平江張氏大雅堂刻本　二冊

320000－1644－0003159　集部395
漱石山房文集一卷詩集一卷　(清)孔廣珪撰　清光緒十四年(1888)刻本　二冊

320000－1644－0003160　集部396
石笥山房文集六卷補遺一卷詩集十一卷詩餘一卷詩集補遺二卷續補遺二卷　(清)胡天游撰　清宣統二年(1910)上海國學扶輪社石印本　十冊

320000－1644－0003161　集部397
養雲山莊詩集四卷　(清)劉瑞芬撰　清光緒十九年(1893)刻本　二冊

320000－1644－0003162　集部398
薇雲小舍試帖詩課二卷續編二卷　(清)吳之俊撰　清道光九年(1829)刻本　二冊

320000－1644－0003163　集部399
湖海樓文集六卷儷體文集十二卷　(清)陳維崧撰　清光緒十七年(1891)弇山鐸署刻本　六冊

320000－1644－0003164　集部401
清芬樓遺稿四卷　(清)任啓運撰　清光緒十四年(1888)任氏家塾刻本　二冊

320000－1644－0003165　集部402
缶廬詩四卷別存一卷　(清)吳昌碩撰　清光緒十九年(1893)刻本　一冊　存一卷(一)

320000－1644－0003166　集部403

怡廬詩鈔二卷　(清)吳炳祥撰　清光緒二十六年(1900)刻本　二册

320000－1644－0003167　集部405
褪紈亭集三十二卷後集十二卷　(清)祁嶲藻撰　清咸豐六年至七年(1856－1857)壽陽祁氏刻本　四册　缺十六卷(褪紈亭集一至十六)

320000－1644－0003168　集部406
也是園詩鈔五卷　(清)吳毓芬撰　清光緒二十四年(1898)刻本　二册

320000－1644－0003169　集部409
王夢樓詩鈔二卷　(清)王文治撰　清光緒九年(1883)刻本　二册

320000－1644－0003170　集部410
紅豆詩人集十九卷附錄一卷　(清)董潮撰　清道光十九年(1839)刻本　三册　存十四卷(一至十一、十七至十九)

320000－1644－0003171　集部411
退庵筆記十六卷附宋石齋筆談一卷六客之廬筆談一卷　(清)夏荃撰　清道光十九年(1839)刻本　六册

320000－1644－0003172　集部412
李養一先生詩集四卷賦一卷詩餘一卷　(清)李兆洛撰　清光緒八年(1882)江陰曹佳刻本　二册

320000－1644－0003173　集部413
校訂定盦全集十卷　(清)龔自珍撰　**年譜一卷**　黃守恒撰　清宣統元年(1909)上海時中書局鉛印本　八册

320000－1644－0003174　集部414
覆瓿集二十四卷　(清)張文虎撰　清光緒五年(1879)刻本　八册

320000－1644－0003175　集部415
曾文正公文集四卷　(清)曾國藩撰　清同治十三年(1874)傳忠書局刻本　四册

320000－1644－0003176　集部416
樓山詩集六卷　(清)王恕著　清光緒十七年(1891)刻本　二册

320000－1644－0003177　集部417
孝威詩集十八卷　(清)陳孝威撰　清光緒十七年(1891)鉛印本　二册

320000－1644－0003178　集部418
周武壯公遺書九卷外集三卷　(清)周盛傳撰　清光緒三十一年(1905)金陵刻本　二册　存三卷(外集三卷)

320000－1644－0003179　集部419
王伯唐遺墨一卷　(清)王鐵珊撰　清光緒二十八年(1902)上海點石齋石印本　一册

320000－1644－0003180　集部421
琴海集二卷　(清)陳玉鄰著　**正字一卷**　(清)宗德懋撰　清光緒二十一年(1895)刻本　一册

320000－1644－0003181　集部422
海客日譚六卷首一卷　(清)王芝撰　清光緒二年(1876)石城刻本　四册

320000－1644－0003182　集部423
雪門詩草十四卷　(清)許瑤光撰　清同治十三年(1874)刻本　六册

320000－1644－0003183　集部424
偶山遺稿一卷　(清)錢唐撰　清光緒二十五年(1899)刻本　一册

320000－1644－0003184　集部426
吳遊集一卷　(清)林思進著　清光緒元年(1875)成都沈氏刻本　一册

320000－1644－0003185　集部428
秋江集注六卷　(清)黃任撰　(清)王元麟注　清道光二十三年(1843)東山家塾刻本　六册

320000－1644－0003186　集部429
青溪詩選二卷　(清)蔣師轍撰　清光緒十六年(1890)刻本　一册

320000－1644－0003187　集部430
蘇鄰遺詩二卷　(清)李鴻裔撰　清光緒十四年(1888)遵義黎氏刻本　一册

320000－1644－0003188　集部 431
野雲詩鈔十二卷補遺一卷　(清)鮑文逵撰　清光緒元年(1875)鉛印本　一册

320000－1644－0003189　集部 436
悼亡姬左雲眉詩一卷附錄二卷　(清)張傳耜撰　清光緒十七年(1891)刻本　一册

320000－1644－0003190　集部 437
慵儂詩集一卷　(清)王錫田撰　清光緒十一年(1885)昭義書院刻本　一册

320000－1644－0003191　集部 438
凝瑞軒遺草二卷　(清)陳瑞芝著　清光緒三年(1877)刻本　一册

320000－1644－0003192　集部 439
涌翠山房文集四卷詩集四卷　(清)高延第著　清光緒十四年(1888)山陽高氏刻本　三册

320000－1644－0003193　集部 440
大瓠山房詩集二卷　(清)葉道源著　清宣統三年(1911)鉛印本　一册

320000－1644－0003194　集部 442
紫滄詩稿一卷　(清)段廣瀛撰　清宣統二年(1910)鉛印本　一册

320000－1644－0003195　集部 458
海市雜詩一卷讀史吟一卷　(清)沈慧孫撰　清同治鈔本　二册

320000－1644－0003196　集部 459
居俟齋六戊丁集六卷　(清)張介撰　稿本　一册

320000－1644－0003197　集部 460
李雲白先生詩草不分卷　(清)李雲白撰　稿本　二册

320000－1644－0003198　集部 461
祝賀文輯鈔本一卷　(□)□□撰　清鈔本　一册

320000－1644－0003199　集部 462
歸遊集不分卷　(清)王欽霖著　稿本　一册

320000－1644－0003200　集部 499
飲冰室自由書二卷　梁啟超著　清光緒二十七年(1901)清議報館鉛印本　一册

320000－1644－0003201　集部 527
楚辭章句十七卷　(漢)王逸撰　(宋)洪興祖補注　清光緒九年(1883)長沙書堂山館刻本　六册

320000－1644－0003202　集部 528
楚辭辯證二卷　(宋)朱熹撰　清光緒三年(1877)湖北崇文書局刻本　一册

320000－1644－0003203　集部 529
楚辭燈四卷楚懷襄二王在位事蹟考一卷　(清)林雲銘撰　**屈原列傳一卷**　(漢)司馬遷撰　清康熙三十六年(1697)挹奎樓刻本　四册

320000－1644－0003204　集部 530
歷朝名人詞選十三卷　(清)夏秉衡選　清宣統元年(1909)掃葉山房石印本　六册

320000－1644－0003205　集部 533
絕妙好辭箋七卷續鈔一卷　(宋)周密輯　清刻本　四册

320000－1644－0003206　集部 534
詞選二卷　(清)張惠言輯　**附錄一卷**　(清)鄭善長輯　清光緒十年(1884)汗青簃刻本　一册

320000－1644－0003207　集部 536
續詞選二卷附錄一卷　(清)董毅錄　清道光十年(1830)刻本　一册

320000－1644－0003208　集部 537
花間集十卷　(五代)趙崇祚編　明刻本　一册　存三卷(三至五)

320000－1644－0003209　集部 539
白石道人歌曲六卷歌詞別集一卷附事林廣記音樂二卷　(宋)姜夔撰　清宣統二年(1910)影印本　一册

320000－1644－0003210　集部 543
剪紅詞草一卷　(清)惲毓巽撰　清宣統二年(1910)刻本　一册

320000－1644－0003211　集部 544
納蘭詞五卷補遺一卷　(清)納蘭性德撰　清上海有正書局鉛印本　一册

320000－1644－0003212　集部 547
箏船詞一卷　(清)劉嗣綰撰　**綠秋草堂詞一卷**　(清)顧翰撰　**玉山堂詞一卷**　(清)汪度撰　**崇睦山房詞一卷**　(清)汪全德撰　清刻隨園三十種至七家詞鈔本　一册

320000－1644－0003213　集部 548
過雲精舍詞二卷　(清)楊夔生撰　**碧梧山館詞二卷**　(清)汪世泰撰　清隨園刻本　一册

320000－1644－0003214　集部 550
鴻雪詞二卷　(清)周之琦撰　清咸豐十一年(1861)刻本　一册

320000－1644－0003215　集部 555
海棠香夢詞四卷附白香詞譜一卷　陳壽嵩著　清光緒二十六年(1900)刻本　二册

320000－1644－0003216　集部 559
返生香不分卷　(明)葉小鸞撰　清光緒二十二年(1896)羊城秋夢盦刻本　一册

320000－1644－0003217　集部 561
彊邨所刻詞甲編七種　(清)朱孝臧撰　清宣統三年(1911)刻本　四册

320000－1644－0003218　集部 562
彊邨所刻詞乙編八種　(清)朱孝臧撰　清宣統三年(1911)刻本　四册

320000－1644－0003219　集部 572
長生殿傳奇二卷　(清)洪昇撰　清康熙刻本　四册

320000－1644－0003220　集部 573
紅樓夢傳奇八卷　(清)陳鍾麟撰　清道光十五年(1835)刻本　十六册

320000－1644－0003221　集部 577
懷永堂繪像第六才子書西廂記八卷　(元)王實甫撰　(元)關漢卿撰　(清)金人瑞評點　清康熙五十九年(1720)金閶書業堂刻本　六册

320000－1644－0003222　集部 578
第六才子書西廂記八卷末一卷　(元)王實甫撰　(清)金人瑞評點　清文盛堂刻朱印本　五册

320000－1644－0003223　集部 579
雲林別墅繪像妥注註第六才子書六卷首一卷　(元)王實甫撰　(清)金人瑞評　(清)鄒聖脉注　清乾隆五十年(1785)雲林別墅刻本　五册　存五卷(一至四、六)

320000－1644－0003224　集部 580
此宜閣增訂金批西廂四卷首一卷末一卷　(元)王實甫撰　(清)金人瑞批　清乾隆六十年(1795)此宜閣刻朱墨套印本　八册　缺一卷(四)

320000－1644－0003225　集部 581
第七才子書琵琶記六卷　(明)高明撰　清經綸堂刻本　六册

320000－1644－0003226　集部 583
燕子箋四卷　(清)阮大鋮撰　清刻本　二册

320000－1644－0003227　集部 584
燕子箋二卷　(清)阮大鋮撰　清同治十三年(1874)寄傲山房刻本　四册

320000－1644－0003228　集部 585
滄桑豔二卷　(清)丁傳靖撰　清光緒三十四年(1908)豹隱廬刻本　二册

320000－1644－0003229　集部 587
新編繡像福壽大紅袍十四卷一百回　(清)廢閑主人編　清光緒八年(1882)刻本　十四册

320000－1644－0003230　集部 588
安邦志二十卷　(清)□□撰　清道光二十九年(1849)刻本　十六册　存十六卷(一至八、十三至二十)

320000－1644－0003231　集部 589
定國志二十卷　(清)□□編　清道光二十九年(1849)刻本　十八册　存十八卷(一至十八)

320000－1644－0003232　集部 590

綴白裘新集合編四十八卷十二集　(清)玩花主人輯　(清)錢德蒼增輯　清道光十年(1830)刻本　十冊

320000－1644－0003233　集部593
廿一史彈詞注二卷　(明)楊慎著　(清)吴如衍注　清乾隆六年(1741)玲瓏山館刻本　一冊

320000－1644－0003234　集部598
新刻昇禪會說唱鼓詞八卷　(□)□□撰　清文和堂刻本　八冊

320000－1644－0003235　集部600
藏園九種曲　(清)蔣士銓撰　清經綸堂刻本　十一冊

320000－1644－0003236　集部601
廣緝詞隱先生增定南九宮詞譜二十六卷　(明)沈璟撰　(明)沈自晉重定　清不殊堂刻本　三冊　存十八卷(一至十三、二十二至二十六)

320000－1644－0003237　集部602
納書楹紫釵記全譜二卷　(清)葉堂訂譜　清乾隆五十七年(1792)葉氏納書楹刻本　二冊

320000－1644－0003238　集部603
納書楹牡丹亭全譜二卷　(清)葉堂訂譜　清乾隆五十七年(1792)葉氏納書楹刻本　一冊　存一卷(上)

320000－1644－0003239　集部604
納書楹曲譜正集四卷續集四卷外集二卷補遺四卷　(清)葉堂訂譜　清乾隆五十七年(1792)葉氏納書楹刻本　十四冊

320000－1644－0003240　集部609
世說新語補二十卷　(南朝宋)劉義慶撰　(南朝梁)劉孝標注　(明)何良俊補　(明)王世貞刪定　(清)黄汝林補訂　清葛氏嘯園刻本　七冊　存十四卷(一至三、七至十、十二至十八)

320000－1644－0003241　集部610
山海經十八卷附圖　(晉)郭璞注　(清)畢沅校　清光緒十四年(1888)掃葉山房刻本　四冊

320000－1644－0003242　集部611
拾遺記十卷　(晉)王嘉撰　清光緒元年(1875)湖北崇文書局刻本　一冊

320000－1644－0003243　集部612
博物志十卷續十卷　題(晉)張華　題(晉)李石撰　清光緒元年(1875)湖北崇文書局刻本　一冊

320000－1644－0003244　集部613
述異記二卷　(南朝梁)任昉撰　清光緒元年(1875)湖北崇文書局刻本　一冊

320000－1644－0003245　集部620
虞初新志二十卷　(清)張潮輯　清康熙三十九年(1700)刻本　八冊

320000－1644－0003246　集部621
夷堅志十集二十卷　(宋)洪邁撰　清乾隆四十三年(1778)刻本　十冊　存五集(己至癸)

320000－1644－0003247　集部622
鬼董五卷　(宋)沈□撰　清乾隆至道光長塘鮑氏刻知不足齋叢書本　一冊

320000－1644－0003248　集部627
兩般秋雨盦隨筆八卷　(清)梁紹壬撰　清道光十七年(1837)汪氏振綺堂刻本　八冊

320000－1644－0003249　集部632
酉陽雜俎二十卷續集十卷　(唐)段成式撰　清光緒二年(1876)五鳳樓刻本　六冊

320000－1644－0003250　集部635
客窗閒話八卷　(清)吴熾昌撰　清光緒二年(1876)學庫山房刻本　四冊

320000－1644－0003251　集部636
續客窗閒話八卷　(清)吴熾昌撰　清光緒元年(1875)滋本堂刻本　四冊

320000－1644－0003252　集部639
燕山外史八卷　(清)陳球撰　清三陋居刻本　一冊

320000－1644－0003253　集部641

東周列國全志二十三卷一百八回　（清）蔡昇評點　清咸豐四年（1854）書成山房刻朱墨套印本　二十四册

320000－1644－0003254　集部643

新刻鍾伯敬先生批評封神演義二十卷一百回　（明）許仲琳撰　（明）鍾惺評　清經綸堂刻本　二十册

320000－1644－0003255　集部644

繡像第一才子書五十一卷一百二十回　（明）羅貫中撰　（清）金人瑞批　（清）毛宗崗評　清光緒東昌書業德刻本　十六册

320000－1644－0003256　集部645

評論出像水滸傳二十卷七十回　（元）施耐庵撰　（清）金人瑞評論　清順治十四年（1657）醉畊堂刻本　二十册

320000－1644－0003257　集部646

第五才子書水滸傳七十五卷　（元）施耐庵撰　（清）金人瑞評　清刻本　二十二册　存六十九卷（七至七十五）

320000－1644－0003258　集部647

後水滸蕩平四大寇傳六卷四十九回　（明）陳忱撰　清光緒二十七年（1901）上海書局石印本　六册

320000－1644－0003259　集部648

繡像紅樓夢一百二十卷圖像一卷　（清）曹霑撰　（清）高鶚　（清）程偉元刪訂　清刻本　二十四册

320000－1644－0003260　集部649

增補繡像全圖金玉緣十五卷一百二十回首一卷　（清）曹霑　（清）高鶚撰　（清）王希廉等評　清光緒二十四年（1898）上海書局石印本　十三册

320000－1644－0003261　集部650

紅樓二百詠二卷　（清）黄昌麟著　（清）丁日昌　（清）黄釗評　清道光二十一年（1841）刻本　一册

320000－1644－0003262　集部651

全本繡像鏡花緣二十卷一百回　（清）李汝珍撰　清光緒九年（1883）掃葉山房刻本　二十二册

320000－1644－0003263　集部652

聊齋志異新評十六卷　（清）蒲松齡撰　（清）王士禛評　（清）但明倫新評　清道光二十二年（1842）廣順但氏刻本　十六册

320000－1644－0003264　集部653

詳注聊齋志異圖詠十六卷　（清）蒲松齡撰　（清）吕湛恩注　清光緒十八年（1892）五彩公司石印本　六册　存十二卷（一至二、五至十四）

320000－1644－0003265　集部654

後聊齋志異圖説十二卷　（清）王韜撰　清光緒十七年（1891）上海鴻文書局石印本　八册

320000－1644－0003266　集部656

繪圖南遊記四卷十八回　（明）余象斗編　清上海鴻文書局石印本　二册

320000－1644－0003267　集部657

繪圖北遊記四卷二十四回　（明）余象斗編　清上海鴻文書局石印本　二册

320000－1644－0003268　集部658

英雲夢傳十六回　（清）松雲氏撰　清咸豐三年（1853）刻本　六册

320000－1644－0003269　集部660

繪圖情天寶鑒二十四卷　（明）馮夢龍輯　清上海章福記書局石印本　六册

320000－1644－0003270　集部661

新刻天花藏批評三才子玉嬌梨四卷二十回　（清）荻岸散人編次　清上海鑄記書局石印本　四册

320000－1644－0003271　集部662

新刻天花藏批評平山冷燕四卷二十回　（清）荻岸散人撰　清本立堂刻本　四册

320000－1644－0003272　集部663

繪圖第八才子書白圭志四卷十六回　（清）崔

象川輯　清上海錦章圖書局石印本　四册

320000－1644－0003273　集部665

繡像第十才子駐春園四卷　(清)吳航野客撰　清上海鑄記書局石印本　三册　存三卷(二至四)

320000－1644－0003274　集部666

繡像左公平西全傳四卷三十二回　(□)□□撰　清昌文書局石印本　四册

320000－1644－0003275　集部667

新編繡像順治過江四卷二十二回　(清)蓬蒿子編　清石印本　四册

320000－1644－0003276　集部668

繡像烈女驚魂傳四卷二十九回　(清)□□撰　清光緒二十五年(1899)上海書局石印本　三册　存三卷(二至四)

320000－1644－0003277　集部669

繡像九美奪夫四卷二十六回　(清)□□撰　清光緒二十六年(1900)石印本　四册

320000－1644－0003278　集部670

繪像中東大戰演義四卷三十三回　(清)洪興全撰　清光緒二十六年(1900)石印本　四册

320000－1644－0003279　集部671

繡像鐵冠圖四卷五十回　(清)松排山人撰　清光緒三十三年(1907)上海書局石印本　四册

320000－1644－0003280　集部672

新出奇異雙鐔記二卷二十回　(清)鐵庵隱士編　清光緒二十七年(1901)上海書局石印本　四册

320000－1644－0003281　集部673

新緝查潘鬥勝香國綺談四卷　(清)鐵盦隱士編次　清光緒二十七年(1901)上海書局石印本　四册

320000－1644－0003282　集部674

繪圖平金川四卷三十二回　(清)張小山著　清光緒二十五年(1899)富文書局石印本　四册

320000－1644－0003283　集部675

繡像繪圖奇緣賽桃源四卷三十回　(清)李春榮撰　清光緒二十一年(1895)上海書局石印本　四册

320000－1644－0003284　集部676

繡像燈月傳四卷二十回　(□)□□撰　清光緒十三年(1887)京都琉璃廠刻本　四册

320000－1644－0003285　集部677

新編玉蟾記六卷五十三回　(清)黃石著　清光緒元年(1875)刻本　六册

320000－1644－0003286　集部678

繡像鸚哥記四卷三十二回　(□)□□撰　清光緒十七年(1891)文茂堂刻本　三册

320000－1644－0003287　集部679

全圖李公案奇聞不分卷三十四回　(清)惜紅居士撰　清光緒二十八年(1902)刻本　五册　存三十一回(一至三十一)

320000－1644－0003288　集部680

增注繪圖官場現形記六十卷　(清)李寶嘉撰　清光緒二十九年(1903)石印本　十七册

320000－1644－0003289　集部685

文心雕龍十卷　(南朝梁)劉勰撰　(清)黃叔琳輯注　清乾隆六年(1741)黃氏養素堂刻本　四册

320000－1644－0003290　集部686

文心雕龍十卷　(南朝梁)劉勰撰　(清)黃叔琳輯注　(清)紀昀評　清光緒二十一年(1895)學庫山房刻本　四册

320000－1644－0003291　集部694

全唐詩話六卷　(宋)尤袤著　清宣統三年(1911)三樂堂石印本　六册

320000－1644－0003292　集部697

杜少陵秋興八首偶論不分卷　(明)賈開宗撰　(清)賈發秀述　清乾隆刻本　二册

320000－1644－0003293　集部700

碧溪詩話十卷　(宋)黃徹撰　清乾隆四十一年(1776)長塘鮑氏刻本　一册

320000－1644－0003294　集部 701
歸田詩話三卷　(明)翟佑撰　清乾隆四十年(1775)長塘鮑氏刻本　一册

320000－1644－0003295　集部 702
南濠詩話一卷　(明)都穆撰　**麓堂詩話一卷**　(明)李東陽撰　清乾隆四十年(1775)長塘鮑氏刻知不足齋叢書本　一册

320000－1644－0003296　集部 703
西河詩話一卷詞話一卷雜箋一卷　(清)毛奇齡撰　清宣統三年(1911)上海文瑞樓石印本　二册

320000－1644－0003297　集部 705
梟亭詩話二卷　(清)陶元藻撰　清乾隆刻本　一册

320000－1644－0003298　集部 706
甌北詩話十二卷　(清)趙翼撰　清嘉慶七年(1802)湛貽堂刻本　四册

320000－1644－0003299　集部 707
六紅詩話四卷　(清)呂善報撰　清道光二十四年(1844)刻本　四册

320000－1644－0003300　集部 713
養一齋詩話十卷　(清)潘德輿輯　清道光十六年(1836)刻本　二册　存二卷(一至二)

320000－1644－0003301　集部 719
聲調譜說二卷纂例一卷蠡說一卷　(清)吳紹澯撰　清光緒十八年(1892)崇川西山堂刻本　二册

320000－1644－0003302　集部 722
制義叢話二十四卷題名一卷　(清)梁章鉅輯　清咸豐九年(1859)刻本　八册

320000－1644－0003303　集部 728
古文筆法百篇二十卷　(清)李扶九編　(清)黃仁黻纂定　清光緒七年(1881)上海徐記書局石印本　六册

320000－1644－0003304　集部 729
桐城吳氏文法教科書二卷　(清)吳闓生編　清宣統元年(1909)上海文明書局鉛印本　一册

320000－1644－0003305　集部 730
朱子古文書疑一卷　(清)閻詠輯　清嘉慶元年(1796)刻本　一册

320000－1644－0003306　集部 731
詩志八卷　(清)牛運震撰　清嘉慶空山堂刻本　四册　存六卷(一至六)

320000－1644－0003307　叢書 1
增訂漢魏叢書九十六種　(清)王謨輯　清宣統三年(1911)上海大通書局石印本　三十二册

320000－1644－0003308　叢書 3
唐代叢書六集　(清)王文誥　(清)紹希雷輯　清弁山樓刻本　三十二册　缺七種(舊聞記、摭言、枕中記、酉陽雜俎、集異記、集異志、志怪錄)

320000－1644－0003309　叢書 8
說鈴六十種　(清)吳震方編　清康熙四十四年(1705)刻本　十二册

320000－1644－0003310　叢書 19
國朝名人著述叢編　(清)□□輯　清光緒五年(1879)淞隱閣鉛印本　六册

320000－1644－0003311　叢書 21
小石山房叢書　(清)顧湘編　清同治十三年(1874)虞山顧氏刻本　二十册

320000－1644－0003312　叢書 22
雙楳景闇叢書　葉德輝輯　清光緒至宣統長沙葉氏郎園刻本　五册

320000－1644－0003313　叢書 23
惜陰軒叢書　(清)李錫齡輯　清光緒二十二年(1896)長沙刻本　十四册　存五種(東西洋考、戰國策校注、老子集解、雲南機器務鈔黄、世說新語)

320000－1644－0003314　叢書 24
學海堂叢刻　(□)□□輯　清光緒三年至十二年(1877－1886)廣州學海堂刻本　九册　存五種(面城樓集鈔、磨甋齋文存、止齋文鈔、

樂志堂文略、是汝師齋遺詩)

320000－1644－0003315　叢書25
春暉堂叢書十二種　(清)徐渭仁輯　清道光至咸豐上海徐氏刻同治補刻本　十二册

320000－1644－0003316　叢書26:1
王氏詩考不分卷　(宋)王應麟撰　清道光十五年(1835)朝邑劉氏刻青照堂叢書本　一册

320000－1644－0003317　叢書26:2
王氏詩地理考六卷　(宋)王應麟撰　(清)李元春評閱　清道光十五年(1835)朝邑劉氏刻青照堂叢書本　二册

320000－1644－0003318　叢書26:3
毛詩陸疏廣要四卷　(三國吳)陸璣疏　(明)毛晉撰　(清)李元春評閱　清道光十五年(1835)朝邑劉氏刻青照堂叢書本　二册

320000－1644－0003319　叢書30
政藝叢書三編　(清)政藝通報社編　清光緒二十八年(1902)上海政藝通報社鉛印本　二十册

320000－1644－0003320　叢書31
西政叢書　(清)求自強齋主人輯　清光緒二十三年(1897)上海慎記書莊石印本　三十一册　缺一種(自強軍洋操課程)

320000－1644－0003321　叢書32
王船山經史論　(清)王夫之撰　清光緒二十五年(1899)上海慎記書莊石印本　十六册

南京中醫藥大學圖書館古籍普查登記目録

全國古籍普查登記目録

國家圖書館出版社
National Library of China Publishing House

《南京中醫藥大學圖書館古籍普查登記目録》

編委會

《南京中醫藥大學圖書館古籍普查登記目録》

前　言

南京中醫藥大學圖書館是全國中醫院校中首批唯一被中華人民共和國國務院及文化部命名的"全國古籍重點保護單位",也是江蘇省政府命名的"江蘇省古籍重點保護單位"。

圖書館成立於1958年,歷經江蘇省進修中醫學校圖書室、江蘇新醫學院圖書館、南京中醫學院圖書館。館藏古籍4萬餘册,其中中醫古籍3萬册,善本古籍3500册。古籍資源以明清中醫古籍爲主,兼一些海外中醫古籍,及少量文史古籍。其中内容涉及中醫經典、中醫醫案、診法治則、中藥方劑、綜合醫籍以及臨床各科等。

爲更好地促進館藏古籍保護與利用工作,學校於2007年9月成立了南京中醫藥大學圖書館古籍保護工作委員會,由副校長曾莉教授任主任,辦公室設在圖書館古籍部。委員會成立後先後主持了"國家珍貴古籍名録""全國古籍重點保護單位"的申報工作,並起草、制定了一系列館藏古籍保護與利用工作的規劃、建議。

當前,全國範圍内的古籍資源普查和書目編纂工作正全面開展,作爲"中華古籍保護計劃"的重要内容,《全國古籍普查登記目録》和《中華古籍總目・分省卷》編纂出版給各保護單位進一步促進館藏資源的共建共享提供了良好契機。

中醫藥古籍在存世的中華古籍中占有相當重要的比重,是中醫藥爲中華民族繁衍發展發揮重要作用的歷史見證,更是中醫藥學繼承、發展、創新的源頭活水。做好中醫藥古籍保護和利用工作,深入發掘中醫藥古籍精義内涵,能爲中醫藥臨床服務、百姓養生保健提供前人寶貴經驗,爲中醫藥科學研究提供豐富的文獻基礎,爲中醫藥教育、中醫藥産業發展提供豐厚養料。而《南京中醫藥大學圖書館古籍普查登記目録》的編撰出版,正爲中醫藥古籍資源的查詢利用和資源分享提供了極大便利。

《南京中醫藥大學圖書館古籍普查登記目録》收録南京中醫藥大學圖書館所藏的中醫古籍和文史古籍(1912年以前出版)共計2063種,包括明版本、清版本,以及《全國中醫圖書聯合目録》未見的抄本、稿本(但不包括域外版本)。本書對中醫古籍的分類是按照《全國中醫圖書聯合目録》分類編年方法排序,以學科内容爲主要依據,分爲子、丑、寅、卯、辰、巳、午、未、申、酉、戌、亥十二大類。此種分類,方便收録内容特殊的醫書(如祝由科醫書)。

正文著録的内容包括普查編號、索書號、題名卷數、著者、版本、册數、存卷等條目。

爲方便檢索，本書書後附書名筆畫索引。

本書的編撰出版，得到江蘇省古籍保護中心、南京中醫藥大學的大力支持，特此向上述單位的領導和有關同志一並致謝。

本書的出版，對於中醫古籍整理、醫史文獻研究、國内外學術交流和文獻資源共享將發揮積極作用。同時，由於編者水平所限，疏漏之處在所難免，祈請各界讀者批評指正。

李文林

2015 年 7 月

320000－1643－0000001　丑 11/7
[訂正仲景]傷寒論釋義不分卷　(清)李纘文撰　清宣統元年(1909)文瑞樓刻本　六册

320000－1643－0000002　D651/5
[光緒]六合縣誌八卷　(清)謝延庚等修　(清)賀廷壽等纂　清光緒九年(1883)刻本　十册

320000－1643－0000003　D651/1
[光緒]無錫金匱縣誌四十卷　(清)秦緗業纂　清光緒七年(1881)刻本　十八册

320000－1643－0000004　未 411/3
白喉吹藥方不分卷　(□)□□撰　(清)馮金鑑勘定　清光緒二十年(1894)字林漢報館鉛印本　一册

320000－1643－0000005　未 411/76
白喉全生集一卷　(清)李紀方撰　清宣統元年(1909)金陵惜善堂刻本　一册

320000－1643－0000006　未 411/48
白喉條辨一卷　(清)陳葆善撰　清宣統元年(1909)鉛印本　一册

320000－1643－0000007　未 411/46－1－1
白喉治法忌表抉微一卷　(清)耐修子撰　清光緒二十三年(1897)積善堂刻本　一册

320000－1643－0000008　未 411/46－1－2
白喉治法忌表抉微一卷　(清)耐修子撰　清光緒二十三年(1897)積善堂刻本　一册

320000－1643－0000009　未 411/46－2
白喉治法忌表抉微一卷　(清)耐修子撰　清光緒二十四年(1898)江南書局刻本　一册

320000－1643－0000010　未 411/46
白喉治法忌表抉微一卷　(清)耐修子撰　清光緒二十五年(1899)點石齋石印本　一册

320000－1643－0000011　未 411/46－1
白喉治法忌表抉微一卷　(清)耐修子撰　清光緒十七年(1891)刻本　一册

320000－1643－0000012　Z32/11
百子全書一百種　清光緒元年(1875)湖北崇文書局刻本　一百十册

320000－1643－0000013　午 32/85
保產機要一卷　(清)柯集菴原本　清光緒十三年(1887)魏樹蕙堂刻本　一册

320000－1643－0000014　午 4/8
保赤存真十卷　(清)余含棻輯　清光緒二年(1876)慎德堂刻本　六册

320000－1643－0000015　午 4/814－1
保赤彙編七種十六卷　(清)朱之榛編　清光緒四年(1878)蘇州刻本　四册

320000－1643－0000016　午 4/814－2
保赤彙編七種十六卷　(清)朱之榛編　清光緒四年(1878)蘇州刻本　四册

320000－1643－0000017　午 4/81－1
保赤聯珠不分卷　(清)莊一夔撰　清光緒十八年(1892)文藝齋刻字鋪刻本　一册

320000－1643－0000018　午 4/81－1－1
保赤聯珠不分卷　(清)莊一夔撰　清光緒十七年(1891)樂善堂刻本　一册

320000－1643－0000019　午 4/4－2－1
保赤全書二卷　(明)管橓編　明萬曆聚奎堂刻本　二册

320000－1643－0000020　午 4/4－2－2
保赤全書二卷　(明)管橓編　明萬曆刻本　二册　存一卷(上)

320000－1643－0000021　午 4/4－2－3
保赤全書二卷　(明)管橓編　清刻本　二册

320000－1643－0000022　巳 34/65
保身必覽二卷　(清)錢響果撰　清光緒二十六年(1900)活字印本　二册

320000－1643－0000023　申 2/762
保壽經名醫必讀　(清)李纘文撰　清光緒十四年(1888)李氏刻本　四册

320000－1643－0000024　午 4/24
保嬰撮要二十卷　(明)薛鎧撰　明萬曆十一年(1583)趙氏福建刻本　四册　存二卷(九

至十)

320000－1643－0000025　午 4/2
保嬰輯要不分卷　(清)朱維沅輯　清同治八年(1869)金陵興善堂刻本　一册

320000－1643－0000026　午 4/16－1
保嬰要言八卷　(清)王德森輯　清宣統二年(1910)蘇州笪錦和刻本　一册

320000－1643－0000027　午 4/16－2
保嬰要言八卷　(清)王德森輯　清宣統二年(1910)蘇州笪錦和刻本　一册

320000－1643－0000028　午 4/16－3
保嬰要言八卷　(清)王德森輯　清宣統二年(1910)蘇州笪錦和刻本　一册

320000－1643－0000029　午 47/8
保嬰易知錄二卷　(清)吴溶堂撰　清光緒二十年(1894)詒環堂刻本　一册

320000－1643－0000030　午 4/87
保嬰易知錄二卷　(清)吴溶堂撰　清嘉慶十七年(1812)汪和鼎刻本　二册

320000－1643－0000031　Z32/9
北堂書鈔一百六十卷　(唐)虞世南輯　清光緒十四年(1888)刻本　二十册

320000－1643－0000032　辰 24/7－1
備急灸法二卷　(宋)聞人耆年述　清光緒十六年(1890)上杭羅氏影刻本　二册

320000－1643－0000033　辰 24/7－2
備急灸法二卷　(宋)聞人耆年述　清光緒十六年(1890)上杭羅氏影刻本　一册　存一卷(上)

320000－1643－0000034　辰 24/7
備急灸法二卷　(宋)聞人耆年述　清光緒十七年(1891)江寧藩署刻本　一册　存一卷(上)

320000－1643－0000035　卯 11/4－1
備急千金要方三十卷翼方三十卷　(唐)孫思邈撰　清光緒四年(1878)長州黄學熙刻本　十册

320000－1643－0000036　卯 11/4－2
備急千金要方三十卷翼方三十卷　(唐)孫思邈撰　清光緒四年(1878)長州黄學熙刻本　二十册

320000－1643－0000037　卯 11/4－3－1
備急千金要方三十卷翼方三十卷　(唐)孫思邈撰　清光緒四年(1878)長州黄學熙刻本　二十册

320000－1643－0000038　寅 26/3
本草備要不分卷　(清)汪昂撰　清道光二十五年(1845)瓶花書屋刻本　四册

320000－1643－0000039　寅 26/3－1
本草備要不分卷　(清)汪昂撰　清光緒三十年(1904)晉升山房刻本　四册

320000－1643－0000040　寅 26/3－2
本草備要不分卷　(清)汪昂撰　清光緒十二年(1886)大酉山房刻本　四册

320000－1643－0000041　寅 26/3－3
本草備要不分卷　(清)汪昂撰　清宣統二年(1910)玉書堂刻本　四册

320000－1643－0000042　卯 2/33
本草備要醫方集解合編　(清)汪昂撰　清寶翰樓刻本　六册

320000－1643－0000043　卯 2/33－1
本草備要醫方集解合編　(清)汪昂撰　清光緒九年(1883)遐齡精舍令德堂刻本　六册

320000－1643－0000044　卯 2/33－1－1
本草備要醫方集解合編　(清)汪昂撰　清光緒十三年(1887)鴻文書局石印本　六册

320000－1643－0000045　卯 2/33－1－2
本草備要醫方集解合編　(清)汪昂撰　清光緒十三年(1887)鴻文書局石印本　六册

320000－1643－0000046　卯 2/33－1－3
本草備要醫方集解合編　(清)汪昂撰　清光緒十三年(1887)鴻文書局石印本　四册

320000－1643－0000047　卯 2/33－2－1
本草備要醫方集解合編　(清)汪昂撰　清光

緒益有堂刻本　六册

320000－1643－0000048　卯 2/33－3
本草備要醫方集解合編　(清)汪昂撰　清聚盛堂刻本　六册

320000－1643－0000049　卯 2/33－4
本草備要醫方集解合編　(清)汪昂撰　清文奎堂刻本　六册

320000－1643－0000050　卯 2/33－5
本草備要醫方集解合編　(清)汪昂撰　清小酉山房刻本　六册

320000－1643－0000051　卯 2/33－6
本草備要醫方集解合編　(清)汪昂撰　清宣統元年(1909)書業德刻本　六册

320000－1643－0000052　寅 7/42－1
本草便讀四卷　(清)張秉成輯　清光緒二十二年(1896)毗陵張氏刻本　一册

320000－1643－0000053　寅 7/42－2
本草便讀四卷　(清)張秉成輯　清光緒二十二年(1896)毗陵張氏刻本　四册

320000－1643－0000054　寅 12/48
本草崇原集説三卷　(清)仲學輅集説　清宣統二年(1910)仲氏刻本　三册

320000－1643－0000055　寅 26/8
本草從新十八卷　(清)吳儀洛撰　清光緒二十二年(1896)圖書集成印書局鉛印本　四册

320000－1643－0000056　寅 26/8－1－1
本草從新十八卷　(清)吳儀洛撰　清光緒六年(1880)掃葉山房刻本　五册

320000－1643－0000057　寅 26/8－1－2
本草從新十八卷　(清)吳儀洛撰　清光緒六年(1880)掃葉山房刻本　六册

320000－1643－0000058　寅 26/8－2
本草從新十八卷　(清)吳儀洛撰　清光緒七年(1881)恒德堂刻本　六册

320000－1643－0000059　寅 26/8－3
本草從新十八卷　(清)吳儀洛撰　清光緒善成堂刻本　三册

320000－1643－0000060　寅 26/8－4
本草從新十八卷　(清)吳儀洛撰　清刻本　六册

320000－1643－0000061　寅 26/8－5
本草從新十八卷　(清)吳儀洛撰　清同治九年(1870)瓶花書屋刻本　三册

320000－1643－0000062　寅 26/6
本草分經審治不分卷　(清)姚瀾編　清光緒十四年(1888)日升山房刻本　二册

320000－1643－0000063　寅 26/6－1
本草分經審治一卷　(清)姚瀾編　清光緒十四年(1888)鉛印本　一册

320000－1643－0000064　寅 26/4
本草綱目拾遺十卷首一卷　(清)趙學敏編　清光緒十一年(1885)張氏味古齋刻本　十册

320000－1643－0000065　寅 26/4－1－1
本草綱目拾遺十卷首一卷　(清)趙學敏編　清同治十年(1871)張應昌吉心堂刻本　十册

320000－1643－0000066　寅 26/4－1－2
本草綱目拾遺十卷首一卷　(清)趙學敏編　清同治十年(1871)張應昌吉心堂刻本　八册

320000－1643－0000067　寅 26/4－1－3
本草綱目拾遺十卷首一卷　(清)趙學敏編　清同治十年(1871)張應昌吉心堂刻本　八册

320000－1643－0000068　寅 26/4－1－4
本草綱目拾遺十卷首一卷　(清)趙學敏編　清同治十年(1871)張應昌吉心堂刻本　八册

320000－1643－0000069　寅 26/4－2
本草綱目拾遺十卷首一卷　(清)趙學敏編　清宣統元年(1909)鴻寶齋刻本　二册

320000－1643－0000070　寅 25/7
本草綱目五十二卷首一卷附圖二卷　(明)李時珍撰　清道光松盛堂刻本　四十七册　缺一卷(四十七)

320000－1643－0000071　寅 25/7－1－1

本草綱目五十二卷首一卷　(明)李時珍撰　清初刻本　二十册　存十八卷(一下、三至六、二十三至三十五)

320000－1643－0000072　寅25/7－1－2
本草綱目五十二卷首一卷　(明)李時珍撰　清初刻本　三十九册

320000－1643－0000073　寅25/7－2
本草綱目五十二卷首一卷附圖二卷　(明)李時珍撰　清道光三十年(1850)六有堂刻本　四十八册

320000－1643－0000074　寅25/7－3－1
本草綱目五十二卷首一卷附圖二卷　(明)李時珍撰　清道光三十年(1850)漁古山房刻本　三十九册　存三十八卷(一下、三上、十二至十九、二十二、二十四、二十六至二十七、二十九至三十七、三十九至四十二、四十四至五十二,圖二卷)

320000－1643－0000075　寅25/7－3－2
本草綱目五十二卷首一卷附圖二卷　(明)李時珍撰　清道光三十年(1850)漁古山房刻本　二十四册

320000－1643－0000076　寅25/7－4－1
本草綱目五十二卷首一卷附圖二卷　(明)李時珍撰　清乾隆四十九年(1784)書業堂刻本　三十六册

320000－1643－0000077　寅25/7－4－2
本草綱目五十二卷首一卷附圖二卷　(明)李時珍撰　清乾隆四十九年(1784)書業堂刻本　四十八册　缺二卷(一上、二十二)

320000－1643－0000078　寅24/3
本草匯十八卷　(清)郭佩蘭撰　清康熙五年(1666)吴門郭氏梅花嶼刻本　七册

320000－1643－0000079　寅26/9
本草匯纂十卷　(清)屠道和撰　清光緒二十九年(1903)思賢書局刻本　四册

320000－1643－0000080　寅12/6－2－1
本草經疏輯要八卷　(清)吴世鎧編　清嘉慶十四年(1809)書帶草堂刻本　六册

320000－1643－0000081　寅12/6－2－2
本草經疏輯要八卷　(清)吴世鎧編　清嘉慶十四年(1809)書帶草堂刻本　六册

320000－1643－0000082　寅12/6－1－1
本草經疏三十卷　(明)繆希雍撰　清光緒十七年(1891)周學海刻本　十四册

320000－1643－0000083　寅12/6－1－2
本草經疏三十卷　(明)繆希雍撰　清光緒十七年(1891)周學海刻本　十二册

320000－1643－0000084　卯5/28
本草類方十卷　(清)年希堯輯　清雍正十三年(1735)雲雅堂刻本　十册

320000－1643－0000085　寅13/41
本草求原二十七卷　(清)趙其光編　清道光二十八年(1848)遠安堂刻本　六册　缺一卷(二十七)

320000－1643－0000086　寅26/7
本草求真十二卷　(清)黄宫繡撰　清乾隆三十八年(1773)綠圃齋刻本　十四册

320000－1643－0000087　寅12/3－1
本草三家合註六卷　(清)郭汝驄編　清兩儀堂刻本　六册

320000－1643－0000088　寅12/3－2
本草三家合註六卷　(清)郭汝驄編　清兩儀堂刻本　五册　缺一卷(五)

320000－1643－0000089　寅12/3－3
本草三家合註六卷　(清)郭汝驄編　清兩儀堂刻本　六册

320000－1643－0000090　寅7/2
本草詩箋十卷　(清)朱鑰撰　清光緒二十五年(1899)上海千頃堂刻本　四册

320000－1643－0000091　寅7/2－1
本草詩箋十卷　(清)朱鑰撰　清乾隆二十一年(1756)刻本　四册

320000－1643－0000092　寅26/45

本草述鉤元三十二卷　(清)楊時泰撰　清道光二十二年(1842)涵雅堂刻本　十册

320000－1643－0000093　寅 26/38
本草述三十二卷首一卷　(清)劉若金撰　清光緒二年(1876)姑蘇來青閣刻本　二十四册

320000－1643－0000094　卯 4/7
本草萬方鍼線八卷　(清)蔡烈先編　清道光十五年(1835)務本堂刻本　二册

320000－1643－0000095　卯 4/7－1－1
本草萬方鍼線八卷　(清)蔡烈先編　清乾隆四十九年(1784)金閶書業堂刻本　四册

320000－1643－0000096　卯 4/7－1－2
本草萬方鍼線八卷　(清)蔡烈先編　清乾隆四十九年(1784)金閶書業堂刻本　一册

320000－1643－0000097　卯 4/7－1－3
本草萬方鍼線八卷　(清)蔡烈先編　清乾隆四十九年(1784)金閶書業堂刻本　三册

320000－1643－0000098　卯 4/7－1－4
本草萬方鍼線八卷　(清)蔡烈先編　清乾隆四十九年(1784)金閶書業堂刻本　四册

320000－1643－0000099　卯 4/7－1－5
本草萬方鍼線八卷　(清)蔡烈先編　清乾隆四十九年(1784)金閶書業堂刻本　三册　缺二卷(七至八)

320000－1643－0000100　寅 26/97
本草問答二卷　(清)唐宗海撰　清光緒三十四年(1908)千頃堂書局石印本　一册

320000－1643－0000101　寅 24/7
本草衍義二十卷　(宋)寇宗奭撰　清光緒三年(1877)陸心源刻本　二册

320000－1643－0000102　寅 26/71
本草原始十二卷　(明)李中立撰　清光緒善成堂刻本　六册

320000－1643－0000103　寅 26/71－1
本草原始十二卷　(明)李中立撰　清光緒五年(1879)掃葉山房刻本　六册

320000－1643－0000104　寅 26/71－2
本草原始十二卷　(明)李中立撰　清青藜閣刻本　六册

320000－1643－0000105　寅 26/71－3
本草原始十二卷　(明)李中立撰　清四美堂刻本　八册

320000－1643－0000106　寅 12/44
本經逢源四卷　(清)張璐撰　清光緒二十年(1894)圖書集成印書局鉛印本　四册

320000－1643－0000107　寅 12/7
本經經釋一卷　(清)姜國伊撰　清光緒十八年(1892)成都黄氏茹古書局刻本　二册

320000－1643－0000108　寅 12/63
本經疏證十二卷　(清)鄒澍撰　清光緒常郡韓文煥齋刻本　六册

320000－1643－0000109　寅 12/63－1
本經疏證十二卷　(清)鄒澍撰　清同治十二年(1873)友經堂刻本　十二册

320000－1643－0000110　寅 12/63－2－1
本經疏證十二卷續疏六卷序疏要八卷　(清)鄒澍撰　清光緒常郡韓文煥齋刻本　十二册

320000－1643－0000111　寅 12/63－2－2
本經疏證十二卷續疏六卷序疏要八卷　(清)鄒澍撰　清光緒常郡韓文煥齋刻本　八册

320000－1643－0000112　寅 12/63－2－3
本經疏證十二卷續疏六卷序疏要八卷　(清)鄒澍撰　清光緒常郡韓文煥齋刻本　三册　存十二卷(本經疏證十二卷)

320000－1643－0000113　寅 12/63－2－4
本經疏證十二卷續疏六卷序疏要八卷　(清)鄒澍撰　清光緒常郡韓文煥齋刻本　九册　缺八卷(序疏要八卷)

320000－1643－0000114　寅 12/63－2－5
本經疏證十二卷續疏六卷序疏要八卷　(清)鄒澍撰　清光緒常郡韓文煥齋刻本　三册　存十二卷(本經疏證十二卷)

320000－1643－0000115　寅 12/63－2－6

本經疏證十二卷續疏六卷序疏要八卷 （清）鄒澍撰 清光緒常郡韓文焕齋刻本 六册 存十二卷（本經疏證十二卷）

320000－1643－0000116 寅12/63－2－7
本經疏證十二卷續疏六卷序疏要八卷 （清）鄒澍撰 清光緒常郡韓文焕齋刻本 十二册

320000－1643－0000117 卯12/3－1－1
本事方釋義十卷 （宋）許叔微撰 清嘉慶十九年（1814）姑蘇掃葉山房刻本 四册

320000－1643－0000118 卯12/3－1－2
本事方釋義十卷 （宋）許叔微撰 清嘉慶十九年（1814）姑蘇掃葉山房刻本 六册

320000－1643－0000119 卯12/3－1－3
本事方釋義十卷 （宋）許叔微撰 清嘉慶十九年（1814）姑蘇掃葉山房刻本 六册

320000－1643－0000120 卯12/3－1－4
本事方釋義十卷 （宋）許叔微撰 清嘉慶十九年（1814）姑蘇掃葉山房刻本 六册

320000－1643－0000121 卯12/3－1－5
本事方釋義十卷 （宋）許叔微撰 清嘉慶十九年（1814）姑蘇掃葉山房刻本 六册

320000－1643－0000122 卯12/3－1－6
本事方釋義十卷 （宋）許叔微撰 清嘉慶十九年（1814）姑蘇掃葉山房刻本 五册

320000－1643－0000123 卯12/3－1－7
本事方釋義十卷 （宋）許叔微撰 清掃葉山房刻本 四册

320000－1643－0000124 M3/12
比丘尼傳四卷 （晉）釋寶唱撰 清光緒十一年（1885）金陵刻經處刻本 一册

320000－1643－0000125 申2/33－1
筆花醫鏡四卷 （清）江涵暾撰 清道光四年（1824）刻本 二册

320000－1643－0000126 申2/33－2
筆花醫鏡四卷 （清）江涵暾撰 清光緒十一年（1885）田氏刻本 二册

320000－1643－0000127 申2/33－3
筆花醫鏡四卷 （清）江涵暾撰 清同治六年（1867）翰寶樓刻本 二册

320000－1643－0000128 申2/33－4
筆花醫鏡四卷 （清）江涵暾撰 清同治十二年（1873）三衢署同善堂刻本 二册

320000－1643－0000129 申1/9
扁鵲心書三卷 （宋）竇材輯 清江左書林刻本 四册

320000－1643－0000130 申1/9－1
扁鵲心書三卷 （宋）竇材輯 清青蓮書屋刻本 四册

320000－1643－0000131 巳4/416
辨證冰鑑十二卷 （清）陳士鐸撰 清宣統元年（1909）北京龍文閣石印本 六册

320000－1643－0000132 巳4/45
辨證録十四卷 （清）陳士鐸撰 清宏道堂刻本 八册

320000－1643－0000133 巳4/45－1－1
辨證録十四卷 （清）陳士鐸撰 清文誠堂刻本 十二册

320000－1643－0000134 巳4/45－1－2
辨證録十四卷 （清）陳士鐸撰 清文誠堂刻本 十二册

320000－1643－0000135 巳4/663
辨證奇聞十卷 （清）陳士鐸述 清道光三年（1823）醉吟草堂刻本 十册

320000－1643－0000136 巳4/663－1
辨證奇聞十卷 （清）陳士鐸述 清光緒十七年（1891）宏道堂刻本 十册

320000－1643－0000137 巳1/75
瀕湖脈學不分卷 （明）李時珍撰 清光緒四年（1878）善成堂刻本 二册

320000－1643－0000138 巳1/75－1－1
瀕湖脈學不分卷 （明）李時珍撰 清末刻本 一册

320000－1643－0000139　巳 12/3－1
瀕湖脈學不分卷奇經八脈考不分卷　(明)李時珍撰　明末刻本　一册

320000－1643－0000140　午 41/61
博愛心鑑二卷　(明)魏直撰　明萬曆吴勉學刻本　一册

320000－1643－0000141　午 11/8－2
補註溫疫論四卷　(明)吴有性撰　清咸豐四年(1854)晚翠堂刻本　四册

320000－1643－0000142　申 61/7
補註洗冤録集證六卷　(宋)宋慈編　(清)王又槐增輯　清道光二十三年(1843)江都鍾氏刻本　四册

320000－1643－0000143　申 61/7－1－1
補註洗冤録集證六卷　(宋)宋慈編　(清)王又槐增輯　清光緒三年(1877)浙江書局刻本　五册

320000－1643－0000144　申 61/7－1－2－1
補註洗冤録集證六卷　(宋)宋慈編　(清)王又槐增輯　清光緒三年(1877)浙江書局刻本　五册

320000－1643－0000145　申 61/7－2－1
補註洗冤録集證六卷　(宋)宋慈編　(清)王又槐增輯　清光緒三十二年(1906)上海通時書局石印本　五册

320000－1643－0000146　申 2/71－1
不知醫必要四卷　(清)梁廉夫撰　清光緒七年(1881)粤東文華閣書局刻本　二册

320000－1643－0000147　申 2/71－2
不知醫必要四卷　(清)梁廉夫撰　清光緒七年(1881)粤東文華閣書局刻本　二册

320000－1643－0000148　卯 7/72
蔡同德堂丸散膏丹一卷　(清)蔡同德堂司事訂　清光緒八年(1882)四明蔣文照瑞堂刻本　一册

320000－1643－0000149　巳 4/919－2
蒼生司命八卷　(明)虞摶編　清康熙十六年(1677)錢塘徐開先刻本　三册

320000－1643－0000150　酉 13/7
曹滄洲醫案二卷　(清)曹元恒撰　稿本　一册

320000－1643－0000151　午 41/723
曹氏痘疹準則　(清)曹祖健輯　清雍正三年(1725)曹世燦鈔本　一册

320000－1643－0000152　午 32/6
產寶一卷　(清)倪枝維原本　清道光二十二年(1842)行吾素齋刻本　一册

320000－1643－0000153　午 32/43
產科四十三症不分卷　(清)楊溪輯　清同治七年(1868)知畏齋刻本　一册

320000－1643－0000154　午 32/3－1
產科心法醫書二卷　(清)汪喆撰　清道光十二年(1832)壽生堂刻本　一册

320000－1643－0000155　午 32/3－2
產科心法醫書二卷　(清)汪喆撰　清光緒六年(1880)江都龍川槐蔭書屋刻本　二册

320000－1643－0000156　午 32/3－3
產科心法醫書二卷　(清)汪喆撰　清光緒十七年(1891)吴寶鈞刻本　二册

320000－1643－0000157　午 32/45－2－1
產孕集二卷　(清)張曜孫撰　清光緒二十四年(1898)刻本　一册

320000－1643－0000158　午 32/45－2－2
產孕集二卷　(清)張曜孫撰　清同治七年(1868)三松堂刻本　一册

320000－1643－0000159　午 32/45－2－3
產孕集二卷　(清)張曜孫撰　清同治十年(1871)吴玉田刻字鋪刻本　一册

320000－1643－0000160　丑 33/4
長沙方歌括六卷　(清)陳念祖撰　清光緒二十九年(1903)益元書局刻本　二册

320000－1643－0000161　丑 33/4－1
長沙方歌括六卷　(清)陳念祖撰　清南雅堂

刻本　六冊

320000－1643－0000162　申51/8
巢氏病源五十卷　（隋）巢元方撰　清光緒十二年（1886）湖北官書處刻本　八冊

320000－1643－0000163　申51/8－1
巢氏病源五十卷　（隋）巢元方撰　清光緒十七年（1891）池陽周氏刻周氏醫學叢書本　八冊

320000－1643－0000164　申51/8－2
巢氏病源五十卷　（隋）巢元方撰　清光緒元年（1875）湖北崇文書局刻本　八冊

320000－1643－0000165　未1/48
陳莘田外科方案五卷　（清）陳莘田撰　清鈔本　五冊

320000－1643－0000166　亥21/46－3－1
陳修園醫書二十八種　（清）陳念祖撰　清光緒二十九年（1903）錦章書局石印本　二十冊

320000－1643－0000167　亥21/46－3－2
陳修園醫書二十八種　（清）陳念祖撰　清善成堂刻本　二冊

320000－1643－0000168　亥21/46－3－3
陳修園醫書二十八種　（清）陳念祖撰　清石印本　十九冊

320000－1643－0000169　亥21/46－10－1
陳修園醫書二十三種　（清）陳念祖撰　清光緒二十九年（1903）益元書局刻本　三十一冊　缺七種（時疫證治、喉科急證、經驗百病内外方一卷、時方歌括二卷、女科要旨四卷、金匱要略淺注十卷、神農本草經讀四卷）

320000－1643－0000170　亥21/46－10－2
陳修園醫書二十三種　（清）陳念祖撰　清光緒二十七年（1901）新化三味書局刻本　七冊　存四種十九卷（時方歌括二卷、金匱要略淺注十卷、十藥神書注解一卷、傷寒醫訣串解六卷）

320000－1643－0000171　亥21/46－10－3
陳修園醫書二十三種　（清）陳念祖撰　清光緒三十四年（1908）寶慶經元書局刻本　四十冊

320000－1643－0000172　亥21/46－2－1
陳修園醫書二十一種　（清）陳念祖撰　清光緒十八年（1892）圖書集成印書局鉛印本　十八冊

320000－1643－0000173　亥21/46－2－2
陳修園醫書二十一種　（清）陳念祖撰　清光緒十八年（1892）圖書集成印書局鉛印本　九冊　存十一種四十六卷（傷寒論淺注六卷、長沙方歌括六卷、靈素節要淺注十二卷、十藥神書注解一卷、急救異痧奇方一卷、傷寒真方歌括六卷、霍亂轉筋二卷、絞腸痧證、吊腳痧證、醫學三字經四卷、傷寒醫訣串解六卷）

320000－1643－0000174　亥21/46－8
陳修園醫書七十種　（清）陳念祖撰　清石印本　二十四冊

320000－1643－0000175　亥21/46－9
陳修園醫書三十六種　（清）陳念祖撰　清經香閣石印本　四冊

320000－1643－0000176　亥21/46－1
陳修園醫書十六種　（清）陳念祖撰　清光緒三年（1877）漁古山房刻本　四十八冊

320000－1643－0000177　亥21/46－1－1
陳修園醫書十六種　（清）陳念祖撰　清善成堂刻本　四十冊

320000－1643－0000178　亥21/46－1－2
陳修園醫書十六種　（清）陳念祖撰　清善成堂刻本　三十七冊

320000－1643－0000179　亥21/46－1－3
陳修園醫書十六種　（清）陳念祖撰　清善成堂刻本　十二冊

320000－1643－0000180　亥21/46－1－4
陳修園醫書十六種　（清）陳念祖撰　清味根齋刻本　二冊　存三種十三卷（傷寒真方歌括六卷、傷寒醫訣串解六卷、十藥神書注解一卷）

320000－1643－0000181　亥21/46－1－5
陳修園醫書十六種　（清）陳念祖撰　清漁古山房刻本　七冊　存五種二十卷（金匱方歌括六卷、時方歌括二卷、景岳新方砭四卷、女科要旨四卷、神農本草經讀四卷）

320000－1643－0000182　亥21/46－5
陳修園醫書四十八種　（清）陳念祖撰　清光緒三十四年（1908）上海章福記石印本　九冊

320000－1643－0000183　亥21/46－4
陳修園醫書四十種　（清）陳念祖撰　清光緒三十一年（1905）商務印書館鉛印本　二十六冊

320000－1643－0000184　亥21/46－6
陳修園醫書五十種　（清）陳念祖撰　清光緒三十一年（1905）商務印書館鉛印本　二十八冊

320000－1643－0000185　卯14/86
成方切用二十六卷　（清）吳儀洛編　清乾隆二十六年（1761）硤川利濟堂刻本　八冊

320000－1643－0000186　未3/64
程松崖先生眼科不分卷　（明）程玠撰　清同治八年（1868）林植棠刻本　三冊

320000－1643－0000187　未3/64－1
程松崖先生眼科應驗良方一卷　（明）程玠撰　清光緒十二年（1886）來青閣刻本　一冊

320000－1643－0000188　未3/64－2
程松崖先生眼科應驗良方一卷　（明）程玠撰　清同治十三年（1874）肖家竹林堂刻本　一冊

320000－1643－0000189　卯13/41
赤水玄珠全集　（明）孫一奎撰　明刻清印本　二十六冊

320000－1643－0000190　卯9/47－1
串雅内編四卷　（清）趙學敏編　清光緒二十三年（1897）京口袁氏刻本　二冊

320000－1643－0000191　卯9/47－3
串雅内編四卷　（清）趙學敏編　清光緒十七年（1891）知不足齋刻本　二冊

320000－1643－0000192　卯9/47－4－1
串雅内編四卷　（清）趙學敏編　清光緒十四年（1888）榆園刻本　二冊

320000－1643－0000193　卯9/47－4－2
串雅内編四卷　（清）趙學敏編　清光緒十四年（1888）榆園刻本　二冊

320000－1643－0000194　卯9/47－4－3
串雅内編四卷　（清）趙學敏編　清光緒十四年（1888）榆園刻本　二冊

320000－1643－0000195　卯9/47－4－4
串雅内編四卷　（清）趙學敏編　清光緒十四年（1888）榆園刻本　四冊

320000－1643－0000196　卯9/47－2
串雅内編四卷外編四卷　（清）趙學敏編　清咸豐九年（1859）少尹鈔本　八冊

320000－1643－0000197　未1/7
瘡瘍經驗全書六卷　（宋）竇漢卿撰　清浩然閣刻本　六冊

320000－1643－0000198　未1/7－1－1
瘡瘍經驗全書六卷　（宋）竇漢卿撰　清康熙五十六年（1717）浩然樓刻本　二十冊

320000－1643－0000199　未1/7－1－2
瘡瘍經驗全書六卷　（宋）竇漢卿撰　清康熙五十六年（1717）刻本　三冊

320000－1643－0000200　未1/7－2
瘡瘍經驗全書六卷　（宋）竇漢卿撰　清三讓堂刻本　六冊

320000－1643－0000201　D218/9
春秋董氏學八卷　康有為撰　清光緒二十三年（1897）上海大同譯書局刻本　六冊

320000－1643－0000202　D218/8
春秋繁露十七卷　（漢）董仲舒撰　清刻本　二冊

320000－1643－0000203　D218/4
春秋左傳三十卷　（晉）杜預註　清光緒二十

二年(1896)淮南書局刻本　十二冊

320000－1643－0000204　午 1/4
春溫痢症三字訣合璧一卷　(明)張汝珍撰　(明)唐宗海撰　清光緒二十一年(1895)袖海山房石印本　一冊

320000－1643－0000205　卯 5/992
純陽子重訂應驗良方一卷　(清)回道人撰　清光緒二十五年(1899)端城仁愛善堂刻本　一冊

320000－1643－0000206　午 1/13－1
慈航集二卷　(清)王勳撰　清光緒十六年(1890)廣百宋齋鉛印本　一冊

320000－1643－0000207　午 1/13－2
慈航集二卷　(清)王勳撰　清光緒十六年(1890)廣百宋齋鉛印本　一冊

320000－1643－0000208　酉 3/7
此事難知二卷　(元)王好古撰　明嘉靖梅南書屋刻本　二冊

320000－1643－0000209　未 12/4
刺疔捷法一卷　(清)張鏡撰　清光緒二年(1876)寧郡翰香齋刻字店刻本　一冊

320000－1643－0000210　酉 2/4
存存齋醫話稿二卷　(清)趙彥暉撰　清光緒七年(1881)姚氏刻本　一冊

320000－1643－0000211　午 32/1
達生編二卷　題(清)亟齋居士撰　清光緒二十二年(1896)淩雲閣石印本　一冊

320000－1643－0000212　午 32/1－1－1
達生編二卷　題(清)亟齋居士撰　清光緒十二年(1886)刻本　六冊

320000－1643－0000213　午 32/1－2－1
達生編二卷　題(清)亟齋居士撰　清刻本　一冊

320000－1643－0000214　午 32/1－3
達生編二卷　題(清)亟齋居士撰　清奎文堂刻本　一冊

320000－1643－0000215　午 34/81－2
達生遂生福幼合編三卷　(清)謝希禎編　清光緒二十七年(1901)羊城實經閣刻本　一冊

320000－1643－0000216　午 34/81－2－1
達生遂生福幼合編三卷　(清)謝希禎編　清有恆堂刻本　一冊

320000－1643－0000217　巳 34/39
達生錄二卷　(明)褚胤昌輯　明鈔本　二冊

320000－1643－0000218　M3/7
大佛頂如來密因修證了義諸菩薩萬行首楞嚴經十卷　(唐)釋般剌密帝譯　清光緒金陵刻經處刻本　二冊

320000－1643－0000219　M3/13
大清重刻龍藏匯記一卷　(清)釋超盛撰　清同治九年(1870)金陵刻經處刻本　一冊

320000－1643－0000220　午 32/9
大生要旨五卷　(清)唐千頃撰　清道光五年(1825)慎德堂刻本　一冊

320000－1643－0000221　午 32/9－1
大生要旨五卷　(清)唐千頃撰　清光緒十九年(1893)廣益書局石印本　二冊

320000－1643－0000222　午 32/9－2－1
大生要旨五卷　(清)唐千頃撰　清光緒十年(1884)掃葉山房刻本　二冊

320000－1643－0000223　午 32/9－2－2
大生要旨五卷　(清)唐千頃撰　清光緒十年(1884)掃葉山房刻本　二冊

320000－1643－0000224　午 32/9－3
大生要旨五卷　(清)唐千頃撰　清同治九年(1870)星沙江夏堂刻本　一冊

320000－1643－0000225　午 32/9－4
大生要旨五卷　(清)唐千頃撰　清同治三年(1864)香山集善堂刻本　一冊

320000－1643－0000226　M3/4
大唐西域記十二卷　(唐)釋玄奘譯　(唐)釋辯機撰　清金陵刻經處刻本　四冊

320000－1643－0000227　巳4/415
丹臺玉案四卷　(明)孫文胤撰　清順治十七年(1660)學餘堂刻本　四册

320000－1643－0000228　亥22/2－2
丹溪心法附餘二十四卷　(明)方廣編　明刻清多文堂印本　十六册

320000－1643－0000229　亥22/2－2－1
丹溪心法附餘二十四卷　(明)方廣編　清光緒二十五年(1899)徐氏石印本　十二册

320000－1643－0000230　亥22/2－1－1
丹溪心法五卷　(元)朱震亨撰　清二酉堂刻本　十册

320000－1643－0000231　亥22/2－1－2
丹溪心法五卷　(元)朱震亨撰　清二酉堂刻本　十一册　缺二種十六卷(證治要訣十二卷、證治要訣類方四卷)

320000－1643－0000232　亥22/2－1－3
丹溪心法五卷　(元)朱震亨撰　清二酉堂刻本　十册

320000－1643－0000233　亥22/2－1－4
丹溪心法五卷　(元)朱震亨撰　清兩儀堂刻本　十二册

320000－1643－0000234　亥22/2－1－5
丹溪心法五卷　(元)朱震亨撰　清尚德堂刻本　五册

320000－1643－0000235　亥22/2－1－6
丹溪心法五卷　(元)朱震亨撰　清尚德堂刻本　十六册

320000－1643－0000236　巳4/2－1
丹溪治法心要八卷　(元)朱震亨撰　清宣統元年(1909)武林肖氏鉛印本　二册

320000－1643－0000237　巳4/2－2
丹溪治法心要八卷　(元)朱震亨撰　清宣統元年(1909)武林肖氏鉛印本　二册

320000－1643－0000238　巳4/2－3
丹溪治法心要八卷　(元)朱震亨撰　清宣統元年(1909)武林肖氏鉛印本　二册

320000－1643－0000239　亥21/1－1
當歸草堂醫學叢書十種四十卷　(清)丁丙編　清光緒四年(1878)丁氏當歸草堂刻本　十一册

320000－1643－0000240　亥21/1－2
當歸草堂醫學叢書十種四十卷　(清)丁丙編　清光緒四年(1878)丁氏當歸草堂刻本　十二册

320000－1643－0000241　亥21/1－3
當歸草堂醫學叢書十種四十卷　(清)丁丙編　清光緒四年(1878)丁氏當歸草堂刻本　十册

320000－1643－0000242　亥21/1－4
當歸草堂醫學叢書十種四十卷　(清)丁丙編　清光緒四年(1878)丁氏當歸草堂刻本　十二册

320000－1643－0000243　亥21/1－5
當歸草堂醫學叢書十種四十卷　(清)丁丙編　清光緒四年(1878)丁氏當歸草堂刻本　八册

320000－1643－0000244　B313/8
道藏精華錄百種不分卷　(清)蔣元庭輯　清嘉慶刻本　一册

320000－1643－0000245　午15/6
吊腳痧方論一卷　(清)徐子默撰　清官書局刻本　一册

320000－1643－0000246　午15/6－1
吊腳痧方論一卷　(清)徐子默撰　清光緒十七年(1891)楊近賢齋刻本　一册

320000－1643－0000247　午15/6－2
吊腳痧方論一卷　(清)徐子默撰　清同治六年(1867)悟雲草堂刻本　一册

320000－1643－0000248　未2/2
跌打總論不分卷　(□)□□撰　清鈔本　一册

320000－1643－0000249　酉13/82
冬青醫案二卷　(清)金清桂撰　清鈔本

二册

320000－1643－0000250　亥11/6－1
東醫寶鑑二十三卷　(朝鮮)許浚撰　明崇禎七年(1634)内醫院刻本　二十五册

320000－1643－0000251　亥11/6－2
東醫寶鑑二十三卷　(朝鮮)許浚撰　明萬曆四十一年(1613)内醫院刻本　二十四册

320000－1643－0000252　亥11/6－3－1
東醫寶鑑二十三卷　(朝鮮)許浚撰　清光緒千頃堂刻本　十六册

320000－1643－0000253　亥11/6－3－2
東醫寶鑑二十三卷　(朝鮮)許浚撰　清光緒千頃堂刻本　十六册

320000－1643－0000254　亥11/6－4
東醫寶鑑二十三卷　(朝鮮)許浚撰　清光緒校經山房刻本　十六册

320000－1643－0000255　亥11/6－5－1
東醫寶鑑二十三卷　(朝鮮)許浚撰　清乾隆二十八年(1763)至三十一年(1766)刻本　二十五册

320000－1643－0000256　亥11/6－5－2
東醫寶鑑二十三卷　(朝鮮)許浚撰　清乾隆二十八年(1763)至三十一年(1766)刻本　二十五册

320000－1643－0000257　亥11/6
東醫寶鑑二十三卷　(朝鮮)許浚撰　清乾隆刻本　十册　存二卷(三至四)

320000－1643－0000258　亥21/78－1－1
東垣十書　(金)李杲等撰　明刻清文奎堂印本　十五册　缺二種二卷(醫壘元戎一卷、瘫論萃英一卷)

320000－1643－0000259　亥21/78－1－2
東垣十書　(金)李杲等撰　明刻清文奎堂印本　五十册

320000－1643－0000260　亥21/78－1－3
東垣十書　(金)李杲等撰　明刻清文奎堂印本　十六册

320000－1643－0000261　亥21/78－1－4
東垣十書　(金)李杲等撰　明刻清文奎堂印本　十二册

320000－1643－0000262　亥21/78－2
東垣十書　(金)李杲等撰　明新安吴勉學刻本　十四册

320000－1643－0000263　亥21/78－3－1
東垣十書　(金)李杲等撰　清萃華堂刻本　十六册

320000－1643－0000264　亥21/78－3－2
東垣十書　(金)李杲等撰　清萃華堂刻本　十二册

320000－1643－0000265　亥21/78－4
東垣十書　(金)李杲等撰　清光緒七年(1881)文盛書局石印本　六册

320000－1643－0000266　未1/416
洞天奥旨十六卷　(清)陳士鐸撰　清乾隆五十五年(1790)山陰陳氏刻本　六册

320000－1643－0000267　午41/721
痘法述原三卷　(清)曹禾述　清道光二十四年(1844)惜陰書屋活字本　二册

320000－1643－0000268　午42/52
痘科紅爐點雪二卷　(清)葉向春編　清刻本　二册

320000－1643－0000269　午41/81
痘科金鏡賦集解五卷　(清)俞茂鯤集解　清光緒二年(1876)李松壽刻本　四册

320000－1643－0000270　午41/77－1
痘科類編釋意三卷　(清)翟良撰　清乾隆十五年(1750)緑野堂刻本　四册

320000－1643－0000271　午41/77－2
痘科類編釋意三卷　(清)翟良撰　清乾隆十五年(1750)緑野堂刻本　四册

320000－1643－0000272　午41/73
痘科正宗二卷　(清)宋麟祥撰　清同治八年(1869)善成堂刻本　四册

320000－1643－0000273　午 42/1
痘科正宗驗方不分卷　（清）王怡亭註　清光緒二十三年（1897）鈔本　二冊

320000－1643－0000274　午 42/5
痘學真傳八卷　（清）葉大椿撰　清乾隆四十七年（1782）衛生堂刻本　八冊

320000－1643－0000275　午 42/5－1
痘學真傳八卷　（清）葉大椿撰　清雍正十年（1732）寶綸堂刻本　一冊

320000－1643－0000276　午 41/87
痘疹百問秘本不分卷　（清）吳學損校訂　清康熙刻本　一冊

320000－1643－0000277　午 41/22
痘疹萃精六卷　（清）雷天楝輯　清乾隆五十年（1785）聚英堂刻本　四冊

320000－1643－0000278　午 41/2
痘疹定論四卷　（清）朱純嘏編　清道光二十八年（1848）潘俊賢刻本　一冊

320000－1643－0000279　午 41/2－1
痘疹定論四卷　（清）朱純嘏編　清光緒九年（1883）靜遠山房刻本　二冊

320000－1643－0000280　午 41/2－2
痘疹定論四卷　（清）朱純嘏編　清乾隆三十四年（1769）沈大成刻本　二冊

320000－1643－0000281　午 42/7
痘疹會通五卷　（清）曾鼎撰　清光緒三十年（1904）天心堂刻本　四冊

320000－1643－0000282　午 42/7－1
痘疹會通五卷　（清）曾鼎撰　清乾隆五十一年（1786）忠恕堂刻本　四冊

320000－1643－0000283　午 41/72－1－1
痘疹活幼至寶五卷　（明）聶尚恒撰　清道光二十六年（1846）吳江環秀閣刻本　一冊

320000－1643－0000284　午 41/72－1－2
痘疹活幼至寶五卷　（明）聶尚恒撰　清道光二十六年（1846）吳江環秀閣刻本　一冊

320000－1643－0000285　午 41/21
痘疹集成四卷　（清）朱楚芬輯　清道光二十七年（1847）掃葉山房刻本　四冊

320000－1643－0000286　午 41/99
痘疹簡易良方不分卷　（清）朱闇如輯　清同治七年（1868）鈔本　一冊

320000－1643－0000287　午 41/86－1
痘疹金鏡錄四卷　（明）翁仲仁撰　清康熙二十九年（1690）春江資事堂刻本　二冊

320000－1643－0000288　午 47/81
痘疹慢驚秘訣不分卷　（清）莊一夔編　清咸豐四年（1854）文光堂刻本　一冊

320000－1643－0000289　午 41/68
痘疹世醫心法十二卷　（明）萬全編　明萬曆三十八年（1610）夏邑彭端吾刻本　三冊

320000－1643－0000290　午 41/8
痘疹世醫心法十二卷　（明）萬全編　明萬曆十一年（1583）吳門陳允升刻本　六冊

320000－1643－0000291　午 41/68－1
痘疹世醫心法十二卷　（明）萬全編　清咸豐七年（1857）容齋覺羅恒保刻本　八冊

320000－1643－0000292　午 41/68－2－1
痘疹心法十二卷　（明）萬全撰　清光緒二十五年（1899）朱兆綸活字本　二冊

320000－1643－0000293　午 41/68－2－2
痘疹心法十二卷　（明）萬全撰　清光緒二十五年（1899）朱兆綸活字本　二冊

320000－1643－0000294　午 41/4
痘疹一貫六卷　（清）孫斐然撰　清康熙五十六年（1717）京都永魁齋刻本　四冊

320000－1643－0000295　午 42/78
痘疹折衷二卷　（明）秦昌遇撰　清鈔本　一冊

320000－1643－0000296　午 42/5－2
痘疹真傳二卷　（清）曹光熙撰　清嘉慶二十二年（1817）敬藝堂刻本　六冊

320000－1643－0000297　午42/76
痘疹正宗三卷　(清)宋麟祥撰　清道光五年(1825)寶華樓刻本　二册

320000－1643－0000298　午42/76－1
痘疹正宗三卷　(清)宋麟祥撰　清光緒十年(1884)翰苑閣刻本　二册

320000－1643－0000299　午42/76－2
痘疹正宗三卷　(清)宋麟祥撰　清李芳英時春氏刻本　二册

320000－1643－0000300　午42/76－3
痘疹正宗三卷　(清)宋麟祥撰　清乾隆八年(1743)大文堂刻本　二册

320000－1643－0000301　午42/76－4
痘疹正宗三卷　(清)宋麟祥撰　清乾隆四十六年(1781)文盛堂刻本　四册

320000－1643－0000302　午42/76－5
痘疹正宗三卷　(清)宋麟祥撰　清同治十二年(1873)刻本　二册

320000－1643－0000303　午41/5
痘疹指南醫案八卷　(清)葉大椿撰　清乾隆四十七年(1782)衛生堂刻本　四册

320000－1643－0000304　午41/6
痘疹專門秘授二卷　(清)董維嶽撰　清同治九年(1870)李楚喬刻本　四册

320000－1643－0000305　午41/777
痘症慈航不分卷　(明)歐陽調律原本　(清)郭士珩編　清陳寅校刻本　一册

320000－1643－0000306　午41/777－1
痘症慈航不分卷　(明)歐陽調律原本　(清)郭士珩編　清同治四年(1865)經綸堂刻本　一册

320000－1643－0000307　午41/777－2
痘症慈航不分卷　(明)歐陽調律原本　(清)郭士珩編　清咸豐七年(1857)刻本　一册

320000－1643－0000308　午42/88－1
痘症摘要不分卷　(清)莊潤孫撰　清光緒十八年(1892)申報館鉛印本　一册

320000－1643－0000309　午42/88－2
痘症摘要不分卷　(清)莊潤孫撰　清光緒十八年(1892)申報館鉛印本　一册

320000－1643－0000310　午42/4
痘證寶筏六卷　(清)強健撰　清同治元年(1862)醉六堂刻本　二册

320000－1643－0000311　午42/3
痘治理辨一卷　(明)汪機輯　明嘉靖十三年(1534)汪氏刻本　二册

320000－1643－0000312　子21/3
讀素問鈔九卷　(元)滑壽輯　明嘉靖二十年(1541)刻本　十二册

320000－1643－0000313　子21/3－1
讀素問鈔九卷　(元)滑壽輯　明嘉靖十二年(1533)刻本　二册

320000－1643－0000314　巳22/48
杜清碧先生驗證舌法不分卷　(□)□□撰　清嘉慶、道光鈔本　二册

320000－1643－0000315　未1/12
惡核良方釋疑不分卷　(清)勞守慎撰　清光緒二十九年(1903)南海勞禮安堂刻本　一册

320000－1643－0000316　午4/14
兒科撮要不分卷　(清)尹端模譯　清光緒十八年(1892)博濟醫局刻本　二册

320000－1643－0000317　午41/26
兒科痘疹二卷　(清)梅治輯　清嘉慶二十四年(1819)五芝堂刻本　二册

320000－1643－0000318　J23/3
爾雅三卷　(晉)郭璞註　清同治七年(1868)湖北崇文書局刻本　三册

320000－1643－0000319　J23/4
爾雅義疏二十卷　(清)郝懿行撰　清光緒十四年(1888)湖北官書處刻本　八册

320000－1643－0000320　R6/37－1
二如亭群芳譜三十卷　(明)王象晉輯　明末汲古閣刻本　二十四册

320000－1643－0000321　Z32/111
二十二子　清光緒元年(1875)浙江書局刻本　八十三册

320000－1643－0000322　未11/3
發背對口治訣論一卷　(清)謝應材撰　清同治十一年(1872)劉翊宸刻本　一册

320000－1643－0000323　M3/6
法苑珠林一百卷　(唐)釋道世撰　清道光七年(1827)山東蔣氏刻本　三十二册

320000－1643－0000324　卯13/48
方便書十卷補遺一卷　(清)朱鴻雪撰　清康熙十四年(1675)梅花書屋刻本　二册

320000－1643－0000325　巳1/12
方氏脈症正宗四卷　(清)方肇權撰　清嘉慶四年(1799)武林大成齋刻本　十二册

320000－1643－0000326　酉12/5
仿寓意草二卷　(清)李文榮撰　清光緒十三年(1887)刻本　二册

320000－1643－0000327　亥23/2
費伯雄先生醫書二種　(清)費伯雄撰　清光緒三年(1877)刻本　三册

320000－1643－0000328　亥23/37
馮氏錦囊秘錄五十卷　(清)馮兆張撰　清嘉慶二十三年(1818)大文堂刻本　三十二册

320000－1643－0000329　亥23/37－1
馮氏錦囊秘錄五十卷　(清)馮兆張撰　清嘉慶十八年(1813)宏道堂刻本　三十二册

320000－1643－0000330　亥23/37－2
馮氏錦囊秘錄五十卷　(清)馮兆張撰　清刻本　二十册

320000－1643－0000331　午4/81
福幼叢編不分卷　(清)莊一夔撰　清光緒十四年(1888)一得齋刻字鋪刻本　一册

320000－1643－0000332　午4/81－1－1
福幼叢編不分卷　(清)莊一夔撰　清同治四年(1865)岳鐘峻鉛印本　一册

320000－1643－0000333　午31/84
婦科精蘊圖説五卷　(美國)妥瑪氏撰　清光緒十五年(1889)博濟醫院刻本　五册

320000－1643－0000334　午31/64－3
婦科秘方一卷　(清)竹林寺僧撰　清同治五年(1866)刻本　二册

320000－1643－0000335　午3/3
婦科胎產經驗良方四卷　(清)汪家謨撰　清乾隆十七年(1752)安懷堂刻本　四册

320000－1643－0000336　午3/32
婦科玉尺六卷　(清)沈金鰲撰　清同治元年(1862)醉六堂刻本　二册

320000－1643－0000337　午31/79
婦科指歸四卷　(清)曾鼎輯訂　清解經書屋鈔本　二册

320000－1643－0000338　午31/4
婦人良方二十四卷　(宋)陳自明撰　明嘉靖二十六年(1547)刻本　十册

320000－1643－0000339　午31/4－1
婦人良方二十四卷　(宋)陳自明撰　明新安吳琬刻本　十册

320000－1643－0000340　午31/664
婦學一卷　(清)錢保塘編　清光緒二十一年(1895)清風室刻本　一册

320000－1643－0000341　午34/8
婦嬰新說不分卷　(英國)合信氏撰　清咸豐八年(1858)仁濟醫館刻本　一册

320000－1643－0000342　午34/1
婦嬰至寶八卷　(清)徐尚慧輯　清道光十一年(1831)三松堂刻本　一册

320000－1643－0000343　午34/1－1
婦嬰至寶八卷　(清)徐尚慧輯　清光緒二十九年(1903)湯明林書莊刻本　二册

320000－1643－0000344　午34/1－2
婦嬰至寶八卷　(清)徐尚慧輯　清光緒十二年(1886)善化堂刻本　一册

320000－1643－0000345　午 34/1－3
婦嬰至寶八卷　(清)徐尚慧輯　清王兆鼇刻本　一冊

320000－1643－0000346　巳 4/67
傅青主男女科四卷　(清)傅山撰　清光緒二十五年(1899)上海圖書集成印書局鉛印本　二冊

320000－1643－0000347　巳 4/67－1
傅青主男女科四卷　(清)傅山撰　清光緒三十一年(1905)掃葉山房刻本　五冊

320000－1643－0000348　巳 4/67－2
傅青主男女科四卷　(清)傅山撰　清光緒十三年(1887)官書處刻本　四冊

320000－1643－0000349　巳 4/67－3
傅青主男女科四卷　(清)傅山撰　清末民初石印本　四冊

320000－1643－0000350　午 31/6－1
傅青主女科二卷　(清)傅山撰　清道光十一年(1831)刻本　二冊

320000－1643－0000351　午 31/6－2－1
傅青主女科二卷　(清)傅山撰　清光緒二年(1876)廣信立德刻本　二冊

320000－1643－0000352　午 31/6－2－2
傅青主女科二卷　(清)傅山撰　清光緒三十年(1904)上海書局石印本　一冊

320000－1643－0000353　午 31/6－2－3
傅青主女科二卷　(清)傅山撰　清光緒十三年(1887)江左書林刻本　四冊

320000－1643－0000354　午 31/6－2－4
傅青主女科二卷　(清)傅山撰　清光緒四年(1878)青霞閣張氏刻本　一冊

320000－1643－0000355　午 31/6－2－5
傅青主女科二卷　(清)傅山撰　清光緒五年(1879)掃葉山房刻本　二冊

320000－1643－0000356　午 31/6－2－6
傅青主女科二卷　(清)傅山撰　清同治八年(1869)湖北崇文書局刻本　二冊

320000－1643－0000357　午 14/48
橄欖治痢奇驗方一卷　(清)陳熊傳　清光緒十九年(1893)景文齋刻字店刻本　一冊

320000－1643－0000358　D2/94
綱鑑易知錄九十二卷　(清)吴乘權等撰　清雍正二年(1724)梓堂會刻本　四十冊

320000－1643－0000359　D921/1－1
高僧傳初集十五卷　(南朝梁)釋慧皎撰　清光緒十年(1884)金陵刻經處刻本　四冊

320000－1643－0000360　D921/1－2
高僧傳二集四十卷　(唐)釋道宣撰　清光緒十六年(1890)金陵刻經處刻本　十冊

320000－1643－0000361　D921/1－3
高僧傳三集三十卷　(南朝宋)釋贊寧撰　清光緒十三年(1887)江北刻經處刻本　八冊

320000－1643－0000362　D921/1－4
高僧傳四集六卷　(明)釋如惺撰　清光緒十八年(1892)金陵刻經處刻本　二冊

320000－1643－0000363　Z3/2
格致鏡原一百卷　(清)陳元龍編　清雍正刻本　二十四冊

320000－1643－0000364　酉 3/2
格致餘論一卷　(元)朱震亨撰　明嘉靖梅南書屋刻本　一冊

320000－1643－0000365　K251/51
艮齋雜説十卷　(清)尤侗撰　清康熙刻本　六冊

320000－1643－0000366　子 5/1
古本難經闡註二卷　(清)丁錦撰　清同治三年(1864)趙春普旌孝堂刻本　二冊

320000－1643－0000367　卯 13/9
古方匯精五卷　(清)愛虚老人集　清嘉慶九年(1804)京口尊仁堂刻本　二冊

320000－1643－0000368　卯 13/9－1
古方匯精五卷　(清)愛虚老人集　清咸豐十年(1860)京江懷德堂刻本　二冊

320000－1643－0000369　巳 4/7－1－1
古歡室醫學篇四卷　(清)曾懿撰　清光緒三十三年(1907)長沙刻本　二冊

320000－1643－0000370　巳 4/7－1－2
古歡室醫學篇四卷　(清)曾懿撰　清光緒三十三年(1907)長沙刻本　二冊

320000－1643－0000371　巳 4/7－1－3
古歡室醫學篇四卷　(清)曾懿撰　清光緒三十三年(1907)長沙刻本　二冊

320000－1643－0000372　卯 2/8
古今名醫方論四卷　(清)羅美撰　清康熙十四年(1675)古懷堂刻本　四冊

320000－1643－0000373　巳 4/8－1
古今名醫匯粹八卷　(清)羅美輯　清道光三年(1823)嘉興盛新甫刻本　八冊

320000－1643－0000374　巳 4/8－2
古今名醫匯粹八卷　(清)羅美輯　清嘉慶六年(1801)五柳居刻本　四冊

320000－1643－0000375　巳 4/8－3
古今名醫匯粹古今名醫方論彙編十一卷　(清)羅美輯　清鈔本　十六冊

320000－1643－0000376　亥 11/88
古今圖書集成醫部全錄五百二十卷　(清)陳夢雷編　清光緒十年(1884)上海同文書局鉛印本　一千五百九十七冊

320000－1643－0000377　酉 11/87－1－1
古今醫案按十卷　(清)俞震編　清宣統元年(1909)上海會文堂書局石印本　十冊

320000－1643－0000378　酉 11/87－1－2
古今醫案按十卷　(清)俞震編　清宣統元年(1909)上海會文堂書局石印本　十冊

320000－1643－0000379　酉 11/87－1－3
古今醫案按十卷　(清)俞震編　清宣統元年(1909)上海會文堂書局石印本　十冊

320000－1643－0000380　酉 11/87－1－4
古今醫案按十卷　(清)俞震編　清宣統元年(1909)上海會文堂書局石印本　十冊

320000－1643－0000381　酉 11/87－1－5
古今醫案按十卷　(清)俞震編　清宣統元年(1909)上海會文堂書局石印本　十冊　缺三卷(五、九至十)

320000－1643－0000382　酉 11/87－1－6
古今醫案按十卷　(清)俞震編　清宣統元年(1909)上海會文堂書局石印本　七冊　缺一卷(五)

320000－1643－0000383　酉 11/87－2－1
古今醫案按選四卷　(清)俞震編　(清)王士雄選　清光緒三十年(1904)會稽取斯堂董氏刻本　四冊

320000－1643－0000384　酉 11/87－2－2
古今醫案按選四卷　(清)俞震編　(清)王士雄選　清光緒三十年(1904)會稽取斯堂董氏刻本　四冊

320000－1643－0000385　巳 4/76
古今醫鑑十六卷　(明)龔信纂輯　清文盛堂刻本　八冊

320000－1643－0000386　亥 11/16
古今醫統大全一百卷　(明)徐春甫輯　明隆慶四年(1570)刻本　六十四冊

320000－1643－0000387　Z7/1
古事比五十二卷　(清)方中德輯　清光緒十三年(1887)上海點石齋石印本　六冊

320000－1643－0000388　Z7/37
古事苑十二卷　(明)鄧志謨輯　清康熙二十五年(1686)蘭雪堂刻本　十四冊

320000－1643－0000389　Z32/84
廣博物志五十卷　(明)董斯張輯　清乾隆六年(1741)高暉堂刻本　三十二冊

320000－1643－0000390　午 32/1－1
廣達生編一卷　(清)周毓齡輯　清光緒五年(1879)淮安刻本　二冊

320000－1643－0000391　R6/37－2
廣群芳譜一百卷　(清)汪灝等輯　清同治七年(1868)掃葉山房刻本　三十二冊

320000－1643－0000392　午 33/2
廣生編一卷　(清)包誠撰　清同治七年(1868)蘊璞齋刻本　一册

320000－1643－0000393　午 33/17
廣嗣五種備要不分卷　(清)王實穎撰　清道光元年(1821)刻本　二册

320000－1643－0000394　午 1/9－1－1
廣溫熱論四卷　(清)戴天章撰　清光緒四年(1878)上海千頃堂石印本　一册

320000－1643－0000395　午 1/9－1－2
廣溫熱論四卷　(清)戴天章撰　清光緒四年(1878)上海千頃堂石印本　一册

320000－1643－0000396　午 11/9－2
廣瘟疫論四卷　(清)戴天章撰　清光緒刻本　二册

320000－1643－0000397　午 11/9－3－1
廣瘟疫論四卷　(清)戴天章撰　清光緒李光明書莊刻本　一册

320000－1643－0000398　午 11/9－3－2
廣瘟疫論四卷　(清)戴天章撰　清光緒李光明書莊刻本　一册

320000－1643－0000399　午 11/9－4－1
廣瘟疫論四卷　(清)戴天章撰　清嘉慶二十二年(1817)晉祁業堂刻本　四册

320000－1643－0000400　午 11/9－4－2
廣瘟疫論四卷　(清)戴天章撰　清嘉慶二十二年(1817)晉祁業堂刻本　二册

320000－1643－0000401　午 11/9－5
廣瘟疫論四卷　(清)戴天章撰　清乾隆四十八年(1783)活字本　二册

320000－1643－0000402　午 11/9－6
廣瘟疫論四卷　(清)戴天章撰　清乾隆四十三年(1778)狀元閣活字本　二册

320000－1643－0000403　午 11/9－7
廣瘟疫論四卷　(清)戴天章撰　清善成堂刻本　二册

320000－1643－0000404　寅 7/4
廣藥性賦六卷　(□)□□撰　清鈔本　三册

320000－1643－0000405　午 3/4
邯鄲遺稿四卷　(明)趙獻可撰　清鈔本　二册

320000－1643－0000406　申 1/47
韓氏醫通二卷　(明)韓懋撰　清乾隆程永培刻本　一册

320000－1643－0000407　卯 5/1
合藥總簿一卷　(清)子安手錄　清咸豐三年(1853)鈔本　一册

320000－1643－0000408　巳 4/66－1－1
何氏濟生論八卷　(清)何鎮纂　清嘉慶二十一年(1816)京江莊孝容靜觀堂刻本　八册

320000－1643－0000409　巳 4/66－1－2
何氏濟生論八卷　(清)何鎮纂　清嘉慶二十一年(1816)京江莊孝容靜觀堂刻本　十二册

320000－1643－0000410　酉 13/61
何元長先生醫案不分卷　(清)何元長撰　清鈔本　二册

320000－1643－0000411　卯 7/34
恒春堂方略一卷　(明)恒春堂主人編　清同治三年(1864)恒春堂刻本　一册

320000－1643－0000412　卯 5/371
洪氏集驗方五卷　(宋)洪遵撰　清光緒元年(1875)杉直槐清之館刻本　一册

320000－1643－0000413　卯 5/371－1
洪氏集驗方五卷　(宋)洪遵撰　清嘉慶二十四年(1819)吳門黃氏士禮居刻本　一册

320000－1643－0000414　午 22/7
紅爐點雪四卷　(明)龔居中輯　清道光二十年(1840)刻本　六册

320000－1643－0000415　午 22/7－1
紅爐點雪四卷　(明)龔居中輯　清光緒二十五年(1899)杭州衢樽書局石印本　四册

320000－1643－0000416　未 41/9－1

喉科金鑰二卷　(清)袁仁賢輯　清宣統三年(1911)華豐印刷鑄字所鉛印本　二册

320000－1643－0000417　未41/9－2
喉科金鑰二卷　(清)袁仁賢輯　清宣統三年(1911)華豐印刷鑄字所鉛印本　一册

320000－1643－0000418　未41/369－2
喉科秘鑰二卷　(清)西園鄭氏原輯　清光緒十六年(1890)文藝齋刻子鋪刻本　一册

320000－1643－0000419　未41/369－2－1
喉科秘鑰二卷　(清)西園鄭氏原輯　清同治八年(1869)芳遠堂刻本　一册

320000－1643－0000420　未41/2
喉科杓指四卷　(清)包永泰撰　清道光三年(1823)文英堂刻本　二册

320000－1643－0000421　未41/2－1
喉科杓指四卷　(清)包永泰撰　清刻本　一册

320000－1643－0000422　未41/92
喉科四卷　(清)包永泰撰　清光緒八年(1882)資善堂刻本　四册

320000－1643－0000423　未41/38
喉科心法二卷　(清)沈善謙撰　清光緒十年(1884)宗唐武曾任署石印本　一册

320000－1643－0000424　未41/38－1
喉科心法二卷　(清)沈善謙撰　清光緒四年(1878)揚州翰雅堂刻本　一册

320000－1643－0000425　未41/91
喉科指掌六卷　(清)張宗良撰　清同治九年(1870)醉經堂刻本　二册

320000－1643－0000426　未41/84
喉科種福五卷　(清)易方纂　清光緒二十五年(1899)益元局刻本　二册

320000－1643－0000427　未412/91
喉痧輯要一卷　(清)金德鑑撰　清同治五年(1866)鳳在元鈔本　一册

320000－1643－0000428　未412/5
喉痧至論不分卷　(清)過鑄撰　清刻本　一册

320000－1643－0000429　未412/5－1
喉痧至論不分卷　(清)過鑄撰　清刻本　一册

320000－1643－0000430　未412/5－2
喉痧至論不分卷　(清)過鑄撰　清蘇城毛上珍鉛印本　一册

320000－1643－0000431　未41/1
喉症全科紫珍集二卷　題(清)燕山竇氏撰　(清)朱翔宇編　清嘉慶九年(1804)京江尊仁堂刻本　二册

320000－1643－0000432　未41/1－1－1
喉症全科紫珍集二卷　題(清)燕山竇氏撰　(清)朱翔宇編　清咸豐十一年(1861)雲陽文會堂刻本　二册

320000－1643－0000433　未41/1－1－2
喉症全科紫珍集二卷　題(清)燕山竇氏撰　(清)朱翔宇編　清咸豐十一年(1861)雲陽文會堂刻本　二册

320000－1643－0000434　未41/1－1－3
喉症全科紫珍集二卷　題(清)燕山竇氏撰　(清)朱翔宇編　清咸豐十一年(1861)雲陽文會堂刻本　四册

320000－1643－0000435　未41/86－1
喉證雜治聯璧一卷　(清)蔡鈞輯　清光緒二十四年(1898)石印本　一册

320000－1643－0000436　未41/86－1
喉證雜治聯璧一卷　(清)蔡鈞輯　清光緒二十四年(1898)石印本　一册

320000－1643－0000437　未41/7
喉證指南四卷　題(清)寄湘漁父編　清光緒十三年(1887)嚴江蓴溪山館刻本　一册

320000－1643－0000438　午4/34
許氏幼科七種十一卷　(清)許豫和撰　清同治十一年(1872)刻本　十册

320000－1643－0000439　T77/4

花鏡六卷　(清)陳淏子輯　清康熙二十七年(1688)刻本　六冊

320000－1643－0000440　T77/4－1
花鏡六卷　(清)陳淏子輯　清刻本　六冊

320000－1643－0000441　卯13/88
華氏醫方彙編六卷　(清)華嶽纂　清光緒十一年(1885)刻本　四冊

320000－1643－0000442　申1/86
華氏中藏經二卷　(漢)華佗撰　明萬曆吳勉學刻本　二冊

320000－1643－0000443　申1/86－1
華氏中藏經二卷　(漢)華佗撰　清掃葉山房刻本　一冊

320000－1643－0000444　未1/8
華佗外科不分卷　(□)佚名撰　清刻本　一冊

320000－1643－0000445　申3/2
華洋藏象約纂三卷附錄一卷　(清)朱沛文輯　清光緒十九年(1893)刻本　四冊

320000－1643－0000446　酉13/14
環溪醫案三卷　(清)王泰林撰　清光緒二十六年(1900)刻本　一冊

320000－1643－0000447　酉13/14－1
環溪醫案三卷　(清)王泰林撰　清光緒二十六年(1900)惜餘小舍刻本　三冊　缺一卷(中)

320000－1643－0000448　F229/08－2
皇朝通志一百二十六卷　(清)嵇璜等撰　清光緒二十七年(1901)上海圖書集成局鉛印本　十二冊

320000－1643－0000449　F229/08－3－1
皇朝文獻通考三百卷　(清)張廷玉等撰　清光緒二十七年(1901)上海圖書集成局鉛印本　四十八冊

320000－1643－0000450　子12/8
黃帝内經素問二十四卷　(明)吳崑註　清光緒二十五年(1899)績溪程氏刻本　八冊

320000－1643－0000451　子12/7
黃帝内經素問集註九卷靈樞經集註九卷　(清)張志聰集註　清光緒二十九年(1903)善成堂刻本　七冊

320000－1643－0000452　子12/7－2
黃帝内經素問集註九卷靈樞經集註九卷　(清)張志聰集註　清光緒十六年(1890)浙江書局刻本　十四冊

320000－1643－0000453　子12/7－2－1
黃帝内經素問集註九卷靈樞經集註九卷　(清)張志聰集註　清光緒十六年(1890)浙江書局刻本　十四冊

320000－1643－0000454　子12/7－2－2
黃帝内經素問集註九卷靈樞經集註九卷　(清)張志聰集註　清光緒十六年(1890)浙江書局刻本　六冊　存九卷(素問集註九卷)

320000－1643－0000455　子12/7－2－3
黃帝内經素問集註九卷靈樞經集註九卷　(清)張志聰集註　清光緒十六年(1890)浙江書局刻本　十四冊

320000－1643－0000456　子12/7－1
黃帝内經素問集註九卷靈樞經集註九卷　(清)張志聰集註　清光緒五年(1879)太醫院刻本　十一冊

320000－1643－0000457　子12/7－1－1
黃帝内經素問集註九卷靈樞經集註九卷　(清)張志聰集註　清光緒五年(1879)太醫院刻本　十二冊　存九卷(素問集註九卷)

320000－1643－0000458　子12/7－1－2
黃帝内經素問集註九卷靈樞經集註九卷　(清)張志聰集註　清光緒五年(1879)太醫院刻本　十二冊　存九卷(素問集註九卷)

320000－1643－0000459　子12/7－3
黃帝内經素問集註九卷靈樞經集註九卷　(清)張志聰集註　清太醫院刻本　十冊　存九卷(素問集註九卷)

320000－1643－0000460　子22/4－1

黄帝内經素問校義一卷　(清)胡澍撰　清光緒九年(1883)蛟川二仁堂刻本　一册

320000－1643－0000461　子 22/4－2
黄帝内經素問校義一卷　(清)胡澍撰　清光緒九年(1883)蛟川二仁堂刻本　一册

320000－1643－0000462　子 22/4－3
黄帝内經素問校義一卷　(清)胡澍撰　清光緒九年(1883)蛟川二仁堂刻本　一册

320000－1643－0000463　子 22/4
黄帝内經素問校義一卷　(清)胡澍撰　清光緒吴縣潘氏刻本　一册

320000－1643－0000464　子 12/4－2
黄帝内經素問註證發微九卷靈樞註證發微九卷附素問補遺一卷　(明)馬蒔撰　明萬曆刻本　三册　存九卷(靈樞註證發微九卷)

320000－1643－0000465　子 12/4－5
黄帝内經素問註證發微九卷靈樞註證發微九卷附素問補遺一卷　(明)馬蒔撰　清光緒十四年(1888)廣陵邱氏刻本　二十四册

320000－1643－0000466　子 12/4－6
黄帝内經素問註證發微九卷靈樞註證發微九卷附素問補遺一卷　(明)馬蒔撰　清光緒十四年(1888)維揚文富堂刻本　六册　缺九卷(素問註證發微九卷)

320000－1643－0000467　子 12/4－1
黄帝内經素問註證發微九卷靈樞註證發微九卷附素問補遺一卷　(明)馬蒔撰　清光緒五年(1879)太醫院刻本　二十四册

320000－1643－0000468　子 12/4－1－1
黄帝内經素問註證發微九卷靈樞註證發微九卷附素問補遺一卷　(明)馬蒔撰　清光緒五年(1879)太醫院刻本　十一册　缺九卷(素問註證發微九卷)

320000－1643－0000469　子 12/4－4
黄帝内經素問註證發微九卷靈樞註證發微九卷附素問補遺一卷　(明)馬蒔撰　清嘉慶十年(1805)大文堂刻本　十八册

320000－1643－0000470　子 12/4－4－1
黄帝内經素問註證發微九卷靈樞註證發微九卷附素問補遺一卷　(明)馬蒔撰　清嘉慶十年(1805)大文堂刻本　二十四册

320000－1643－0000471　子 12/4－3
黄帝内經素問註證發微九卷靈樞註證發微九卷附素問補遺一卷　(明)馬蒔撰　清太醫院刻本　十册　缺九卷(素問註證發微九卷)

320000－1643－0000472　子 12/4－3－1
黄帝内經素問註證發微九卷靈樞註證發微九卷附素問補遺一卷　(明)馬蒔撰　清太醫院刻本　十九册

320000－1643－0000473　子 4/42
黄帝内經太素三十卷　(隋)楊上善撰註　清光緒二十三年(1897)通隱堂刻本　六册

320000－1643－0000474　子 4/42－1
黄帝内經太素三十卷　(隋)楊上善撰註　清光緒二十三年(1897)通隱堂刻本　五册

320000－1643－0000475　子 12/2－2
黄帝素問靈樞經十二卷　(宋)史崧註　明嘉靖趙府居敬堂刻本　十册

320000－1643－0000476　子 12/2－1
黄帝素問靈樞經十二卷　(明)吴勉學校　明萬曆刻本　二册

320000－1643－0000477　子 12/1－4
黄帝素問靈樞經十二卷　(宋)林億校　**素問遺篇一卷**　(宋)劉舒溫撰　清光緒三年(1877)浙江書局刻本　三册

320000－1643－0000478　子 2/1
黄帝素問靈樞經十二卷　(宋)史崧註　清光緒三年(1877)浙江書局刻本　三册

320000－1643－0000479　子 21/7－1
黄帝素問直解九卷　(清)高世栻註　清光緒十三年(1887)浙江書局刻本　八册

320000－1643－0000480　子 21/7－2
黄帝素問直解九卷　(清)高世栻註　清光緒十三年(1887)浙江書局刻本　七册　缺二卷

（八至九）

320000－1643－0000481　子21/7－3

黄帝素問直解九卷　（清）高世栻註　清光緒十三年（1887）浙江書局刻本　八册

320000－1643－0000482　子21/7－4

黄帝素問直解九卷　（清）高世栻註　清光緒十三年（1887）浙江書局刻本　八册

320000－1643－0000483　子21/7

黄帝素問直解九卷　（清）高世栻註　清侶山堂刻本　十二册

320000－1643－0000484　亥23/71－1－1

黄氏醫書八種　（清）黄元御撰　清光緒二十年（1894）上海圖書集成書局鉛印本　十二册

320000－1643－0000485　亥23/71－1－2

黄氏醫書八種　（清）黄元御撰　清光緒二十年（1894）上海圖書集成書局鉛印本　四册

320000－1643－0000486　亥23/71－2

黄氏醫書八種　（清）黄元御撰　清善成堂刻本　十六册

320000－1643－0000487　亥23/71－3－1

黄氏醫書八種　（清）黄元御撰　清同治七年（1868）成都刻本　二十四册

320000－1643－0000488　亥23/71－3－2

黄氏醫書八種　（清）黄元御撰　清同治七年（1868）成都刻本　十二册

320000－1643－0000489　亥23/71－4－1

黄氏醫書八種　（清）黄元御撰　清咸豐十年（1860）長沙燮龢精舍刻本　二十册

320000－1643－0000490　亥23/71－4－2

黄氏醫書八種　（清）黄元御撰　清咸豐十年（1860）長沙燮龢精舍刻本　十四册

320000－1643－0000491　亥23/71－5

黄氏醫書八種　（清）黄元御撰　清咸豐十年（1860）青雲堂書坊刻本　十六册

320000－1643－0000492　申2/761

黄氏醫緒十四卷　（清）黄皖撰　清光緒經鏗家塾存幾堂刻本　八册

320000－1643－0000493　卯14/471

回生集二卷　（清）陳傑編　清刻本　一册

320000－1643－0000494　卯14/471－1

回生集續編二卷　（清）陳傑編　清刻本　二册

320000－1643－0000495　酉13/6

洄溪醫案不分卷　（清）徐大椿撰　清光緒四年（1878）仁和葛元煦刻本　二册

320000－1643－0000496　酉13/6－1－1

洄溪醫案不分卷　（清）徐大椿撰　清咸豐七年（1857）海昌蔣氏衍芬草堂刻本　一册

320000－1643－0000497　酉13/6－1－2

洄溪醫案不分卷　（清）徐大椿撰　清咸豐七年（1857）海昌蔣氏衍芬草堂刻本　一册

320000－1643－0000498　卯5/4－1

蕙怡堂經驗方七集不分卷　（清）陳子縉集　清鈔本　四册

320000－1643－0000499　J23/3－1

繪圖爾雅三卷　（晉）郭璞註　清嘉慶六年（1801）藝學軒刻本　三册

320000－1643－0000500　未16/7

繪圖花柳指迷不分卷　（美國）嘉約翰撰　清光緒二十一年（1895）羊城博濟醫局刻本　一册

320000－1643－0000501　亥21/76

繪圖中西醫學十種叢書　清光緒二十三年（1897）石印本　十册

320000－1643－0000502　卯14/4

活人方彙編七卷　（清）林開燧傳　清乾隆刻本　五册　缺二卷（一至二）

320000－1643－0000503　卯14/4－1

活人方彙編七卷　（清）林開燧傳　清同治八年（1869）貴州羅大春刻本　十四册

320000－1643－0000504　酉5/41

活人錄彙編十二卷　（清）林開燧撰　清刻本

六册

320000－1643－0000505　酉 5/41－1
活人錄彙編十二卷　(清)林開燧撰　清乾隆刻本　五册

320000－1643－0000506　午 4/727
活幼心法九卷　(明)聶尚恒撰　清富春堂刻本　二册

320000－1643－0000507　午 4/727－1
活幼心法九卷　(明)聶尚恒撰　清粤東翰寶樓刻本　二册

320000－1643－0000508　午 4/72
活幼心書三卷　(元)曾世榮編　清宣統二年(1910)武昌醫館刻本　四册

320000－1643－0000509　午 15/17
霍亂論四卷附錄一卷　(清)王士雄撰　清光緒二十一年(1895)學庫山房刻本　一册

320000－1643－0000510　午 15/17－1－1
霍亂論四卷附錄一卷　(清)王士雄撰　清光緒十八年(1892)上海醉六堂刻本　二册

320000－1643－0000511　午 15/17－1－2
霍亂論四卷附錄一卷　(清)王士雄撰　清光緒十八年(1892)上海醉六堂刻本　二册　缺一卷(三)

320000－1643－0000512　午 15/34－1
霍亂燃犀説二卷　(清)許起撰　清光緒十四年(1888)刻本　一册

320000－1643－0000513　午 15/34－2
霍亂燃犀説二卷　(清)許起撰　清光緒十四年(1888)刻本　一册

320000－1643－0000514　午 15/76
霍亂吐瀉方論一卷　清光緒十年(1884)江西書局刻本　一册

320000－1643－0000515　午 15/23
霍亂新論一卷　(清)姚訓恭撰　清光緒二十八年(1902)刻本　一册

320000－1643－0000516　午 15/23－1
霍亂新論一卷　(清)姚訓恭撰　清光緒狼虎街官刻字局刻本　一册

320000－1643－0000517　卯 12/4
雞峰普濟方三十卷　(宋)張鋭撰　清道光八年(1828)藝芸書舍刻本　二十四册

320000－1643－0000518　未 1/729
急救喉症刺療合編不分卷　(清)費山壽輯　清光緒十一年(1885)三省書屋刻本　六册

320000－1643－0000519　卯 5/18
急救經驗良方一卷　(清)陳念祖輯　清光緒十四年(1888)掃葉山房刻本　一册

320000－1643－0000520　卯 9/5
急救須知不分卷　(清)朱本中撰　清康熙還讀齋刻本　三册

320000－1643－0000521　卯 9/7
急救應驗良方一卷　(清)費山壽輯　清光緒八年(1882)丹徒善化堂刻本　一册

320000－1643－0000522　卯 5/37
急救應驗良方一卷　(清)楊昌浚撰　清光緒二年(1876)武林任有容齋刻本　一册

320000－1643－0000523　卯 9/7－1
急救應驗良方一卷　(清)費山壽輯　清光緒三年(1877)嘯園刻本　一册

320000－1643－0000524　卯 9/7－2
急救應驗良方一卷　(清)費山壽輯　清光緒十二年(1886)長沙曹昌祺刻本　一册

320000－1643－0000525　卯 9/7－3
急救應驗良方一卷　(清)費山壽輯　清光緒十二年(1886)鏡雪子刻本　一册

320000－1643－0000526　卯 5/37－1
急救應驗良方一卷　(清)楊昌浚撰　清光緒十四年(1888)三原縣署刻本　一册

320000－1643－0000527　J253/1
急就篇四卷　(漢)史游撰　清光緒五年(1879)福山王氏刻天壤閣叢書本　四册

320000－1643－0000528　巳 4/46

急治彙編不分卷　(清)張龢棻撰　清宣統元年(1909)存存齋石印本　二册

320000－1643－0000529　巳 342/4

疾病補救録一卷　(清)杜時彰輯　清光緒三十一年(1905)松鶴山房刻本　一册

320000－1643－0000530　卯 13/91

集古良方十二卷　(清)江進輯　清鮑六順堂刻本　四册

320000－1643－0000531　卯 5/3－2－1

集驗良方拔萃二卷續補一卷　(清)恬素氏輯　清道光二十一年(1841)刻本　四册

320000－1643－0000532　卯 5/3－2－2

集驗良方拔萃二卷續補一卷　(清)恬素氏輯　清同治四年(1865)興化集益堂刻本　一册

320000－1643－0000533　卯 5/3－2－3

集驗良方拔萃二卷續補一卷　(清)恬素氏輯　清吳郡陸茂林刻本　一册

320000－1643－0000534　卯 5/3－2－4

集驗良方拔萃二卷續補一卷　(清)恬素氏輯　清咸豐九年(1859)種善堂刻本　一册

320000－1643－0000535　卯 5/75

集驗良方六卷　(清)年希堯集　清乾隆十四年(1749)天都黄曉峰刻本　六册

320000－1643－0000536　巳 39/6

幾希録不分卷　題(清)瑞五堂主人輯　清同治八年(1869)姑蘇得見齋刻本　二册

320000－1643－0000537　巳 39/6－1

幾希録一卷　題(清)瑞五堂主人輯　清道光元年(1821)瑞五堂刻本　一册

320000－1643－0000538　戌 4/74

紀恩録不分卷　(清)馬培之録　清光緒十五年(1889)刻本　一册

320000－1643－0000539　卯 9/79

濟急丹方三卷　(清)葆壽諸同人　清嘉慶三年(1798)寧壽堂刻本　一册

320000－1643－0000540　卯 12/9

濟生方八卷　(宋)嚴用和撰　清光緒四年(1878)當歸草堂刻本　一册

320000－1643－0000541　卯 5/32－2

濟世良方六卷　(清)周其芬原編　清咸豐元年(1851)思勤堂刻本　三册

320000－1643－0000542　卯 5/24

濟世養生經驗集七卷　(清)毛世洪輯　清光緒三十二年(1906)上海書局石印本　一册

320000－1643－0000543　卯 5/24－1

濟世養生經驗集七卷　(清)毛世洪輯　清光緒十九年(1893)居敬齋刻本　一册

320000－1643－0000544　午 33/1

濟世珍寶不分卷　(明)王詠彙集　明鈔本　一册

320000－1643－0000545　午 31/9－1

濟陰綱目十四卷　(明)武之望撰　清光緒三十三年(1907)文瑞樓石印本　六册

320000－1643－0000546　午 31/9－2

濟陰綱目十四卷　(明)武之望撰　清經綸堂刻本　八册

320000－1643－0000547　午 31/9－3

濟陰綱目十四卷　(明)武之望撰　清康熙四年(1665)刻本　十二册

320000－1643－0000548　午 31/9－4

濟陰綱目十四卷　(明)武之望撰　清掃葉山房刻本　八册

320000－1643－0000549　午 31/9－5

濟陰綱目十四卷　(明)武之望撰　清上洋江左書林刻本　八册

320000－1643－0000550　午 31/9－6

濟陰綱目十四卷　(明)武之望撰　清天德堂刻本　六册

320000－1643－0000551　卯 5/27

濟衆録不分卷　(清)勞守慎纂　清光緒三十二年(1906)刻本　一册

320000－1643－0000552　酉 13/76

繼志堂醫案三卷　(清)曹存心撰　清光緒二十六年(1900)江陰柳氏惜餘小舍刻本　二册

320000－1643－0000553　卯 5/45
加減靈秘十八方一卷　(明)胡嗣廉纂　清於然山房刻本　一册

320000－1643－0000554　巳 12/5
家傳太素脈秘訣二卷　(□)張太素述　明萬曆四十三年(1615)書林周光煒光霽堂刻本　一册　存一卷(下)

320000－1643－0000555　Z71/471
駱賓王文集十卷　(唐)駱賓王撰　清宣統三年(1911)上海文瑞樓石印本　二册

320000－1643－0000556　申 61/3
檢驗集證不分卷　(清)郎錦騏輯　清道光十五年(1835)周縉刻本　三册

320000－1643－0000557　申 3/18－1－1
簡明中西匯參醫學圖説不分卷　(清)王有忠輯　清光緒三十二年(1906)廣益書局石印本　四册

320000－1643－0000558　申 3/18－1－2
簡明中西匯參醫學圖説不分卷　(清)王有忠輯　清光緒三十二年(1906)廣益書局石印本　四册

320000－1643－0000559　申 3/18－1－3
簡明中西匯參醫學圖説不分卷　(清)王有忠輯　清光緒三十二年(1906)廣益書局石印本　四册

320000－1643－0000560　卯 5/72
絳囊撮要五卷　(清)雲川道人編　清道光十四年(1834)集善堂刻本　一册

320000－1643－0000561　卯 5/72－1
絳囊撮要五卷　(清)雲川道人撰　清乾隆九年(1744)集善堂刻本　二册

320000－1643－0000562　Z3/4－1
角山樓增補類腋六十七卷　(清)姚培謙撰　(清)趙克宜補輯　清咸豐十年(1860)角山樓刻本　二十四册

320000－1643－0000563　未 2/4
接骨全書不分卷　(清)徐瑛撰　清光緒九年(1883)刻本　二册

320000－1643－0000564　午 14/9
痎瘧論疏一卷　(明)盧之頤撰　清光緒四年(1878)當歸草堂刻本　一册

320000－1643－0000565　巳 341/8
節飲集説一卷　題(清)簡緣老人傳　清刻本　一册

320000－1643－0000566　寅 9/6
解毒編不分卷　(清)汪汲輯　清乾隆五十九年(1794)古愚山房刻本　一册　存(飲食類、金石類、水火類、藥類、木類)

320000－1643－0000567　申 62/1
金瘡鐵扇散方一卷　(清)盧福堯傳　清光緒三十四年(1908)揚州務本堂刻本　一册

320000－1643－0000568　丑 13/37
金鏡内臺方議十二卷　(明)許宏集　(清)程永培校　清乾隆五十九年(1794)心導樓刻本　四册

320000－1643－0000569　丑 22/1
金匱鉤玄三卷　(元)朱震亨撰　(明)吳勉學校　明萬曆二十九年(1601)吳勉學刻本　一册

320000－1643－0000570　丑 21/7
金匱懸解二十二卷　(清)黃元御撰　清同治七年(1868)江夏彭氏刻本　四册

320000－1643－0000571　丑 21/63
金匱要略方論本義二十二卷　(清)魏荔彤釋義　清康熙五十九年(1720)刻本　四册

320000－1643－0000572　丑 21/6－1
金匱要略論註二十四卷　(清)徐彬註　清光緒五年(1879)掃葉山房刻本　六册

320000－1643－0000573　丑 21/6－2
金匱要略論註二十四卷　(清)徐彬註　清光緒五年(1879)校經山房刻本　六册　缺四卷(十七至二十)

320000－1643－0000574　丑21/6－3

金匱要略論註二十四卷　(清)徐彬註　清康熙十年(1671)刻本　六冊

320000－1643－0000575　丑21/6－4

金匱要略論註二十四卷　(清)徐彬註　清末掃葉山房刻本　六冊

320000－1643－0000576　丑21/9

金匱要略淺註補正九卷　(清)陳念祖集註　清光緒三十四年(1908)千頃堂刻本　三冊

320000－1643－0000577　丑21/10

金匱要略淺註十卷　(清)陳念祖集註　清光緒三十三年(1907)善成堂刻本　四冊

320000－1643－0000578　丑21/10－1

金匱要略淺註十卷　(清)陳念祖集註　清咸豐五年(1855)閻氏書業堂刻本　五冊

320000－1643－0000579　丑21/1－2－1

金匱要略心典九卷　(漢)張機撰　(清)尤怡集註　清光緒七年(1881)崇德書院刻本　三冊

320000－1643－0000580　丑21/1－2－2

金匱要略心典九卷　(漢)張機撰　(清)尤怡集註　清掃葉山房刻本　三冊

320000－1643－0000581　丑21/1－2－3

金匱要略心典九卷　(漢)張機撰　(清)尤怡集註　清同治八年(1869)雙白燕堂陸氏刻本　三冊

320000－1643－0000582　丑21/4

金匱玉函經二註二十二卷　(元)趙以德衍義　(清)周揚俊補註　清同治二年(1863)養怡齋刻本　六冊

320000－1643－0000583　J23/14

經傳釋詞十卷　(清)王引之釋　清嘉慶三年(1798)蘇州文華山房刻本　二冊

320000－1643－0000584　J23/9

經典釋文三十卷　(唐)陸德明撰　**考證三十卷**　(清)盧文弨撰　清乾隆五十六年(1791)龍城書院刻本　三十二冊

320000－1643－0000585　卯13/8

經方例釋三卷附錄一卷　(清)莫文泉撰　清光緒十年(1884)月河莫氏刻本　一冊

320000－1643－0000586　申3/47

經脈圖考四卷　(清)陳惠疇撰　清光緒二十四年(1898)刻本　四冊

320000－1643－0000587　申3/47－1

經脈圖考四卷　(清)陳惠疇撰　清光緒四年(1878)馬傳卿刻本　四冊

320000－1643－0000588　寅24/9－2

經史證類大觀本草三十一卷劄記一卷　(宋)唐慎微撰　清光緒三十年(1904)柯逢時刻本　十六冊

320000－1643－0000589　卯5/641

經驗各方不分卷　(清)汪氏叢桂堂居士　(清)俞大文輯　清光緒七年(1881)昭文俞氏刻本　二冊

320000－1643－0000590　卯5/46

經驗各種秘方輯要一卷　(清)王松堂纂　清光緒二十四年(1898)上海著易堂書坊鉛印本　一冊

320000－1643－0000591　卯5/73

經驗廣集四卷　(清)李文炳纂　清乾隆四十三年(1778)椿蔭堂刻本　八冊

320000－1643－0000592　卯5/647

經驗簡便良方一卷　(清)仲曾懿集　清光緒十六年(1890)曾懿刻本　一冊

320000－1643－0000593　午14/7

經驗痢疾良方一卷　(清)倪宗賢撰　清光緒二十年(1894)刻本　一冊

320000－1643－0000594　卯5/647－2

經驗良方一卷　(清)汪氏從桂堂集　清光緒刻本　一冊

320000－1643－0000595　卯5/67

經驗奇方四卷　(清)倪瑤璋撰　清乾隆五十四年(1789)仁安堂刻本　六冊

320000－1643－0000596　午45/3

驚風辨誤三卷　（清）馮汝玖輯　清宣統三年（1911）冰龕刻本　一冊

320000－1643－0000597　亥 12/5
景岳全書發揮四卷　（清）葉桂撰　清光緒五年（1879）吳氏醉六堂刻本　四冊

320000－1643－0000598　亥 12/4－1
景岳全書六十四卷　（明）張介賓撰　清道光元年（1821）掃葉山房刻本　二十四冊

320000－1643－0000599　亥 12/4－2
景岳全書六十四卷　（明）張介賓撰　清咸豐四年（1854）聚盛堂刻本　三十冊

320000－1643－0000600　亥 12/4－3
景岳全書六十四卷　（明）張介賓撰　清康熙刻本　八冊　存二十六卷（十九至二十一、二十六至三十七、四十八至五十一、五十五至六十、六十四）

320000－1643－0000601　亥 12/4－4－1
景岳全書六十四卷　（明）張介賓撰　清康熙四十九年（1710）會稽魯超刻本　二十四冊

320000－1643－0000602　亥 12/4－4－2
景岳全書六十四卷　（明）張介賓撰　清康熙四十九年（1710）會稽魯超刻本　三十二冊

320000－1643－0000603　亥 12/4－5
景岳全書六十四卷　（明）張介賓撰　清康熙五十二年（1713）查廷璋刻本　二十四冊

320000－1643－0000604　亥 12/4－6
景岳全書六十四卷　（明）張介賓撰　清刻本　三十二冊

320000－1643－0000605　亥 12/4－7
景岳全書六十四卷　（明）張介賓撰　清刻本　三十一冊　存六十卷（一、三至六十、六十四）

320000－1643－0000606　亥 12/4－8
景岳全書六十四卷　（明）張介賓撰　清乾隆十五年（1750）三畏堂刻本　一百二十五冊

320000－1643－0000607　亥 12/4－9
景岳全書六十四卷　（明）張介賓撰　清同文堂刻本　二十四冊

320000－1643－0000608　卯 2/48
景岳新方八陣砭四卷　（清）陳念祖撰　清嘉慶九年（1804）刻本　一冊

320000－1643－0000609　卯 13/46－1
景岳新方砭四卷　（清）陳念祖撰　清光緒九年（1883）仁和葛氏刻本　四冊

320000－1643－0000610　卯 13/46－2
景岳新方砭四卷　（清）陳念祖撰　清光緒九年（1883）仁和葛氏刻本　四冊

320000－1643－0000611　卯 3/48－1－1
景岳新方歌八卷　（清）吳辰燦等撰　清嘉慶十四年（1809）盡心齋刻本　一冊

320000－1643－0000612　卯 3/48－1－2
景岳新方歌八卷　（清）吳辰燦等撰　清嘉慶十四年（1809）盡心齋刻本　二冊

320000－1643－0000613　卯 3/48－1－3
景岳新方歌八卷　（清）吳辰燦等撰　清嘉慶十四年（1809）盡心齋刻本　二冊

320000－1643－0000614　卯 3/48
景岳新方歌八卷　（清）吳辰燦等撰　清刻本　一冊

320000－1643－0000615　M3/11
淨土四經四卷　（清）魏源譯並輯　清同治五年（1866）金陵刻經處刻本　一冊

320000－1643－0000616　卯 7/4－1
九丹全集一卷　（清）胡光墉編　清光緒三年（1877）杭州胡慶餘堂刻本　一冊

320000－1643－0000617　卯 7/4－2
九丹全集一卷　（清）胡光墉編　清光緒三年（1877）杭州胡慶餘堂刻本　一冊

320000－1643－0000618　卯 7/4－3
九丹全集一卷　（清）胡光墉編　清光緒三年（1877）杭州胡慶餘堂刻本　一冊

320000－1643－0000619　卯 7/4－4
九丹全集一卷　（清）胡光墉編　清光緒三年

(1877)杭州胡慶餘堂刻本　一册

320000－1643－0000620　卯 7/4－5
九丹全集一卷　(清)胡光墉編　清光緒三年(1877)杭州胡慶餘堂刻本　一册

320000－1643－0000621　午 32/31
救產全書不分卷　(清)謝文祥原輯　清康熙三十六年(1697)佟國翼刻本　一册

320000－1643－0000622　午 32/844
救產益母全生丸方一卷　(清)常建圻撰　清光緒八年(1882)鉛印本　一册

320000－1643－0000623　午 42/73
救偏瑣言十卷　(清)費啟泰撰　稿本　四册

320000－1643－0000624　午 42/73－1
救偏瑣言十卷　(清)費啟泰撰　清聚錦堂刻本　二册

320000－1643－0000625　午 42/73－2－1
救偏瑣言十卷　(清)費啟泰撰　清康熙二十七年(1688)惠迪堂刻本　四册

320000－1643－0000626　午 42/73－2－2
救偏瑣言十卷　(清)費啟泰撰　清康熙二十七年(1688)惠迪堂刻本　四册

320000－1643－0000627　卯 9/3
救食生煙筆記一卷　(清)沈俊卿撰　(清)衛祥椿編　清光緒二十三年(1897)江陰南菁書院刻本　一册

320000－1643－0000628　卯 5/61
居家必用方一卷　(清)姚文田錄　清光緒鉛印本　一册

320000－1643－0000629　酉 3/28
困學隨筆不分卷　(清)朱恩撰　清光緒六年(1880)刻本　二册

320000－1643－0000630　巳 4/675
蘭臺軌範八卷　(清)徐大椿撰　清乾隆二十九年(1764)刻本　四册

320000－1643－0000631　未 412/8－2
爛喉丹痧瑣言不分卷　(□)□□撰　清刻本　一册

320000－1643－0000632　寅 7/7－2－1
雷公炮製藥性解六卷　(明)李中梓輯　清刻本　二册

320000－1643－0000633　寅 7/7－2－2
雷公炮製藥性解六卷　(明)李中梓輯　清李光明莊刻本　二册

320000－1643－0000634　寅 7/7－2－3
雷公炮製藥性解六卷　(明)李中梓輯　清末刻本　一册　缺三卷(四至六)

320000－1643－0000635　寅 7/7－2－4
雷公炮製藥性解六卷珍珠囊補遺藥性賦四卷　(明)李中梓輯　清光緒三十四年(1908)蘇州振興書社石印本　一册

320000－1643－0000636　子 4/4－1－1
類經三十二卷圖翼十一卷附翼四卷　(明)張介賓類註　明天啟四年(1624)會稽謝應魁刻本　三十九册　缺四卷(附翼四卷)

320000－1643－0000637　子 4/4－1－2
類經三十二卷圖翼十一卷附翼四卷　(明)張介賓類註　明天啟四年(1624)會稽謝應魁刻本　二十四册　缺九卷(七至十一、圖翼四卷)

320000－1643－0000638　子 4/4－1－3
類經三十二卷圖翼十一卷附翼四卷　(明)張介賓類註　明天啟四年(1624)會稽謝應魁刻本　二十四册　缺十二卷(類經十五、圖翼十一卷)

320000－1643－0000639　子 4/4
類經三十二卷圖翼十一卷附翼四卷　(明)張介賓類註　清嘉慶四年(1799)萃英堂刻本　二十四册　缺十五卷(圖翼十一卷、附翼四卷)

320000－1643－0000640　子 4/4－1
類經三十二卷圖翼十一卷附翼四卷　(明)張介賓類註　清致和堂刻本　八册　存十五卷(圖翼十一卷、附翼四卷)

320000－1643－0000641　Z3/4
類腋五十五卷　(清)姚培謙撰　清寶仁堂刻本　十九册

320000－1643－0000642　卯 12/21
類證普濟本事方十卷　(宋)許叔微撰　清乾隆四十二年(1777)刻本　四册

320000－1643－0000643　巳 4/4－1－1
類證治裁八卷　(清)林珮琴撰　清光緒十年(1884)丹陽研經堂刻本　十册

320000－1643－0000644　巳 4/4－1－2
類證治裁八卷　(清)林珮琴撰　清光緒十年(1884)丹陽研經堂刻本　十册

320000－1643－0000645　巳 4/4－1－3
類證治裁八卷　(清)林珮琴撰　清光緒十年(1884)丹陽研經堂刻本　十册

320000－1643－0000646　巳 4/4－1－4
類證治裁八卷　(清)林珮琴撰　清光緒十年(1884)丹陽研經堂刻本　十册

320000－1643－0000647　巳 4/4－1－5
類證治裁八卷　(清)林珮琴撰　清光緒十年(1884)丹陽研經堂刻本　十册

320000－1643－0000648　巳 4/4－1－6
類證治裁八卷　(清)林珮琴撰　清光緒十年(1884)丹陽研經堂刻本　十册

320000－1643－0000649　巳 4/4
類證治裁八卷　(清)林珮琴撰　清同治七年(1868)江右撫崇謝敦本堂刻本　八册

320000－1643－0000650　酉 2/47
冷廬醫話五卷　(清)陸以湉撰　清光緒二十三年(1897)刻本　四册

320000－1643－0000651　酉 15/86
李翁醫記二卷　(清)焦循撰　清刻本　一册

320000－1643－0000652　卯 6/8－1
理瀹駢文不分卷　(清)吳尚先撰　清光緒七年(1881)刻本　四册

320000－1643－0000653　卯 6/89
理瀹駢文不分卷　(清)吳尚先撰　清光緒七年(1881)揚州存濟堂刻本　四册

320000－1643－0000654　卯 6/8－2
理瀹駢文不分卷　(清)吳尚先撰　清光緒五年(1879)刻本　四册

320000－1643－0000655　卯 6/8－3
理瀹駢文不分卷　(清)吳尚先撰　清同治三年(1864)海陵理瀹齋刻本　二册

320000－1643－0000656　卯 6/8－4
理瀹駢文不分卷　(清)吳尚先撰　清同治揚州雲藍閣刻本　四册

320000－1643－0000657　卯 6/8－5
理瀹駢文摘要不分卷　(清)吳尚先撰　清光緒三年(1877)吳縣潘敏德堂刻本　二册

320000－1643－0000658　卯 6/8－6
理瀹駢文摘要不分卷　(清)吳尚先撰　清光緒十三年(1887)古越徐氏融經館刻本　二册

320000－1643－0000659　午 22/6
理虛元鑑二卷　(明)汪綺石撰　清光緒二年(1876)葛氏嘯園刻本　一册

320000－1643－0000660　午 14/4－1
痢疾論四卷　(清)孔毓禮編　清道光二十七年(1847)千頃堂石印本　一册

320000－1643－0000661　午 14/4－2－1
痢疾論四卷　(清)孔毓禮編　清道光二十七年(1847)謙益堂刻本　二册

320000－1643－0000662　午 14/4－2－2
痢疾論四卷　(清)孔毓禮編　清道光二十七年(1847)謙益堂刻本　四册

320000－1643－0000663　午 14/4－3
痢疾論四卷　(清)孔毓禮編　清乾隆三十七年(1772)刻本　一册

320000－1643－0000664　午 14/8
痢症匯參十卷　(清)吳道源纂輯　清乾隆三十八年(1773)敦厚堂刻本　六册

320000－1643－0000665　午 14/8－1

痢症匯參十卷 (清)吳道源纂輯 清三讓堂刻本 四冊

320000－1643－0000666 D6/77
歷代地理沿革圖不分卷 (清)馬徵麟增輯 清同治十一年(1872)掃葉山房刻本 八冊

320000－1643－0000667 D2/11
歷代史論大成二十卷 題(清)藜光閣主人編 清光緒三十一年(1905)上海環地福書局刻本 二十冊

320000－1643－0000668 D2/1
歷代史略六卷 (清)柳詒徵編 清江楚書局刻本 八冊

320000－1643－0000669 未15/8
癘瘍機要三卷 (明)薛己撰 明刻本 一冊

320000－1643－0000670 卯5/44
良方便檢一卷 (清)彭翰孫編 清光緒五年(1879)廣州郡齋刻本 一冊

320000－1643－0000671 卯5/93
良方集要一卷 (清)周鶴群纂輯 清嘉慶十五年(1810)周位西刻本 一冊

320000－1643－0000672 卯5/419
良方集腋二卷續附一卷 (清)謝元慶編 清道光二十二年(1842)留耕堂刻本 二冊

320000－1643－0000673 卯13/47
良朋彙集五卷補遺一卷 (清)孫偉編 清光緒九年(1883)校經山房刻本 六冊

320000－1643－0000674 午32/38
臨產須知一卷 (清)周憬輯 清光緒三十二年(1906)蔣氏禮耕堂石印本 一冊

320000－1643－0000675 午32/38－1
臨產須知一卷 (清)周憬輯 清光緒三十二年(1906)上海陸氏鉛印本 一冊

320000－1643－0000676 卯5/413
臨證經驗方一卷 (清)張大爔輯 清光緒八年(1882)上海玉軸山房刻本 一冊

320000－1643－0000677 酉13/83
臨證醫案筆記六卷 (清)吳篪撰 清道光十六年(1836)刻本 六冊

320000－1643－0000678 酉13/54－1
臨證指南醫案十卷 (清)葉桂撰 清道光二十四年(1844)周氏刻本 十二冊

320000－1643－0000679 酉13/54－2
臨證指南醫案十卷 (清)葉桂撰 清光緒二十年(1894)劉氏刻本 十二冊

320000－1643－0000680 酉13/54－3
臨證指南醫案十卷 (清)葉桂撰 清嘉慶八年(1803)衛生堂刻本 十冊

320000－1643－0000681 酉13/54－4
臨證指南醫案十卷 (清)葉桂撰 清聚益堂刻本 十二冊

320000－1643－0000682 酉13/54－5－1
臨證指南醫案十卷 (清)葉桂撰 清同治三年(1864)刻本 十二冊

320000－1643－0000683 酉13/54－5－2
臨證指南醫案十卷 (清)葉桂撰 清同治三年(1864)刻本 十二冊

320000－1643－0000684 酉13/54－6
臨證指南醫案十卷 (清)葉桂撰 清同治文盛堂刻本 十二冊

320000－1643－0000685 子31/7－1
靈樞懸解九卷 (清)黃元御撰 清光緒六年(1880)陽湖馮氏刻本 四冊

320000－1643－0000686 子31/7－2
靈樞懸解九卷 (清)黃元御撰 清光緒六年(1880)陽湖馮氏刻本 四冊

320000－1643－0000687 子41/4
靈素集註節要淺註十二卷 (清)陳念祖註 清同治九年(1870)奎壁堂刻本 七冊

320000－1643－0000688 子41/4－1
靈素集註節要淺註十二卷 (清)陳念祖註 清同治四年(1865)刻本 六冊

320000－1643－0000689 子12/5

靈素提要淺註十卷　(清)陳念祖集註　清光緒三十三年(1907)善成堂刻本　五册

320000－1643－0000690　戌 4/3
靈征録不分卷　(清)劉毓奇　(清)趙蔭萱編輯　清光緒二十年(1894)常州陽邑廟神醫殿刻本　一册

320000－1643－0000691　酉 5/7
琉球百問不分卷　(清)曹存心撰　清咸豐九年(1859)刻本　二册

320000－1643－0000692　亥 22/3－2
劉河間傷寒六書　(金)劉完素等撰　明萬曆新安程效倩刻本　六册

320000－1643－0000693　亥 22/3－1
劉河間傷寒三書　(金)劉完素等撰　明萬曆繡谷吳繼宗刻本　十二册

320000－1643－0000694　亥 22/3－2－1
劉河間傷寒三書傷寒六書　(金)劉完素等撰　(明)吳勉學等校　明萬曆二十九年(1601)步月樓刻本　六册

320000－1643－0000695　亥 22/3－2－2
劉河間傷寒三書傷寒六書　(金)劉完素等撰　(明)吳勉學等校　明萬曆吳勉學刻本　十六册

320000－1643－0000696　亥 22/3－2－3
劉河間傷寒三書傷寒六書　(金)劉完素等撰　(明)吳勉學等校　明吳勉學懷德堂刻本　十六册

320000－1643－0000697　亥 22/3－2－4－1
劉河間傷寒三書傷寒六書　(金)劉完素等撰　(明)吳勉學等校　清宣統元年(1909)千頃堂石印本　八册

320000－1643－0000698　亥 22/3－2－4－2
劉河間傷寒三書傷寒六書　(金)劉完素等撰　(明)吳勉學等校　清宣統元年(1909)千頃堂石印本　八册

320000－1643－0000699　亥 22/3－2－4－3
劉河間傷寒三書傷寒六書　(金)劉完素等撰　(明)吳勉學等校　清宣統元年(1909)千頃堂石印本　五册

320000－1643－0000700　亥 22/3－2－4－4
劉河間傷寒三書傷寒六書　(金)劉完素等撰　(明)吳勉學等校　清宣統元年(1909)千頃堂石印本　八册

320000－1643－0000701　酉 12/4－1－1
柳選四家醫案四種八卷　(清)柳寶詒編　清光緒三十四年(1908)惜餘小舍刻本　六册

320000－1643－0000702　酉 12/4－1－2
柳選四家醫案四種八卷　(清)柳寶詒編　清光緒三十四年(1908)惜餘小舍刻本　六册

320000－1643－0000703　酉 12/4－1－3
柳選四家醫案四種八卷　(清)柳寶詒編　清光緒三十四年(1908)惜餘小舍刻本　六册

320000－1643－0000704　酉 12/4－2
柳選四家醫案四種八卷　(清)柳寶詒編　清文瑞樓刻本　四册

320000－1643－0000705　酉 12/4－3－1
柳選四家醫案四種八卷　(清)柳寶詒編　清宣統二年(1910)時中書局刻本　五册

320000－1643－0000706　酉 12/4－3－2
柳選四家醫案四種八卷　(清)柳寶詒編　清宣統二年(1910)時中書局刻本　四册

320000－1643－0000707　亥 23/18
六科證治準繩　(明)王肯堂撰　明萬曆刻本　六十一册

320000－1643－0000708　亥 23/18－1－1
六科證治準繩　(明)王肯堂撰　清光緒十八年(1892)圖書集成印書局鉛印本　四十册

320000－1643－0000709　亥 23/18－1－2
六科證治準繩　(明)王肯堂撰　清光緒十八年(1892)圖書集成印書局鉛印本　四十册

320000－1643－0000710　亥 23/18－1－3
六科證治準繩　(明)王肯堂撰　清光緒十八年(1892)圖書集成印書局鉛印本　四十册

320000－1643－0000711　亥23/18－1－4
六科證治準繩　(明)王肯堂撰　清光緒十八年(1892)圖書集成印書局鉛印本　三十五册

320000－1643－0000712　亥23/18－2
六科證治準繩　(明)王肯堂撰　清乾隆五十八年(1793)修敬堂刻本　六十四册

320000－1643－0000713　亥21/147－1
六醴齋醫書十種　(清)程永培輯　清乾隆五十九年(1794)修敬堂刻本　八十二册

320000－1643－0000714　亥21/147－2
六醴齋醫書十種　(清)程永培輯　清乾隆五十九年(1794)修敬堂刻本　二十册

320000－1643－0000715　亥21/147－3
六醴齋醫書十種　(清)程永培輯　清乾隆五十九年(1794)修敬堂刻本　十五册

320000－1643－0000716　巳4/89
羅氏會約醫鏡二十卷　(清)羅國綱輯　清乾隆五十四年(1789)大成堂刻本　十二册

320000－1643－0000717　酉5/4
侶山堂類辨三卷　(清)張志聰撰　清光緒三十一年(1905)鵲湖草堂田思紱刻本　三册

320000－1643－0000718　卯12/8
旅舍備要方一卷　(宋)董汲撰　清半畝園刻本　一册

320000－1643－0000719　K234/47
綠石山樵雜感詩不分卷　(清)陳春曉撰　清咸豐十年(1860)刻本　一册

320000－1643－0000720　午44/1
麻科活人全書四卷　(清)謝玉瓊撰　清光緒二十七年(1901)劉華翰刻本　二册

320000－1643－0000721　午44/21
麻症集成二卷　(清)朱楚芬輯　清道光二十七年(1847)掃葉山房刻本　二册

320000－1643－0000722　午44/2
麻症集成四卷　(清)朱載揚輯　清光緒五年(1879)印刷局鉛印本　一册

320000－1643－0000723　午44/39
痲疹全書四卷　(元)滑壽撰　清光緒三十一年(1905)蕭濟生堂刻本　三册　缺一卷(四)

320000－1643－0000724　未1/1－2－1
馬評陶批外科證治全生集四卷　(清)王維德編　清光緒三十三年(1907)掃葉山房刻本　二册

320000－1643－0000725　未1/1－2－2
馬評陶批外科證治全生集四卷　(清)王維德編　清光緒三十三年(1907)掃葉山房刻本　二册

320000－1643－0000726　未1/1－2－3
馬評陶批外科證治全生集四卷　(清)王維德編　清光緒三十三年(1907)掃葉山房刻本　二册

320000－1643－0000727　未1/1－2
馬評陶批外科證治全生集四卷　(清)王維德編　清光緒十年(1884)掃葉山房刻本　二册

320000－1643－0000728　巳11/1
脈經十卷　(晉)王熙撰　明萬曆三年(1575)布政司督糧道刻本　四册

320000－1643－0000729　巳11/1－1
脈經十卷　(晉)王熙撰　清光緒十九年(1893)宜都楊守敬景蘇園影印宋刻本　四册

320000－1643－0000730　巳11/1－2
脈經十卷　(晉)王熙撰　清光緒十七年(1891)池陽周氏刻本　四册

320000－1643－0000731　巳1/4－1
脈鏡須知二卷　(清)梅江村撰　清光緒二年(1876)貴池周明亮刻本　一册

320000－1643－0000732　巳1/4－2
脈鏡須知二卷　(清)梅江村撰　清光緒二年(1876)貴池周明亮刻本　一册

320000－1643－0000733　巳12/7
脈訣彙辨十卷　(清)李延昰輯　清康熙五年(1666)李氏刻本　三册

320000－1643－0000734　巳12/2

脈訣刊誤集解二卷　(元)戴起宗撰　清光緒十七年(1891)池陽周氏刻本　一册　存一卷(上)

320000－1643－0000735　巳 12/3
脈訣考證不分卷瀕湖脈學不分卷　(明)李時珍撰　清末刻本　一册

320000－1643－0000736　巳 1/31
脈理存真三卷　(元)滑壽撰　清光緒二年(1876)刻本　一册

320000－1643－0000737　巳 1/77
脈理求真三卷　(清)黄宫繡撰　清乾隆三十九年(1774)興順堂刻本　二册

320000－1643－0000738　巳 1/33
脈如二卷　(清)郭元峰撰　清道光七年(1827)刻本　二册

320000－1643－0000739　巳 1/75－1
脈學奇經八脈考不分卷　(明)李時珍撰　清光緒四年(1878)善成堂刻本　一册

320000－1643－0000740　巳 1/75－2
脈學奇經八脈考不分卷　(明)李時珍撰　清光緒五年(1879)三元堂刻本　一册

320000－1643－0000741　巳 1/75－3
脈學奇經八脈考不分卷　(明)李時珍撰　清芥子園刻本　二册

320000－1643－0000742　巳 1/75－4
脈學奇經八脈考不分卷　(明)李時珍撰　清末刻本　一册

320000－1643－0000743　巳 1/75－5－1
脈學奇經八脈考不分卷　(明)李時珍撰　清善成堂刻本　一册

320000－1643－0000744　巳 1/75－5－2
脈學奇經八脈考不分卷　(明)李時珍撰　清善成堂刻本　一册

320000－1643－0000745　巳 1/75－6
脈學奇經八脈考二卷　(明)李時珍撰　清初刻本　一册

320000－1643－0000746　巳 1/41
脈學一卷　(□)□□撰　清鈔本　一册

320000－1643－0000747　午 2/2－1－1
脈因證治二卷　(元)朱震亨撰　清光緒十七年(1891)池陽周學海刻本　二册

320000－1643－0000748　午 2/2－1－2
脈因證治二卷　(元)朱震亨撰　清光緒十七年(1891)池陽周學海刻本　二册

320000－1643－0000749　午 2/2
脈因證治二卷　(元)朱震亨撰　清乾隆頤生堂刻本　二册

320000－1643－0000750　巳 1/429－1
脈診便讀一卷　(清)張秉成撰　清光緒二十九年(1903)刻本　一册

320000－1643－0000751　巳 1/429－2
脈診便讀一卷　(清)張秉成撰　清光緒二十九年(1903)刻本　一册

320000－1643－0000752　午 45/8
慢驚條辨不分卷　(清)莊一夔撰　清同治六年(1867)則古昔齋刻本　一册

320000－1643－0000753　K231/42
毛詩傳疏五種　(清)陳奐疏　清光緒九年(1883)陳氏刻本　十二册

320000－1643－0000754　未 16/4
黴瘡秘錄二卷　(明)陳司成撰　清光緒十一年(1885)綠蔭堂刻本　二册

320000－1643－0000755　午 34/81
夢草亭醫書三種　(清)謝希禎編　清道光四年(1824)刻本　一册

320000－1643－0000756　午 34/81－1
夢草亭醫書三種　(清)謝希禎編　清咸豐十年(1860)種香山人謝希禎刻本　一册

320000－1643－0000757　未 2/6
秘傳打損撲跌傷奇方三卷　(□)□□撰　清乾隆五年(1740)鈔本　一册

320000－1643－0000758　未 41/86－2

秘傳喉科十八證一卷 (清)筍香氏錄 清光緒二十四年(1898)藝海出版部石印本 一冊

320000－1643－0000759 辰 1/9
勉學堂針灸集成四卷 (清)廖潤鴻撰 清光緒五年(1879)北京文寶堂刻本 四冊

320000－1643－0000760 卯 13/77
妙法良方 (清)童蕪敷編 清同治十三年(1874)山陰童榮壽堂刻本 一冊

320000－1643－0000761 K251/418
敏求軒述記十六卷 (清)陳世箴輯 清道光三十年(1850)刻本 八冊

320000－1643－0000762 酉 11/3－1
名醫類案十二卷 (明)江瓘撰 清光緒二十年(1894)上海著易堂刻本 十二冊

320000－1643－0000763 酉 11/3－2－1
名醫類案十二卷 (明)江瓘輯 清乾隆三十五年(1770)新安鮑氏知不足齋刻本 十二冊

320000－1643－0000764 酉 11/3－2－2
名醫類案十二卷 (明)江瓘輯 清乾隆三十五年(1770)新安鮑氏知不足齋刻本 十二冊

320000－1643－0000765 酉 11/3－2－3
名醫類案十二卷 (明)江瓘輯 清乾隆三十五年(1770)新安鮑氏知不足齋刻本 二冊 存三卷(一至三)

320000－1643－0000766 酉 11/3－3－1
名醫類案十二卷 (明)江瓘撰 清同治十年(1871)藏修堂刻本 十二冊

320000－1643－0000767 酉 11/3－3－2
名醫類案十二卷 (明)江瓘撰 清同治十年(1871)藏修堂刻本 十二冊

320000－1643－0000768 酉 11/3－4
名醫類案十二卷 (明)江瓘撰 清宣統元年(1909)上海書局石印本 四冊

320000－1643－0000769 酉 3/18
明醫雜著六卷 (明)王綸撰 明刻本 四冊

320000－1643－0000770 酉 3/18－1
明醫雜著六卷 (明)王綸撰 明刻本 四冊

320000－1643－0000771 申 2/1
明醫指掌十卷 (明)皇甫中撰 清光緒二十一年(1895)學庫山房刻本 十冊

320000－1643－0000772 申 2/1－1
明醫指掌十卷 (明)皇甫中撰 清嘉慶二十五年(1820)文林堂刻本 十冊

320000－1643－0000773 申 2/1－2
明醫指掌十卷 (明)皇甫中撰 清文林堂刻本 六冊

320000－1643－0000774 D651/4
秣陵集六卷 (清)陳文述撰 清光緒十年(1884)淮南書局刻本 三冊

320000－1643－0000775 午 2/67
男科醫書不分卷 (清)傅山撰 清光緒七年(1881)和天倪室刻本 二冊

320000－1643－0000776 午 2/67－1
男科醫書二卷 (清)傅山撰 清末刻本 一冊 存一卷(上)

320000－1643－0000777 午 1/5－1
南病别鑑一卷 (清)葉桂等撰 清光緒九年(1883)刻本 一冊

320000－1643－0000778 午 1/5－2
南病别鑑一卷 (清)葉桂等撰 清光緒九年(1883)刻本 一冊

320000－1643－0000779 酉 13/5－4
南陽醫案不分卷 (清)葉桂撰 清鈔本 二冊

320000－1643－0000780 子 5/6－3
難經經釋二卷 (清)徐大椿註釋 清光緒四年(1878)掃葉山房刻本 一冊

320000－1643－0000781 子 5/6－2
難經經釋二卷 (清)徐大椿註釋 清乾隆六年(1741)徐氏刻本 二冊

320000－1643－0000782 子 5/6－1
難經經釋二卷 (清)徐大椿註釋 清松風書

屋刻本　一冊

320000－1643－0000783　子 5/6－4
難經經釋二卷　(清)徐大椿註釋　清同治刻本　一冊

320000－1643－0000784　子 5/7
難經懸解二卷　(清)黄元御撰　清同治十一年(1872)陽湖馮氏刻本　一冊

320000－1643－0000785　子 12/9－1
内經評文三十三卷　(清)周學海註　清光緒二十四年(1898)皖南建德周學海刻本　六冊

320000－1643－0000786　子 12/9－2
内經評文三十三卷　(清)周學海註　清光緒二十四年(1898)皖南建德周學海刻本　八冊

320000－1643－0000787　子 41/7－3－1
内經知要二卷　(明)李中梓編註　清光緒九年(1883)常熟抱芳閣刻本　二冊

320000－1643－0000788　子 41/7－3－2
内經知要二卷　(明)李中梓編註　清光緒九年(1883)常熟抱芳閣刻本　二冊

320000－1643－0000789　子 41/7－4
内經知要二卷　(明)李中梓編註　清光緒九年(1883)上洋江左書林刻本　二冊

320000－1643－0000790　子 41/7－1
内經知要二卷　(明)李中梓編註　清光緒九年(1883)上洋紫文閣刻本　二冊

320000－1643－0000791　子 41/7－2
内經知要二卷　(明)李中梓編註　清光緒十六年(1890)常郡文興堂刻本　二冊

320000－1643－0000792　子 41/7
内經知要二卷　(明)李中梓編註　清末刻本　二冊

320000－1643－0000793　午 2/764－1－1
内科闡微不分卷　(美國)嘉約翰撰　清光緒十五年(1889)羊城博濟醫局刻本　一冊

320000－1643－0000794　午 2/764－1－2
内科闡微不分卷　(美國)嘉約翰撰　清光緒十五年(1889)羊城博濟醫局刻本　一冊

320000－1643－0000795　午 2/764
内科闡微不分卷　(美國)嘉約翰撰　清同治十二年(1873)羊城博濟醫局刻本　一冊

320000－1643－0000796　午 2/9
内科理法前編六卷後編六卷三編十卷　(英國)虎伯撰　清光緒二十六年(1900)小倉山房刻本　四冊

320000－1643－0000797　午 2/9－1
内科理法前編六卷後編六卷三編十卷　(英國)虎伯撰　清刻本　十二冊

320000－1643－0000798　午 2/81
内科摘要二卷　(明)薛己撰　(明)吴玄有校　明刻本　二冊

320000－1643－0000799　午 2/81－1
内科摘要二卷　(明)薛己撰　(明)蔣宗澹校　明刻本　一冊

320000－1643－0000800　卯 13/1
内外科摘錄四卷首一卷　(清)文晟輯　清同治四年(1865)萍鄉文延慶堂刻本　四冊

320000－1643－0000801　午 2/7
内外傷辨三卷　(金)李杲撰　明嘉靖梅南書屋刻本　一冊

320000－1643－0000802　午 2/7－1－1
内外傷辨三卷　(金)李杲撰　明萬曆吴勉學刻本　三冊

320000－1643－0000803　午 2/7－1－2
内外傷辨三卷　(金)李杲撰　明萬曆吴勉學刻本　二冊

320000－1643－0000804　D2/2－1
廿四史　清同治十三年(1874)金陵書局刻本　八百二十七冊

320000－1643－0000805　D2/2
廿四史　清咸豐元年(1851)刻本　七百三十三冊

320000－1643－0000806　D2/22

廿四史人物類考四十六卷 (清)程維周撰 清光緒二十九年(1903)上海緯文閣刻本 八册

320000－1643－0000807 午 31/74
寧坤秘笈三卷 (清)竹林寺僧撰 清乾隆五十一年(1786)岡礪堂刻本 二册

320000－1643－0000808 卯 5/21
寧壽堂經驗濟急丹方三卷 (清)諸同人輯 清嘉慶三年(1798)刻本 一册

320000－1643－0000809 午 43/6－2
牛痘新書不分卷 (清)邱熺撰 清光緒十三年(1887)允文堂刻本 一册

320000－1643－0000810 午 43/84
牛痘新書不分卷 (清)武榮綸編 清光緒十一年(1885)新城集仁堂刻本 一册

320000－1643－0000811 午 42/21
牛痘真傳不分卷 (清)胡愛山撰 清光緒三十年(1904)刻本 一册

320000－1643－0000812 申 63/1
牛經大全二卷 (明)喻本元撰 清光緒三十四年(1908)書業堂刻本 二册

320000－1643－0000813 午 31/67
女科歌訣六卷 (清)邵登瀛輯 清光緒刻本 一册

320000－1643－0000814 午 31/67－1
女科歌訣六卷 (清)邵登瀛編 清光緒六年(1880)吳門邵氏刻本 一册

320000－1643－0000815 午 3/9
女科輯要八卷 (清)周紀常撰 清道光三年(1823)山陰後馬村刻本 三册

320000－1643－0000816 午 3/9－1
女科輯要八卷 (清)周紀常撰 清同治四年(1865)奎照樓刻本 二册

320000－1643－0000817 午 31/83
女科經綸八卷 (清)蕭壎撰 清光緒十六年(1890)掃葉山房刻本 四册

320000－1643－0000818 午 31/83－1－1
女科經綸八卷 (清)蕭壎撰 清光緒十六年(1890)燕貽堂刻本 四册

320000－1643－0000819 午 31/83－1－2
女科經綸八卷 (清)蕭壎撰 清光緒十六年(1890)燕貽堂刻本 四册

320000－1643－0000820 午 31/83－1－3
女科經綸八卷 (清)蕭壎撰 清光緒十六年(1890)燕貽堂刻本 四册

320000－1643－0000821 午 31/83－2
女科經綸八卷 (清)蕭壎撰 清乾隆四十六年(1781)湖郡有鴻齋刻本 四册

320000－1643－0000822 午 31/83－3－1
女科經綸八卷 (清)蕭壎撰 清乾隆四十六年(1781)燕貽堂刻本 四册

320000－1643－0000823 午 31/83－3－2
女科經綸八卷 (清)蕭壎撰 清乾隆四十六年(1781)燕貽堂刻本 四册

320000－1643－0000824 午 31/6
女科良方三卷 (清)傅山撰 清光緒三十二年(1906)掃葉山房刻本 三册

320000－1643－0000825 午 31/6－1
女科良方三卷 (清)傅山撰 清光緒十八年(1892)掃葉山房刻本 四册

320000－1643－0000826 午 31/6－2
女科良方三卷 (清)傅山撰 清光緒十九年(1893)閩浙督署刻本 四册

320000－1643－0000827 午 31/3
女科萬金方不分卷 (清)鄭元良傳 清康熙二十八年(1689)鈔本 六册

320000－1643－0000828 午 31/6－3
女科仙方四卷 (清)傅山撰 清道光二十八年(1848)中壩桂籍齋刻本 三册

320000－1643－0000829 午 31/499
女科要略四卷 (清)潘霨編 清光緒三年(1877)湖北藩署刻本 一册

320000－1643－0000830　午32/75

女科真傳要旨不分卷　(宋)薛將仕撰　明鈔本　一冊

320000－1643－0000831　午31/7

女科指掌五卷　(清)葉其蓁編　清光緒十五年(1889)來青閣刻本　四冊

320000－1643－0000832　午31/7－1－1

女科指掌五卷　(清)葉其蓁編　清光緒元年(1875)上海海左書局石印本　一冊

320000－1643－0000833　午31/7－1－2

女科指掌五卷　(清)葉其蓁編　清光緒元年(1875)上海海左書局石印本　一冊

320000－1643－0000834　午31/7－2

女科指掌五卷　(清)葉其蓁編　清刻本　一冊　存一卷(五)

320000－1643－0000835　午31/7－3

女科指掌五卷　(清)葉其蓁編　清土會成書局刻本　四冊

320000－1643－0000836　午3/2

女學篇一卷　(清)曾懿撰　清光緒三十三年(1907)長沙刻本　一冊

320000－1643－0000837　J23/46

埤雅二十卷　(宋)陸佃撰　清康熙刻本　八冊

320000－1643－0000838　午2/7－2

脾胃論三卷　(金)李杲撰　明萬曆吳勉學刻本　三冊

320000－1643－0000839　丑17/5

辟陰集説一卷　(清)吟香館主人編　清光緒十六年(1890)江寧學解刻本　一冊

320000－1643－0000840　未1/37

片石居瘍刻遺篇二卷　(清)沈志裕編　清道光八年(1828)志古堂刻本　一冊

320000－1643－0000841　卯13/5

平易方四卷　(清)葉香侶撰　清嘉慶九年(1804)武林大有堂刻本　四冊

320000－1643－0000842　午2/5

評琴書屋詩草二卷　(清)潘名熊撰　清同治七年(1868)刻本　二冊

320000－1643－0000843　卯5/418

普濟應驗良方十一卷　(清)德軒氏輯　清金陵李光明莊刻本　二冊

320000－1643－0000844　卯5/5

奇方類編二卷　(清)吳世昌編　清康熙五十八年(1719)錢塘孫氏淵藻堂刻本　二冊

320000－1643－0000845　卯9/1

奇疾方一卷　(清)王遠輯　清刻本　一冊

320000－1643－0000846　未41/8－1

奇驗喉症明辨四卷　(清)吳錫璜刪補　清光緒十三年(1887)文瑞樓石印本　一冊

320000－1643－0000847　未41/8－2

奇驗喉症明辨四卷　(清)吳錫璜刪補　清光緒十三年(1887)文瑞樓石印本　二冊

320000－1643－0000848　巳4/718

齊氏家傳醫秘二卷　(清)齊秉慧撰　清道光二十年(1840)刻本　四冊

320000－1643－0000849　酉13/72

齊氏醫案六卷　(清)齊有堂撰　清嘉慶十一年(1806)聚奎堂刻本　六冊

320000－1643－0000850　未3/481

啟蒙真諦不分卷　(清)鄧苑撰　清光緒八年(1882)媯川胡崧刻本　二冊

320000－1643－0000851　K234/7

千家詩註解二卷　(清)吉松橋選註　清刻本　二冊

320000－1643－0000852　卯11/4－3

千金寶要六卷　(唐)孫思邈撰　清光緒二十一年(1895)上海刻書局石印本　四冊

320000－1643－0000853　卯11/45

千金方衍義三十卷　(清)張璐撰　清光緒五年(1879)步月山房刻本　二十八冊

320000－1643－0000854　卯11/45－1－1

千金方衍義三十卷　(清)張璐撰　清嘉慶五年(1800)掃葉山房刻本　二十四冊　缺九卷(二十二至三十)

320000－1643－0000855　卯 11/45－1－2
千金方衍義三十卷　(清)張璐撰　清嘉慶五年(1800)掃葉山房刻本　三十二冊

320000－1643－0000856　卯 11/45－1－3
千金方衍義三十卷　(清)張璐撰　清嘉慶五年(1800)掃葉山房刻本　三十二冊

320000－1643－0000857　卯 11/4－4
千金方衍義三十卷　(清)張璐撰　**千金翼方三十卷**　(唐)孫思邈撰　清同治七年(1868)姑蘇掃葉山房刻本　五十一冊　缺一卷(二)

320000－1643－0000858　卯 11/4－1－1
千金要方三十卷　(唐)孫思邈撰　清康熙三十年(1691)喻氏刻本　十六冊

320000－1643－0000859　卯 11/4－2－1
千金翼方三十卷　(唐)孫思邈撰　清光緒四年(1878)上海刻本　八冊

320000－1643－0000860　卯 11/4－3－2
千金翼方三十卷　(唐)孫思邈撰　清刻本　一冊　存三卷(十四至十六)

320000－1643－0000861　午 42/81
千金至寶不分卷　(清)莊一夔撰　清同治四年(1865)蘭省山陝會館刻本　一冊

320000－1643－0000862　亥 23/17
潛齋醫書五種　(清)王士雄撰　清光緒二十二年(1896)圖書集成印書局鉛印本　八冊

320000－1643－0000863　午 4/66－2－1
錢氏小兒藥證直訣三卷　(宋)錢乙撰　清光緒四年至五年(1878－1879)刻本　一冊

320000－1643－0000864　午 4/66－2－2
錢氏小兒藥證直訣三卷　(宋)錢乙撰　清光緒四年至五年(1878－1879)刻本　一冊

320000－1643－0000865　午 33/8
青江修方案證四卷　題(清)蓬巢子撰　清雍正二年(1724)青江孫氏親慶堂刻本　二冊

320000－1643－0000866　卯 5/74
青囊立效秘方二卷　(清)李彭年編　清光緒九年(1883)刻本　一冊

320000－1643－0000867　未 2/7
青囊全集秘旨二卷　(清)黃廷爵編　清光緒三十二年(1906)金陵一得齋刻本　二冊

320000－1643－0000868　未 3/4
青囊遺集眼科闡奥不分卷　(□)□□撰　清鈔本　一冊

320000－1643－0000869　未 2/71
全生保命秘書不分卷　(清)程打虎傳　清光緒二十六年(1900)全鵝書屋沈記才鈔本　一冊

320000－1643－0000870　卯 12/15
全生指迷方四卷　(宋)王貺撰　清半畝園刻本　一冊

320000－1643－0000871　卯 12/15－1
全生指迷方四卷　(宋)王貺撰　清新昌莊木生刻本　二冊

320000－1643－0000872　午 4/11
全嬰心法不分卷　(清)石成金撰　清鈔本　一冊

320000－1643－0000873　午 4/11－1
全嬰心法不分卷　(清)石成金撰　清康熙五十八年(1719)刻本　一冊

320000－1643－0000874　卯 14/46
闕待新編二卷　(清)孫能遷撰　清宣統元年(1909)煙臺立成印書館鉛印本　一冊

320000－1643－0000875　R6/37
群芳譜一百卷　(明)王象晉輯　清同治七年(1868)掃葉山房刻本　二十六冊

320000－1643－0000876　申 3/46
人鏡經八卷附録二卷　(□)□□撰　清雍正十一年(1733)張鶴州刻本　五冊

320000－1643－0000877　D921/2
人譜二卷　(明)劉宗周撰　清乾隆教忠堂刻本　二冊

320000－1643－0000878　Z7/3
日知録三十二卷　(清)顧炎武撰　清光緒三年(1877)掃葉山房刻本　十六冊

320000－1643－0000879　巳4/41－1
儒門事親十五卷　(金)張子和撰　清宣統二年(1910)上海千頃堂石印本　六冊

320000－1643－0000880　巳4/41－2
儒門事親十五卷　(金)張子和撰　清宣統二年(1910)上海千頃堂石印本　六冊

320000－1643－0000881　巳4/41－3
儒門事親十五卷　(金)張子和撰　清宣統二年(1910)上海千頃堂石印本　六冊

320000－1643－0000882　巳4/41－4
儒門事親十五卷　(金)張子和撰　清宣統二年(1910)上海千頃堂石印本　六冊

320000－1643－0000883　巳4/41－5
儒門事親十五卷　(金)張子和撰　清宣統二年(1910)上海千頃堂石印本　六冊

320000－1643－0000884　申2/36－1
儒門醫學三卷　(英國)海得蘭撰　清同治六年(1867)江南製造總局刻本　四冊

320000－1643－0000885　申2/36－2
儒門醫學三卷　(英國)海得蘭撰　清同治六年(1867)江南製造總局刻本　三冊

320000－1643－0000886　申2/36－3
儒門醫學三卷　(英國)海得蘭撰　清同治六年(1867)江南製造總局刻本　一冊

320000－1643－0000887　申2/36－4
儒門醫學三卷　(英國)海得蘭撰　清同治六年(1867)江南製造總局刻本　三冊

320000－1643－0000888　申2/36－5
儒門醫學三卷　(英國)海得蘭撰　清同治六年(1867)江南製造總局刻本　四冊

320000－1643－0000889　卯2/43－1
三朝名醫方論不分卷　(宋)駱龍吉　(金)劉完素　(清)羅美撰　清光緒二十六年(1900)千頃堂書局石印本　六冊

320000－1643－0000890　卯2/43－2
三朝名醫方論不分卷　(宋)駱龍吉　(金)劉完素　(清)羅美撰　清光緒二十六年(1900)千頃堂書局石印本　六冊

320000－1643－0000891　酉12/8
三家醫案合刻三卷　(清)吳金壽輯　清常州晉升山房刻本　二冊

320000－1643－0000892　酉12/8－1
三家醫案合刻三卷　(清)吳金壽輯　清誠德堂刻本　一冊　缺二卷(二至三)

320000－1643－0000893　酉12/8－2
三家醫案合刻三卷　(清)吳金壽輯　清道光刻本　五冊

320000－1643－0000894　酉12/8－3－1
三家醫案合刻三卷　(清)吳金壽輯　清姑蘇綠潤堂刻本　一冊

320000－1643－0000895　酉12/8－3－2
三家醫案合刻三卷　(清)吳金壽輯　清姑蘇綠潤堂刻本　一冊

320000－1643－0000896　酉12/8－3－3
三家醫案合刻三卷　(清)吳金壽輯　清姑蘇綠潤堂刻本　六冊

320000－1643－0000897　酉12/8－4－1
三家醫案合刻三卷　(清)吳金壽輯　清姑蘇綠慎堂刻本　二冊

320000－1643－0000898　酉12/8－4－2
三家醫案合刻三卷　(清)吳金壽輯　清姑蘇綠慎堂刻本　二冊

320000－1643－0000899　酉12/8－5
三家醫案合刻三卷　(清)吳金壽輯　清姑蘇綠蔭堂刻本　二冊

320000－1643－0000900　酉12/8－6
三家醫案合刻三卷　(清)吳金壽輯　清光緒二十七年(1901)上海漢讀樓刻本　二冊

320000－1643－0000901　酉12/8－7
三家醫案合刻三卷　(清)吳金壽輯　清掃葉山房刻本　二冊

320000－1643－0000902　酉 2/2
三家醫話三種三卷　(清)王士雄編　清咸豐元年(1851)重慶堂刻本　一册

320000－1643－0000903　K251/6
三借廬筆談十二卷　(清)鄒弢撰　清光緒十一年(1885)文明書局刻本　四册

320000－1643－0000904　F229/08
三通七百四十八卷　清咸豐九年(1859)崇仁謝氏刻本　一百九十二册

320000－1643－0000905　巳 12/1
三指禪脈訣度針一卷　(清)周學霆撰　清刻本　一册

320000－1643－0000906　巳 1/7
三指禪三卷　(清)周學霆撰　清道光十二年(1832)大文堂刻本　三册

320000－1643－0000907　巳 1/7－1
三指禪三卷　(清)周學霆撰　清光緒二十一年(1895)澹雅書局刻本　二册

320000－1643－0000908　巳 1/7－2
三指禪三卷　(清)周學霆撰　清光緒十年(1884)金粟庵行者抄本　二册

320000－1643－0000909　酉 4/3
散記續編一卷　(清)許豫和撰　清嘉慶六年(1801)許氏刻本　一册

320000－1643－0000910　午 42/8
痧痘集解六卷　(清)俞天池集解　清光緒二年(1876)維揚李松壽刻本　四册

320000－1643－0000911　午 42/8－1
痧痘集解六卷　(清)俞天池集解　清乾隆五十二年(1787)懷德堂刻本　四册

320000－1643－0000912　未 412/6
痧喉闡義一卷　(清)程鏡宇撰　清光緒三年(1877)維揚從吾齋刻本　一册

320000－1643－0000913　午 14/42
痧喉痢瘧經驗奇方一卷　(清)倪宗賢撰　清宣統三年(1911)鴻文書局石印本　一册

320000－1643－0000914　未 412/71
痧喉正的一卷　(清)曹心怡撰　清光緒十六年(1890)朗齋刻本　一册

320000－1643－0000915　未 412/71－1
痧喉正的一卷　(清)曹心怡撰　清宣統三年(1911)鄭嵩崖鉛印本　一册

320000－1643－0000916　未 412/4
痧喉正義一卷　(清)張振鋆編　清光緒十五年(1889)邗上張氏刻本　一册

320000－1643－0000917　未 412/3
痧喉證治匯言一卷　(清)施猷編　清同治十一年(1872)學仁術齋刻本　一册

320000－1643－0000918　未 412/33
痧科秘集不分卷　(清)高味卿校　清同治元年(1862)寶賢堂書坊刻本　一册

320000－1643－0000919　午 15/3
痧脹玉衡書三卷後卷一卷　(清)郭志邃撰　清康熙十七年(1678)揚州有文堂刻本　二册

320000－1643－0000920　午 15/3－1
痧脹玉衡書三卷後卷一卷　(清)郭志邃撰　清掃葉山房刻本　四册

320000－1643－0000921　午 15/3－2
痧脹玉衡書三卷後卷一卷　(清)郭志邃撰　清同治十三年(1874)刻本　二册

320000－1643－0000922　午 15/32
痧脹源流一卷　(清)沈金鰲撰　清道光二十一年(1841)王家刻字鋪刻本　一册

320000－1643－0000923　午 15/44－1－1
痧症匯要四卷　(清)孫玘編　清光緒五年(1879)福琅鬟主人刻本　四册

320000－1643－0000924　午 15/44－1－2
痧症匯要四卷　(清)孫玘編　清光緒五年(1879)福琅鬟主人刻本　三册

320000－1643－0000925　午 15/44－1－3
痧症匯要四卷　(清)孫玘編　清光緒五年(1879)福琅鬟主人刻本　三册

320000－1643－0000926　午 15/44－1－4
痧症匯要四卷　(清)孫玘編　清光緒五年(1879)福琅鬟主人刻本　一册

320000－1643－0000927　午 15/1
痧症全書三卷　(清)王凱輯　清道光五年(1825)曆下花壽山刻本　一册

320000－1643－0000928　午 15/1－1
痧症全書三卷　(清)王凱輯　清光緒四年(1878)都門慈幼堂刻本　一册

320000－1643－0000929　午 15/1－2
痧症全書三卷　(清)王凱輯　清同治十三年(1874)河南藩庫廳官署刻本　一册

320000－1643－0000930　午 15/1－3
痧症全書三卷　(清)王凱輯　清咸豐七年(1857)海山仙館刻本　一册

320000－1643－0000931　午 15/73
痧症指微不分卷　(清)釋普淨撰　清嘉慶、道光鈔本　二册

320000－1643－0000932　午 15/73－1
痧症指微不分卷　(清)釋普淨撰　清同治十年(1871)文玉齋刻本　一册

320000－1643－0000933　酉 6/3－1－1
山公醫旨五卷　(明)施永圖輯　清繡水讀書堂刻本　二册

320000－1643－0000934　酉 6/3－1－2
山公醫旨五卷　(明)施永圖輯　清繡水讀書堂刻本　四册

320000－1643－0000935　Q982/8
山海經廣註十八卷　(清)吳任臣撰　清咸豐元年(1851)文匯堂刻本　六册

320000－1643－0000936　亥 23/12－2－1
删註脈訣規正二卷　(明)張世賢圖註　清光緒十七年(1891)金溪三讓堂刻本　二册

320000－1643－0000937　巳 12/32
删註脈訣規正二卷　(清)沈鏡删註　清刻本　一册　存一卷(上)

320000－1643－0000938　亥 23/12－2－1
删註脈訣規正二卷　(明)張世賢圖註　清咸豐七年(1857)經綸堂刻本　二册

320000－1643－0000939　巳 12/32－1
删註脈訣規正二卷　(清)沈鏡删註　清宣統元年(1909)同文會刻本　二册

320000－1643－0000940　亥 23/12－2－2－1
删註脈訣規正二卷　(明)張世賢圖註　清西山堂刻本　二册

320000－1643－0000941　卯 9/33
商辦戒煙會良方一卷　(清)閔瑩山撰　清宣統元年(1909)漢口漢康印書局刻本　一册

320000－1643－0000942　丑 12/41
傷寒辨證四卷　(清)陳堯道撰　清浣花室主人鈔本　四册

320000－1643－0000943　丑 12/41－1
傷寒辨證四卷　(清)陳堯道撰　清會文堂石印本　一册

320000－1643－0000944　丑 12/37
傷寒標本心法類萃二卷　(金)劉完素撰　明萬曆二十九年(1601)吳勉學刻本　二册

320000－1643－0000945　丑 12/19
傷寒補天石二卷續二卷　(明)戈維城撰　清嘉慶十六年(1811)汲綆齋活字本　八册

320000－1643－0000946　丑 12/31
傷寒補亡論二十卷　(宋)郭雍撰　清道光元年(1821)武昌心太平軒刻本　十二册

320000－1643－0000947　丑 12/3671
傷寒傳變大略一卷　(清)沈竹安撰　清邀月書屋鈔本　一册

320000－1643－0000948　丑 12/78
傷寒大白四卷　(清)秦之楨撰　清康熙五十三年(1714)其順堂刻本　四册

320000－1643－0000949　丑 11/35
傷寒發微論二卷　(宋)許叔微撰　清鈔本　一册

320000－1643－0000950　丑 11/35－1

傷寒發微論二卷　(宋)許叔微撰　清光緒十年(1884)王氏文海堂刻本　一册

320000－1643－0000951　丑 14/3

傷寒發微論二卷百證歌四卷　(宋)許叔微撰　清光緒七年(1881)吴興陸心源刻本　三册

320000－1643－0000952　丑 11/8

傷寒分經十卷　(清)吴儀洛訂　清乾隆三十一年(1766)利濟堂刻本　四册

320000－1643－0000953　丑 12/47－2

傷寒附翼二卷　(清)柯琴撰　清刻本　二册

320000－1643－0000954　丑 11/1－2

傷寒貫珠集八卷　(清)尤怡編註　清嘉慶十五年(1810)緑潤堂刻本　四册

320000－1643－0000955　丑 11/1

傷寒貫珠集八卷　(清)尤怡編註　清刻本　四册

320000－1643－0000956　丑 11/1－1

傷寒貫珠集八卷　(清)尤怡編註　清緑蔭堂刻本　四册

320000－1643－0000957　丑 12/2

傷寒廣要五卷　(日本)丹波元堅撰　清鈔本　一册

320000－1643－0000958　丑 11/49

傷寒兼證析義一卷　(清)張倬撰　清康熙二十八年(1689)郭琇刻本　一册

320000－1643－0000959　丑 11/42

傷寒經解不分卷　(清)姚球集註　清鈔本　八册

320000－1643－0000960　丑 11/642

傷寒經註十三卷　(清)程知編註　清乾隆三十一年(1766)勤慎堂刻本　四册

320000－1643－0000961　丑 11/47－3

傷寒來蘇集八卷　(清)柯琴撰　清宏道堂刻本　八册

320000－1643－0000962　丑 11/47－4

傷寒來蘇集八卷　(清)柯琴撰　清金閶緑慎堂刻本　六册

320000－1643－0000963　丑 11/47－1

傷寒來蘇集八卷　(清)柯琴撰　清刻本　八册

320000－1643－0000964　丑 11/47－2

傷寒來蘇集八卷　(清)柯琴撰　清刻本　八册

320000－1643－0000965　丑 11/47－5

傷寒來蘇集八卷　(清)柯琴撰　清掃葉山房刻本　六册

320000－1643－0000966　丑 12/25－1

傷寒類證活人書二十二卷　(宋)朱肱撰　清光緒二十三年(1897)拾芥園刻本　四册

320000－1643－0000967　丑 12/25

傷寒類證活人書二十二卷　(宋)朱肱撰　清光緒十二年(1886)廣東刻本　四册

320000－1643－0000968　丑 12/25－2

傷寒類證活人書二十二卷　(宋)朱肱撰　清光緒十年(1884)江南機器製造局刻本　一册

320000－1643－0000969　丑 11/68－1

傷寒論本義十八卷首一卷末一卷　(清)魏荔彤撰　清康熙六十年(1721)刻本　十册

320000－1643－0000970　丑 11/68

傷寒論本義十八卷首一卷末一卷　(清)魏荔彤撰　清雍正二年(1724)學耕堂刻本　六册

320000－1643－0000971　丑 12/48

傷寒論大全四卷　(明)陶華述　上海千頃堂刻本　二册

320000－1643－0000972　丑 12/374

傷寒論讀一卷　(清)沈堯封撰　清乾隆三十年(1765)刻本　一册

320000－1643－0000973　丑 11/69

傷寒論後條辨十五卷　(清)程應旄撰　清康熙十年(1671)式好堂刻本　六册　缺二卷(七至八)

320000－1643－0000974　丑 11/69－1
傷寒論後條辨十五卷　(清)程應旄撰　清乾隆九年(1744)文明閣刻本　六冊

320000－1643－0000975　丑 11/44
傷寒論集註六卷　(清)張志聰註解　清咸豐十一年(1861)左氏莊刻本　四冊

320000－1643－0000976　丑 1/08
傷寒論節錄不分卷　(□)□□撰　清鈔本　一冊

320000－1643－0000977　丑 11/97－1
傷寒論淺註補正七卷　(清)陳念祖註　清光緒二十年(1894)褒海山房刻本　三冊

320000－1643－0000978　丑 11/97－2
傷寒論淺註補正七卷　(清)陳念祖註　清光緒二十年(1894)褒海山房刻本　三冊

320000－1643－0000979　丑 11/96
傷寒論淺註六卷　(清)陳念祖註　清裕成堂刻本　二冊

320000－1643－0000980　丑 11/9
傷寒論三註十八卷　(清)周揚俊輯註　清乾隆八年(1743)世德堂刻本　四冊

320000－1643－0000981　丑 11/9－3
傷寒論三註十六卷　(清)周揚俊輯註　清光緒十六年(1890)平邑堂刻本　六冊

320000－1643－0000982　丑 11/9－2
傷寒論三註十六卷　(清)周揚俊輯註　清光緒十三年(1887)味經堂刻本　六冊

320000－1643－0000983　丑 11/9－1
傷寒論三註十六卷　(清)周揚俊輯註　清光緒十三年(1887)漁古山房刻本　八冊

320000－1643－0000984　丑 11/9－4
傷寒論三註十六卷　(清)周揚俊輯註　清乾隆四十五年(1780)松心堂刻本　六冊

320000－1643－0000985　丑 12/7
傷寒論尚論篇辨似一卷　(漢)張機撰　(清)喻昌編　(清)高學山校正　清鈔本　一冊

320000－1643－0000986　丑 11/2
傷寒論述義補一卷　(日本)丹波元堅撰　清鈔本　一冊

320000－1643－0000987　丑 11/11－1
傷寒論條辨八卷附錄三卷　(清)方有執撰　清康熙五十八年(1719)浩然樓刻本　四冊

320000－1643－0000988　丑 11/11－2
傷寒論條辨八卷附錄三卷　(清)方有執撰　清康熙五十八年(1719)浩然樓刻本　四冊

320000－1643－0000989　丑 11/11－3
傷寒論條辨八卷附錄三卷　(清)方有執撰　清康熙五十八年(1719)浩然樓刻本　四冊

320000－1643－0000990　丑 11/11－4
傷寒論條辨八卷附錄三卷　(清)方有執撰　清康熙五十八年(1719)浩然樓刻本　八冊

320000－1643－0000991　丑 12/47－1
傷寒論翼二卷　(清)柯琴撰　清初刻本　二冊

320000－1643－0000992　丑 12/47－2－1
傷寒論翼二卷　(清)柯琴撰　清光緒十九年(1893)蘇州綠蔭堂刻本　二冊

320000－1643－0000993　丑 12/47－3
傷寒論翼二卷　(清)柯琴撰　清光緒十九年(1893)孫氏刻本　四冊

320000－1643－0000994　丑 12/47－4
傷寒論翼二卷　(清)柯琴撰　清刻本　二冊

320000－1643－0000995　丑 12/47－5
傷寒論翼二卷　(清)柯琴撰　清末石印本　一冊

320000－1643－0000996　丑 12/47－6
傷寒論翼二卷　(清)柯琴撰　清文瑞樓石印本　四冊

320000－1643－0000997　丑 11/4－1
傷寒論直解六卷傷寒附餘一卷　(清)張錫駒註解　清光緒十一年(1885)醉經閣刻本　六冊

320000－1643－0000998　丑 11/4
傷寒論直解六卷傷寒附餘一卷　(清)張錫駒註解　清康熙五十一年(1712)刻本　四冊

320000－1643－0000999　丑 11/5
傷寒論註四卷　(清)柯琴註　清刻本　一冊　存一卷(一)

320000－1643－0001000　丑 12/11
傷寒明理論三卷　(金)成無己撰　清刻本　二冊

320000－1643－0001001　丑 12/11－1
傷寒明理論三卷　(金)成無己撰　清刻本　二冊

320000－1643－0001002　丑 12/77
傷寒鈐法附傷寒金鏡錄一卷　(金)馬宗素　(金)程德齋撰　清鈔本　一冊

320000－1643－0001003　丑 12/4
傷寒全生集四卷　(明)陶華撰　明刻本　八冊

320000－1643－0001004　丑 12/4－1－1
傷寒全生集四卷　(明)陶華撰　清嘉慶眉壽堂刻本　四冊

320000－1643－0001005　丑 12/4－1－2
傷寒全生集四卷　(明)陶華撰　清嘉慶眉壽堂刻本　四冊

320000－1643－0001006　丑 12/16
傷寒三說辨不分卷　(清)汪必昌撰　清嘉慶二十一年(1816)汪必昌刻本　二冊

320000－1643－0001007　巳 22/4
傷寒舌鑑不分卷　(清)張登匯纂　清光緒三年(1877)文富堂刻本　二冊

320000－1643－0001008　巳 22/4－1
傷寒舌鑑不分卷　(清)張登匯纂　清光緒三十年(1904)掃葉山房刻本　一冊

320000－1643－0001009　巳 22/4－2
傷寒舌鑑不分卷　(清)張登匯纂　清光緒十三年(1887)綠慎堂刻本　一冊

320000－1643－0001010　巳 22/4－3
傷寒舌鑑不分卷　(清)張登匯纂　清光緒四年(1878)刻本　二冊

320000－1643－0001011　巳 22/4－4
傷寒舌鑑不分卷　(清)張登匯纂　清掃葉山房刻本　一冊

320000－1643－0001012　丑 17/9
傷寒審證表一卷　(清)包誠纂輯　清同治十年(1871)崇文書局刻本　一冊

320000－1643－0001013　丑 12/71
傷寒說意十卷　(清)黃元御撰　清道光十四年(1834)趙汝毅刻本　二冊

320000－1643－0001014　丑 12/71－1
傷寒說意十卷　(清)黃元御撰　清咸豐十年(1860)燮龢精舍刻本　一冊

320000－1643－0001015　丑 12/43
傷寒微旨論二卷　(宋)韓祗和撰　清四庫全書本　二冊

320000－1643－0001016　午 13/44
傷寒瘟疫條辨六卷　(清)楊璿撰　清光緒二十三年(1897)湖南書局刻本　六冊

320000－1643－0001017　午 13/44－1－1
傷寒瘟疫條辨六卷　(清)楊璿撰　清光緒三十三年(1907)同經閣刻本　四冊

320000－1643－0001018　午 13/44－1－2
傷寒瘟疫條辨六卷　(清)楊璿撰　清光緒三十三年(1907)同文會館刻本　六冊

320000－1643－0001019　午 13/44－2－1
傷寒瘟疫條辨六卷　(清)楊璿撰　清光緒十九年(1893)江右醉芸軒刻本　四冊

320000－1643－0001020　午 13/44－2－2
傷寒瘟疫條辨六卷　(清)楊璿撰　清光緒十九年(1893)江右醉芸軒刻本　六冊

320000－1643－0001021　午 13/44－2－3
傷寒瘟疫條辨六卷　(清)楊璿撰　清光緒十九年(1893)江右醉芸軒刻本　六冊

320000－1643－0001022　午 13/44－2－4
傷寒瘟疫條辨六卷　(清)楊璿撰　清光緒十九年(1893)江右醉芸軒刻本　六册

320000－1643－0001023　午 13/44－3
傷寒瘟疫條辨六卷　(清)楊璿撰　清光緒十五年(1889)掃葉山房刻本　六册

320000－1643－0001024　午 13/44－4
傷寒瘟疫條辨六卷　(清)楊璿撰　清光緒四年(1878)刻本　六册

320000－1643－0001025　午 13/44－5－1
傷寒瘟疫條辨六卷　(清)楊璿撰　清光緒元年(1875)湘潭黎氏黔陽藩署刻本　六册

320000－1643－0001026　午 13/44－5－2
傷寒瘟疫條辨六卷　(清)楊璿撰　清光緒元年(1875)湘潭黎氏黔陽藩署刻本　六册

320000－1643－0001027　丑 12/49
傷寒五法不分卷　(明)陳志明撰　(清)石楷校刻　清石楷校刻本　四册

320000－1643－0001028　丑 11/358
傷寒新義二卷　(清)祝味菊撰　清鈔本　一册

320000－1643－0001029　丑 12/44
傷寒緒論三卷　(清)張璐詮次　清康熙七年(1668)明德堂刻本　三册

320000－1643－0001030　丑 11/71
傷寒懸解十四卷首一卷末一卷　(清)黃元御撰　清光緒三十一年(1905)經元書室刻本　四册

320000－1643－0001031　丑 11/71－1
傷寒懸解十四卷首一卷末一卷　(清)黃元御撰　清同治五年(1866)黃濟刻本　六册

320000－1643－0001032　丑 12/87－1－1
傷寒尋源三卷　(清)呂震名撰　清光緒七年(1881)刻本　三册

320000－1643－0001033　丑 12/87－1－2
傷寒尋源三卷　(清)呂震名撰　清光緒七年(1881)刻本　三册

320000－1643－0001034　丑 12/87
傷寒尋源三卷　(清)呂震名撰　清咸豐四年(1854)潘氏刻本　三册

320000－1643－0001035　丑 17/7
傷寒原文讀本不分卷　(清)汪玉齡述　清鈔本　二册

320000－1643－0001036　丑 3/44
傷寒雜病論集一卷　(清)顧觀光編　清刻本　一册

320000－1643－0001037　丑 17/8
傷寒雜説五卷　(□)□□撰　清鈔本　四册

320000－1643－0001038　丑 13/4
傷寒真方歌括方義擇長沙方方義十四卷　(□)□□撰　清鈔本　一册

320000－1643－0001039　丑 17/1
傷寒證治明條四卷　(清)馬中驊撰　清趙仲謙鈔本　一册

320000－1643－0001040　丑 12/18
傷寒證治準繩八卷　(明)王肯堂輯　清乾隆五十八年(1793)程永培刻本　八册

320000－1643－0001041　丑 11/41
傷寒直指十六卷　(漢)張機撰　清乾隆二十四年(1759)上海強健鈔本　八册

320000－1643－0001042　丑 12/82
傷寒指掌四卷　(清)吳貞撰　清鈔本　一册

320000－1643－0001043　丑 12/82－1
傷寒指掌四卷　(清)吳貞撰　清薈香館鈔本　四册

320000－1643－0001044　丑 12/9
傷寒總病論六卷雜記一卷　(宋)龐安時撰　清道光三年(1823)黃氏士禮居影宋刻本　二册

320000－1643－0001045　丑 12/44－2
傷寒纘論二卷　(清)張璐詮次　清康熙六年(1667)刻本　三册　缺卷下(上)

320000－1643－0001046　丑 12/44－2－1

傷寒纘論二卷 （清）張璐詮次 清康熙七年(1668)明德堂刻本 二册

320000－1643－0001047 酉 61/2
上海醫報(1－3 期) 上海醫學研究所編 清宣統元年(1909)鉛印本 一册

320000－1643－0001048 D921/9
尚友錄統編二十二卷 （明）廖用賢撰 清光緒九年(1883)福瀛書局刻本 十二册

320000－1643－0001049 D921/9－1
尚友錄統編二十四卷 （明）廖用賢撰 清光緒十四年(1888)上海文瑞樓刻本 十六册

320000－1643－0001050 亥 23/72
邵氏醫書三種 （清）邵登瀛輯 清光緒六年(1880)莊元植刻本 六册

320000－1643－0001051 巳 34/372
攝生秘剖四卷 （明）洪基撰 明崇禎十一年(1638)石渠閣刻本 四册

320000－1643－0001052 卯 7/3
攝生秘剖四卷 （明）洪基撰 清刻本 二册

320000－1643－0001053 卯 13/4
攝生衆妙方十一卷 （明）張時徹撰 明隆慶三年(1569)衡藩刻本 四册

320000－1643－0001054 寅 12/4－1
神農本草經百種錄一卷 （清）徐大椿撰 清刻本 一册

320000－1643－0001055 寅 12/4－2
神農本草經百種錄一卷 （清）徐大椿撰 清刻本 一册

320000－1643－0001056 寅 12/4－3
神農本草經百種錄一卷 （清）徐大椿撰 清刻本 一册

320000－1643－0001057 寅 1/3－2
神農本草經三卷 （魏）吳普等述 （清）孫星衍 （清）孫馮翼輯 清光緒十七年(1891)周學海刻本 二册

320000－1643－0001058 卯 5/26
神效經驗方一卷 （清）當艇閣主人集 清同治十二年(1873)刻本 一册

320000－1643－0001059 亥 23/38－1－1
沈氏尊生書五種七十二卷 （清）沈金鰲撰 清同治十三年(1874)湖北崇文書局刻本 二十六册

320000－1643－0001060 亥 23/38－1－2
沈氏尊生書五種七十二卷 （清）沈金鰲撰 清同治十三年(1874)湖北崇文書局刻本 二十六册

320000－1643－0001061 亥 23/38－1－3
沈氏尊生書五種七十二卷 （清）沈金鰲撰 清同治十三年(1874)湖北崇文書局刻本 二十六册

320000－1643－0001062 亥 23/38－1－4
沈氏尊生書五種七十二卷 （清）沈金鰲撰 清同治十三年(1874)湖北崇文書局刻本 二十六册

320000－1643－0001063 亥 23/38－1－5
沈氏尊生書五種七十二卷 （清）沈金鰲撰 清同治十三年(1874)湖北崇文書局刻本 二十六册

320000－1643－0001064 亥 23/38
沈氏尊生書五種七十二卷 （清）沈金鰲撰 清宣統元年(1909)刻本 二十册

320000－1643－0001065 丑 21/3
沈註金匱要略二十四卷 （漢）張機撰 （清）沈明宗編註 清康熙三十一年(1692)致和堂刻本 六册

320000－1643－0001066 未 3/6
審視瑤函六卷 （明）傅仁宇撰 清光緒刻本 六册

320000－1643－0001067 未 3/6－1
審視瑤函六卷 （明）傅仁宇撰 清刻本 八册

320000－1643－0001068 未 3/6－2－1
審視瑤函六卷 （明）傅仁宇撰 清善成堂刻

本　六册

320000－1643－0001069　未 3/6－2－2
審視瑶函六卷　(明)傅仁宇撰　清善成堂刻本　六册

320000－1643－0001070　未 3/6－3
審視瑶函六卷　(明)傅仁宇撰　清酉酉堂刻本　三册

320000－1643－0001071　酉 4/6－1
慎疾芻言一卷　(清)徐大椿撰　清道光二十八年(1848)長洲謝嘉孚刻本　一册

320000－1643－0001072　酉 4/6－2
慎疾芻言一卷　(清)徐大椿撰　清道光二十八年(1848)吳縣潘曾瑋刻本　一册

320000－1643－0001073　酉 4/6－3
慎疾芻言一卷　(清)徐大椿撰　清咸豐海昌蔣氏衍芬草堂刻本　一册

320000－1643－0001074　巳 4/937
慎齋遺書十卷　(明)周之幹撰　清道光二十九年(1849)目耕堂刻本　二册

320000－1643－0001075　申 4/45
生理解剖圖説不分卷　(□)□□撰　清光緒三十四年(1908)掃葉山房刻本　一册

320000－1643－0001076　申 4/4
省身指掌九卷　(美國)博恒理撰　清光緒三十年(1904)上海美華書館鉛印本　一册

320000－1643－0001077　申 4/4－1
省身指掌九卷　(美國)博恒理撰　清光緒十二年(1886)京都燈市口美華書院活字印本　一册

320000－1643－0001078　巳 4/44
聖濟總録纂要二十六卷　(宋)徽宗趙佶敕編　清乾隆五年(1740)刻本　十册

320000－1643－0001079　K231/08－1－1
詩經八卷　清嘉慶十年(1805)刻本　四册

320000－1643－0001080　K231/08－1－2
詩經八卷　清嘉慶十年(1805)刻本　六册

320000－1643－0001081　卯 2/1－1－1
十三科古方選註不分卷　(清)王子接註　清金昌綠蔭堂刻本　二册

320000－1643－0001082　卯 2/1－1－2
十三科古方選註不分卷　(清)王子接註　清金昌綠蔭堂刻本　二册

320000－1643－0001083　卯 2/1－1－3
十三科古方選註不分卷　(清)王子接註　清金昌綠蔭堂刻本　二册

320000－1643－0001084　卯 2/1－1－4
十三科古方選註不分卷　(清)王子接註　清金昌綠蔭堂刻本　二册

320000－1643－0001085　卯 2/1－2－1
十三科古方選註不分卷　(清)王子接註　清掃葉山房刻本　四册

320000－1643－0001086　卯 2/1－2－2
十三科古方選註不分卷　(清)王子接註　清掃葉山房刻本　四册

320000－1643－0001087　卯 2/1－2－3
十三科古方選註不分卷　(清)王子接註　清掃葉山房刻本　四册

320000－1643－0001088　卯 2/1－2－4
十三科古方選註不分卷　(清)王子接註　清掃葉山房刻本　四册

320000－1643－0001089　卯 2/1－3
十三科古方選註不分卷　(清)王子接註　清雍正十年(1732)介景樓刻本　六册

320000－1643－0001090　午 22/8
十藥神書註解一卷　(元)葛乾孫撰　清光緒二十九年(1903)湖南書局刻本　一册

320000－1643－0001091　酉 13/15
石山醫案三卷附錄一卷　(明)汪機撰　明嘉靖十年(1531)新安陳桷刻本　一册

320000－1643－0001092　巳/5－1
石室秘錄六卷　(清)陳士鐸撰　清江左書林刻本　三册

320000－1643－0001093　巳/5－2
石室秘錄六卷　(清)陳士鐸撰　清聚盛堂刻本　六冊

320000－1643－0001094　巳/5－3
石室秘錄六卷　(清)陳士鐸撰　清康熙二十八年(1689)禪山金玉樓刻本　六冊

320000－1643－0001095　巳/5－4
石室秘錄六卷　(清)陳士鐸撰　清善成堂刻本　六冊

320000－1643－0001096　巳/5－5－1
石室秘錄六卷　(清)陳士鐸撰　清雍正八年(1730)廣陵萱永堂刻本　六冊

320000－1643－0001097　巳/5－5－2
石室秘錄六卷　(清)陳士鐸撰　清雍正八年(1730)廣陵萱永堂刻本　四冊　缺二卷(二至三)

320000－1643－0001098　寅3/38
食物本草二十二卷　(明)李時珍訂　明天啟刻清初修本　二十四冊

320000－1643－0001099　寅3/38－2
食物本草二十二卷　(明)李時珍訂　清光緒十四年(1888)大成堂刻本　二冊

320000－1643－0001100　寅3/3－1
食物本草會纂十二卷　(清)沈李龍編　清道光二十三年(1843)尊德堂刻本　六冊

320000－1643－0001101　寅3/3－2
食物本草會纂十二卷　(清)沈李龍編　清嘉慶八年(1803)致和堂刻本　六冊

320000－1643－0001102　寅3/3－3
食物本草會纂十二卷　(清)沈李龍編　清刻本　七冊

320000－1643－0001103　午13/7－1－1
時病論八卷　(清)雷豐撰　清光緒二十四年(1898)上海著易堂刻本　六冊

320000－1643－0001104　午13/7－1－2
時病論八卷　(清)雷豐撰　清光緒二十四年(1898)上海著易堂刻本　四冊

320000－1643－0001105　午13/7－2
時病論八卷　(清)雷豐撰　清光緒刻本　三冊　存四卷(二至五)

320000－1643－0001106　午13/7－3
時病論八卷　(清)雷豐撰　清光緒三十年(1904)石印本　一冊

320000－1643－0001107　午13/7－4－1
時病論八卷　(清)雷豐撰　清光緒十年(1884)柯城雷慎修堂刻本　四冊

320000－1643－0001108　午13/7－4－2
時病論八卷　(清)雷豐撰　清光緒十年(1884)柯城雷慎修堂刻本　七冊

320000－1643－0001109　午13/7－5
時病論八卷　(清)雷豐撰　清汗遵書屋刻本　四冊

320000－1643－0001110　卯2/46
時方妙用四卷　(清)陳念祖撰　清嘉慶八年(1803)漁古山房刻本　二冊

320000－1643－0001111　未411/7
時疫白喉捷要合編不分卷　(清)張紹修撰　(清)黃炳乾編　清光緒十二年(1886)刻本　一冊

320000－1643－0001112　未411/7－1
時疫白喉捷要合編不分卷　(清)張紹修撰　(清)黃炳乾編　清光緒十一年(1885)衡山聶氏刻本　二冊

320000－1643－0001113　未411/4－1
時疫白喉捷要一卷　(清)張紹修撰　清光緒二十七年(1901)衡山聶氏鉛印本　一冊

320000－1643－0001114　未411/4－2－1
時疫白喉捷要一卷　(清)張紹修撰　清光緒三十年(1904)浙江官書局刻本　一冊

320000－1643－0001115　未411/4－2－2
時疫白喉捷要一卷　(清)張紹修撰　清光緒三十年(1904)浙江官書局刻本　一冊

320000－1643－0001116　未411/4
時疫白喉捷要一卷　(清)張紹修撰　清光緒

十一年(1885)衡山聶氏刻本　一冊

320000－1643－0001117　午1/12

時疫簡便經驗方法一卷　(清)鄭觀應撰　清光緒二十八年(1902)刻本　一冊

320000－1643－0001118　K2/93

史記菁華錄六卷　(清)姚祖恩輯　清道光四年(1824)扶荔山房刻本　六冊

320000－1643－0001119　亥23/714

士材三書六卷　(明)李中梓撰　清光緒十三年(1887)江左書林刻本　三冊

320000－1643－0001120　亥23/714－1

士材三書六卷　(明)李中梓撰　清嘉慶九年(1804)書業堂刻本　四冊

320000－1643－0001121　亥23/714－2

士材三書六卷　(明)李中梓撰　清康熙十七年(1678)刻本　四冊

320000－1643－0001122　亥23/714－3

士材三書六卷　(明)李中梓撰　清康熙四十七年(1708)文盛堂刻本　五冊

320000－1643－0001123　亥23/714－4

士材三書六卷　(明)李中梓撰　清乾隆三十二年(1767)丞德堂刻本　四冊

320000－1643－0001124　亥23/714－5

士材三書六卷　(明)李中梓撰　清雍正六年(1728)元興堂刻本　八冊

320000－1643－0001125　亥21/61

士禮居叢書　(清)黄丕烈輯　清道光三年(1823)黄丕烈士禮居影刻本　四冊

320000－1643－0001126　亥23/42

世補齋醫書　(清)陸懋修撰　清光緒九年(1883)刻本　一冊　存二種五卷(世補齋不謝方一卷、傷寒論陽明病釋四卷)

320000－1643－0001127　亥23/42－1－1

世補齋醫書　(清)陸懋修撰　清光緒十二年(1886)山左書局刻本　十八冊

320000－1643－0001128　亥23/42－1－2

世補齋醫書　(清)陸懋修撰　清光緒十二年(1886)山左書局刻本　十冊

320000－1643－0001129　亥23/42－1－3

世補齋醫書　(清)陸懋修撰　清光緒十二年(1886)山左書局刻本　七冊

320000－1643－0001130　亥23/42－1－4

世補齋醫書　(清)陸懋修撰　清光緒十二年(1886)山左書局刻本　八冊

320000－1643－0001131　亥23/42－1－5

世補齋醫書　(清)陸懋修撰　清光緒十二年(1886)山左書局刻本　八冊

320000－1643－0001132　亥23/42－2－1

世補齋醫書　(清)陸懋修撰　清光緒十年(1884)刻本　十冊

320000－1643－0001133　亥23/42－2－2

世補齋醫書　(清)陸懋修撰　清光緒十年(1884)刻本　十八冊

320000－1643－0001134　亥23/42－2－3

世補齋醫書　(清)陸懋修撰　清光緒十年(1884)刻本　十冊

320000－1643－0001135　午3/19

世醫湯竹林傳女科方一卷　清鈔本　一冊

320000－1643－0001136　Z3/5

事物原會四十卷　(清)汪汲編　清二銘草堂刻本　六冊

320000－1643－0001137　卯13/15－1－1

壽世編不分卷　(清)何王模輯　清光緒十七年(1891)羅溪聚芳齋刻本　一冊

320000－1643－0001138　卯13/15－1－2

壽世編不分卷　(清)何王模輯　清光緒十七年(1891)羅溪聚芳齋刻本　一冊

320000－1643－0001139　卯13/15

壽世編一卷　(清)何王模輯　清嘉慶十六年(1811)蕭山義施木氏刻本　一冊

320000－1643－0001140　午/6

壽世編一卷　(清)何王模輯　清乾隆刻本

一册

320000－1643－0001141　卯13/3

壽世彙編五種　(清)祝韻梅編　清光緒十一年(1885)刻本　二册

320000－1643－0001142　卯13/3－1－1

壽世彙編五種　(清)祝韻梅編　清光緒十一年(1885)李光明書莊刻本　一册

320000－1643－0001143　卯13/3－1－2

壽世彙編五種　(清)祝韻梅編　清光緒十一年(1885)李光明書莊刻本　一册

320000－1643－0001144　卯13/3－1－3

壽世彙編五種　(清)祝韻梅編　清光緒十一年(1885)李光明書莊刻本　一册

320000－1643－0001145　卯13/3－2

壽世彙編五種　(清)祝韻梅編　清光緒元年(1875)兩梅書屋刻本　一册

320000－1643－0001146　卯5/83

壽世新編三卷　(清)萬潛齋編　清光緒十八年(1892)道合山房刻本　三册

320000－1643－0001147　D212/9

書經六卷　(宋)沈仲默輯　清嘉慶十年(1805)刻本　四册

320000－1643－0001148　午11/1

鼠疫抉微不分卷　(清)余德壎輯　清宣統二年(1910)濆素盦鉛印本　一册

320000－1643－0001149　午11/4

鼠疫良方彙編一卷　(清)郁聞堯編　清宣統三年(1911)上海中國公立醫院鉛印本　一册

320000－1643－0001150　亥23/44

述古齋幼科新書三種　(清)張振鋆輯　清光緒十五年(1889)邗上張氏刻本　六册

320000－1643－0001151　午4/43

樹惠不瘞兒科六卷　(清)梅洽編　清嘉慶二十四年(1819)五芝堂刻本　五册

320000－1643－0001152　K234.66/67

霜紅龕詩二卷　(清)傅山撰　清鈔本　二册

320000－1643－0001153　Z8/34

雙池遺書十二種　(清)汪紱撰　清光緒二十二年(1896)刻本　十八册

320000－1643－0001154　午32/12

順天易生編一卷　(清)趙璧撰　清光緒二年(1876)德見齋刻本　一册

320000－1643－0001155　J252/66

説文解字十五卷　(漢)許慎撰　**校定記一卷**　(宋)徐鉉校定　清光緒七年(1881)淮南書局刻本　六册

320000－1643－0001156　J252/66－1

説文解字十五卷　(漢)許慎撰　清初毛氏汲古閣刻本　十六册

320000－1643－0001157　J252/661－1－1

説文解字通釋四十卷　(五代)徐鍇傳釋　清道光十九年(1839)金陵劉漢洲刻本　八册

320000－1643－0001158　J252/661－1－2

説文解字通釋四十卷　(五代)徐鍇傳釋　清道光十九年(1839)金陵劉漢洲刻本　八册

320000－1643－0001159　J252/6

説文解字註三十二卷　(清)段玉裁註　清光緒十四年(1888)石印本　八册

320000－1643－0001160　卯14/17

四科簡效方二集不分卷　(清)王士雄選　清光緒十一年(1885)越州徐氏刻本　四册

320000－1643－0001161　Z16/1－2

四庫全書總目提要二百卷　(清)紀昀等撰　清宣統二年(1910)存古齋石印本　三十二册

320000－1643－0001162　午13/4

四時病機十四卷　(清)邵登瀛編　清光緒六年(1880)震澤莊元植刻本　四册

320000－1643－0001163　午13/4－1－1

四時病機十四卷　(清)邵登瀛編　清宣統元年(1909)江南醫學會石印本　三册

320000－1643－0001164　午13/4－1－2

四時病機十四卷　(清)邵登瀛編　清宣統元年(1909)江南醫學會石印本　四册

320000－1643－0001165　午 13/4－1－3
四時病機十四卷　(清)邵登瀛編　清宣統元年(1909)江南醫學會石印本　二冊　存六卷(七下、十至十四)

320000－1643－0001166　B312/2
四書　清嘉慶十年(1805)刻本　六冊

320000－1643－0001167　巳 2/4
四診抉微八卷　(清)林之翰撰　清雍正玉映堂刻本　二冊

320000－1643－0001168　午 11/3
松峰説疫六卷　(清)劉奎撰　清道光二十年(1840)刻本　四冊

320000－1643－0001169　午 11/3－1
松峰説疫六卷　(清)劉奎撰　清刻本　四冊

320000－1643－0001170　午 11/3－2
松峰説疫六卷　(清)劉奎撰　清刻本　六冊

320000－1643－0001171　申 1/82
嵩崖尊生全書十五卷　(清)景冬陽撰　清刻本　六冊

320000－1643－0001172　申 1/82－1
嵩崖尊生全書十五卷　(清)景冬陽撰　清乾隆五十五年(1790)古吳致和堂刻本　八冊

320000－1643－0001173　酉 3/46
宋徽宗聖濟經十卷　(宋)徽宗趙佶撰　清光緒十三年(1887)皕宋樓刻本　八冊

320000－1643－0001174　子 24/3－1
素問病機氣宜保命集三卷　(金)劉完素撰　明成化十四年(1478)懷德堂刻本　二冊　缺一卷(二)

320000－1643－0001175　子 24/3
素問病機氣宜保命集三卷　(金)劉完素撰　明刻清印本　三冊

320000－1643－0001176　子 24/3－2－1
素問病機氣宜保命集三卷　(金)劉完素撰　明萬曆二十九年(1601)吳勉學刻本　三冊

320000－1643－0001177　子 24/3－2－2
素問病機氣宜保命集三卷　(金)劉完素撰　明萬曆二十九年(1601)吳勉學刻本　三冊

320000－1643－0001178　子 2/8
素問九卷　(清)薛本宗撰　清康熙五十五年(1716)刻本　六冊

320000－1643－0001179　子 4/3－1
素問靈樞類纂約註三卷　(清)汪昂撰　清光緒江陰寶文堂書莊刻本　三冊

320000－1643－0001180　子 4/3－2－1
素問靈樞類纂約註三卷　(清)汪昂撰　清光緒六年(1880)尚德堂刻本　三冊

320000－1643－0001181　子 4/3－2－2
素問靈樞類纂約註三卷　(清)汪昂撰　清光緒六年(1880)尚德堂刻本　三冊

320000－1643－0001182　子 4/3－10
素問靈樞類纂約註三卷　(清)汪昂撰　清光緒七年(1881)綠蔭堂刻本　一冊

320000－1643－0001183　子 4/3－5－1
素問靈樞類纂約註三卷　(清)汪昂撰　清光緒十六年(1890)鎮江文成堂刻本　三冊

320000－1643－0001184　子 4/3－5－2
素問靈樞類纂約註三卷　(清)汪昂撰　清光緒十六年(1890)鎮江文成堂刻本　三冊

320000－1643－0001185　子 4/3－4－1
素問靈樞類纂約註三卷　(清)汪昂撰　清光緒十三年(1887)掃葉山房刻本　三冊

320000－1643－0001186　子 4/3－4－2
素問靈樞類纂約註三卷　(清)汪昂撰　清光緒十三年(1887)掃葉山房刻本　三冊

320000－1643－0001187　子 4/3－4－3
素問靈樞類纂約註三卷　(清)汪昂撰　清光緒十三年(1887)掃葉山房刻本　三冊

320000－1643－0001188　子 4/3－6
素問靈樞類纂約註三卷　(清)汪昂撰　清光緒十三年(1887)上洋大文堂刻本　三冊

320000－1643－0001189　子 4/3－3－1

素問靈樞類纂約註三卷　(清)汪昂撰　清嘉慶二十二年(1817)巽記刻本　三册

320000－1643－0001190　子4/3－3－2
素問靈樞類纂約註三卷　(清)汪昂撰　清嘉慶二十二年(1817)巽記刻本　三册

320000－1643－0001191　子4/3－8－1
素問靈樞類纂約註三卷　(清)汪昂撰　清江陰寶文堂書莊刻本　三册

320000－1643－0001192　子4/3－8－2
素問靈樞類纂約註三卷　(清)汪昂撰　清江陰寶文堂書莊刻本　一册　存一卷(一)

320000－1643－0001193　子4/3－9
素問靈樞類纂約註三卷　(清)汪昂撰　清康熙二十九年(1690)刻本　三册

320000－1643－0001194　子4/3－7
素問靈樞類纂約註三卷　(清)汪昂撰　清末刻本　三册

320000－1643－0001195　子21/5
素問識八卷　(日本)丹波元簡撰　清光緒聿修堂刻本　八册

320000－1643－0001196　子21/44－1
素問釋義十卷　(清)張琦撰　清道光十年(1830)宛鄰書屋刻本　四册

320000－1643－0001197　子21/44－2
素問釋義十卷　(清)張琦撰　清道光十年(1830)宛鄰書屋刻本　一册

320000－1643－0001198　子21/44－3
素問釋義十卷　(清)張琦撰　清道光十年(1830)宛鄰書屋刻本　四册　存五卷(一至五)

320000－1643－0001199　子21/71－1
素問懸解十三卷　(清)黄元御撰　清同治十一年(1872)陽湖馮氏刻本　七册

320000－1643－0001200　子21/71－2
素問懸解十三卷　(清)黄元御撰　清同治十一年(1872)陽湖馮氏刻本　七册

320000－1643－0001201　子21/71－3
素問懸解十三卷　(清)黄元御撰　清同治十一年(1872)陽湖馮氏刻本　七册

320000－1643－0001202　子21/71－4
素問懸解十三卷　(清)黄元御撰　清同治十一年(1872)陽湖馮氏刻本　七册

320000－1643－0001203　午15/11
隨息居霍亂論一卷　(清)王士雄撰　清同治九年(1870)陶升莆刻本　一册

320000－1643－0001204　寅3/1
隨息居飲食譜不分卷　(清)王士雄撰　清光緒三十年(1904)石印本　一册

320000－1643－0001205　寅3/1－1
隨息居飲食譜不分卷　(清)王士雄撰　清同治二年(1863)上海吉樂齋刻字店刻本　二册

320000－1643－0001206　午43/91
遂生慈幼福幼三編不分卷　(清)莊在田撰　清咸豐六年(1856)永盛齋刻本　一册

320000－1643－0001207　午32/7
胎產集要二卷　(清)黄惕齋輯　清乾隆四十七年(1782)吳爵並刻本　一册

320000－1643－0001208　午32/7－1
胎產集要二卷　(清)黄惕齋輯　清同治十年(1871)懷永堂刻本　三册

320000－1643－0001209　午32/84
胎產秘書二卷　(清)錢氏家傳　清光緒五年(1879)羅文華堂刻本　一册

320000－1643－0001210　午32/84－1
胎產秘書二卷　(清)錢氏家傳　清同治七年(1868)育德堂刻本　二册

320000－1643－0001211　午32/84－2
胎產秘書二卷　(清)錢氏家傳　清同治四年(1865)千頃堂石印本　一册

320000－1643－0001212　午32/4
胎產心法三卷　(清)閻純璽撰　清道光二十五年(1845)廣東肇羅署王雲錦刻本　四册

320000－1643－0001213　午 32/4－1
胎產心法三卷　(清)閻純璽撰　清道光十一年(1831)敬慎堂刻本　四册

320000－1643－0001214　午 32/4－2
胎產心法三卷　(清)閻純璽撰　清道光四年(1824)延慶堂莊宅刻本　六册

320000－1643－0001215　午 32/4－3
胎產心法三卷　(清)閻純璽撰　清光緒二十一年(1895)文瑞樓刻本　六册

320000－1643－0001216　午 32/4－4
胎產心法三卷　(清)閻純璽撰　清光緒四年(1878)長沙刻本　六册

320000－1643－0001217　午 32/4－5
胎產心法三卷　(清)閻純璽撰　清嘉慶二十五年(1820)積慶堂刻本　六册

320000－1643－0001218　午 32/4－6
胎產心法三卷　(清)閻純璽撰　清京都琉璃廠文貴堂刻本　五册

320000－1643－0001219　午 32/42
胎產新書十二卷　(清)竹林寺僧撰　清光緒十二年(1886)漢皋成媄堂刻本　四册

320000－1643－0001220　卯 7/77
太和堂丸散目録一卷　(清)太和堂編　清嘉慶十一年(1806)刻本　一册

320000－1643－0001221　卯/6
太平惠民和劑局方十卷　(宋)陳師文等校正　清渤海高氏刻本　六册

320000－1643－0001222　Z32/7
太平御覽一千卷　(宋)李昉等輯　清嘉慶二十三年(1818)揚州鮑崇城刻本　一百二十册

320000－1643－0001223　寅 7/8
太醫院增補青囊藥性直解十卷　(明)羅必煒參訂　清末兩儀堂刻本　四册

320000－1643－0001224　辰 25/2
太乙神針一卷　(清)范毓編　清光緒七年(1881)杭州景文齋刻本　一册

320000－1643－0001225　辰 25/2－1
太乙神針一卷　(清)范毓編　清同治六年(1867)種德堂刻本　一册

320000－1643－0001226　卯 3/3
湯頭歌訣不分卷　(清)汪昂撰　清甯城絅瑛閣刻本　一册

320000－1643－0001227　卯 3/3－1
湯頭歌訣不分卷　(清)汪昂撰　清掃葉山房刻本　一册

320000－1643－0001228　卯 3/3－2
湯頭歌訣不分卷　(清)汪昂撰　清文富堂刻本　一册

320000－1643－0001229　卯 3/3－3
湯頭歌訣不分卷　(清)汪昂撰　清宣統元年(1909)躡雲廬刻本　一册

320000－1643－0001230　卯 5/91
體仁彙編五卷　(明)彭用光撰　明嘉靖二十八年(1549)刻本　二册　存一卷(一)

320000－1643－0001231　卯 5/91－1
體仁彙編五卷　(明)彭用光撰　明萬曆刻本　二册　存二卷(七至八)

320000－1643－0001232　午 42/9
天花精言六卷　(清)袁句撰　清乾隆十八年(1753)曆下潘遇隆刻本　四册

320000－1643－0001233　R11/47
天演論二卷　(英國)赫胥黎撰　清光緒二十九年(1903)通雅書局石印本　二册

320000－1643－0001234　F229/08－1
通典二百卷　(唐)杜佑撰　清光緒二十七年(1901)上海圖書集成局鉛印本　十六册

320000－1643－0001235　F229/08－2－1
通志二百卷　(宋)鄭樵撰　清光緒二十七年(1901)上海圖書集成局鉛印本　六十册

320000－1643－0001236　B311/9
通志堂經解　(清)納蘭性德輯　清康熙通志堂刻本　十册

320000－1643－0001237　卯 7/2

同仁堂藥目一卷　(清)樂鳳鳴輯　清光緒十五年(1889)京都同仁堂刻本　一冊

320000－1643－0001238　巳 4/414

同壽錄四卷末一卷補遺一卷　(清)曹氏原本　清道光二十八年(1848)京都琉璃廠篆雲齋刻本　六冊

320000－1643－0001239　巳 4/414－1

同壽錄四卷末一卷補遺一卷　(清)曹氏原本　清嘉慶二十一年(1816)蓉圃氏活字印本　八冊

320000－1643－0001240　巳 4/414－2

同壽錄四卷末一卷補遺一卷　(清)曹氏原本　清乾隆二十七年(1762)志仁堂刻本　四冊

320000－1643－0001241　辰 3/1－1－1

銅人腧穴針灸圖經五卷　(宋)王惟一編　清光緒三十二年至宣統元年(1906－1909)貴池劉氏玉海堂刻本　二冊

320000－1643－0001242　辰 3/1－1－2

銅人腧穴針灸圖經五卷　(宋)王惟一編　清光緒三十二年至宣統元年(1906－1909)貴池劉氏玉海堂刻本　二冊

320000－1643－0001243　巳 1/17－1

圖註八十一難經辨真四卷　(明)張世賢圖註　清初懷德堂刻本　二冊

320000－1643－0001244　亥 23/12－2－2

圖註八十一難經辨真四卷　(明)張世賢圖註　清光緒二年(1876)酉山堂刻本　二冊　存二卷(一、三)

320000－1643－0001245　亥 23/12－2－1－1

圖註八十一難經辨真四卷　(明)張世賢圖註　清光緒二十六年(1900)酉山堂刻本　四冊

320000－1643－0001246　亥 23/12－1

圖註八十一難經辨真四卷　(明)張世賢圖註　清光緒二十七年(1901)上海煥文書局石印本　二冊

320000－1643－0001247　亥 23/12－1－1

圖註八十一難經辨真四卷　(明)張世賢圖註　清刻本　二冊

320000－1643－0001248　亥 23/12－2－3

圖註八十一難經辨真四卷　(明)張世賢圖註　清刻本　二冊

320000－1643－0001249　巳 1/17－1－1

圖註八十一難經辨真四卷　(明)張世賢圖註　清末刻本　一冊　存二卷(三至四)

320000－1643－0001250　巳 1/17－1－2

圖註八十一難經辨真四卷　(明)張世賢圖註　清末刻本　二冊

320000－1643－0001251　巳 1/17－1－3

圖註八十一難經辨真四卷　(明)張世賢圖註　清末刻本　二冊

320000－1643－0001252　亥 23/12－2

圖註八十一難經辨真四卷　(明)張世賢圖註　清文瑞樓刻本　一冊　存一卷(一)

320000－1643－0001253　巳 1/17

圖註八十一難經辨真四卷　(明)張世賢圖註　清咸豐九年(1859)張雲録鈔本　二冊

320000－1643－0001254　寅 26/7－2

圖註本草綱目求真十二卷　(清)黃宮繡撰　清緑圃齋刻本　十冊

320000－1643－0001255　亥 23/12

圖註難經脈訣　(明)張世賢圖註　明刻本　四冊

320000－1643－0001256　亥 23/12－1

圖註難經脈訣　(明)張世賢圖註　清光緒三十二年(1906)福記書局刻本　二冊　缺二卷(圖注八十一難經辯真四、圖注王叔和難經辯真四)

320000－1643－0001257　亥 23/12－8

圖註難經脈訣　(明)張世賢圖註　清懷德堂刻本　二冊

320000－1643－0001258　亥 23/12－3

圖註難經脈訣　(明)張世賢圖註　清江左書林刻本　四冊

320000－1643－0001259　亥23/12－4
圖註難經脈訣　(明)張世賢圖註　清刻本　四册

320000－1643－0001260　亥23/12－5
圖註難經脈訣　(明)張世賢圖註　清掃葉山房刻本　六册

320000－1643－0001261　亥23/12－6
圖註難經脈訣　(明)張世賢圖註　清書業堂刻本　六册

320000－1643－0001262　亥23/12－7
圖註難經脈訣　(明)張世賢圖註　清文光堂刻本　四册

320000－1643－0001263　亥23/12－2－1－2
圖註難經脈訣　(明)張世賢圖註　清小西山房刻本　四册　缺二卷(規正下、難經辨真二)

320000－1643－0001264　亥23/12－2－2
圖註難經脈訣規正　(明)張世賢圖註　清愛日堂刻本　四册

320000－1643－0001265　亥23/12－2－3
圖註難經脈訣規正　(明)張世賢圖註　清咸豐七年(1857)經綸堂刻本　二册

320000－1643－0001266　亥23/12－2－4
圖註難經脈訣規正　(明)張世賢圖註　清小西山房刻本　四册

320000－1643－0001267　巳12/31
圖註王叔和脈訣辨真四卷　(明)張世賢圖註　明末刻本　二册

320000－1643－0001268　酉4/9
推求師意二卷　(明)戴思恭撰　明嘉靖十三年(1534)陳桷刻本　二册

320000－1643－0001269　未1/79
外科百效全書四卷　(明)龔居中編　清大文堂刻本　一册

320000－1643－0001270　未1/79－1
外科百效全書四卷　(明)龔居中編　清刻本　二册

320000－1643－0001271　未1/3
外科大成四卷　(清)祁坤撰　清乾隆六十年(1795)金閶函三堂刻本　十册

320000－1643－0001272　未1/86
外科灰餘集不分卷　(清)程國彭撰　清雍正十一年(1733)刻本　一册

320000－1643－0001273　未1/44
外科集腋八卷　(清)張景顔撰　清嘉慶十九年(1814)鵲印堂刻本　三册

320000－1643－0001274　未1/4
外科精要三卷　(宋)陳自明編　明嘉靖二十六年(1547)刻本　二册

320000－1643－0001275　未1/24
外科啟玄十二卷　(明)申拱宸撰　明萬曆三十二年(1604)聚錦堂刻本　三册

320000－1643－0001276　未1/74
外科圖說四卷　(清)高文晉編　清道光十四年(1834)江東書局石印本　一册

320000－1643－0001277　未1/6
外科真詮二卷　(清)鄒嶽撰　清同治十一年(1872)刻本　八册

320000－1643－0001278　未1/47－1－1
外科正宗十二卷　(明)陳實功撰　清光緒八年(1882)刻本　十二册

320000－1643－0001279　未1/47－1－2
外科正宗十二卷　(明)陳實功撰　清光緒八年(1882)刻本　十二册

320000－1643－0001280　未1/47－2
外科正宗十二卷　(明)陳實功撰　清光緒二十六年(1900)百城山房刻本　六册

320000－1643－0001281　未1/47－3
外科正宗十二卷　(明)陳實功撰　清光緒刻本　一册　存二卷(一至二)

320000－1643－0001282　未1/47－4
外科正宗十二卷　(明)陳實功撰　清光緒三十一年(1905)海左書局石印本　四册

320000－1643－0001283　未 1/47－5
外科正宗十二卷　(明)陳實功撰　清光緒十二年(1886)泰州大酉山房刻本　六冊

320000－1643－0001284　未 1/47－6
外科正宗十二卷　(明)陳實功撰　清光緒十四年(1888)掃葉山房刻本　六冊

320000－1643－0001285　未 1/47－7
外科正宗十二卷　(明)陳實功撰　清光緒十四年(1888)校經山房刻本　六冊

320000－1643－0001286　未 1/47－8
外科正宗十二卷　(明)陳實功撰　清嘉慶十三年(1808)金閶三槐堂刻本　六冊

320000－1643－0001287　未 1/47－9
外科正宗十二卷　(明)陳實功撰　清刻本　三冊　存六卷(七至十二)

320000－1643－0001288　未 1/47－10
外科正宗十二卷　(明)陳實功撰　清刻本　一冊　存四卷(九至十二)

320000－1643－0001289　未 1/47－11
外科正宗十二卷　(明)陳實功撰　清刻本　一冊　存二卷(九至十)

320000－1643－0001290　未 1/47－12
外科正宗十二卷　(明)陳實功撰　清刻本　二冊　存四卷(七至十)

320000－1643－0001291　未 1/47－13
外科正宗十二卷　(明)陳實功撰　清刻本　四冊　存六卷(三至六、九至十)

320000－1643－0001292　未 1/47－14
外科正宗十二卷　(明)陳實功撰　清三餘堂刻本　六冊

320000－1643－0001293　未 1/47－15－1
外科正宗十二卷　(明)陳實功撰　清咸豐十年(1860)海寧許楣、徐大椿評刻本　七冊　存五卷(一、五、七、十、十二)

320000－1643－0001294　未 1/47－15－2
外科正宗十二卷　(明)陳實功撰　清咸豐十年(1860)海寧許楣、徐大椿評刻本　六冊

320000－1643－0001295　未 1/47－15－3
外科正宗十二卷　(明)陳實功撰　清咸豐十年(1860)海寧許楣徐大椿評刻本　六冊

320000－1643－0001296　未 1/47－15－4
外科正宗十二卷　(明)陳實功撰　清咸豐十年(1860)海寧許楣徐大椿評刻本　六冊

320000－1643－0001297　未 1/1
外科證治全生集四卷　(清)王維德編　清鈔本　一冊

320000－1643－0001298　未 1/1－1
外科證治全生集四卷　(清)王維德編　清道光二十七年(1847)二酉山房刻本　三冊

320000－1643－0001299　未 1/1－2－1
外科證治全生集四卷　(清)王維德編　清光緒八年(1882)臨川桂氏刻本　二冊

320000－1643－0001300　未 1/1－3
外科證治全生集四卷　(清)王維德編　清光緒四年(1878)漢口東壁垣刻本　一冊

320000－1643－0001301　未 1/1－4－1
外科證治全生集四卷　(清)王維德編　清光緒四年(1878)潘敏德堂刻本　二冊

320000－1643－0001302　未 1/1－4－2
外科證治全生集四卷　(清)王維德編　清光緒四年(1878)潘敏德堂刻本　二冊

320000－1643－0001303　未 1/1－4－3
外科證治全生集四卷　(清)王維德編　清光緒四年(1878)潘敏德堂刻本　一冊

320000－1643－0001304　未 1/1－4－4
外科證治全生集四卷　(清)王維德編　清光緒四年(1878)潘敏德堂刻本　一冊

320000－1643－0001305　未 1/1－1
外科證治全生集四卷　(清)王維德編　清刻本　一冊　存二卷(三至四)

320000－1643－0001306　未 1/1－1－1
外科證治全生集四卷　(清)王維德編　清咸豐十年(1860)濟世軒梁淪川鈔本　一冊

320000－1643－0001307　未1/36
外科證治全書五卷末一卷　(清)許克昌(清)畢法輯　清光緒八年(1882)聚文齋刻本　五冊

320000－1643－0001308　未1/36－1
外科證治全書五卷末一卷　(清)許克昌(清)畢法輯　清同治六年(1867)京山易崇階刻本　五冊

320000－1643－0001309　卯11/1
外臺秘要四十卷　(唐)王燾撰　清光緒二十四年(1898)圖書集成印書局鉛印本　十六冊

320000－1643－0001310　卯11/1－1－1
外臺秘要四十卷　(唐)王燾撰　清同治十三年(1874)廣東翰墨園刻本　四十冊

320000－1643－0001311　卯11/1－1－2
外臺秘要四十卷　(唐)王燾撰　清同治十三年(1874)廣東翰墨園刻本　四十冊

320000－1643－0001312　卯11/1－1－3
外臺秘要四十卷　(唐)王燾撰　清同治十三年(1874)廣東翰墨園刻本　四十冊

320000－1643－0001313　酉11/8
外證醫案彙編四卷　(清)余景和撰　清光緒二十年(1894)會稽孫氏刻本　四冊

320000－1643－0001314　酉13/85－2
外證醫案彙編四卷　(清)余景和撰　清光緒二十年(1894)刻本　四冊

320000－1643－0001315　卯6/6
外治壽世方初編四卷　(清)鄒存淦輯　清光緒三年(1877)杭州勤藝堂刻本　四冊

320000－1643－0001316　卯7/43
丸丹全集一卷　(清)仁壽堂編　清光緒二十六年(1900)金陵仁壽堂刻本　一冊

320000－1643－0001317　卯7/19
萬承志堂丸散膏丹不分卷　(清)萬承志堂訂　清光緒十一年(1885)萬承志堂刻本　一冊

320000－1643－0001318　卯14/76
萬方類纂不分卷　(清)宋穆撰　清光緒二十五年(1899)毓蘭書屋刻本　六冊

320000－1643－0001319　午31/8－1－1
萬氏女科三卷　(明)萬全撰　清康熙五十三年(1714)裘琅玉聲氏世德堂刻本　二冊

320000－1643－0001320　午31/8－1－2
萬氏女科三卷　(明)萬全撰　清康熙五十三年(1714)裘琅玉聲氏世德堂刻本　二冊

320000－1643－0001321　午4/19
萬氏醫貫六卷　(明)萬咸撰　清同治十年(1871)吳玉田刻本　六冊

320000－1643－0001322　酉13/49
王孟英醫案不分卷　(清)王士雄撰　清鈔本　一冊

320000－1643－0001323　酉13/17－2
王孟英醫案二卷　(清)王士雄撰　(清)陸士諤編校　清咸豐元年(1851)吟香書屋刻本　三冊

320000－1643－0001324　酉13/17
王氏醫案二卷續編八卷　(清)王士雄撰　清道光三十年(1850)吟香書屋刻本　五冊

320000－1643－0001325　酉13/17－1
王氏醫案二卷續編八卷　(清)王士雄撰　清道光十九年(1839)浙杭湖墅長盛紙行刻本　四冊

320000－1643－0001326　酉13/17－3
王氏醫案二卷續編八卷　(清)王士雄撰　清光緒二十二年(1896)圖書集成印書局石印本　一冊

320000－1643－0001327　酉13/17－4
王氏醫案二卷續編八卷　(清)王士雄撰　清光緒十八年(1892)醉六堂校刻本　四冊

320000－1643－0001328　酉13/17－5
王氏醫案二卷續編八卷　(清)王士雄撰　清咸豐元年(1851)吟香書屋刻本　五冊

320000－1643－0001329　酉4/18－1－1
王氏醫存十七卷　(清)王燕昌撰　清同治十三年(1874)皖城黃竹友齋刻本　一冊

320000－1643－0001330　酉 4/18－1－2
王氏醫存十七卷　(清)王燕昌撰　清同治十三年(1874)皖城黄竹友齋刻本　四册

320000－1643－0001331　酉 13/11
王樂亭指要四卷　(清)王樂亭撰　清光緒元年(1875)鈔本　四册

320000－1643－0001332　亥 21/31
韓園醫學六種　(清)潘霨輯　清光緒九年(1883)江西書局刻本　十二册

320000－1643－0001333　亥 21/31－1
韓園醫學六種　(清)潘霨輯　清光緒四年(1878)潘敏德堂刻本　十六册

320000－1643－0001334　巳 341/1
衛濟餘編十八卷　(清)王纕堂編　清嘉慶二十一年(1816)刻本　十册

320000－1643－0001335　午 4/81－2
衛生寶笈六卷　(□)□□撰　清光緒二十五年(1899)潘氏夢琴書屋刻本　一册

320000－1643－0001336　巳 341/6
衛生二要一卷　題(清)竹居主人撰　清光緒二十七年(1901)冶山竹居刻本　一册

320000－1643－0001337　巳 341/33
衛生鴻寶六卷　(清)祝補齋輯　清道光二十六(1846)袁濆薪堂刻本　二册

320000－1643－0001338　巳 341/13－1
衛生學問答不分卷　丁福保輯　清光緒二十九年(1903)文明書局石印本　一册

320000－1643－0001339　巳 341/13－2
衛生學問答不分卷　丁福保輯　清光緒二十七年(1901)無錫疇隱廬石印本　一册

320000－1643－0001340　巳 341/7
衛生要術一卷　(清)潘霨編　清光緒二年(1876)刻本　一册

320000－1643－0001341　巳 341/7－1
衛生要術一卷　(清)潘霨編　清光緒二年(1876)蘇州振新書社刻本　一册

320000－1643－0001342　午 1/8－1－1
溫病條辨六卷首一卷　(清)吴瑭撰　清道光十五年(1835)鶴皋葉金潮刻本　六册

320000－1643－0001343　午 1/8－1－2
溫病條辨六卷首一卷　(清)吴瑭撰　清道光十五年(1835)鶴皋葉金潮刻本　三册

320000－1643－0001344　午 1/8－2
溫病條辨六卷首一卷　(清)吴瑭撰　清光緒二十一年(1895)學庫山房刻本　六册

320000－1643－0001345　午 1/8－3
溫病條辨六卷首一卷　(清)吴瑭撰　清光緒三十三年(1907)經元書室刻本　二册

320000－1643－0001346　午 1/8－4－1
溫病條辨六卷首一卷　(清)吴瑭撰　清光緒三十一年(1905)掃葉山房刻本　六册

320000－1643－0001347　午 1/8－4－2
溫病條辨六卷首一卷　(清)吴瑭撰　清光緒三十一年(1905)掃葉山房刻本　六册

320000－1643－0001348　午 1/8－4－3
溫病條辨六卷首一卷　(清)吴瑭撰　清光緒三十一年(1905)掃葉山房刻本　四册

320000－1643－0001349　午 1/8－4－4
溫病條辨六卷首一卷　(清)吴瑭撰　清光緒三十一年(1905)掃葉山房刻本　六册

320000－1643－0001350　午 1/8－5
溫病條辨六卷首一卷　(清)吴瑭撰　清光緒十九年(1893)圖書集成印書局鉛印本　四册

320000－1643－0001351　午 1/8－6
溫病條辨六卷首一卷　(清)吴瑭撰　清廣東惠濟倉刻本　四册

320000－1643－0001352　午 1/8－7
溫病條辨六卷首一卷　(清)吴瑭撰　清末刻本　五册

320000－1643－0001353　午 1/8－8
溫病條辨六卷首一卷　(清)吴瑭撰　清末文星堂興記書局刻本　六册

320000－1643－0001354　午 1/8－9－1
溫病條辨六卷首一卷　(清)吳瑭撰　清寧波群玉山房刻本　六冊

320000－1643－0001355　午 1/8－9－2
溫病條辨六卷首一卷　(清)吳瑭撰　清寧波群玉山房刻本　八冊

320000－1643－0001356　午 1/8－10
溫病條辨六卷首一卷　(清)吳瑭撰　清同治二年(1863)刻本　六冊

320000－1643－0001357　午 1/8－11
溫病條辨六卷首一卷　(清)吳瑭撰　清同治九年(1870)六安求我齋刻本　六冊

320000－1643－0001358　午 1/8－12
溫病條辨六卷首一卷　(清)吳瑭撰　清同治四年(1865)芝蘭室刻本　四冊

320000－1643－0001359　午 1/8－13－1
溫病條辨六卷首一卷　(清)吳瑭撰　清退園主人刻本　六冊

320000－1643－0001360　午 1/8－13－2
溫病條辨六卷首一卷　(清)吳瑭撰　清退園主人刻本　四冊

320000－1643－0001361　午 1/8－14
溫病條辨六卷首一卷　(清)吳瑭撰　清宣統元年(1909)刻本　四冊

320000－1643－0001362　午 1/47－1－1
溫毒病論一卷　(清)邵登瀛編　清光緒六年(1880)邵氏刻本　一冊

320000－1643－0001363　午 1/47－1－2
溫毒病論一卷　(清)邵登瀛編　清光緒六年(1880)邵氏刻本　一冊

320000－1643－0001364　午 1/47－2－1
溫毒病論一卷女科歌訣一卷　(清)邵登瀛編　清光緒五年(1879)鑄記書局石印本　一冊

320000－1643－0001365　午 1/47－2－2
溫毒病論一卷女科歌訣一卷　(清)邵登瀛編　清光緒五年(1879)鑄記書局石印本　一冊

320000－1643－0001366　午 1/1
溫熱經緯五卷　(清)王士雄纂　清光緒三十年(1904)石印本　一冊　缺二卷(四至五)

320000－1643－0001367　午 1/1－1－1
溫熱經緯五卷　(清)王士雄纂　清光緒十一年(1885)松韻閣刻本　四冊

320000－1643－0001368　午 1/1－1－2
溫熱經緯五卷　(清)王士雄纂　清光緒十一年(1885)松韻閣刻本　四冊

320000－1643－0001369　午 1/1－1－3
溫熱經緯五卷　(清)王士雄纂　清光緒十一年(1885)松韻閣刻本　四冊

320000－1643－0001370　午 1/1－2
溫熱經緯五卷　(清)王士雄纂　清綠蔭堂刻本　四冊

320000－1643－0001371　午 1/1－3－1
溫熱經緯五卷　(清)王士雄纂　清末刻本　四冊

320000－1643－0001372　午 1/1－3－2
溫熱經緯五卷　(清)王士雄纂　清末刻本　一冊　存一卷(三)

320000－1643－0001373　午 1/1－4
溫熱經緯五卷　(清)王士雄纂　清掃葉山房刻本　四冊

320000－1643－0001374　午 1/1－5－1
溫熱經緯五卷　(清)王士雄纂　清同治二年(1863)刻本　四冊

320000－1643－0001375　午 1/1－5－2
溫熱經緯五卷　(清)王士雄纂　清同治二年(1863)刻本　四冊

320000－1643－0001376　午 1/1－5－3
溫熱經緯五卷　(清)王士雄纂　清同治二年(1863)刻本　四冊

320000－1643－0001377　午 1/1－6
溫熱經緯五卷　(清)王士雄纂　清同治刻本　四冊

320000－1643－0001378　午 1/1－7－1
溫熱經緯五卷　(清)王士雄纂　清同治十三年(1874)湖北崇文書局刻本　四册

320000－1643－0001379　午 1/1－7－2
溫熱經緯五卷　(清)王士雄纂　清同治十三年(1874)湖北崇文書局刻本　四册

320000－1643－0001380　午 13/9－1－1
溫熱暑疫全書四卷　(清)周揚俊輯　清光緒十五年(1889)掃葉山房刻本　二册

320000－1643－0001381　午 13/9－1－2
溫熱暑疫全書四卷　(清)周揚俊輯　清光緒十五年(1889)掃葉山房刻本　一册

320000－1643－0001382　午 13/9－1－3
溫熱暑疫全書四卷　(清)周揚俊輯　清光緒十五年(1889)掃葉山房刻本　二册

320000－1643－0001383　午 13/9－1－4
溫熱暑疫全書四卷　(清)周揚俊輯　清光緒十五年(1889)掃葉山房刻本　二册

320000－1643－0001384　午 13/9
溫熱暑疫全書四卷　(清)周揚俊輯　清乾隆庸德堂刻本　二册

320000－1643－0001385　午 1/7－1－1
溫熱贅言一卷　題(清)寄瓢子述　清道光十一年(1831)吳氏貯春僊館刻靈鶴山房印本　一册

320000－1643－0001386　午 1/7－1－2
溫熱贅言一卷　題(清)寄瓢子述　清道光十一年(1831)吳氏貯春僊館刻靈鶴山房印本　一册

320000－1643－0001387　午 1/7－1－3
溫熱贅言一卷　題(清)寄瓢子述　清道光十一年(1831)吳氏貯春僊館刻靈鶴山房印本　一册

320000－1643－0001388　午 1/7－1－4
溫熱贅言一卷　題(清)寄瓢子述　清道光十一年(1831)吳氏貯春僊館刻靈鶴山房印本　一册

320000－1643－0001389　午 1/7－1－5
溫熱贅言一卷　題(清)寄瓢子述　清道光十一年(1831)吳氏貯春僊館刻靈鶴山房印本　一册

320000－1643－0001390　午 1/7－1－6
溫熱贅言一卷　題(清)寄瓢子述　清道光十一年(1831)吳氏貯春僊館刻靈鶴山房印本　一册

320000－1643－0001391　午 1/7－1－7
溫熱贅言一卷　題(清)寄瓢子述　清道光十一年(1831)吳氏貯春僊館刻靈鶴山房印本　一册

320000－1643－0001392　午 1/7－1－8
溫熱贅言一卷　題(清)寄瓢子述　清道光十一年(1831)吳氏貯春僊館刻靈鶴山房印本　一册

320000－1643－0001393　午 11/8－3
溫疫論補註二卷　(明)吳有性撰　清光緒二十一年(1895)揚州文富堂刻本　二册

320000－1643－0001394　午 11/8－1
溫疫論二卷　(明)吳有性撰　清葆真堂刻本　一册

320000－1643－0001395　午 11/8－2－1
溫疫論二卷　(明)吳有性撰　清初刻本　二册

320000－1643－0001396　午 11/8－4
溫疫論二卷　(明)吳有性撰　清道光十二年(1832)李硯莊刻本　一册

320000－1643－0001397　午 11/8－5
溫疫論二卷　(明)吳有性撰　清光緒三十四年(1908)崇實書局刻本　四册

320000－1643－0001398　午 11/8－6
溫疫論二卷　(明)吳有性撰　清康熙三十三年(1694)寶仁堂刻本　一册

320000－1643－0001399　午 11/8－7
溫疫論二卷　(明)吳有性撰　清康熙五十五年(1716)令德堂刻本　二册

320000－1643－0001400　午 11/8－8
溫疫論二卷　(明)吳有性撰　清乾隆二十四年(1759)同善堂刻本　二册

320000－1643－0001401　午 11/8－9
溫疫論二卷　(明)吳有性撰　清新聚堂刻本　二册

320000－1643－0001402　午 11/8－10
溫疫論二卷　(明)吳有性撰　清英德堂刻本　二册

320000－1643－0001403　午 11/12
瘟疫辨論一卷　(清)馬印麟纂　清咸豐九年(1859)聚奎堂刻本　一册

320000－1643－0001404　午 11/84－1－1
瘟疫傳症彙編二十卷　(清)熊立品輯　清乾隆四十一年(1776)刻本　八册

320000－1643－0001405　午 11/84－1－2
瘟疫傳症彙編二十卷　(清)熊立品輯　清乾隆四十一年(1776)刻本　四册

320000－1643－0001406　午 11/89
瘟疫論類編五卷　(明)吳有性撰　清道光二十年(1840)三讓堂刻本　二册

320000－1643－0001407　午 11/89－1－1
瘟疫論類編五卷　(明)吳有性撰　清嘉慶四年(1799)刻本　二册

320000－1643－0001408　午 11/89－1－2
瘟疫論類編五卷　(明)吳有性撰　清嘉慶四年(1799)刻本　四册

320000－1643－0001409　午 11/89－1－3
瘟疫論類編五卷　(明)吳有性撰　清嘉慶四年(1799)刻本　二册

320000－1643－0001410　午 11/89－2－1
瘟疫論類編五卷　(明)吳有性撰　清咸豐十年(1860)近文堂刻本　二册

320000－1643－0001411　午 11/89－2－2
瘟疫論類編五卷　(明)吳有性撰　清咸豐十年(1860)近文堂刻本　二册

320000－1643－0001412　午 11/82
瘟疫條辨摘略一卷　(清)宋光祚編　清同治七年(1868)朱聚文齋刻字店刻本　一册

320000－1643－0001413　午 11/82－1
瘟疫條辨摘要一卷　(清)楊璿　(清)陳良佐原撰　(清)呂田集錄　清光緒十五年(1889)浙江書局刻本　一册

320000－1643－0001414　午 11/82－2
瘟疫條辨摘要一卷　(清)楊璿　(清)陳良佐原撰　(清)呂田集錄　清光緒十一年(1885)溫州府署東博古齋刻本　一册

320000－1643－0001415　午 11/82－3
瘟疫條辨摘要一卷　(清)楊璿　(清)陳良佐原撰　(清)呂田集錄　清韓城師長怡刻本　一册

320000－1643－0001416　午 11/82－4
瘟疫條辨摘要一卷　(清)楊璿　(清)陳良佐原撰　(清)呂田集錄　清同治元年(1862)刻本　一册

320000－1643－0001417　F229/08－3
文獻通考三百四十八卷　(元)馬端臨撰　清光緒二十七年(1901)上海圖書集成局鉛印本　四十四册

320000－1643－0001418　K2/7
文選六十卷　(南朝梁)蕭統輯　清光緒元年(1875)善化章經濟堂刻本　十册

320000－1643－0001419　K2/7－1
文選六十卷　(南朝梁)蕭統輯　清善化章經濟堂刻本　十二册

320000－1643－0001420　午 41/92
聞人氏痘疹論三卷　(宋)聞人規撰　明萬曆吳氏刻本　一册

320000－1643－0001421　酉 13/87－1－1
問齋醫案五卷　(清)蔣寶素撰　清道光三十年(1850)鎮江快志堂刻本　六册

320000－1643－0001422　酉 13/87－1－2
問齋醫案五卷　(清)蔣寶素撰　清道光三十

年(1850)鎮江快志堂刻本　六册

320000－1643－0001423　酉 13/87－1－3
問齋醫案五卷　(清)蔣寶素撰　清道光三十年(1850)鎮江快志堂刻本　六册

320000－1643－0001424　酉 13/87－1－4
問齋醫案五卷　(清)蔣寶素撰　清道光三十年(1850)鎮江快志堂刻本　六册

320000－1643－0001425　酉 13/87－1－5
問齋醫案五卷　(清)蔣寶素撰　清道光三十年(1850)鎮江快志堂刻本　六册

320000－1643－0001426　酉 13/87－1－6
問齋醫案五卷　(清)蔣寶素撰　清道光三十年(1850)鎮江快志堂刻本　六册

320000－1643－0001427　F229.1/9
吾學録初編二十四卷　(清)吳榮光述　清同治九年(1870)江蘇書局刻本　六册

320000－1643－0001428　酉 13/81－1－1
吴東暘醫案不分卷　(清)吳達撰　清光緒十一年(1885)上海萍寄廬刻本　一册

320000－1643－0001429　酉 13/81－1－2
吴東暘醫案不分卷　(清)吳達撰　清光緒十一年(1885)上海萍寄廬刻本　一册

320000－1643－0001430　酉 13/3
吴門治驗録四卷　(清)顧金壽撰　清道光二十九年(1849)澄懷堂刻本　四册

320000－1643－0001431　酉 13/3－1－1
吴門治驗録四卷　(清)顧金壽撰　清光緒十二年(1886)揚州文富堂刻本　四册

320000－1643－0001432　酉 13/3－1－2
吴門治驗録四卷　(清)顧金壽撰　清光緒十二年(1886)揚州文富堂刻本　四册

320000－1643－0001433　酉 13/3－1－3
吴門治驗録四卷　(清)顧金壽撰　清光緒十二年(1886)揚州文富堂刻本　四册

320000－1643－0001434　卯 14/84
吴氏醫方類編不分卷　(清)吳杞撰　清鈔本　五册

320000－1643－0001435　酉 3/98－1－1
吴醫匯講十一卷　(清)唐大烈編　清乾隆五十七年(1792)吳門唐氏問心草堂刻本　四册

320000－1643－0001436　酉 3/98－1－2
吴醫匯講十一卷　(清)唐大烈編　清乾隆五十七年(1792)吳門唐氏問心草堂刻本　四册

320000－1643－0001437　酉 3/98－1－3
吴醫匯講十一卷　(清)唐大烈編　清乾隆五十七年(1792)吳門唐氏問心草堂刻本　四册

320000－1643－0001438　酉 3/98－1－4
吴醫匯講十一卷　(清)唐大烈編　清乾隆五十七年(1792)吳門唐氏問心草堂刻本　四册

320000－1643－0001439　酉 3/98－1－5
吴醫匯講十一卷　(清)唐大烈編　清乾隆五十七年(1792)吳門唐氏問心草堂刻本　四册

320000－1643－0001440　酉 3/98－1－6
吴醫匯講十一卷　(清)唐大烈編　清乾隆五十七年(1792)吳門唐氏問心草堂刻本　四册

320000－1643－0001441　酉 3/98－1－7
吴醫匯講十一卷　(清)唐大烈編　清乾隆五十七年(1792)吳門唐氏問心草堂刻本　四册

320000－1643－0001442　酉 3/98－1－8
吴醫匯講十一卷　(清)唐大烈編　清乾隆五十七年(1792)吳門唐氏問心草堂刻本　四册

320000－1643－0001443　辰 24/1
西方子明堂灸經八卷　題(元)西方子撰　明山西平陽府刻本　四册

320000－1643－0001444　K2666/2
西青散記八卷　(清)史震林撰　清光緒四年(1878)活字本　四册

320000－1643－0001445　K2/1
西廂記八卷　(元)王實甫撰　清光緒十三年(1887)石印本　四册

320000－1643－0001446　S8/14
西藥大成十卷　(英國)海得蘭撰　清光緒元

年(1875)鉛印本　十六冊

320000－1643－0001447　寅 65/4
西藥略釋四卷　(清)孔繼良譯撰　清光緒十二年(1886)博濟醫局刻本　四冊

320000－1643－0001448　亥 23/8－1－1
西醫合信氏醫論五種　(英國)合信氏撰　清咸豐元年(1851)上海仁濟醫館墨海書館石印本　五冊

320000－1643－0001449　亥 23/8－1－2
西醫合信氏醫論五種　(英國)合信氏撰　清咸豐元年(1851)上海仁濟醫館墨海書館石印本　一冊

320000－1643－0001450　亥 23/8－1－3
西醫合信氏醫論五種　(英國)合信氏撰　清咸豐元年(1851)上海仁濟醫館墨海書館石印本　三冊

320000－1643－0001451　午 15/36
晰微補化全書一卷　(清)郭鏸撰　清末民國梁溪黄笙刻本　一冊

320000－1643－0001452　午 15/36－1
晰微補化全書一卷　(清)郭鏸撰　清咸豐十年(1860)江漢關衙門張述古刻字店刻本　一冊

320000－1643－0001453　申 61/37
洗冤錄歌訣不分卷　(□)□□撰　清光緒五年(1879)湖北書局刻本　一冊

320000－1643－0001454　申 61/37－1
洗冤錄歌訣不分卷　(□)□□撰　清刻本　一冊

320000－1643－0001455　申 61/6
洗冤錄解不分卷　(清)姚德豫撰　清同治九年(1870)吴縣孫氏刻本　一冊

320000－1643－0001456　申 61/34
洗冤錄詳義四卷　(清)許槤編　清光緒三年(1877)湖北藩署刻本　五冊

320000－1643－0001457　申 61/34－1
洗冤錄詳義四卷　(清)許槤編　清咸豐六年(1856)至光緒四年(1878)許槤校刻本　四冊

320000－1643－0001458　申 61/5
洗冤錄義證四卷　(清)剛毅編　清光緒十七年(1891)江蘇書局刻本　二冊

320000－1643－0001459　午 41/7
仙傳痘疹奇書三卷　(明)高我岡撰　清嘉慶十年(1805)白下包瑚刻本　四冊

320000－1643－0001460　午 32/1－2
詳要胎產問答不分卷　題(清)亟齋居士編　清光緒十八年(1892)管可壽齋鉛印本　一冊

320000－1643－0001461　午 45/6
小兒臍驚風合編一卷　(清)鮑雲韶輯　清光緒七年(1881)上涴王鉞刻本　一冊

320000－1643－0001462　午 47/42
小兒推拿廣意三卷　(清)熊應雄原輯　清澹雅局刻本　三冊

320000－1643－0001463　午 47/42－1
小兒推拿廣意三卷　(清)熊應雄原輯　清光緒十四年(1888)刻本　一冊

320000－1643－0001464　午 47/42－2－1
小兒推拿廣意三卷　(清)熊應雄原輯　清金閶同文堂刻本　二冊

320000－1643－0001465　午 47/42－2－2
小兒推拿廣意三卷　(清)熊應雄原輯　清金閶同文堂刻本　二冊

320000－1643－0001466　午 47/42－3
小兒推拿廣意三卷　(清)熊應雄原輯　清刻本　一冊　缺一卷(上)

320000－1643－0001467　午 47/42－4
小兒推拿廣意三卷　(清)熊應雄原輯　清綠蔭堂刻本　一冊

320000－1643－0001468　午 47/42－5
小兒推拿廣意三卷　(清)熊應雄原輯　清學古山房刻本　二冊

320000－1643－0001469　午 47/47
小兒推拿活嬰全書二卷　(明)龔廷賢撰　清

康熙三十年(1691)大文堂刻本　一册

320000－1643－0001470　午 43/82
小兒月内種痘神方不分卷　(清)俞筱雲傳　清光緒二十五年(1899)洪紹修石印本　一册

320000－1643－0001471　K234/189
小樓詩集八卷　(清)王嵩高撰　清道光元年(1821)刻本　二册

320000－1643－0001472　午 32/64
小蓬萊館方鈔二卷　(清)竹林寺僧撰　清光緒元年(1875)陳明德書店刻本　二册

320000－1643－0001473　午 32/64－1
小蓬萊館方鈔二卷　(清)竹林寺僧撰　清鉛印本　一册

320000－1643－0001474　卯 5/64
校正增廣驗方新編二十四卷　(清)鮑相璈編　清光緒二十四年(1898)同文俊記刻本　八册

320000－1643－0001475　卯 5/64－1
校正增廣驗方新編二十四卷　(清)鮑相璈編　清光緒九年(1883)李光明狀元閣刻本　九册

320000－1643－0001476　卯 5/64－2
校正增廣驗方新編二十四卷　(清)鮑相璈編　清光緒十九年(1893)鴻寶齋書局石印本　六册

320000－1643－0001477　卯 5/64－3－1
校正增廣驗方新編二十四卷　(清)鮑相璈編　清光緒四年(1878)杭州東璧齋刻本　十六册

320000－1643－0001478　卯 5/64－3－2
校正增廣驗方新編二十四卷　(清)鮑相璈編　清光緒四年(1878)杭州東璧齋刻本　十六册

320000－1643－0001479　卯 5/64－4
校正增廣驗方新編二十四卷　(清)鮑相璈編　清刻本　八册

320000－1643－0001480　卯 5/64－5
校正增廣驗方新編二十四卷　(清)鮑相璈編　清同治九年(1870)刻本　十册

320000－1643－0001481　卯 5/64－6
校正增廣驗方新編二十四卷　(清)鮑相璈編　清同治十三年(1874)文運堂刻本　十册

320000－1643－0001482　亥 23/3－1－1
謝元慶醫書三種　(清)謝元慶撰　清光緒八年(1882)桃花塢望炊樓謝氏刻本　五册

320000－1643－0001483　亥 23/3－1－2
謝元慶醫書三種　(清)謝元慶撰　清光緒八年(1882)桃花塢望炊樓謝氏刻本　五册

320000－1643－0001484　酉 13/63－1－1
心太平軒醫案不分卷　(清)徐錦撰　清宣統三年(1911)刻本　二册

320000－1643－0001485　酉 13/63－1－2
心太平軒醫案不分卷　(清)徐錦撰　清宣統三年(1911)刻本　二册

320000－1643－0001486　酉 13/63－1－3
心太平軒醫案不分卷　(清)徐錦撰　清宣統三年(1911)刻本　二册

320000－1643－0001487　P6/1
心眼指要四卷　(清)章仲山撰　清道光十六年(1836)可久堂刻本　二册

320000－1643－0001488　申 1/7
心印紺珠經二卷　(明)李湯卿撰　明嘉靖刻本　二册

320000－1643－0001489　午 41/71
新輯中西痘科全書十二卷　(清)張琰編　清光緒三十二年(1906)上海書局石印本　四册

320000－1643－0001490　未 3/41
新刊明目良方二卷　(□)□□撰　明萬曆刻本　三册

320000－1643－0001491　丑 12/79
新刻傷寒六書纂要辨疑四卷　(明)童養學纂輯　清鈔本　四册

320000－1643－0001492　未 3/42

新選吴山果居徐寅生青囊眼科 (明)徐大任撰 清月橋公鈔本 一册

320000－1643－0001493 申 2/9

新醫宗必讀不分卷 醫學研究會編 清宣統元年(1909)醫學研究會石印本 一册

320000－1643－0001494 丑 11/64－1

新增傷寒集註十卷附五卷 (清)舒詔撰 清立德堂刻本 六册

320000－1643－0001495 丑 11/64

新增傷寒集註十卷附五卷 (清)舒詔撰 清文勝堂刻本 四册

320000－1643－0001496 卯 3/3－2－1

新增醫方湯頭歌訣不分卷 (清)汪昂撰 清宣統元年(1909)躡雲廬刻本 一册

320000－1643－0001497 卯 3/3－2－1－2

新增醫方湯頭歌訣不分卷 (清)汪昂撰 清宣統元年(1909)躡雲廬刻本 一册

320000－1643－0001498 酉 13/67－1－1

杏軒醫案初集一卷續集一卷輯錄一卷 (清)程文囿撰 清光緒六年(1880)桓生刻本 六册

320000－1643－0001499 酉 13/67－1－2

杏軒醫案初集一卷續集一卷輯錄一卷 (清)程文囿撰 清光緒六年(1880)桓生刻本 三册

320000－1643－0001500 巳 4/6

杏苑生春八卷 (明)芮經彙集 明萬曆三十八年(1610)金陵書坊蔣氏石渠閣刻本 三十四册

320000－1643－0001501 卯 13/73

袖珍方四卷 (明)李恒編 明正德刻本 二十四册

320000－1643－0001502 D921/89

繡像古今賢女傳九卷 魏息園輯 清光緒三十四年(1908)魏息園石印本 八册

320000－1643－0001503 亥 23/6－6

徐靈胎醫略六書三十二卷 (清)徐大椿撰 清光緒二十九年(1903)上海趙翰香居鉛印本 十三册

320000－1643－0001504 酉 13/54

徐批臨證指南醫案十卷 (清)葉桂撰 清刻本 二册 存二卷(七、九)

320000－1643－0001505 亥 23/6－2

徐氏醫書八種 (清)徐大椿撰 清光緒十九年(1893)圖書集成局鉛印本 八册

320000－1643－0001506 亥 23/6－2－1

徐氏醫書八種 (清)徐大椿撰 清光緒十五年(1889)掃葉山房刻本 十二册

320000－1643－0001507 亥 23/6－2－2－1

徐氏醫書八種 (清)徐大椿撰 清光緒四年(1878)掃葉山房刻本 十二册

320000－1643－0001508 亥 23/6－2－2－2

徐氏醫書八種 (清)徐大椿撰 清光緒四年(1878)掃葉山房刻本 十二册

320000－1643－0001509 亥 23/6－2－2－3

徐氏醫書八種 (清)徐大椿撰 清光緒四年(1878)掃葉山房刻本 十一册

320000－1643－0001510 亥 23/6－1－1

徐氏醫書六種 (清)徐大椿撰 清同治十二年(1873)湖北崇文書局刻本 十册

320000－1643－0001511 亥 23/6－1－2

徐氏醫書六種 (清)徐大椿撰 清同治十二年(1873)湖北崇文書局刻本 十册

320000－1643－0001512 亥 23/6－1－3

徐氏醫書六種 (清)徐大椿撰 清同治十二年(1873)湖北崇文書局刻本 十册

320000－1643－0001513 亥 23/6－1－4

徐氏醫書六種 (清)徐大椿撰 清同治十二年(1873)湖北崇文書局刻本 十册

320000－1643－0001514 亥 23/6－4－1

徐氏醫書十六種 (清)徐大椿撰 清光緒三十三年(1907)六藝書局石印本 十四册

320000－1643－0001515 亥 23/6－4－2

徐氏醫書十六種　(清)徐大椿撰　清光緒三十三年(1907)六藝書局石印本　十四冊

320000－1643－0001516　亥23/6－4－3
徐氏醫書十六種　(清)徐大椿撰　清光緒三十三年(1907)六藝書局石印本　十六冊

320000－1643－0001517　亥23/6－3
徐氏醫書十三種　(清)徐大椿撰　清光緒二十二年(1896)珍藝書局鉛印本　四冊

320000－1643－0001518　亥23/6－3－1
徐氏醫書十三種　(清)徐大椿撰　清光緒十九年(1893)圖書集成印書局鉛印本　十二冊

320000－1643－0001519　亥23/6－3－2
徐氏醫書十三種　(清)徐大椿撰　清光緒十九年(1893)圖書集成印書局鉛印本　四冊

320000－1643－0001520　亥23/6－3－3
徐氏醫書十三種　(清)徐大椿撰　清文奎堂刻本　一冊　存一種二卷(難經註釋二卷)

320000－1643－0001521　J241/8
續古文辭類纂二十八卷　(清)黎庶昌輯　清光緒二十一年(1895)金陵狀元閣刻本　十二冊

320000－1643－0001522　酉11/3－2－1－1
續名醫類案三十六卷　(清)魏之琇續編　清光緒二十二年(1896)耕餘堂鉛印本　十四冊

320000－1643－0001523　酉11/3－2－2－1
續名醫類案三十六卷　(清)魏之琇續編　清光緒二十年(1894)上海著易堂刻本　三十六冊

320000－1643－0001524　酉11/3－2－3－1
續名醫類案三十六卷　(清)魏之琇續編　清魏氏鈔本　十冊

320000－1643－0001525　酉11/3－2－4
續名醫類案三十六卷　(清)魏之琇續編　清宣統元年(1909)上海書局石印本　十二冊

320000－1643－0001526　卯5/23
續信驗方一卷　(清)盧蔭長編　清刻本　一冊

320000－1643－0001527　午42/33
軒轅逸典十四卷　(□)□□撰　清道光六年(1826)邗江劉耀奎刻本　二冊

320000－1643－0001528　亥22/8
薛氏醫案二十四種　(明)薛己等撰　明刻本　四冊

320000－1643－0001529　亥22/8－1
薛氏醫案二十四種　(明)薛己等撰　明刻清印本　六冊

320000－1643－0001530　亥22/8－2
薛氏醫案二十四種　(明)薛己等撰　明萬曆刻本　十四冊

320000－1643－0001531　亥22/8－3－1
薛氏醫案二十四種　(明)薛己等撰　清聚錦堂刻本　四十八冊

320000－1643－0001532　亥22/8－3－2
薛氏醫案二十四種　(明)薛己等撰　清聚錦堂刻本　四十冊

320000－1643－0001533　午3/8
薛醫產二卷　(□)□□撰　明鈔本　二冊

320000－1643－0001534　巳1/6
學古診則四卷　(明)盧之頤撰　清刻本　三冊

320000－1643－0001535　午27/3
血症良方一卷　(清)潘為縉撰　清光緒二十八年(1902)刻本　一冊

320000－1643－0001536　午27/9
血證論八卷　(清)唐宗海撰　清光緒三十四年(1908)千頃堂石印本　二冊

320000－1643－0001537　午27/9－1
血證論八卷　(清)唐宗海撰　清光緒石印本　一冊

320000－1643－0001538　卯9/73
鴉片癮戒除法二卷　曹炳章撰　清宣統三年(1911)紹興浙東印刷廠鉛印本　一冊

320000－1643－0001539　卯9/93

鴉片癮戒除法二卷　曹炳章撰　清宣統三年(1911)紹興浙東印刷局刻本　二册

320000－1643－0001540　未41/6
咽喉經驗秘傳不分卷　(清)程永培撰　清修敬堂刻本　一册

320000－1643－0001541　未41/861
咽喉論不分卷　(清)逯南軒撰　清道光二十七年(1847)恒益堂刻本　一册

320000－1643－0001542　未41/3－1－1
咽喉脈證通論一卷　(□)□□撰　清光緒十八年(1892)隨月館刻本　一册

320000－1643－0001543　未41/3－1－2
咽喉脈證通論一卷　(□)□□撰　清光緒十八年(1892)隨月館刻本　一册

320000－1643－0001544　未41/3
咽喉脈證通論一卷　(□)□□撰　清同治十三年(1874)刻本　一册

320000－1643－0001545　未41/37
咽喉秘傳不分卷　(□)□□撰　清鈔本　一册

320000－1643－0001546　未41/36
咽喉秘集二卷　(清)吳氏　(清)張氏編　清道光三十年(1850)海山仙館刻本　一册

320000－1643－0001547　酉3/84
研經言四卷　(清)莫文泉撰　清光緒五年(1879)湖州王文光齋刻本　二册

320000－1643－0001548　未3/7
眼科撮要不分卷　(□)□□撰　清光緒十六年(1890)寄園刻本　一册

320000－1643－0001549　未3/19
眼科錦囊四卷　(日本)本莊俊篤撰　清光緒十一年(1885)浙湖許恒遠堂刻本　六册

320000－1643－0001550　未3/1
眼科良方不分卷　(清)葉桂撰　清道光四年(1824)古虞求無過齋刻本　一册

320000－1643－0001551　未3/62
眼科良方不分卷　(明)孫沐賢撰　清光緒十六年(1890)江西天祿閣刻本　一册

320000－1643－0001552　未3/1－1
眼科良方不分卷　(清)葉桂撰　清同治七年(1868)金陵思善堂刻本　一册

320000－1643－0001553　未3/82
眼科龍木論十卷　題(明)葆光道人撰　明藜照書屋刻本　四册

320000－1643－0001554　未3/82－1
眼科龍木論十卷　題(明)葆光道人撰　明萬曆大文堂刻本　四册

320000－1643－0001555　未3/2
眼科秘書二卷　題(清)月潭禪師編　清光緒十二年(1886)廣西慶文堂王中行刻本　一册

320000－1643－0001556　未3/47
眼科秘旨不分卷　(□)□□撰　清光緒三十年(1904)紅杏山房刻本　二册

320000－1643－0001557　K236/44
燕山外史註釋八卷　(清)陳球撰　清光緒五年(1879)刻本　二册

320000－1643－0001558　卯5/76
驗方萃編四卷　(清)奇克唐阿輯　清光緒二十二年(1896)上海珍藝書局刻本　四册

320000－1643－0001559　卯5/98
驗方彙集八卷　(清)戴緒安選註　清光緒十年(1884)渤海刻本　十二册

320000－1643－0001560　卯5/98－1
驗方彙集八卷　(清)戴緒安選註　清光緒十七年(1891)刻本　十二册

320000－1643－0001561　卯5/98－2
驗方彙集八卷　(清)戴緒安選註　清同治十年(1871)刻本　八册

320000－1643－0001562　卯5/94
驗方新編十八卷　(清)鮑相璈編　(清)張紹堂增輯　清光緒三十三年(1907)上海圖書集成局鉛印本　四册

320000－1643－0001563　卯 5/92
驗方續編三卷　(清)林森等撰　清光緒九年(1883)合肥味古齋刻本　二冊

320000－1643－0001564　卯 5/16
驗方擇要四卷　(清)儀臣輯　清光緒二十四年(1898)刻本　四冊

320000－1643－0001565　卯 5/99
驗方摘要四卷補遺一卷　(清)周履端選　清嘉慶五年(1800)周氏古郯官署刻本　一冊

320000－1643－0001566　午 11/31
羊毛瘟疫新論一卷　(清)劉文范撰　清同治十年(1871)周誠、殷錫純刻本　一冊

320000－1643－0001567　M3/3
楊仁山居士遺著　(清)楊文會撰　清光緒二十七年(1901)金陵刻經處刻本　十一冊

320000－1643－0001568　未 1/14
瘍科補苴不分卷　(清)沙玉書輯　清鈔本　一冊

320000－1643－0001569　未 1/5
瘍科捷徑三卷　(清)時世瑞集　清道光十一年(1831)許間書屋刻本　三冊

320000－1643－0001570　未 1/72
瘍科心得集三卷　(清)高秉鈞編　清光緒二十七年(1901)無錫日升山房刻本　四冊

320000－1643－0001571　未 1/72－1
瘍科心得集三卷　(清)高秉鈞編　清光緒二十七年(1901)無錫日升山房刻本　三冊

320000－1643－0001572　未 1/72－1－1
瘍科心得集三卷　(清)高秉鈞編　清嘉慶十年(1805)盡心堂刻本　三冊

320000－1643－0001573　未 1/72－1－2
瘍科心得集三卷　(清)高秉鈞編　清嘉慶十年(1805)盡心堂刻本　三冊

320000－1643－0001574　未 1/413
瘍科選粹八卷　(明)陳文治輯　清康熙四十六年(1707)潯溪達尊堂刻本　八冊

320000－1643－0001575　未 1/42
瘍醫大全四十卷　(清)顧世澄撰　清光華堂刻本　四十冊

320000－1643－0001576　未 1/42－1
瘍醫大全四十卷　(清)顧世澄撰　清光緒二十年(1894)善成堂刻本　四十冊

320000－1643－0001577　未 1/42－2
瘍醫大全四十卷　(清)顧世澄撰　清光緒二十七年(1901)上海圖書集成印書館鉛印本　十六冊

320000－1643－0001578　未 1/42－3
瘍醫大全四十卷　(清)顧世澄撰　清同治九年(1870)敦仁堂刻本　四十冊

320000－1643－0001579　未 11/72－3
瘍醫雅言十三卷　(清)曹禾撰　清咸豐二年(1852)雙梧書屋鈔本　一冊

320000－1643－0001580　酉 2/39
養病庸言一卷　(清)沈嘉澍撰　清光緒二十六年(1900)南匯張維刻本　一冊

320000－1643－0001581　巳 34/37
養生訣一卷　(清)許琴蘭撰　清光緒十四年(1888)刻本　一冊

320000－1643－0001582　巳 344/9
養生三要不分卷　(清)袁開昌編　清宣統二年(1910)鎮江袁氏潤德堂刻本　二冊

320000－1643－0001583　巳 34/79
養生隨筆五卷　(清)曹廷棟撰　清同治九年(1870)刻本　二冊

320000－1643－0001584　寅 2/32
要藥分劑十卷　(清)沈金鰲撰　清同治十三年(1874)崇文書局刻本　三冊

320000－1643－0001585　寅 654/3
藥理近考二卷　(清)陳治撰　清康熙貞白堂刻本　一冊

320000－1643－0001586　寅 65/1
藥品辨義三卷　(明)賈所學撰　清康熙三十年(1691)林屋繡刻本　四冊

320000－1643－0001587　寅652/7－1－1
藥品化義不分卷　(清)李延昰撰　清光緒三十二年(1906)郁文書店鉛印本　四册

320000－1643－0001588　寅652/7－1－2
藥品化義不分卷　(清)李延昰撰　清光緒三十二年(1906)郁文書店鉛印本　一册

320000－1643－0001589　酉13/5－3
葉案存真三卷　(清)葉桂撰　清光緒十二年(1886)常州抱芳閣刻本　四册

320000－1643－0001590　酉13/51
葉案括要不分卷　(清)潘名熊纂　清同治十二年(1873)評琴書屋刻本　四册

320000－1643－0001591　酉12/81
葉氏醫案存真三卷　(清)葉桂撰　(清)葉萬青編　清道光刻本　三册

320000－1643－0001592　酉12/81－1
葉氏醫案存真三卷　(清)葉桂撰　(清)葉萬青編　清道光十六年(1836)葉氏家刻本　四册

320000－1643－0001593　酉13/5
葉天士方案真本不分卷　(清)葉桂撰　清光緒十五年(1889)介石堂刻本　二册

320000－1643－0001594　卯5/51
葉天士經驗良方七卷　(清)葉桂撰　清鑑湖陳再安鈔本　四册

320000－1643－0001595　酉3/5
葉選醫衡二卷　(清)葉桂編　清光緒二十四年(1898)圖書集成印書局鉛印本　二册

320000－1643－0001596　酉3/5－1
葉選醫衡二卷　(清)葉桂編　清同治十二年(1873)正古書屋刻本　二册

320000－1643－0001597　酉3/5－2－1
葉選醫衡二卷　(清)葉桂編　清宣統二年(1910)文瑞樓石印本　一册

320000－1643－0001598　酉3/5－2－2
葉選醫衡二卷　(清)葉桂編　清宣統二年(1910)文瑞樓石印本　一册

320000－1643－0001599　酉3/5－2－3
葉選醫衡二卷　(清)葉桂編　清宣統二年(1910)文瑞樓石印本　一册

320000－1643－0001600　卯7/5－1－1
葉種德堂丸散膏丹一卷　(清)葉種德堂編　清光緒十三年(1887)刻本　一册

320000－1643－0001601　卯7/5－1－2
葉種德堂丸散膏丹一卷　(清)葉種德堂編　清光緒十三年(1887)刻本　一册

320000－1643－0001602　酉13/28
醫案不分卷　(清)□□撰　稿本　二册

320000－1643－0001603　亥11/8
醫鈔類編二十四卷　(清)翁藻輯　清道光十年(1830)奉新許氏刻本　二十六册

320000－1643－0001604　申2/76
醫醇賸義四卷　(清)費伯雄撰　清光緒二十七年(1901)上海書局石印本　一册

320000－1643－0001605　申2/76－1
醫醇賸義四卷　(清)費伯雄撰　清光緒三年(1877)費氏鉛印本　四册

320000－1643－0001606　申2/76－2
醫醇賸義四卷　(清)費伯雄撰　清光緒十四年(1888)上洋掃葉山房刻本　四册

320000－1643－0001607　申2/76－3－1
醫醇賸義四卷　(清)費伯雄撰　清同治二年(1863)耕心堂刻本　四册

320000－1643－0001608　申2/76－3－2
醫醇賸義四卷　(清)費伯雄撰　清同治二年(1863)耕心堂刻本　八册

320000－1643－0001609　巳12/8
醫燈續焰二十一卷　(宋)崔嘉彥撰　清順治九年(1652)陸地舟刻本　六册

320000－1643－0001610　申2/682
醫法心傳一卷　(清)程芝田撰　清光緒十三年(1887)養鶴山房刻本　一册

320000－1643－0001611　卯13/18

醫方辨難大成不分卷　(□)□□撰　清道光三十年(1850)四川巴州飛鸞亭鈔本　一册

320000－1643－0001612　卯 14/6
醫方叢話八卷附鈔一卷　(清)徐士鑾編　清光緒十五年(1889)津門徐氏蜨園刻本　三册

320000－1643－0001613　卯 2/33－2
醫方集解三卷　(清)汪昂撰　清富文堂刻本　六册

320000－1643－0001614　卯 2/33－2－1
醫方集解三卷　(清)汪昂撰　清光緒十二年(1886)鎮江文成堂刻本　六册

320000－1643－0001615　卯 2/33－2－2
醫方集解三卷　(清)汪昂撰　清光緒十三年(1887)姑蘇掃葉山房刻本　六册

320000－1643－0001616　卯 2/33－2－3
醫方集解三卷　(清)汪昂撰　清康熙二十一年(1682)宏道堂刻本　六册

320000－1643－0001617　卯 2/33－2－4
醫方集解三卷　(清)汪昂撰　清刻本　一册　存一卷(上)

320000－1643－0001618　卯 14/1
醫方簡義六卷　(清)王清源撰　清光緒九年(1883)紹興裘氏刻本　四册

320000－1643－0001619　卯 2/7－1－1
醫方論四卷　(清)費伯雄撰　清光緒三年(1877)刻本　四册

320000－1643－0001620　卯 2/7－1－2
醫方論四卷　(清)費伯雄撰　清光緒三年(1877)刻本　二册

320000－1643－0001621　卯 2/7－1－3
醫方論四卷　(清)費伯雄撰　清光緒三年(1877)刻本　二册

320000－1643－0001622　卯 2/7－1－4
醫方論四卷　(清)費伯雄撰　清光緒三年(1877)刻本　二册

320000－1643－0001623　卯 2/7－1－5
醫方論四卷　(清)費伯雄撰　清光緒三年(1877)刻本　二册

320000－1643－0001624　卯 2/7－2－1
醫方論四卷　(清)費伯雄撰　清光緒十四年(1888)掃葉山房刻本　二册

320000－1643－0001625　卯 2/7－2－2
醫方論四卷　(清)費伯雄撰　清光緒十四年(1888)掃葉山房刻本　二册

320000－1643－0001626　卯 2/7
醫方論四卷　(清)費伯雄撰　清同治五年(1866)耕心堂刻本　四册

320000－1643－0001627　卯 13/32
醫方十種彙編　(清)費伯雄編　清光緒三年(1877)文成堂刻本　六册

320000－1643－0001628　申 2/38
醫方一盤珠全集十卷　(清)洪金鼎纂　清文奎堂刻本　二册

320000－1643－0001629　卯 13/7－1－1
醫方易簡新編六卷　(清)龔自璋　(清)黄統編　清同治十二年(1873)溫處衙署刻本　六册

320000－1643－0001630　卯 13/7－1－2
醫方易簡新編六卷　(清)龔自璋　(清)黄統編　清同治十二年(1873)溫處衙署刻本　六册

320000－1643－0001631　卯 13/7－2
醫方易簡新編六卷　(清)龔自璋　(清)黄統編　清同治五年(1866)京都篆雲齋刻本　四册

320000－1643－0001632　卯 13/7－3
醫方易簡新編六卷　(清)龔自璋　(清)黄統編　清咸豐六年(1856)羅葉祥刻本　六册

320000－1643－0001633　卯 13/7－4
醫方易簡新編六卷　(清)龔自璋　(清)黄統編　清咸豐七年(1857)湘潭謙和堂刻本　六册

320000－1643－0001634　卯 13/7－5

醫方易簡新編六卷 (清)龔自璋 (清)黃統編 清咸豐元年(1851)京都會文齋刻本 四冊

320000－1643－0001635 申 1/77
醫綱提要八卷 (清)李宗源撰 清光緒二十三年(1897)狀元閣刻本 四冊

320000－1643－0001636 申 1/77－1
醫綱提要八卷 (清)李宗源撰 清光緒二十三年(1897)狀元閣刻本 四冊

320000－1643－0001637 戌 1/31－1－1
醫故二卷 (清)鄭文焯撰 清光緒十六年(1890)刻本 二冊

320000－1643－0001638 戌 1/31－1－2
醫故二卷 (清)鄭文焯撰 清光緒十六年(1890)刻本 二冊

320000－1643－0001639 戌 1/31－1－3
醫故二卷 (清)鄭文焯撰 清光緒十六年(1890)刻本 一冊

320000－1643－0001640 酉 3/67
醫貫砭二卷 (清)徐大椿撰 清刻本 一冊

320000－1643－0001641 酉 3/67－1－1
醫貫砭二卷 (清)徐大椿撰 清乾隆六年(1741)洄溪草堂刻本 一冊

320000－1643－0001642 酉 3/67－1－2
醫貫砭二卷 (清)徐大椿撰 清乾隆六年(1741)洄溪草堂刻本 一冊

320000－1643－0001643 酉 3/67－2
醫貫砭二卷 (清)徐大椿撰 清同治、光緒刻本 一冊

320000－1643－0001644 酉 3/44
醫貫六卷 (明)趙獻可撰 明張起鵬刻本 二冊

320000－1643－0001645 酉 3/44－1
醫貫六卷 (明)趙獻可撰 清步月樓刻本 六冊

320000－1643－0001646 酉 3/44－2
醫貫六卷 (明)趙獻可撰 清嘉慶十八年(1813)永盛堂刻本 六冊

320000－1643－0001647 酉 3/44－3
醫貫六卷 (明)趙獻可撰 清刻本 二冊

320000－1643－0001648 酉 3/44－4
醫貫六卷 (明)趙獻可撰 清乾隆四年(1739)保生堂刻本 六冊

320000－1643－0001649 午 15/2－1－1
醫寄伏陰論二卷 (清)田宗漢撰 清光緒三十二年(1906)江寧府署鉛印本 一冊

320000－1643－0001650 午 15/2－1－2
醫寄伏陰論二卷 (清)田宗漢撰 清光緒三十二年(1906)江寧府署鉛印本 一冊

320000－1643－0001651 午 15/2
醫寄伏陰論二卷 (清)田宗漢撰 清光緒十四年(1888)刻本 二冊

320000－1643－0001652 申 2/65
醫家四要四卷 (清)程曦等撰 清光緒十二年(1886)養鶴山房刻本 四冊

320000－1643－0001653 申 2/65－1
醫家四要四卷 (清)程曦等撰 清光緒無錫日升山房刻本 四冊

320000－1643－0001654 申 3/8
醫經津渡四卷 (清)范在文撰 清嘉慶二十三年(1818)安懷堂刻本 四冊

320000－1643－0001655 丑 11/61
醫經溯洄集不分卷 (元)王履撰 明吳勉學刻本 一冊

320000－1643－0001656 酉 3/8
醫經餘論一卷 (清)羅浩撰 清嘉慶十七年(1812)刻本 一冊

320000－1643－0001657 子 41/8－1
醫經原旨六卷 (清)薛雪撰 清刻本 六冊

320000－1643－0001658 子 41/8－3
醫經原旨六卷 (清)薛雪撰 清末刻本 三冊 缺一卷(一)

320000 – 1643 – 0001659　子 41/8 – 4 – 1
醫經原旨六卷　(清)薛雪撰　清寧郡簡香齋刻本　六冊

320000 – 1643 – 0001660　子 41/8 – 4 – 2
醫經原旨六卷　(清)薛雪撰　清寧郡簡香齋刻本　三冊

320000 – 1643 – 0001661　子 41/8 – 4 – 4
醫經原旨六卷　(清)薛雪撰　清寧郡簡香齋刻本　六冊

320000 – 1643 – 0001662　子 41/8 – 4 – 3
醫經原旨六卷　(清)薛雪撰　清寧郡簡香齋刻本　六冊

320000 – 1643 – 0001663　子 41/8 – 2 – 1
醫經原旨六卷　(清)薛雪撰　清同治、光緒掃葉山房刻本　六冊

320000 – 1643 – 0001664　子 41/8 – 2 – 2
醫經原旨六卷　(清)薛雪撰　清同治、光緒掃葉山房刻本　六冊

320000 – 1643 – 0001665　子 41/8 – 2 – 3
醫經原旨六卷　(清)薛雪撰　清同治、光緒掃葉山房刻本　六冊

320000 – 1643 – 0001666　子 41/8 – 2 – 4
醫經原旨六卷　(清)薛雪撰　清同治、光緒掃葉山房刻本　二冊

320000 – 1643 – 0001667　申 1/1
醫理略述二卷　(德國)尹文楷原撰　清光緒十八年(1892)羊城博濟局刻本　二冊

320000 – 1643 – 0001668　申 3/1 – 1 – 1
醫林改錯二卷　(清)王清任撰　清光緒十七年(1891)三峰寺刻本　二冊

320000 – 1643 – 0001669　申 3/1 – 1 – 2
醫林改錯二卷　(清)王清任撰　清光緒十七年(1891)三峰寺刻本　二冊

320000 – 1643 – 0001670　申 3/1 – 1 – 3
醫林改錯二卷　(清)王清任撰　清光緒十七年(1891)三峰寺刻本　二冊

320000 – 1643 – 0001671　申 3/1 – 2
醫林改錯二卷　(清)王清任撰　清光緒十五年(1889)掃葉山房刻本　二冊

320000 – 1643 – 0001672　申 3/1 – 3 – 1
醫林改錯二卷　(清)王清任撰　清光緒五年(1879)掃葉山房刻本　一冊

320000 – 1643 – 0001673　申 3/1 – 3 – 2
醫林改錯二卷　(清)王清任撰　清光緒五年(1879)掃葉山房刻本　二冊

320000 – 1643 – 0001674　申 3/1 – 3 – 3
醫林改錯二卷　(清)王清任撰　清光緒五年(1879)掃葉山房刻本　二冊

320000 – 1643 – 0001675　申 3/1 – 4
醫林改錯二卷　(清)王清任撰　清刻本　一冊

320000 – 1643 – 0001676　申 3/1 – 5
醫林改錯二卷　(清)王清任撰　清同治七年(1868)三元堂刻本　二冊

320000 – 1643 – 0001677　申 1/14
醫林繩墨九卷　(明)方穀撰　清嘉慶二十年(1815)同善堂刻本　六冊

320000 – 1643 – 0001678　亥 21/14 – 1 – 1
醫林指月十二種　(清)王琦纂輯　清光緒二十二年(1896)上海圖書集成印書局鉛印本　八冊

320000 – 1643 – 0001679　亥 21/14 – 1 – 2
醫林指月十二種　(清)王琦纂輯　清光緒二十二年(1896)上海圖書集成印書局鉛印本　八冊

320000 – 1643 – 0001680　亥 21/14 – 1 – 3
醫林指月十二種　(清)王琦纂輯　清光緒二十二年(1896)上海圖書集成印書局鉛印本　八冊

320000 – 1643 – 0001681　申 1/3
醫林纂要探源十卷　(清)汪紱編　清光緒二十三年(1897)江蘇書局刻本　十冊

320000 – 1643 – 0001682　酉 3/74

醫論三十篇不分卷　(清)韋協夢撰　清刻本　一冊

320000－1643－0001683　巳4/74
醫略存真一卷　(清)馬文植撰　清光緒二十四年(1898)上浣刻本　一冊

320000－1643－0001684　巳4/87－1－1
醫略十三卷　(清)蔣寶素撰　清道光二十八年(1848)鎮江快志堂刻本　二冊

320000－1643－0001685　巳4/87－1－2
醫略十三卷　(清)蔣寶素撰　清道光二十八年(1848)鎮江快志堂刻本　四冊

320000－1643－0001686　巳4/87－1－3
醫略十三卷　(清)蔣寶素撰　清道光二十八年(1848)鎮江快志堂刻本　一冊

320000－1643－0001687　亥23/7－1－1
醫門棒喝初集四卷二集九卷　(清)章楠撰　清同治六年(1867)聚文堂刻本　十二冊

320000－1643－0001688　亥23/7－1－2
醫門棒喝初集四卷二集九卷　(清)章楠撰　清同治六年(1867)聚文堂刻本　十四冊

320000－1643－0001689　亥23/7－1－3
醫門棒喝初集四卷二集九卷　(清)章楠撰　清同治六年(1867)聚文堂刻本　六冊

320000－1643－0001690　亥23/7－1－4
醫門棒喝初集四卷二集九卷　(清)章楠撰　清同治六年(1867)聚文堂刻本　十冊

320000－1643－0001691　亥23/7
醫門棒喝初集四卷二集九卷　(清)章楠撰　清宣統元年(1909)蠡城三友益齋刻本　十冊

320000－1643－0001692　亥23/7－1
醫門棒喝初集四卷二集九卷　(清)章楠撰　清宣統元年(1909)蠡城三友益齋石印本　十冊

320000－1643－0001693　申1/431－1－1
醫門補要三卷附載一卷　(清)趙濂撰　清光緒九年(1883)刻本　三冊

320000－1643－0001694　申1/431－1－2
醫門補要三卷附載一卷　(清)趙濂撰　清光緒九年(1883)刻本　二冊

320000－1643－0001695　申1/431
醫門補要三卷附載一卷　(清)趙濂撰　清光緒九年(1883)鎮江善化書局刻本　三冊

320000－1643－0001696　寅7/1
醫門初學萬金一統要訣分類不分卷　(清)李象春輯　清光緒十四年(1888)李光明莊刻本　四冊

320000－1643－0001697　申2/797
醫門初學萬金一統要訣分類十卷　(明)太醫院原本　清光緒十四年(1888)李光明莊刻本　四冊

320000－1643－0001698　申1/5
醫門法律二十四卷　(清)喻昌撰　清乾隆三十年(1765)集思堂刻本　八冊

320000－1643－0001699　申1/5－1
醫門法律六卷　(清)喻昌撰　清光緒三十三年(1907)南都李節齋署簽刻本　六冊

320000－1643－0001700　申1/5－2
醫門法律六卷　(清)喻昌撰　清光緒三十一年(1905)經元書室刻本　六冊

320000－1643－0001701　申1/5－3
醫門法律六卷　(清)喻昌撰　清光緒三十一年(1905)新化三味書局刻本　二十冊

320000－1643－0001702　申1/5－4
醫門法律六卷　(清)喻昌撰　清刻本　八冊

320000－1643－0001703　申1/5－5
醫門法律六卷　(清)喻昌撰　清兩儀堂刻本　十冊

320000－1643－0001704　申1/5－6
醫門法律六卷　(清)喻昌撰　清乾隆二十八年(1763)嵩秀堂刻本　十冊

320000－1643－0001705　申1/5－7
醫門法律六卷　(清)喻昌撰　清同文堂刻本　六冊

320000－1643－0001706　巳/6
醫師秘笈二卷　(清)李言恭述　清寫韻樓刻本　一册

320000－1643－0001707　酉6/8
醫時六言六卷　(清)翁傳照輯　清光緒十九年(1893)刻本　二册

320000－1643－0001708　亥11/4
醫書匯參輯成二十四卷　(清)蔡宗玉編　清嘉慶十二年(1807)次知齋刻本　十二册

320000－1643－0001709　亥11/67
醫述十六卷　(清)程文囿撰　清光緒十七年(1891)刻本　十八册

320000－1643－0001710　戌6/4
醫說十卷　(宋)張杲撰　明萬曆王肯堂刻本　十九册

320000－1643－0001711　戌6/4－1
醫說十卷　(宋)張杲撰　清宣統三年(1911)上海文明書局刻本　四册

320000－1643－0001712　申1/774
醫悟十二卷　(清)馬冠群撰　清光緒十九年(1893)活字印本　二册

320000－1643－0001713　丑12/5
醫效秘傳三卷　(清)葉桂撰　清道光十一年(1831)貯春僊館吳氏刻本　一册

320000－1643－0001714　丑12/5－1
醫效秘傳三卷　(清)葉桂撰　清光緒二十七年(1901)漢讀樓刻本　一册

320000－1643－0001715　酉5/47－1－1
醫學辨證四卷　(清)張學淳撰　清光緒二十二年(1896)退補草堂刻本　四册

320000－1643－0001716　酉5/47－1－2
醫學辨證四卷　(清)張學淳撰　清光緒二十二年(1896)退補草堂刻本　四册

320000－1643－0001717　酉5/47－2－1
醫學辨證四卷　(清)張學淳撰　清光緒刻本　一册

320000－1643－0001718　酉5/47－2－2
醫學辨證四卷　(清)張學淳撰　清光緒刻本　一册

320000－1643－0001719　酉5/71
醫學答問四卷　(清)梁玉瑜傳　清光緒二十一年(1895)任振基刻本　二册

320000－1643－0001720　巳4/3
醫學集成四卷　(清)劉仕廉輯　清同治十二年(1873)醉吟山房刻本　四册

320000－1643－0001721　申2/32
醫學輯要八卷　(清)謝甘澍輯　清光緒二十六年(1900)滸灣舊學山房刻本　十六册

320000－1643－0001722　申2/7
醫學揭要二卷　(清)高鶱輯　清光緒七年(1881)德遠堂刻本　二册

320000－1643－0001723　申2/46－1－1
醫學金針八卷　(清)陳念祖撰　清光緒四年(1878)潘敏德堂刻本　四册

320000－1643－0001724　申2/46－1－2
醫學金針八卷　(清)陳念祖撰　清光緒四年(1878)潘敏德堂刻本　二册

320000－1643－0001725　申2/46－1－3
醫學金針八卷　(清)陳念祖撰　清光緒四年(1878)潘敏德堂刻本　四册

320000－1643－0001726　申2/46－1－4
醫學金針八卷　(清)陳念祖撰　清光緒四年(1878)潘敏德堂刻本　四册

320000－1643－0001727　酉/6
醫學舉要六卷　(清)徐鏞撰　清光緒十七年(1891)鉛印本　一册

320000－1643－0001728　巳4/1
醫學啓蒙彙編六卷　(清)翟良撰　清康熙漁洋林起龍刻本　六册　缺一卷(六)

320000－1643－0001729　酉3/81
醫學求是不分卷　(清)吳達撰　清光緒六年(1880)餘慶堂刻本　四册

320000－1643－0001730　亥 11/7
醫學入門七卷首一卷　(明)李梴撰　明刻本　十八册

320000－1643－0001731　申 1/58
醫學三字經四卷　(清)陳念祖撰　清光緒三十四年(1908)寶慶經元書局刻本　二册

320000－1643－0001732　酉 4/5
醫學識小錄不分卷　(清)孫天騏撰　清咸豐元年(1851)潘道根鈔本　二册

320000－1643－0001733　申 2/44
醫學索源一卷　題(清)撫松隱者撰　清光緒二十六年(1900)刻本　二册

320000－1643－0001734　巳 4/99
醫學探驪全集六卷　(清)康應辰撰　清宣統二年(1910)上海鄭家書業公司石印本　六册

320000－1643－0001735　酉 3/6
醫學統宗不分卷　(明)何柬撰　明刻本　二册

320000－1643－0001736　亥 23/91
醫學五則五卷　(清)廖雲溪編　清光緒十三年(1887)興發堂刻本　五册

320000－1643－0001737　亥 23/91－1
醫學五則五卷　(清)廖雲溪編　清光緒十三年(1887)興發堂刻本　五册

320000－1643－0001738　申 2/6
醫學心悟六卷　(清)程國彭撰　清光緒二十年(1894)上海圖書集成印書局鉛印本　一册

320000－1643－0001739　申 2/6－1
醫學心悟六卷　(清)程國彭撰　清光緒江陰寶文堂刻本　六册

320000－1643－0001740　申 2/6－2
醫學心悟六卷　(清)程國彭撰　清光緒六年(1880)掃葉山房刻本　六册

320000－1643－0001741　申 2/6－3
醫學心悟六卷　(清)程國彭撰　清光緒六年(1880)文奎堂刻本　四册

320000－1643－0001742　申 2/6－4
醫學心悟五卷　(清)程國彭撰　清嘉慶二十四年(1819)掃葉山房刻本　五册

320000－1643－0001743　申 1/36
醫學要覽一卷　(清)法徵麟撰　清鈔本　一册

320000－1643－0001744　戌 1/6－1
醫學源流論二卷　(清)徐大椿撰　清刻本　二册

320000－1643－0001745　戌 1/6－2
醫學源流論二卷　(清)徐大椿撰　清刻本　二册

320000－1643－0001746　戌 1/6－3
醫學源流論二卷　(清)徐大椿撰　清刻本　二册　缺一卷(下)

320000－1643－0001747　戌 1/6－4
醫學源流論二卷　(清)徐大椿撰　清刻本　一册　缺一卷(下)

320000－1643－0001748　戌 1/6－5－1
醫學源流論二卷　(清)徐大椿撰　清乾隆二十二年(1757)半松齋刻本　二册

320000－1643－0001749　戌 1/6－5－2
醫學源流論二卷　(清)徐大椿撰　清乾隆二十二年(1757)半松齋刻本　二册

320000－1643－0001750　亥 21/9－1－1
醫學摘粹不分卷　(清)慶恕撰　清光緒二十二年(1896)鉛印本　八册

320000－1643－0001751　亥 21/9－1－2
醫學摘粹不分卷　(清)慶恕撰　清光緒二十二年(1896)鉛印本　八册

320000－1643－0001752　申 2/4－1－1
醫學指歸二卷　(清)趙術堂撰　清同治元年(1862)旌孝堂刻本　二册

320000－1643－0001753　申 2/4－1－2
醫學指歸二卷　(清)趙術堂撰　清同治元年(1862)旌孝堂刻本　二册

320000－1643－0001754　申 2/4－1－3
醫學指歸二卷　(清)趙術堂撰　清同治元年(1862)旌孝堂刻本　二册

320000－1643－0001755　申 2/4－1－4
醫學指歸二卷　(清)趙術堂撰　清同治元年(1863)旌孝堂刻本　二册

320000－1643－0001756　亥 12/1
醫學準繩六要十九卷　(明)張三錫撰　明崇禎十七年(1644)張維翰刻本　八十二册

320000－1643－0001757　酉 13/2
醫驗錄五卷　(清)吳楚撰　清咸豐三年(1853)内江博學齋刻本　五册

320000－1643－0001758　酉 3/91
醫易通說二卷　(清)唐宗海撰　清光緒二十五年(1899)尚古堂刻本　二册

320000－1643－0001759　酉 3/1－2
醫原紀略不分卷　(清)余鑒撰　(清)沙書玉輯　清光緒三年(1877)大港培遠堂石印本　一册

320000－1643－0001760　酉 3/1－1－1
醫原三卷　(清)石壽堂撰　清光緒十七年(1891)刻本　三册

320000－1643－0001761　酉 3/1－1－2
醫原三卷　(清)石壽堂撰　清光緒十七年(1891)刻本　四册

320000－1643－0001762　酉 3/1－1－3
醫原三卷　(清)石壽堂撰　清光緒十七年(1891)刻本　四册

320000－1643－0001763　酉 3/1－1－4
醫原三卷　(清)石壽堂撰　清光緒十七年(1891)刻本　四册

320000－1643－0001764　酉 3/1－3－1
醫原三卷　(清)石壽堂撰　清咸豐十一年(1861)留耕書屋刻本　四册

320000－1643－0001765　酉 3/1－3－2
醫原三卷　(清)石壽堂撰　清咸豐十一年(1861)留耕書屋刻本　六册

320000－1643－0001766　酉 3/1－3－3
醫原三卷　(清)石壽堂撰　清咸豐十一年(1861)留耕書屋刻本　四册

320000－1643－0001767　酉 3/1－3－4
醫原三卷　(清)石壽堂撰　清咸豐十一年(1861)留耕書屋刻本　四册

320000－1643－0001768　酉 3/1－3－5
醫原三卷　(清)石壽堂撰　清咸豐十一年(1861)留耕書屋刻本　二册

320000－1643－0001769　午 14/41
醫中一得一卷　(清)顧儀卿撰　清咸豐四年(1854)刻本　一册

320000－1643－0001770　申 2/79
醫宗備要三卷　(清)曾鼎撰　清同治八年(1869)崇文書局刻本　一册

320000－1643－0001771　申 2/79－1－1
醫宗備要三卷　(清)曾鼎撰　清同治刻本　一册

320000－1643－0001772　申 2/79－1－2
醫宗備要三卷　(清)曾鼎撰　清同治刻本　三册

320000－1643－0001773　申 2/79－2－1
醫宗備要三卷　(清)曾鼎撰　清同治李光明莊刻本　一册

320000－1643－0001774　申 2/79－2－2
醫宗備要三卷　(清)曾鼎撰　清同治李光明莊刻本　一册

320000－1643－0001775　申 2/72
醫宗必讀十卷　(明)李中梓撰　明金閶王漢沖梓潤古堂刻本　五册

320000－1643－0001776　申 2/72－1
醫宗必讀十卷　(明)李中梓撰　清大興堂刻本　四册

320000－1643－0001777　申 2/72－2
醫宗必讀十卷　(明)李中梓撰　清光緒二十年(1894)掃葉山房刻本　六册

320000－1643－0001778　申 2/72－3
醫宗必讀十卷　(明)李中梓撰　清光緒二十四年(1898)常郡宛委山莊刻本　六册

320000－1643－0001779　申 2/72－4
醫宗必讀十卷　(明)李中梓撰　清光緒六年(1880)掃葉山房刻本　五册

320000－1643－0001780　申 2/72－5
醫宗必讀十卷　(明)李中梓撰　清光緒三十年(1904)上海鴻文書局石印本　五册

320000－1643－0001781　申 2/72－6
醫宗必讀十卷　(明)李中梓撰　清光緒三十三年(1907)崇實書局刻本　六册

320000－1643－0001782　申 2/72－7
醫宗必讀十卷　(明)李中梓撰　清宏道堂刻本　二册

320000－1643－0001783　申 2/72－8
醫宗必讀十卷　(明)李中梓撰　清乾隆三十五年(1770)崇德堂刻本　十册

320000－1643－0001784　申 2/72－9
醫宗必讀十卷　(明)李中梓撰　清乾隆三十五年(1770)王樂堂刻本　五册

320000－1643－0001785　申 2/72－10
醫宗必讀十卷　(明)李中梓撰　清乾隆四十七年(1782)會成堂刻本　二册

320000－1643－0001786　申 2/72－11
醫宗必讀十卷　(明)李中梓撰　清尚友堂刻本　五册

320000－1643－0001787　申 2/72－12－1
醫宗必讀十卷　(明)李中梓撰　清蘇州綠蔭堂刻本　六册

320000－1643－0001788　申 2/72－12－2
醫宗必讀十卷　(明)李中梓撰　清蘇州綠蔭堂刻本　六册

320000－1643－0001789　申 2/72－13
醫宗必讀十卷　(明)李中梓撰　清瀛經堂刻本　四册　缺三卷(一至二、八)

320000－1643－0001790　亥 21/7
醫宗己任編八卷　(清)楊乘六輯　清光緒十七年(1891)李光明莊刻本　四册

320000－1643－0001791　亥 21/7－1
醫宗己任編八卷　(清)楊乘六輯　清光緒十七年(1891)李光明莊刻本　四册

320000－1643－0001792　申 2/8
醫宗説約六卷　(清)蔣示吉撰　清寶翰樓刻本　四册

320000－1643－0001793　申 2/8－1
醫宗説約六卷　(清)蔣示吉撰　清大文堂刻本　四册

320000－1643－0001794　申 2/8－2
醫宗説約六卷　(清)蔣示吉撰　清光緒十四年(1888)上洋江左書林昌記刻本　六册

320000－1643－0001795　申 2/8－3
醫宗説約六卷　(清)蔣示吉撰　清康熙二年(1663)大文堂刻本　四册

320000－1643－0001796　巳 34/69
頤身集五種五卷　(清)葉志詵編　清咸豐二年(1852)廣東撫署刻本　一册

320000－1643－0001797　卯 14/9
易簡方便醫書六卷　(清)周茂五編　清咸豐十一年(1861)刻本　六册

320000－1643－0001798　巳 344/2
易筋經外經圖説一卷　(□)□□撰　清光緒二十二年(1896)文成堂刻本　一册

320000－1643－0001799　巳 344/2－1
易筋經外經圖説一卷　(□)□□撰　清刻本　一册

320000－1643－0001800　酉 13/16
易氏醫按一卷　(明)易大艮撰　清刻本　一册

320000－1643－0001801　B311/2
易憲三卷　(明)沈泓撰　清刻本　三册

320000－1643－0001802　未 412/9

疫喉淺論二卷　(清)夏春農撰　清光緒五年(1879)存吾春齋刻本　一册

320000－1643－0001803　未 412/9－1
疫喉淺論二卷　(清)夏春農撰　清刻本　二册

320000－1643－0001804　午 15/4
疫痧草三卷　(清)陳耕道撰　清光緒六年(1880)江都劉卓齋刻本　一册

320000－1643－0001805　午 15/4－1
疫痧草三卷　(清)陳耕道撰　清宣統元年(1909)圖書集成局鉛印本　一册

320000－1643－0001806　午 11/86－1－1
疫證集說四卷　(清)余德壎編　清宣統三年(1911)素盦鉛印本　四册

320000－1643－0001807　午 11/86－1－2
疫證集說四卷　(清)余德壎編　清宣統三年(1911)素盦鉛印本　二册

320000－1643－0001808　未 3/3
異授眼科不分卷　(□)□□撰　清嘉慶十六年(1811)休寧陳文盛堂刻本　一册

320000－1643－0001809　未 3/3－1
異授眼科不分卷　(□)□□撰　清同治六年(1867)刻本　一册

320000－1643－0001810　T22/4
欽定授時通考七十八卷　(清)鄂爾泰等編　清道光六年(1826)四川藩署刻本　二十四册

320000－1643－0001811　F229/08－1 <2－1
欽定續通典一百五十卷　(清)嵇璜等纂修　清光緒二十七年(1901)上海圖書集成局鉛印本　十二册

320000－1643－0001812　F229/08－1 <2－2
欽定續通志六百四十卷　(清)嵇璜等撰　清光緒二十七年(1901)上海圖書集成局鉛印本　六十册

320000－1643－0001813　F229/08－1 <2－3
欽定續文獻通考二百五十四卷　(清)嵇璜等撰　清光緒二十七年(1901)上海圖書集成局鉛印本　三十六册

320000－1643－0001814　未 3/48
銀海精微二卷　題(唐)孫思邈撰　清刻本　二册

320000－1643－0001815　午 43/6
引種保嬰牛痘方書不分卷　(清)邱熺編　清光緒二年(1876)徐文德齋刻本　一册

320000－1643－0001816　午 43/6－1
引種保嬰牛痘方書不分卷　(清)邱熺編　清光緒二十五年(1899)李新田刻本　一册

320000－1643－0001817　午 43/6－2－1
引種保嬰牛痘方書不分卷　(清)邱熺編　清同治六年(1867)刻本　一册

320000－1643－0001818　午 43/6－3
引種保嬰牛痘方書不分卷　(清)邱熺編　清同治七年(1868)陶宵農刻本　一册

320000－1643－0001819　午 4/86
嬰童百問十卷　(明)魯伯嗣撰　明三槐堂刻本　六册

320000－1643－0001820　卯 5/77
應驗簡便良方二卷　(清)黃翼升撰　清同治十年(1871)刻本　二册

320000－1643－0001821　未 11/72
癰疽禁方錄　(清)曹禾撰　(清)槁南老人節錄　清光緒二十五年(1899)鈔本　一册

320000－1643－0001822　未 11/72－2
癰疽外篇十二卷　(清)曹禾撰　清鈔本　五册　缺二卷(一至二)

320000－1643－0001823　K234.66/8
永明山居詩不分卷　(宋)釋延壽撰　清光緒善固寺刻本　一册

320000－1643－0001824　未 41/12－2
尤氏喉科六卷　(清)尤存隱撰述　清鈔本　二册

320000－1643－0001825　酉 4/1
尤氏醫學讀書記三卷　(清)尤怡撰　清鈔本

一册

320000－1643－0001826　酉4/1－1
尤氏醫學讀書記三卷　（清）尤怡撰　清光緒十二年（1886）顧伯平鈔本　一册

320000－1643－0001827　酉4/1－2－1
尤氏醫學讀書記三卷　（清）尤怡撰　清光緒十二年（1886）朱氏家塾刻本　二册

320000－1643－0001828　酉4/1－2－2
尤氏醫學讀書記三卷　（清）尤怡撰　清光緒十二年（1886）朱氏家塾刻本　二册

320000－1643－0001829　酉4/1－2－3
尤氏醫學讀書記三卷　（清）尤怡撰　清光緒十二年（1886）朱氏家塾刻本　二册

320000－1643－0001830　午4/866
幼科痘科金鏡錄合刻三卷　（明）翁仲仁撰　清光緒十七年（1891）常熟鱐芳閣刻本　四册

320000－1643－0001831　午45/4
幼科驚搐門不分卷　（清）樓擁千輯　清乾隆五十六年（1791）鈔本　一册

320000－1643－0001832　午4/38
幼科釋謎六卷　（清）沈金鰲輯　清乾隆三十九年（1774）刻本　二册

320000－1643－0001833　午4/9
幼科鐵鏡六卷　（清）夏鼎撰　清道光十年（1830）掃葉山房刻本　二册

320000－1643－0001834　午4/9－1
幼科鐵鏡六卷　（清）夏鼎撰　清光緒二十九年（1903）經元書屋刻本　二册

320000－1643－0001835　午4/9－2
幼科鐵鏡六卷　（清）夏鼎撰　清光緒二十一年（1895）劉氏信天堂刻本　二册

320000－1643－0001836　午4/9－3
幼科鐵鏡六卷　（清）夏鼎撰　清湯肇漢刻本　二册

320000－1643－0001837　午4/9－4
幼科鐵鏡六卷　（清）夏鼎撰　清同治九年（1870）金陵授經堂刻本　四册

320000－1643－0001838　午4/9－5
幼科鐵鏡六卷　（清）夏鼎撰　清同治九年（1870）授經堂刻本　一册

320000－1643－0001839　午4/9－6
幼科鐵鏡六卷　（清）夏鼎撰　清宣統元年（1909）文元書房石印本　二册

320000－1643－0001840　巳33/46
幼科推拿秘書五卷　（清）駱如龍撰　清乾隆五十年（1785）四教堂刻本　二册

320000－1643－0001841　巳33/46－1
幼科推拿秘書五卷　（清）駱如龍撰　清咸豐八年（1858）周東藩鈔本　一册

320000－1643－0001842　午4/664
幼科折衷二卷　（明）秦昌遇編　清光緒八年（1882）康斯勤鈔本　一册

320000－1643－0001843　午4/79
幼科指歸二卷　（清）曾鼎輯　清解經書屋鈔本　一册

320000－1643－0001844　午4/93
幼科指南四卷　（清）周震撰　清乾隆五十四年（1789）保赤堂刻本　四册

320000－1643－0001845　午4/93－1
幼科指南四卷　（清）周震撰　清乾隆五十四年（1789）刻本　四册

320000－1643－0001846　午4/5－1－1
幼科指掌四卷　（清）葉其蓁編　清乾隆八年（1743）刻本　八册

320000－1643－0001847　午4/5－1－2
幼科指掌四卷　（清）葉其蓁編　清乾隆八年（1743）刻本　二册　存二卷（一至二）

320000－1643－0001848　午47/6
幼童衛生篇不分卷　（英國）傅蘭雅譯　清光緒二十年（1894）格致書室鉛印本　二册

320000－1643－0001849　午4/49
幼幼集成六卷　（清）陳復正編　清光緒刻本

六冊

320000－1643－0001850　午4/49－1
幼幼集成六卷　(清)陳復正編　清光緒三十三年(1907)上海文海閣石印本　六冊

320000－1643－0001851　午4/49－2
幼幼集成六卷　(清)陳復正編　清刻本　六冊

320000－1643－0001852　午4/49－3
幼幼集成六卷　(清)陳復正編　清刻本　二冊　存二卷(四、六)

320000－1643－0001853　午4/49－4
幼幼集成六卷　(清)陳復正編　清乾隆十五年(1750)冬至會刻本　六冊

320000－1643－0001854　午4/49－5
幼幼集成六卷　(清)陳復正編　清英德堂刻本　六冊

320000－1643－0001855　K2/2
漁洋山人精華錄訓纂十卷　(清)惠棟注　清光緒十七年(1891)南皮張氏刻本　十二冊

320000－1643－0001856　K266/19
雨般秋雨盦隨筆八卷　(清)梁紹壬撰　清道光十七年(1837)文德堂刻本　八冊

320000－1643－0001857　巳1/42
玉函經三卷　(五代)杜光庭撰　清光緒七年(1881)蘭蘭山房刻本　一冊

320000－1643－0001858　巳4/37
玉機微義五十卷　(明)徐彥純撰　清康熙刻本　十六冊

320000－1643－0001859　卯5/372
玉曆鈔傳良方一卷　(清)江君編　清光緒三十二年(1906)上海千頃堂刻本　一冊

320000－1643－0001860　亥22/5
喻氏醫書三種　(清)喻昌撰　清光緒二十六年(1900)上海校經山房石印本　六冊

320000－1643－0001861　亥22/5－1
喻氏醫書三種　(清)喻昌撰　清乾隆二十八年(1763)嵩秀堂刻本　十六冊

320000－1643－0001862　亥22/5－2
喻氏醫書三種　(清)喻昌撰　清善成堂刻本　六冊

320000－1643－0001863　亥22/5－3－1
喻氏醫書三種　(清)喻昌撰　清竹秀山房刻本　六冊

320000－1643－0001864　亥22/5－3－2
喻氏醫書三種　(清)喻昌撰　清竹秀山房刻本　十二冊

320000－1643－0001865　亥22/5－3－3
喻氏醫書三種　(清)喻昌撰　清竹秀山房刻本　十二冊

320000－1643－0001866　D2/63
御批歷代通鑑輯覽一百二十卷　(清)傅恒等編　清光緒二十九年(1903)上海商務印書館鉛印本　六冊

320000－1643－0001867　亥12/8
御纂醫宗金鑑九十卷首一卷　(清)吳謙等纂　清光緒二十九年(1903)經香閣石印本　十六冊

320000－1643－0001868　亥12/8－1
御纂醫宗金鑑九十卷首一卷　(清)吳謙等纂　清光緒掃葉山房刻本　十一冊

320000－1643－0001869　亥12/8－2－1
御纂醫宗金鑑九十卷首一卷　(清)吳謙等纂　清活字印本　六十三冊

320000－1643－0001870　亥12/8－2－2
御纂醫宗金鑑九十卷首一卷　(清)吳謙等纂　清活字印本　十五冊　存二十八卷(十九、三十二至五十一、六十七至六十八、七十至七十一、七十六、七十八,首一卷)

320000－1643－0001871　亥12/8－3
御纂醫宗金鑑九十卷首一卷　(清)吳謙等纂　清刻本　四十八冊

320000－1643－0001872　亥12/8－4
御纂醫宗金鑑九十卷首一卷　(清)吳謙等纂

清刻本　四十八册

320000－1643－0001873　亥 12/8－5
御纂醫宗金鑑九十卷首一卷　（清）吴謙等纂　清刻本　十册

320000－1643－0001874　亥 12/8－6
御纂醫宗金鑑九十卷首一卷　（清）吴謙等纂　清乾隆七年（1742）武英殿活字本　三十二册

320000－1643－0001875　酉 2/5
寓意草一卷　（清）喻昌撰　清刻本　一册

320000－1643－0001876　亥 21/34
豫醫雙璧二種　吴重熹輯　清宣統元年（1909）吴氏梁園節署鉛印本　八册

320000－1643－0001877　午 33/44
鬻嬰提要説一卷　（清）張振鋆輯　清光緒十五年（1889）刻本　一册

320000－1643－0001878　Z3/3
淵鑑類函四百五十卷　（清）張英等編纂　清同治十三年（1874）至光緒六年（1880）古香齋刻本　一百六十册

320000－1643－0001879　D25/1
元朝秘史註十五卷　（清）李文田註　清光緒二十二年（1896）通隱堂刻本　四册

320000－1643－0001880　申 63/2
元亨療馬集六卷　（明）喻本元撰　清光緒三十四年（1908）文海閣書局石印本　一册

320000－1643－0001881　申 63/2－1
元亨療馬集六卷　（明）喻本元撰　清蘇州綠蔭堂刻本　六册

320000－1643－0001882　未 3/66
原機啟微二卷　（明）倪維德撰　明刻本　一册

320000－1643－0001883　午 4/51
惲西園痧麻痘三科定論不分卷　（清）惲熊撰　清道光六年（1826）鈔本　一册

320000－1643－0001884　子 23/3
運氣易覽三卷　（明）汪機輯　明嘉靖十二年（1533）程鐈刻本　一册

320000－1643－0001885　午 2/1
雜病證治類方八卷　（明）王肯堂撰　清康熙三十八年（1699）虞氏刻本　五册

320000－1643－0001886　午 2/72
增補病機沙篆一卷　（明）李中梓撰　清刻本　一册

320000－1643－0001887　午 41/86
增補痘疹金鏡錄四卷　（明）翁仲仁撰　（清）陸道員補遺　清道光二十年（1840）書業堂刻本　二册

320000－1643－0001888　午 41/86－1－1
增補痘疹金鏡錄四卷　（明）翁仲仁撰　（清）陸道員補遺　清嘉慶二十一年（1816）講德齋刻本　二册

320000－1643－0001889　午 41/86－2
增補痘疹金鏡錄四卷　（明）翁仲仁撰　（清）陸道員補遺　清嘉慶二十一年（1816）書業堂刻本　二册

320000－1643－0001890　午 41/86－3
增補痘疹金鏡錄四卷　（明）翁仲仁撰　（清）陸道員補遺　清康熙二十九年（1690）春江資事堂刻本　二册

320000－1643－0001891　午 41/86－4
增補痘疹金鏡錄四卷　（明）翁仲仁撰　（清）陸道員補遺　清文瑞樓刻本　二册

320000－1643－0001892　P6043/4
增補類腋二十卷　（清）趙克宜增輯　清咸豐九年（1859）刻本　二十四册

320000－1643－0001893　子 12/3
增補内經拾遺方論四卷　（宋）駱龍吉撰　清乾隆四十一年（1776）武林大成齋刻本　四册

320000－1643－0001894　巳 4/71
增補壽世保元十卷　（明）龔廷賢撰　清光緒十二年（1886）上洋江左書局刻本　十册

320000－1643－0001895　巳 4/71－1

增補壽世保元十卷　(明)龔廷賢撰　清經綸堂刻本　十册

320000－1643－0001896　巳4/71－2
增補壽世保元十卷　(明)龔廷賢撰　清聚盛堂刻本　十册

320000－1643－0001897　巳4/71－3
增補壽世保元十卷　(明)龔廷賢撰　清宣統元年(1909)益元書局刻本　十册

320000－1643－0001898　巳4/71－4
增補壽世保元十卷　(明)龔廷賢撰　清藝文堂刻本　二册　存三卷(一至二、五)

320000－1643－0001899　巳4/71－5
增補壽世保元十卷　(明)龔廷賢撰　清英德堂刻本　十九册　缺一卷(十)

320000－1643－0001900　申61/66
增補洗冤録急救方不分卷　(清)姚德豐撰　清道光十一年(1831)蘇州姚壽春堂刻本　一册

320000－1643－0001901　卯2/81－2
增補醫方捷徑合編二卷　(明)太醫院原本　清經綸堂刻本　一册

320000－1643－0001902　午41/24
增訂痘疹輯要四卷　(清)劉氏輯要　(清)白振斯增訂　清光緒二十四年(1898)南海梁承堂刻本　二册

320000－1643－0001903　D6/1
增訂廣輿記二十四卷　(明)陸應陽纂　清乾隆十五年(1750)刻本　八册

320000－1643－0001904　未16/7－1
增訂花柳指迷不分卷　(美國)嘉約翰撰　清光緒十五年(1889)羊城博濟醫局刻本　一册

320000－1643－0001905　卯13/7－2－1
增訂醫方易簡十卷　(清)龔自璋編　清光緒九年(1883)宋德成刻字鋪刻本　八册

320000－1643－0001906　未12/7－1－1
增訂治療匯要三卷　(清)過鑄撰　清光緒二十七年(1901)上海商務書館鉛印本　一册

320000－1643－0001907　未12/7－1－2
增訂治療匯要三卷　(清)過鑄撰　清光緒二十七年(1901)上海商務書館鉛印本　一册

320000－1643－0001908　未12/7－2－1
增訂治療匯要三卷　(清)過鑄撰　清光緒二十四年(1898)武林刻本　四册

320000－1643－0001909　未12/7－2－2
增訂治療匯要三卷　(清)過鑄撰　清光緒二十四年(1898)武林刻本　四册

320000－1643－0001910　寅25/7－1
增廣本草綱目五十二卷首一卷附圖二卷　(明)李時珍撰　清宣統元年(1909)鴻寶齋書局石印本　十七册　缺二卷(增廣本草綱目一至二)

320000－1643－0001911　卯/6－1
增廣太平惠民和劑局方十卷　(宋)陳師文等校正　清嘉慶十年(1805)虞山張海鵬照曠閣刻本　四册

320000－1643－0001912　卯9/77－1－1
增輯急救方一卷　(清)志學主人編　清光緒二十五年(1899)石門蕁香書屋刻本　一册

320000－1643－0001913　卯9/77－1－2
增輯急救方一卷　(清)志學主人編　清光緒二十五年(1899)石門蕁香書屋刻本　一册

320000－1643－0001914　卯9/74
增輯急救方一卷　(清)李超瓊撰　清光緒十四年(1888)溧陽自訟齋刻本　一册

320000－1643－0001915　子5/3
增輯難經本義二卷　(元)滑壽註　清光緒十七年(1891)池陽周氏刻本　二册

320000－1643－0001916　丑13/3
增輯傷寒論類方四卷　(清)徐大椿編釋　清同治五年(1866)古吳潘氏刻本　四册

320000－1643－0001917　丑13/3－1
增輯傷寒論類方四卷　(清)徐大椿編釋　清同治五年(1866)振新書社刻本　四册

320000－1643－0001918　午42/2

摘星樓治痘全書十八卷　(明)朱一麟撰　清光緒十一年(1885)培植堂刻本　十册

320000－1643－0001919　卯 5/33
摘要良方一卷　(清)修竹居士等輯　清光緒二十二年(1896)怡修居士刻本　一册

320000－1643－0001920　丑 11/21
張卿子傷寒論七卷　(清)張遂辰參註　清初刻本　二册

320000－1643－0001921　亥 22/4－1－1
張氏醫通　(清)張璐撰　清光緒二十年(1894)上海圖書集成印書局鉛印本　二十册

320000－1643－0001922　亥 22/4－1－2
張氏醫通　(清)張璐撰　清光緒二十年(1894)上海圖書集成印書局鉛印本　十七册

320000－1643－0001923　亥 22/4－1－3
張氏醫通　(清)張璐撰　清光緒二十年(1894)上海圖書集成印書局鉛印本　二十四册

320000－1643－0001924　亥 22/4－2－1
張氏醫通　(清)張璐撰　清光緒二十五年(1899)浙江書局刻本　三十二册

320000－1643－0001925　亥 22/4－2－2
張氏醫通　(清)張璐撰　清光緒二十五年(1899)浙江書局刻本　八册　存四種八卷(本經逢源四卷、診中三昧一卷、傷寒纘論二卷、傷寒兼證析義一卷)

320000－1643－0001926　亥 22/4－5
張氏醫通　(清)張璐撰　清三元堂刻本　十一册

320000－1643－0001927　亥 22/4－6－1
張氏醫通　(清)張璐撰　清同德堂刻本　四十八册

320000－1643－0001928　亥 22/4－6－2
張氏醫通　(清)張璐撰　清同德堂刻本　十九册　存四種八卷(本經逢源四卷、診中三昧一卷、傷寒纘論目錄傷寒續論二卷)

320000－1643－0001929　卯 7/42
張同泰號丸散膏丹一卷　(清)張同泰號主人訂　清嘉慶十年(1805)刻本　一册

320000－1643－0001930　丑 1/9－2－2
張仲景傷寒論十卷　(金)成無己註解　清光緒二十二年(1896)益元書局刻本　四册

320000－1643－0001931　丑 11/451
張仲景傷寒論原文淺註六卷　(清)陳念祖集註　清光緒三十年(1904)益元書局刻本　四册

320000－1643－0001932　酉 2/99
折肱漫錄七卷　(明)黄承昊撰　清乾隆五十九年(1794)修敬堂刻本　二册

320000－1643－0001933　寅 7/7－2－1－1
珍珠囊指掌補遺藥性賦四卷　(金)李杲撰　清光緒三十二年(1906)蘇州掃葉山房刻本　四册

320000－1643－0001934　寅 7/7－2－1－2
珍珠囊指掌補遺藥性賦四卷　(金)李杲撰　清光緒三十二年(1906)蘇州掃葉山房刻本　四册

320000－1643－0001935　寅 7/7－2－2－1
珍珠囊指掌補遺藥性賦四卷　(金)李杲撰　清李光明莊刻本　二册

320000－1643－0001936　寅 7/7－2－3－1
珍珠囊指掌補遺藥性賦四卷　(金)李杲撰　清乾隆刻本　一册　存二卷(一至二)

320000－1643－0001937　寅 7/7－2－4－1
珍珠囊指掌補遺藥性賦四卷　(金)李杲撰　清紹興奎照樓刻本　四册

320000－1643－0001938　辰 1/4
針灸大成十卷　(明)楊繼洲撰　清經國堂刻本　十册

320000－1643－0001939　辰 1/4－1
針灸大成十卷　(明)楊繼洲撰　清綠陰山房刻本　十册

320000－1643－0001940　辰 1/4－2－1
針灸大成十卷　(明)楊繼洲撰　清乾隆刻本

三十一冊

320000－1643－0001941　辰1/4－2－2

針灸大成十卷　（明）楊繼洲撰　清乾隆刻本　六冊

320000－1643－0001942　辰1/77

針灸逢源六卷　（清）李學川編　清同治十年（1871）吳縣李嘉時刻本　六冊

320000－1643－0001943　辰2/6

針灸集要一卷　（□）□□撰　清鈔本　一冊

320000－1643－0001944　辰21/6

針灸覽要一卷　（清）秋露氏錄　清乾隆元年（1736）秋露氏鈔本　一冊

320000－1643－0001945　辰1/3

針灸問對三卷　（明）汪機編　清千頃堂書局刻本　二冊

320000－1643－0001946　辰1/7

針灸要旨不分卷　（明）高武撰　清鈔本　四冊

320000－1643－0001947　辰12/7

針灸易學三卷　（清）李守先撰　清道光十七年（1837）上海鑄記書局石印本　一冊

320000－1643－0001948　辰1/1

針灸資生經七卷　（宋）王執中撰　清末鈔本　二冊

320000－1643－0001949　未1/41

枕藏外科形圖諸症二卷　（清）胡大中撰　清刻本　一冊

320000－1643－0001950　未1/41－1

枕藏外科形圖諸症二卷　（清）胡大中撰　清乾隆五十年（1785）面極堂刻本　四冊

320000－1643－0001951　巳2041/8

診家索隱二卷　（清）羅浩輯　清嘉慶四年（1799）鄭柿里刻本　二冊

320000－1643－0001952　巳2/2

診視近纂一卷　（清）陳治撰　清康熙貞白堂刻本　一冊

320000－1643－0001953　酉13/85

診餘集一卷　（清）余景和撰　稿本　一冊

320000－1643－0001954　酉4/48－1－1

診餘舉隅錄二卷　（清）陳延儒撰　清光緒二十四年（1898）鉛印本　二冊

320000－1643－0001955　酉4/48－1－2

診餘舉隅錄二卷　（清）陳延儒撰　清光緒二十四年（1898）鉛印本　二冊

320000－1643－0001956　酉4/48－1－3

診餘舉隅錄二卷　（清）陳延儒撰　清光緒二十四年（1898）鉛印本　一冊

320000－1643－0001957　巳/4

診宗三昧一卷　（清）張璐纂　清刻本　一冊

320000－1643－0001958　未2/8

正體類要二卷　（明）薛己撰　明刻本　一冊

320000－1643－0001959　午2/78

症因脈治四卷　（明）秦昌遇纂　清乾隆十八年（1753）博古堂刻本　四冊

320000－1643－0001960　巳4/98

症治備覽二卷　（清）盧思誠輯　清光緒九年（1883）刻本　一冊

320000－1643－0001961　午44/3－2－1

鄭氏瘄科保赤金丹四卷　（清）鄭蔄年撰　清光緒二十六年（1900）鄭氏刻本　四冊

320000－1643－0001962　午44/3－2－2

鄭氏瘄科保赤金丹四卷　（清）鄭蔄年撰　清光緒二十六年（1900）鄭氏刻本　四冊

320000－1643－0001963　午44/3－1

鄭氏瘄科保赤金丹四卷　（清）鄭蔄年撰　清同治九年（1870）汲綆齋刻本　一冊

320000－1643－0001964　B311/11

鄭氏周易三卷　（漢）鄭玄注　（宋）王應麟輯　（清）惠棟增補　清乾隆二十一年（1756）雅雨堂刻本　一冊

320000－1643－0001965　午2/73

證治彙補八卷　（清）李用粹撰　清光緒十八

年(1892)簡玉山房刻本　八冊

320000－1643－0001966　午2/73－1

證治彙補八卷　(清)李用粹撰　清刻本　二冊　存二卷(七至八)

320000－1643－0001967　巳4/91

證治要訣類方四卷　(明)戴思恭撰　(明)余時雨等校　明新安余時雨吳中珩刻本　二冊

320000－1643－0001968　巳4/91－1

證治要訣十二卷　(明)戴元禮撰　明新安余時雨刻本　四冊

320000－1643－0001969　卯7/1

至寶丸散集十卷　(□)□□撰　清刻本　三冊

320000－1643－0001970　午42/2－2

治痘大成一卷　(明)朱一麟撰　明摘星樓刻本　一冊

320000－1643－0001971　卯5/56

治蠱新方一卷　(清)路順德輯　清路順德刻本　一冊

320000－1643－0001972　卯5/971

治急改良易簡錄一卷　(清)陳錫昌錄　清光緒二十八年(1902)寶墨齋刻本　一冊

320000－1643－0001973　未12/2

治療錄要一卷　(□)□□撰　清上海普育堂刻本　一冊

320000－1643－0001974　午15/7－1－1

治痧全編二卷　(清)郭志邃撰　(清)高亭午增編　清光緒三十三年(1907)上海時中書局鉛印本　一冊

320000－1643－0001975　午15/7－1－2

治痧全編二卷　(清)郭志邃撰　(清)高亭午增編　清光緒三十三年(1907)上海時中書局鉛印本　一冊

320000－1643－0001976　午1/16

治瘟提要續刻一卷　(清)曹華峰撰　清光緒琉璃廠英華齋刻本　一冊

320000－1643－0001977　午44/4－1－1

治疹全書三卷末一卷　(□)□□撰　清咸豐八年(1858)紹嵊長樂錢遺經堂刻本　四冊

320000－1643－0001978　午44/4－1－2

治疹全書三卷末一卷　(□)□□撰　清咸豐八年(1858)紹嵊長樂錢遺經堂刻本　二冊

320000－1643－0001979　申1/86－1－1

中藏經八卷　(漢)華佗撰　清光緒六年(1880)上虞蘭蘭山房徐氏刻本　二冊

320000－1643－0001980　申1/86－1－2

中藏經八卷　(漢)華佗撰　清光緒六年(1880)上虞蘭蘭山房徐氏刻本　二冊

320000－1643－0001981　申1/86－2

中藏經八卷　(漢)華佗撰　清嘉慶十三年(1808)平津館孫氏刻本　一冊

320000－1643－0001982　申1/86－3－1

中藏經八卷　(漢)華佗撰　清宣統三年(1911)上海華英書局石印本　一冊

320000－1643－0001983　申1/86－3－2

中藏經八卷　(漢)華佗撰　清宣統三年(1911)上海華英書局石印本　一冊

320000－1643－0001984　巳34/3

中外衛生要旨四卷　(清)鄭官應輯　清光緒十九年(1893)居易山房刻本　四冊

320000－1643－0001985　巳34/3－1

中外衛生要旨四卷　(清)鄭官應輯　清宣統元年(1909)鉛印本　五冊

320000－1643－0001986　申4/1

中西骨格辨正　(清)劉廷楨輯　清光緒二十九年(1903)廣學會刻本　一冊

320000－1643－0001987　亥23/9

中西匯通醫書五種　(清)唐宗海撰　清光緒二十年(1894)江順成書局石印本　十一冊

320000－1643－0001988　亥23/9－1

中西匯通醫書五種　(清)唐宗海撰　清光緒三十三年(1907)文新局石印本　七冊

320000－1643－0001989　亥23/9－2－1
中西匯通醫書五種　(清)唐宗海撰　清光緒三十四年(1908)千頃堂書局石印本　十二冊

320000－1643－0001990　亥23/9－2－2
中西匯通醫書五種　(清)唐宗海撰　清光緒三十四年(1908)千頃堂書局石印本　十二冊

320000－1643－0001991　亥23/9－2－3
中西匯通醫書五種　(清)唐宗海撰　清光緒三十四年(1908)千頃堂書局石印本　十二冊

320000－1643－0001992　亥23/9－2－4
中西匯通醫書五種　(清)唐宗海撰　清光緒三十四年(1908)千頃堂書局石印本　十二冊

320000－1643－0001993　亥23/9－2－5
中西匯通醫書五種　(清)唐宗海撰　清光緒三十四年(1908)千頃堂書局石印本　十二冊

320000－1643－0001994　申1/8
中西醫粹三卷　(清)羅定昌撰　清光緒十九年(1893)千頃堂書局石印本　四冊

320000－1643－0001995　申1/81
中西醫解二卷　(清)唐宗海撰　清光緒二十五年(1899)成都刻本　二冊

320000－1643－0001996　申1/81－1
中西醫解二卷　(清)唐宗海撰　清光緒二十五年(1899)尚古堂刻本　二冊

320000－1643－0001997　申1/81－2
中西醫解二卷　(清)唐宗海撰　清光緒三十二年(1906)善成堂刻本　二冊

320000－1643－0001998　亥21/8
中西醫書八種合刻十卷　(清)羅定昌編　清光緒二十五年(1899)正字山房刻本　八冊

320000－1643－0001999　亥21/8－1
中西醫書八種合刻十卷　(清)羅定昌編　清光緒刻本　二冊

320000－1643－0002000　亥21/16
中西醫學群書　(清)陳□輯　清光緒三十三年(1907)六藝書局刻本　四冊

320000－1643－0002001　午43/4
種痘新書十二卷　(清)張琰編　清刻本　一冊　存九卷(一至九)

320000－1643－0002002　午43/4－1
種痘新書十二卷　(清)張琰編　清乾隆六十年(1795)刻本　六冊

320000－1643－0002003　午43/4－2
種痘新書十二卷　(清)張琰編　清同治十年(1871)善成堂刻本　六冊

320000－1643－0002004　午43/69
種痘要覽三卷　(清)許濟時輯　清刻本　一冊　存一卷(一)

320000－1643－0002005　卯5/55
種福堂公選良方四卷　(清)葉桂撰　清刻本　二冊

320000－1643－0002006　丑/08
仲景全書二十卷　(漢)張機等撰　清光緒二十年(1894)鄧氏崇文齋刻本　十冊

320000－1643－0002007　丑11/45
仲景傷寒集註四卷　(□)□□撰　清乾隆四十六年(1781)武林大順堂刻本　四冊

320000－1643－0002008　丑17/2
仲景卒病論二卷　(清)純樓闌撰　清刻本　一冊　存一卷(一)

320000－1643－0002009　午15/17－1－1－1
重訂霍亂論四卷　(清)王士雄撰　清咸豐元年(1851)吟香書屋刻本　一冊

320000－1643－0002010　午15/17－1－2－1
重訂霍亂論四卷附錄一卷　(清)王士雄撰　清咸豐元年(1851)吟香書屋刻本　一冊

320000－1643－0002011　午31/9－1－1
重訂濟陰綱目十四卷　(明)武之望撰　清經綸堂刻本　十冊

320000－1643－0002012　未41/43
重訂囊秘喉書不分卷　(清)楊龍九撰　清光緒二十八年(1902)學福堂書坊刻本　一冊

320000－1643－0002013　I5/1

重訂小學纂註六卷　(清)高愈撰　清光緒二十年(1894)東昌書業德刻本　四冊

320000－1643－0002014　卯2/81

重訂醫方藥性合編二卷　(明)太醫院原本　清經綸堂刻本　一冊

320000－1643－0002015　T/4

重訂增補陶朱公致富全書四卷　清道光二十年(1840)綠野草堂刻本　四冊

320000－1643－0002016　子12/1－3

重廣補註黄帝内經素問二十四卷　(唐)王冰註　**素問遺篇一卷**　(宋)劉舒溫撰　明萬曆吳勉學刻本　三冊

320000－1643－0002017　子12/1－1

重廣補註黄帝内經素問二十四卷　(唐)王冰註　清光緒三年(1877)浙江書局刻本　十三冊

320000－1643－0002018　子12/1－2

重廣補註黄帝内經素問二十四卷　(唐)王冰註　清光緒十年(1884)京口文成堂刻本　十冊

320000－1643－0002019　子21/1

重廣補註黄帝内經素問二十四卷　(唐)王冰註　清刻本　六冊

320000－1643－0002020　子21/1－1

重廣補註黄帝内經素問二十四卷　(唐)王冰註　清同治九年(1870)刻本　八冊

320000－1643－0002021　子21/1－2

重廣補註黄帝内經素問二十四卷　(唐)王冰註　清同治九年(1870)惲鐵樵據宋本影印本　八冊

320000－1643－0002022　子21/1－2－1

重廣補註黄帝内經素問二十四卷　(唐)王冰註　清同治九年(1870)惲鐵樵據宋本影印本　八冊

320000－1643－0002023　子12/1－1－1

重廣補註黄帝内經素問二十四卷黄帝素問靈樞經十二卷　(唐)王冰註　清光緒三年(1877)浙江書局刻本　十冊

320000－1643－0002024　子12/1－1－2

重廣補註黄帝内經素問二十四卷黄帝素問靈樞經十二卷　(唐)王冰註　清光緒三年(1877)浙江書局刻本　十冊

320000－1643－0002025　申61/7－1－1－1

重刊補註洗冤錄集證六卷　(宋)宋慈編　(清)王又槐增輯　清道光二十四年(1844)萍鄉翰墨園刻本　五冊

320000－1643－0002026　申61/7－1－2

重刊補註洗冤錄集證六卷　(宋)宋慈編　(清)王又槐增輯　清道光二十四年(1844)萍鄉翰墨園刻本　五冊

320000－1643－0002027　申61/7－2－1

重刊補註洗冤錄集證六卷　(宋)宋慈編　(清)王又槐增輯　清道光二十四年(1844)萍鄉翰墨園刻三色套印本　六冊

320000－1643－0002028　申61/7－2－2

重刊補註洗冤錄集證六卷　(宋)宋慈編　(清)王又槐增輯　清道光二十四年(1844)萍鄉翰墨園刻三色套印本　五冊

320000－1643－0002029　申61/7－3

重刊補註洗冤錄集證六卷　(宋)宋慈編　(清)王又槐增輯　清光緒三年(1877)浙江書局刻本　五冊

320000－1643－0002030　申61/7－2

重刊補註洗冤錄集證六卷　(宋)宋慈編　(清)王又槐增輯　(清)李觀瀾補輯　清山陰刻本　四冊

320000－1643－0002031　卯11/4－2－2

重刻海上方一卷　(唐)孫思邈撰　清道光二年(1822)蕭山陸成刻本　一冊

320000－1643－0002032　未412/8

重刻爛喉丹痧輯要二卷　(清)金德鑑撰　清光緒二十七年(1901)毛上珍刻字鋪刻本　一冊

320000－1643－0002033　未 412/8－1

重刻爛喉丹痧輯要二卷　(清)金德鑑撰　清光緒三十一年(1905)石印本　一冊

320000－1643－0002034　辰 2/4

重刻針灸擇日編集一卷　(明)全循義等編集　清光緒十六年(1890)上杭羅氏影刻本　一冊

320000－1643－0002035　辰 2/4－1

重刻針灸擇日編集一卷　(明)全循義等編集　清光緒十七年(1891)上杭羅氏影刻本　一冊

320000－1643－0002036　巳 1/93

周澄之脈學四種十四卷　(清)周學海撰　清光緒二十一年(1895)池陽周氏刻本　九冊

320000－1643－0002037　戌 6/49－1－1

周禮醫官詳説一卷　(清)顧成章撰　清光緒十九年(1893)上海申報館鉛印本　一冊

320000－1643－0002038　戌 6/49－1－2

周禮醫官詳説一卷　(清)顧成章撰　清光緒十九年(1894)上海申報館鉛印本　一冊

320000－1643－0002039　亥 21/93－1－1

周氏醫學叢書　(清)周學海撰輯　清光緒十七年(1891)池陽周氏福慧雙修館匯刻本　四十八冊　缺三種四十三卷(内經評文三十六卷、讀醫隨筆六卷、診家樞要一卷)

320000－1643－0002040　亥 21/93－1－2

周氏醫學叢書　(清)周學海撰輯　清光緒十七年(1891)池陽周氏福慧雙修館匯刻本　六十五冊

320000－1643－0002041　亥 21/93－1－3

周氏醫學叢書　(清)周學海撰輯　清光緒十七年(1891)池陽周氏福慧雙修館匯刻本　十冊　存十種十八卷(小兒藥證直決三卷、閻氏小兒方論一卷、董氏小兒瘢疹備急方論一卷、金匱鉤玄三卷、三消論一卷、葉案存真類編二卷、印機草一卷、評注史載之方二卷、韓氏醫通二卷、傷寒補例二卷)

320000－1643－0002042　巳 2/9

周氏重訂診家直訣二卷　(清)周學海撰　清鈔本　一冊

320000－1643－0002043　巳 2/9－1

周氏重訂診家直訣二卷　(清)周學海撰　清光緒十九年(1893)刻本　一冊

320000－1643－0002044　B311/1－1－1

周易　(三國魏)王弼註　清光緒三年(1877)江南書局刻本　三冊

320000－1643－0002045　B311/1－1－2

周易　(三國魏)王弼註　清光緒三年(1877)江南書局刻本　三冊

320000－1643－0002046　B311/1－1－3

周易　(三國魏)王弼註　清光緒三年(1877)江南書局刻本　二冊

320000－1643－0002047　B311/82

周易本義爻徵二卷　(清)吳曰慎撰　清刻惜陰軒叢書本　二冊

320000－1643－0002048　B311/13

周易通解三卷　(清)卞斌述　清道光十九年(1839)劉氏嘉業堂刻本　三冊

320000－1643－0002049　卯 11/8

肘後備急方八卷　(晉)葛洪撰　清光緒十一年(1885)王文光齋刻本　四冊

320000－1643－0002050　酉 12/7

諸家醫案不分卷　(□)□□輯　清鈔本　一冊

320000－1643－0002051　寅 9/4

諸藥出處一卷　(□)□□輯　清道光二十二年(1842)楊記刻本　一冊

320000－1643－0002052　午 31/31

竹林寺女科秘傳一卷　(清)竹林寺僧撰　清光緒三年(1877)富文齋刻本　一冊

320000－1643－0002053　午 31/64－2

竹林寺女科秘方不分卷　(清)竹林寺僧撰　清光緒二十二年(1896)熬峰氏鈔本　一冊

320000－1643－0002054　午 31/64－1－1

竹林寺女科證治四卷　(清)竹林寺僧撰　清懷德堂刻本　二冊　缺一卷(一)

320000－1643－0002055　午 31/64－1－2

竹林寺女科證治四卷　(清)竹林寺僧撰　清懷德堂刻本　八冊

320000－1643－0002056　丑 1/9－2－1

註解傷寒論十卷　(漢)張機撰　(金)成無己註釋　清光緒二十二年(1896)湖南書局刻本　六冊

320000－1643－0002057　丑 1/9－1

註解傷寒論十卷　(漢)張機撰　(金)成無己註解　清光緒六年(1880)掃葉山房刻本　五冊

320000－1643－0002058　丑 1/9－3

註解傷寒論十卷　(漢)張機撰　(金)成無己註解　清同治九年(1870)常郡雙白燕堂陸氏刻本　六冊

320000－1643－0002059　B313/3

莊子十卷　(晉)郭象註　(唐)陸德明音義　清光緒三年(1877)浙江書局刻本　四冊

320000－1643－0002060　巳 343/8

尊生要旨一卷　(明)蔣學成編　明刻本　一冊

320000－1643－0002061　巳 34/7

遵生八箋十九卷　(明)高濂編　明萬曆十九年(1591)心遠堂刻本　十二冊

320000－1643－0002062　巳 34/7－1

遵生八箋十九卷　(明)高濂編　清光緒十年(1884)弦雪居刻本　二十冊

320000－1643－0002063　K269/3

佐治藥言一卷續一卷　(清)汪輝祖纂　清乾隆五十一年(1786)刻本　二冊

南京曉莊學院圖書館古籍普查登記目録

全國古籍普查登記目録

國家圖書館出版社
National Library of China Publishing House

《南京曉莊學院圖書館古籍普查登記目録》

編委會

主　編： 丁　曉

編　委： 丁　曉　鍾玖英　毛小榕　張菊仙　王　雯　汪　容
楊　明　杜京容　錢　征

《南京曉莊學院圖書館古籍普查登記目録》

前　言

古籍在幾百年的流傳過程中，頻遭兵燹水火等人爲、自然之災難，幸免厄運而流傳至今，百不一存，尤顯珍貴，是不可再生的文化資源。目前我國大量珍貴古籍已經瀕臨損毀、失傳，整理好保護好這些古籍，就是保護和維繫中華民族的文化根脈，保證中華文化薪火相傳、生生不息、不斷發揚光大，是功在當代、利在千秋的大事。

南京曉莊學院的前身是由"南京教育學院""南京師範專科學校"和"南京曉莊師範學校"三所學校合併而成，在80多年漫長的辦學歷史中，主要通過社會籌集、學校調撥、古舊書店購買、名人捐贈等途徑，形成了學校圖書館較爲豐富的綫裝古籍收藏。它們爲學校的學術研究提供了必要的文獻保障，在過去的教學、科研中發揮了特有作用，它是我校藏書的一大特色和優勢，是我校教育資源中極爲珍貴和無可替代的文獻資源。

普查數據統計，我校館藏古籍838部，9200餘册，古籍善本100多部，1000餘册，含明代刻本7部，其中兩部入選第二批《江蘇省珍貴古籍名録》。在普查中發現，我館古籍中有150多部清朝的課本和啓蒙教育方面的教材，它們是我國最早的中小學教科書，這些文獻對於研究我國學校教育的早期狀況、中小學教育教學的歷史以及中小學教材發展演變的過程都是十分重要的依據。這對我校以教師教育爲特色、以"小學教育專業"爲國家級特色專業的建設提供了重要的文獻保障。

我館古籍普查人員以極其認真負責的態度，嚴格按照全國古籍普查工作的要求和規範對待此次普查工作。在普查中他們仔細清點、任勞任怨，付出了艱辛勞動，常常爲弄清一個字、一個人名、一個牌記或鈐印内容，查閲不同工具書，搜索相關的内容資料並和多家圖書館的古籍目録進行細緻比對，以確保我館此次古籍普查工作的質量。

本書編委會
2015年6月4日

320000－1659－0000001　1065
嶺南三大家詩選二十四卷　（清）王隼輯　清康熙三十一年（1692）刻本　八冊

320000－1659－0000002　75
經義雜記三十卷　（清）臧琳撰　**經義雜記敍錄一卷**　（清）臧鏞輯　清嘉慶四年（1799）臧氏拜經堂刻本　八冊

320000－1659－0000003　210
隸辨八卷　（清）顧藹吉撰　清乾隆八年（1743）黃晟刻本　八冊

320000－1659－0000004　389
莊子南華真經十卷　（晉）郭象注　（唐）陸德明音義　清光緒十一年（1885）傳忠書局刻本　八冊

320000－1659－0000005　476
庾子山集十六卷　（北周）庾信撰　（清）倪璠注　**年譜一卷總釋一卷**　（清）倪璠撰　清康熙二十六年（1687）崇岫堂刻本　八冊

320000－1659－0000006　859
甌北詩鈔二十卷　（清）趙翼撰　清乾隆五十六年（1791）湛貽堂刻甌北全集本　八冊

320000－1659－0000007　1201
施注蘇詩四十二卷總目二卷　（宋）蘇軾撰　（宋）施元之　（宋）顧禧注　（清）邵長蘅　（清）宋犖　（清）宋至刪補　**蘇詩續補遺二卷**　（宋）蘇軾撰　（清）馮景補注　**東坡先生年譜一卷**　（宋）王宗稷撰　**王註正譌一卷**　（清）邵長蘅撰　清康熙三十八年（1699）宋犖刻本　八冊

320000－1659－0000008　1221
重刻天傭子全集十卷首一卷末一卷　（明）艾南英撰　（清）張良禦等評點　清道光十六年（1836）舊學山房重刻本　八冊

320000－1659－0000009　1249
尚書後案三十卷後辨一卷　（清）王鳴盛撰　清乾隆四十五年（1780）汪氏問禮堂刻本　八冊

320000－1659－0000010　1251
絜齋集二十四卷　（宋）袁燮撰　清刻武英殿聚珍版書本　八冊

320000－1659－0000011　x060
說文段注訂補十四卷　（清）王紹蘭撰　清光緒十四年（1888）蕭山胡熽棻刻本　八冊

320000－1659－0000012　87
說文段注訂補十四卷　（清）王紹蘭撰　清道光十四年（1834）蕭山胡熽棻刻本　八冊

320000－1659－0000013　38
大學衍義四十三卷　（宋）真德秀撰　清新化三味堂刻本　八冊

320000－1659－0000014　83
說文通訓定聲十八卷分部柬韻一卷說雅十九篇古今韻準一卷附補遺十八卷　（清）朱駿聲撰　清光緒十三年（1887）上海積山書局石印本　八冊

320000－1659－0000015　97
雷刻四種二十一卷　（清）雷浚輯　清光緒十年（1884）雷氏刻本　八冊

320000－1659－0000016　148－1
小學類編六種附一種三十六卷　（清）李祖望輯　清咸豐至光緒江都李氏半畝園刻本　八冊

320000－1659－0000017　148
小學類編六種附一種三十六卷　（清）李祖望輯　清咸豐至光緒江都李氏半畝園刻本　八冊

320000－1659－0000018　163
漢學諧聲二十四卷諧聲字補遺一卷說文補考一卷說文又考一卷　（清）戚學標撰　清嘉慶九年（1804）涉縣官署刻本　八冊

320000－1659－0000019　214
續後漢書四十二卷音義四卷　（宋）蕭常撰　清同治八年（1869）師古山房刻本　八冊

320000－1659－0000020　241
史姓韻編二十四卷　（清）汪輝祖輯　（清）馮

祖憲重校　清光緒二十九年(1903)文瀾書局石印本　八册

320000－1659－0000021　242
中東戰紀本末八卷　(美國)林樂知撰　蔡爾康輯　清光緒二十三年(1897)上海廣學會圖書集成局鉛印本　八册

320000－1659－0000022　250
歷代史略六卷　(清)柳詒徵撰　清光緒江楚書局刻本　八册

320000－1659－0000023　325
十三經分類政要十卷　(清)周世樟編　清光緒二十八年(1902)教育世界社石印本　八册

320000－1659－0000024　406
莊子集釋十卷　(清)郭慶藩輯　清光緒二十年(1894)思賢講舍刻本　八册

320000－1659－0000025　419
群書拾補初編三十九卷　(清)盧文弨校補　清光緒十三年(1887)上海蜚英舘石印本　八册

320000－1659－0000026　481
中等格致課本四卷　(法國)包爾培著　清光緒二十九年(1903)南洋公學石印本　八册

320000－1659－0000027　611
奏定學堂章程二十種　(清)張百熙等編　清光緒三十年(1904)兩廣學務印刷廠鉛印本　八册

320000－1659－0000028　683
澄衷蒙學堂字課圖説四卷檢字一卷類字一卷　(清)劉樹屏編　清光緒二十九年(1903)澄衷學堂印書處石印本　八册

320000－1659－0000029　711
小倉山房尺牘八卷　(清)袁枚撰　清光緒五年(1879)葛元煦刻本　八册

320000－1659－0000030　824
詞科掌録十七卷餘話七卷　(清)杭世駿輯　清乾隆仁和杭氏道古堂刻本　八册

320000－1659－0000031　837
小倉山房詩集三十一卷補遺二卷附録一卷　(清)袁枚撰　清刻本　八册

320000－1659－0000032　851
琴隱園詩集三十六卷詞集四卷　(清)湯貽汾撰　清光緒元年(1875)武進曹氏刻本　八册

320000－1659－0000033　911
嘯亭雜録八卷續録二卷　(清)昭槤撰　清光緒六年(1880)刻本　八册

320000－1659－0000034　931
繪圖安邦志八卷　(清)□□撰　清宣統二年(1910)章福記書局石印本　八册

320000－1659－0000035　932
繪圖定國志八卷　(清)□□撰　清宣統二年(1910)章福記書局石印本　八册

320000－1659－0000036　936
唐詩三百首注釋六卷姓氏小傳一卷　(清)蘅塘退士(孫洙)編　(清)章燮注　**唐詩三百首續選一卷**　(清)于慶元選　清光緒十六年(1890)石渠山房刻本　八册

320000－1659－0000037　1063
八家四六文注八卷首一卷　(清)孫星衍等撰　(清)吴鼒輯　(清)許貞幹注　清光緒十七年(1891)刻本　八册

320000－1659－0000038　1151
子史精華一百六十卷　(清)允禄等纂　(清)吴士玉等輯　清光緒十二年(1886)上海同文書局石印本　八册

320000－1659－0000039　1165
東周列國志二十七卷一百八回　(明)馮夢龍撰　(清)蔡昇批評　清光緒十四年(1888)點石齋石印本　八册

320000－1659－0000040　1166
詳注聊齋志異圖詠十六卷首一卷　(清)蒲松齡撰　(清)呂湛恩注　(清)徐潤編　清光緒十二年(1886)同文書局石印本　八册

320000－1659－0000041　1175
杜工部集二十卷附録一卷諸家詩話一卷年譜

一卷　（唐）杜甫撰　（清）錢謙益箋注　清宣統三年（1911）時中書局石印本　八册

320000－1659－0000042　1233
樊榭山房集十卷文集八卷續集十卷集外曲二卷集外詩三卷集外文一卷集外詞一卷集外詩一卷　（清）厲鶚撰　清光緒十年（1884）錢唐汪氏振綺堂刻本　八册

320000－1659－0000043　1293
有正味齋駢體文二十四卷　（清）吳錫麒撰　（清）王廣業箋　清咸豐九年（1859）青箱塾刻本　八册

320000－1659－0000044　1298
養一齋集二十五卷首一卷　（清）潘德輿撰　清道光二十九年（1849）刻本　八册

320000－1659－0000045　1509
雪樵經解三十三卷附録三卷　（清）馮世瀛撰　清光緒十二年（1886）上海石印本　八册

320000－1659－0000046　x022
戰國策三十三卷　（宋）鮑彪校注　（元）吳師道重校　清李元度刻本　八册

320000－1659－0000047　x034
遼史一百十六卷　（元）脱脱等撰　清光緒十年（1884）同文書局石印本　八册

320000－1659－0000048　x038
南齊書五十九卷　（南朝梁）蕭子顯撰　清光緒十年（1884）同文書局石印本　八册

320000－1659－0000049　x056
皇朝通典一百卷　（清）嵇璜等撰　清光緒二十八年（1902）鴻寶書局石印本　八册

320000－1659－0000050　x068
北齊書五十卷　（唐）李百藥撰　清光緒十年（1884）同文書局石印本　八册

320000－1659－0000051　x069
周書五十卷　（唐）令狐德棻等撰　清光緒十年（1884）同文書局石印本　八册

320000－1659－0000052　x070
梁書五十六卷　（唐）姚思廉撰　清光緒十年（1884）同文書局石印本　八册

320000－1659－0000053　x073
前漢書一百二十卷　（漢）班固撰　（漢）班昭續　（唐）顔師古注　清光緒二十年（1894）竢實齋石印本　八册

320000－1659－0000054　x076
皇朝通志一百二十六卷　（清）嵇璜等撰　清光緒二十八年（1902）鴻寶書局石印本　八册

320000－1659－0000055　x086
魏書一百三十卷　（北齊）魏收撰　清光緒二十八年（1902）史學會社石印本　八册

320000－1659－0000056　x088
欽定續通典一百五十卷　（清）嵇璜等修　清光緒二十八年（1902）鴻寶書局石印本　八册

320000－1659－0000057　x089
北史一百卷　（唐）李延壽撰　清光緒二十八年（1902）史學會社石印本　八册

320000－1659－0000058　x0107
史記一百三十卷　（漢）司馬遷撰　清光緒二十八年（1902）史學會社石印本　八册

320000－1659－0000059　x0109
史記一百三十卷　（漢）司馬遷撰　（南朝宋）裴駰集解　（唐）司馬貞索隱　（唐）張守節正義　清光緒二十八年（1902）竢實齋石印本　八册

320000－1659－0000060　x0110
格致須知不分卷四集　（英國）傅蘭雅撰　清光緒十三年（1887）刻本　八册

320000－1659－0000061　x0148
唐宋八大家類選十四卷　（清）儲欣輯　清光緒九年（1883）静遠堂刻本　八册

320000－1659－0000062　x0179
前漢書一百二十卷　（漢）班固撰　（漢）班昭續　（唐）顔師古注　清光緒二十八年（1902）竢實齋石印本　八册

320000－1659－0000063　x0181
前漢書一百二十卷　（漢）班固撰　（漢）班昭

續　(唐)顔師古注　清光緒二十八年(1902)史學會社石印本　八册

320000－1659－0000064　x0182
後漢書一百二十卷　(南朝宋)范曄撰　(唐)李賢注　清光緒二十八年(1902)史學會社石印本　八册

320000－1659－0000065　126
六書正譌五卷　(元)周伯琦撰　清古香閣刻本　二册

320000－1659－0000066　17
大戴禮記十三卷　(漢)戴德撰　(北周)盧辯注　清乾隆二十三年(1758)盧見曾刻雅雨堂叢書本　二册

320000－1659－0000067　1266
歸震川先生尺牘二卷　(明)歸有光撰　清康熙三十八年(1699)顧氏如月樓刻歸錢尺牘本　二册

320000－1659－0000068　22
表記集傳二卷春秋表記問業一卷　(明)黄道周輯　(清)鄭開極重訂　清康熙三十二年(1693)鄭開極刻本　二册

320000－1659－0000069　348
逸周書集訓校釋十卷周書逸文一卷　(清)朱右曾撰　(清)孫詒讓校　清光緒三年(1877)崇文書局刻本　二册

320000－1659－0000070　923
歷代名媛圖説二卷　(漢)劉向撰　(明)汪氏增輯　(明)仇英繪圖　清光緒五年(1879)點石齋石印本　二册

320000－1659－0000071　1131
徐孝穆全集五卷　(南朝陳)徐陵撰　(清)吳兆宜箋注　**備考一卷**　(清)徐文炳撰　清初寶翰樓刻本　二册

320000－1659－0000072　1177
敬亭詩草八卷　(清)沈起元撰　清乾隆十九年(1754)刻本　二册

320000－1659－0000073　1253
古夫于亭雜録六卷　(清)王士禛撰　清康熙刻本　二册

320000－1659－0000074　1254
劍南詩抄六卷　(宋)陸游撰　(清)楊大鶴選　清康熙二十四年(1685)野雪軒刻本　二册　存四卷(一、四至六)

320000－1659－0000075　1257
李義山文集十卷　(唐)李商隱撰　(清)徐樹穀箋　(清)徐炯注　清康熙四十七年(1708)徐氏花谿草堂刻本　二册

320000－1659－0000076　1258
仁山金先生文集四卷附録一卷　(元)金履祥撰　(清)金弘勛校輯　清雍正三年(1725)春暉堂刻本　二册

320000－1659－0000077　1273
古詩源十四卷　(清)沈德潛撰　清康熙五十八年(1719)刻本　二册

320000－1659－0000078　1325
述學内篇三卷外篇一卷補遺一卷别録一卷　(清)汪中撰　清同治八年(1869)揚州書局刻本　二册

320000－1659－0000079　1330
求闕齋日記類抄二卷　(清)曾國藩撰　(清)王啟原輯　清光緒二年(1876)傳忠書局刻本　二册

320000－1659－0000080　2077
大戴禮記補注十三卷序録一卷　(漢)戴德撰　(清)孔廣森撰　清嘉慶五年(1800)刻本　二册

320000－1659－0000081　x0131
韋蘇州詩集二卷　(唐)韋應物撰　清康熙三十四年(1695)汪立名刻本　二册

320000－1659－0000082　1185
溫飛卿詩集九卷　(唐)溫庭筠撰　(明)曾益注　(清)顧予咸補注　清光緒八年(1882)萬軸山房刻本　二册

320000－1659－0000083　20

周禮政要二卷 （清）孫詒讓撰 清光緒二十八年（1902）瑞安普通學堂刻本 二冊

320000－1659－0000084 55
四書不二字音釋 （清）楊昕撰 清同治九年（1870）刻本 二冊

320000－1659－0000085 64
段氏說文注訂八卷 （清）鈕樹玉撰 清同治十三年（1874）崇文書局刻本 二冊

320000－1659－0000086 71
說文新附考六卷續考一卷 （清）鈕樹玉撰 清同治七年（1868）非石居刻本 二冊

320000－1659－0000087 79
說文古籀補十四卷附錄一卷 （清）吳大徵撰 清光緒二十四年（1898）吳氏刻本 二冊

320000－1659－0000088 98
說文繫傳考異四卷附錄一卷 （清）汪憲撰 清光緒八年（1882）徐氏八杉齋刻本 二冊

320000－1659－0000089 102
說文新附考六卷續考一卷 （清）鈕樹玉撰 清同治十三年（1874）崇文書局刻本 二冊

320000－1659－0000090 119
韻考略五卷 （清）謝庭蘭撰 清光緒九年（1883）繆氏刻本 二冊

320000－1659－0000091 132
說文蠡箋十四卷 （清）潘奕雋撰 清同治十三年（1874）吳縣潘氏三松堂刻本 二冊

320000－1659－0000092 134
影舊鈔卷子原本玉篇零卷不分卷 （南朝梁）顧野王撰 清光緒十年（1884）遵義黎氏影刻古逸叢書本 二冊

320000－1659－0000093 135
說文答問疏證六卷 （清）錢大昕撰 （清）薛傳均疏証 清光緒八年（1882）東萊軒刻本 二冊

320000－1659－0000094 143
三千字文音釋不分卷 （清）潘純甫撰 清光緒二十七年（1901）善化書局刻本 二冊

320000－1659－0000095 144
繆篆分韻五卷補一卷 （清）桂馥撰 清光緒歸安姚氏咫進齋刻本 二冊

320000－1659－0000096 147
音韻正訛四卷 （清）孫耀輯 清光緒十九年（1893）大道堂刻本 二冊

320000－1659－0000097 152
六書音均表五卷 （清）段玉裁撰 清光緒元年（1875）湖北崇文書局刻本 二冊

320000－1659－0000098 196
小學集注六卷 （宋）朱熹撰 （明）陳選注 清光緒二十二年（1896）金陵書局刻本 二冊

320000－1659－0000099 205
爾雅直音二卷 （清）孫偘撰 清光緒二十一年（1895）崇德書院刻本 二冊

320000－1659－0000100 208
小學六卷文公朱子年譜一卷 （清）高愈纂注 清同治八年（1869）江蘇書局刻本 二冊

320000－1659－0000101 228
國語二十一卷 （三國吳）韋昭注 清光緒三年（1877）永康胡鳳丹退補齋刻本 二冊 存十卷（一至三、十至十六）

320000－1659－0000102 253
史鑑節要便讀六卷 （清）鮑東里撰 清同治十二年（1873）永興齋刻本 二冊

320000－1659－0000103 319
地球韻言四卷 （清）張士瀛撰 清光緒二十七年（1901）李光明莊刻本 二冊

320000－1659－0000104 331
歷代統系歌二卷 （清）張緝光撰 清光緒二十六年（1900）商務印書館鉛印本 二冊

320000－1659－0000105 333
補寰宇訪碑錄五卷失編一卷 （清）趙之謙撰 **刊誤一卷** 羅振玉撰 清光緒十二年（1886）吳縣朱氏刻本 二冊

320000－1659－0000106 351
程氏家塾讀書分年日程三卷綱領一卷 （元）

程端禮編　清同治七年(1868)崇文書局刻本　二册

320000－1659－0000107　360
小學集注六卷　(宋)朱熹撰　(明)陳選注　清光緒二十三年(1897)金陵書局刻本　二册

320000－1659－0000108　361
新書十卷　(漢)賈誼撰　(清)盧文弨校　清光緒元年(1875)浙江書局刻本　二册

320000－1659－0000109　362
董子春秋繁露十七卷附錄一卷　(漢)董仲舒撰　清光緒二年(1876)浙江書局刻本　二册

320000－1659－0000110　392
道德真經注四卷　(元)吳澄撰　清咸豐五年(1855)粵雅堂刻本　二册

320000－1659－0000111　407
文子纘義十二卷　(元)杜道堅撰　清光緒三年(1877)浙江書局刻本　二册

320000－1659－0000112　408
文中子中說十卷　(隋)王通撰　(宋)阮逸注　清光緒二年(1876)浙江書局刻本　二册

320000－1659－0000113　410
列子八卷　(晉)張湛注　清光緒二年(1876)浙江書局刻本　二册

320000－1659－0000114　412
諸子詹詹錄二卷　(清)袁樹輯　清光緒二十一年(1895)善化章經濟堂刻本　二册

320000－1659－0000115　431
數書九章札記四卷　(清)宋景昌撰　清道光二十二年(1842)上海郁氏刻本　二册

320000－1659－0000116　432
蕾菴隨筆六卷末一卷　(清)陸文衡撰　清光緒二十三年(1897)吳江陸同壽鉛印本　二册

320000－1659－0000117　433
墨子三卷　王闓運注　**墨子佚文一卷**　(清)畢沅輯　清光緒三十年(1904)江西官書局刻本　二册

320000－1659－0000118　442
初等代數學講義續編二卷　(清)譯學館編　清光緒三十二年(1906)文明書局鉛印本　二册

320000－1659－0000119　443
數學教科書不分卷十六篇　(清)商務印書館編譯所編　清光緒三十二年(1906)商務印書館鉛印本　二册

320000－1659－0000120　449
書目答問四卷別錄一卷叢書目一卷國朝著述諸家姓名略一卷　(清)張之洞撰　清光緒刻本　二册

320000－1659－0000121　460
續漢書辨疑九卷　(清)錢大昭撰　清刻本　二册

320000－1659－0000122　462
南宋雜事詩七卷　(清)沈嘉轍撰　清同治十一年(1872)淮南書局刻本　二册

320000－1659－0000123　473
說文經斠十三卷補遺一卷說文正俗一卷　(清)楊廷瑞撰　清光緒十七年(1891)楊氏澂園刻本　二册

320000－1659－0000124　474
在官法戒錄四卷　(清)陳弘謀編　清同治七年(1868)崇文書局刻本　二册

320000－1659－0000125　499
蒙學課本二編三編不分卷　(清)□□編　清光緒二十七年(1901)南洋公學鉛印本　二册　存二册(二編二至三)

320000－1659－0000126　503
最新繪圖蒙學國民新讀本不分卷　(清)何琪編纂　清末上海會文學社石印本　二册

320000－1659－0000127　504
澄衷蒙學堂字課圖說四卷　(清)劉樹屏撰　(清)吳子城繪圖　清末澄衷蒙學堂印書處石印本　二册　存二卷(二至三)

320000－1659－0000128　507

大代數學詳草一卷　清末石印本　二冊

320000－1659－0000129　525

筆算教科書二卷　南洋公學師範院譯述　清光緒二十九年(1903)南洋公學師範院石印本　二冊

320000－1659－0000130　565

國民讀本二卷　朱樹人著　清光緒三十一年(1905)文明書局鉛印本　二冊

320000－1659－0000131　578

繪圖蒙學習畫實在易不分卷　(清)彪蒙書室編　清光緒三十一年(1905)彪蒙書室石印本　二冊

320000－1659－0000132　591

最新應用尺牘教科書不分卷　杜元炳著　清光緒三十三年(1907)會文學社石印本　二冊　存二冊(三至四)

320000－1659－0000133　593

中學文粹四編八卷　(清)許貴編　清光緒三十二年(1906)文明書局鉛印本　二冊　存三卷(初編二卷、四編下卷)

320000－1659－0000134　604

簡易數學課本不分卷　壽孝天編輯　清光緒三十二年(1906)商務印書館鉛印本　二冊

320000－1659－0000135　605

最新珠算教科書教授法二卷　(清)杜綜大編纂　清光緒三十一年(1905)商務印書館鉛印本　二冊

320000－1659－0000136　606

最新初等小學珠算入門二卷　(清)杜炑孫編纂　清光緒三十二年(1906)商務印書館鉛印本　二冊

320000－1659－0000137　614

程氏家塾讀書分年日程三卷綱領一卷　(元)程端禮編　清同治七年(1868)崇文書局刻本　二冊

320000－1659－0000138　616

尋常小學速通文法教科書二卷　王紹翰編　清光緒三十年(1904)新學會社鉛印本　二冊

320000－1659－0000139　619

高等小學西洋歷史教科書不分卷　黄朝鑑譯　清光緒三十二年(1906)育文書局石印本　二冊

320000－1659－0000140　626

蒙學理科教科書不分卷　清光緒三十一年(1905)石印本　二冊

320000－1659－0000141　628

最新女子修身教科書不分卷　謝允燮編　清光緒三十一年(1905)文明書局石印本　二冊

320000－1659－0000142　633

簡明中國地理教科書不分卷　謝觀編纂　清宣統元年(1909)商務印書館鉛印本　二冊

320000－1659－0000143　634

最新高等小學東洋歷史教科書二卷　(清)商務印書館編譯所編纂　清光緒三十二年(1906)商務印書館鉛印本　二冊

320000－1659－0000144　636

簡明歷史教科書不分卷　蔣維喬編纂　清光緒三十四年(1908)商務印書館鉛印本　二冊

320000－1659－0000145　639

蒙學五經教科書不分卷　(清)上海越社編輯　清光緒三十年(1904)上海越社鉛印本　二冊

320000－1659－0000146　644

繪圖算術遊戲不分卷　清光緒三十一年(1905)彪蒙書室石印本　二冊

320000－1659－0000147　650

普通應用尺牘教本二卷　(清)竇警凡著　清光緒三十二年(1906)文明書局石印本　二冊

320000－1659－0000148　661

初等國文教授不分卷　王立才著　清光緒二十八年(1902)開明書店石印本　二冊

320000－1659－0000149　686

養蒙鍼度五卷　(清)潘子聲撰　清李光明莊刻本　二冊　存四卷(一至四)

320000－1659－0000150　687

養蒙鍼度五卷　(清)潘子聲撰　清李光明莊刻本　二册　存四卷(一至四)

320000－1659－0000151　694

李養一先生詩集四卷附賦體詩一卷詩餘一卷　(清)李兆洛撰　清光緒八年(1882)江陰曹佳刻本　二册

320000－1659－0000152　698

六藝綱目二卷附六藝發原一卷字原一卷　(元)舒天民撰　(元)舒恭注　(明)趙宜中附注　清道光二十八年(1848)東武劉氏刻本　二册

320000－1659－0000153　701

百福山房詩鈔二卷詩餘一卷　(清)周煜撰　清道光十九年(1839)閑有餘齋刻本　二册

320000－1659－0000154　822

郘亭詩鈔六卷遺詩八卷　(清)莫友芝撰　清咸豐二年(1852)遵義湘川講舍刻同治五年(1866)重修本　二册

320000－1659－0000155　834

國語二十一卷　(三國吳)韋昭注　**校刊明道本韋氏解國語札記一卷**　(清)黄丕烈撰　清嘉慶五年(1800)黄氏讀未見書齋刻本　二册　存十一卷(四至九、十七至二十一)

320000－1659－0000156　843

爾雅古注斠三卷蘭如詩鈔一卷　(清)葉蕙心撰　清光緒二年(1876)李氏半畝園刻本　二册

320000－1659－0000157　844

悔初廬詩稿十一卷别集一卷　(清)柴文杰撰　清光緒婁東柴氏刻本　二册

320000－1659－0000158　847

徐騎省集三十卷　(宋)徐弦撰　**徐騎省集校勘記一卷**　(清)李英元纂　清光緒十八年(1892)李氏刻本　二册　存四卷(四至七)

320000－1659－0000159　855

四憶堂詩集六卷詩集遺稿一卷　(清)侯方域撰　(清)賈開宗　(清)徐作肅等選注　清宣統元年(1909)掃葉山房石印本　二册

320000－1659－0000160　867

選注六朝唐賦二卷　(清)馬傳庚選注　清光緒十八年(1892)希樸齋刻本　二册

320000－1659－0000161　873

繪圖唐詩三百首二卷　(清)蘅塘退士(孫洙)編　清末民國掃葉山房石印本　二册

320000－1659－0000162　882

䁖䡄亭後集十二卷　(清)祁寯藻撰　清咸豐七年(1857)壽陽祁氏刻本　二册

320000－1659－0000163　902

知止盦詩録六卷附詩餘一卷聯語一卷　(清)黄宗起撰　**退齋詩存一卷**　(清)黄世礽著　清宣統二年(1910)試金石室刻本　二册

320000－1659－0000164　927

瀛壖雜誌六卷　(清)王韜輯　清光緒元年(1875)刻本　二册

320000－1659－0000165　928

廣陵通典十卷　(清)汪中撰　清同治八年(1869)揚州書局刻本　二册

320000－1659－0000166　930

東文新法會通二卷　(清)廖宇春編　清光緒二十八年(1902)石印本　二册

320000－1659－0000167　945

曾文正公雜著四卷　(清)曾國藩撰　(清)李瀚章編次　清同治十三年(1874)傳忠書局刻本　二册

320000－1659－0000168　959

遜學齋詩鈔十卷　(清)孫衣言撰　清同治三年(1864)刻本　二册

320000－1659－0000169　960

測海集六卷　(清)彭紹升撰　清光緒二年(1876)刻本　二册

320000－1659－0000170　962

聲學八卷　(英國)田大里撰　(英國)傅蘭雅口譯　(清)徐建寅筆述　清末江南製造局刻

本　二册

320000－1659－0000171　965
陳眉公批評琵琶記二卷釋義琵琶記二卷　(明)高明撰　(明)陳繼儒評　清宣統二年(1910)劉氏暖紅室刻本　二册

320000－1659－0000172　968
甌北詩話十卷　(清)趙翼撰　清嘉慶七年(1802)刻本　二册

320000－1659－0000173　969
徑中徑又徑四卷　(清)張師誠輯　清同治五年(1866)刻本　二册

320000－1659－0000174　995
國朝畫徵錄三卷　(清)張庚撰　清光緒二十三年(1897)維揚西山堂刻本　二册

320000－1659－0000175　1054
六朝文絜四卷　(清)許槤評選　清光緒三年(1877)讀有用書齋刻本　二册

320000－1659－0000176　1062
經史百家簡編二卷　(清)曾國藩編　(清)曾國荃審定　清同治十三年(1874)傳忠書局刻本　二册

320000－1659－0000177　1085
南北朝文鈔二卷　(清)彭兆蓀輯　(清)徐達源校　清光緒八年(1882)紫雲室刻本　二册

320000－1659－0000178　1092
北江詩話四卷　(清)洪亮吉撰　清道光張祥河刻本　二册

320000－1659－0000179　1098
唐詩近體四卷　(清)胡本淵評選　清光緒二年(1876)李光明莊刻本　二册

320000－1659－0000180　1199
胡少師總集六卷首一卷　(宋)胡舜陟撰　清同治二年(1863)胡肇智刻本　二册

320000－1659－0000181　1219
四書改錯二十二卷　(清)毛奇齡撰　清光緒石印本　二册

320000－1659－0000182　1279
潛廬篋存草四卷　(清)沈景謨撰　清光緒二十一年(1895)刻本　二册

320000－1659－0000183　1290
岑華居士蘭鯨錄八卷　(清)吳慈鶴撰　清嘉慶十五年(1810)刻本　二册

320000－1659－0000184　1294
問字堂集六卷　(清)孫星衍撰　清光緒十年(1884)四明是亦軒刻本　二册

320000－1659－0000185　1313
定盦續集四卷　(清)龔自珍撰　清光緒二十三年(1897)萬本書堂刻本　二册

320000－1659－0000186　1317
小西腴山舘文抄五卷　(清)吳大廷撰　清同治三年(1864)刻本　二册

320000－1659－0000187　1318
西漚試帖輯注二卷　(清)李惺著　(清)張熙寧輯評　**尚絅堂試帖輯注一卷**　(清)劉嗣綰撰　(清)張熙寧輯評　清嘉慶十一年(1806)京都大成堂刻本　二册

320000－1659－0000188　1319
雲樣集八卷　(清)高陳謨編　清嘉慶二年(1797)桐鄉高氏刻本　二册

320000－1659－0000189　1322
介石山房遺文二卷遺詩一卷　(清)朱培源撰　清宣統二年(1910)新陽朱氏刻本　二册

320000－1659－0000190　1326
蘊愫閣文集六卷　(清)盛大士撰　清道光六年(1826)刻本　二册

320000－1659－0000191　1335
皇清經解縮版編目十六卷　陶治元編輯　清光緒十七年(1891)上海鴻寶齋石印本　二册

320000－1659－0000192　1450
小重山房詩續集十二卷　(清)張祥河撰　清光緒元年(1875)華亭張氏刻本　二册　存八卷(三至十)

320000－1659－0000193　1452

黔藩存牘三卷雙圃氏同舘賦抄一卷詩抄一卷　(清)李象鵾撰　清道光湖南文蔚堂刻本　二冊(與周夢巖同館賦抄合冊)

320000－1659－0000194　1453
莊子章義五卷附錄一卷　(清)姚鼐撰　清光緒五年(1879)桐城徐氏刻本　二冊

320000－1659－0000195　x003
新五代史七十四卷　(宋)歐陽修撰　清光緒二十八年(1902)史學會社石印本　二冊

320000－1659－0000196　x061
舊五代史一百五十卷　(宋)薛居正等撰　清刻本　二冊　存十八卷(四至二十一)

320000－1659－0000197　x075
音注小倉山房尺牘八卷　(清)袁枚撰　清光緒三十一年(1905)上海書局石印本　二冊

320000－1659－0000198　x0123
南齊書五十九卷　(南朝梁)蕭子顯撰　清光緒二十八年(1902)史學會社石印本　二冊

320000－1659－0000199　x0124
北齊書五十卷　(唐)李百藥撰　清光緒二十八年(1902)史學會社石印本　二冊

320000－1659－0000200　x0125
周書五十卷　(唐)令狐德棻等撰　清光緒二十八年(1902)史學會社石印本　二冊

320000－1659－0000201　x0126
梁書五十六卷　(唐)姚思廉撰　清光緒二十八年(1902)史學會社石印本　二冊

320000－1659－0000202　452
明紀六十卷　(清)陳鶴纂　(清)陳克家參訂　清同治十年(1871)江蘇書局刻本　二十八冊

320000－1659－0000203　1342
歷朝紀事本末六種五百十三卷　(清)陳如升編輯　(清)朱記榮編　清光緒十四年(1888)上海書業公所崇德堂鉛印本　二十八冊　缺一百七十九卷(通鑑紀事本末一至一百七十九)

320000－1659－0000204　x036
後漢書一百三十卷　(南朝宋)范曄撰　(唐)李賢注　(南朝梁)劉昭注補　清光緒十年(1884)同文書局石印本　二十八冊

320000－1659－0000205　189
新增說文韻府群玉二十卷　(元)陰時夫輯　(元)陰中夫注　(明)王元貞校正　清三讓堂刻本　二十冊

320000－1659－0000206　1269
蘇文忠詩合注五十卷首一卷　(宋)蘇軾撰　(清)馮應榴輯　清乾隆六十年(1795)馮氏踵息齋刻本　二十冊

320000－1659－0000207　156
小學考五十卷　(清)謝啓昆撰　清光緒十四年(1888)浙江書局刻本　二十冊

320000－1659－0000208　299
九通目錄四十卷　(清)雷君彥輯　清光緒二十九年(1903)圖書集成局石印本　二十冊

320000－1659－0000209　357
陸桴亭先生遺書二十二種　(清)陸世儀撰　清光緒二十五年(1899)京師太倉唐受祺刻本　二十冊

320000－1659－0000210　423
說鈴二集五十六種　(清)吳震方輯　清光緒五年(1879)兩儀堂刻本　二十冊

320000－1659－0000211　1060
御選唐宋文醇五十八卷目錄一卷　(清)高宗弘曆輯　(清)允祿等校　清光緒三年(1877)浙江書局刻本　二十冊

320000－1659－0000212　1285
御選唐宋詩醇四十七卷目錄二卷　(清)高宗弘曆輯　清光緒七年(1881)浙江書局刻本　二十冊

320000－1659－0000213　x023
山谷詩集注内集二十卷　(宋)黃庭堅撰　(宋)任淵注　**外集詩注十七卷**　(宋)史容注　**別集詩注二卷**　(宋)史季溫注　清光緒二

十一年至二十五年(1895－1899)陶子麟刻本　二十冊

320000－1659－0000214　x039
南史八十卷　(唐)李延壽撰　清光緒十年(1884)同文書局石印本　二十冊

320000－1659－0000215　456
左傳紀事本末五十三卷　(清)高士奇撰　**通鑑紀事本末二百三十九卷**　(宋)袁樞撰　(明)張溥論正　清光緒十四年(1888)上海書業公所崇德堂鉛印歷朝紀事本末本　二十冊

320000－1659－0000216　x0140
昭明文選六臣彙注疏解三十九卷　(清)顧施禎纂輯　清嘉慶耕心堂刻本　二十二冊　存三十七卷(一至三十五、三十八至三十九)

320000－1659－0000217　833
曾文正公書札三十三卷　(清)曾國藩撰　清光緒二年(1876)傳忠書局刻本　二十二冊

320000－1659－0000218　1097
十八家詩抄二十八卷　(清)曾國藩撰　(清)李鴻章審訂　清同治十三年(1874)傳忠書局刻本　二十二冊

320000－1659－0000219　x042
史記一百三十卷　(漢)司馬遷撰　(南朝宋)裴駰集解　(唐)司馬貞索隱　(唐)張守節正義　清光緒十年(1884)同文書局石印本　二十六冊

320000－1659－0000220　1245
東周列國全志二十三卷首一卷　(明)馮夢龍撰　(清)蔡昇評點　清咸豐四年(1854)朱墨套印本　二十四冊

320000－1659－0000221　67
說文解字句讀三十卷　(清)王筠撰　清光緒八年(1882)尊經書局刻本　二十四冊

320000－1659－0000222　81
說文通訓定聲十八卷柬韻一卷說雅十九篇古今韻準一卷　(清)朱駿聲撰　(清)朱鏡蓉參訂　清道光刻同治九年(1870)朱孔彰臨嘯閣補刻本　二十四冊

320000－1659－0000223　238
通鑑擥要前編二卷正編十九卷續編八卷明史擥要八卷　(清)姚培謙　(清)張景星撰　清同治十二年(1873)龍威閣刻本　二十四冊

320000－1659－0000224　334
欽定學政全書八十六卷首一卷　(清)恭阿拉等纂修　清刻本　二十四冊

320000－1659－0000225　1047
皇朝經世文新編二十一卷　(清)麥仲華編　清光緒二十四年(1898)上海譯書局石印本　二十四冊

320000－1659－0000226　x015
讀書雜志八十二卷餘編二卷　(清)王念孫撰　清同治九年(1870)金陵書局刻本　二十四冊

320000－1659－0000227　x029
舊五代史一百五十卷目錄二卷　(宋)薛居正等撰　清光緒十年(1884)同文書局石印本　二十四冊

320000－1659－0000228　x040
北史一百卷　(唐)李延壽撰　清光緒十年(1884)同文書局石印本　二十四冊

320000－1659－0000229　x041
金史一百三十五卷　(元)脫脫等撰　清光緒十年(1884)同文書局石印本　二十四冊

320000－1659－0000230　x063
魏書一百十四卷　(北齊)魏收撰　清光緒十年(1884)同文書局石印本　二十四冊

320000－1659－0000231　x064
宋書一百卷　(南朝梁)沈約撰　清光緒十年(1884)同文書局石印本　二十四冊

320000－1659－0000232　x066
隋書八十五卷　(唐)長孫無忌等撰　清光緒十年(1884)同文書局石印本　二十四冊

320000－1659－0000233　x094
明史三百三十二卷　(清)張廷玉等撰　清光

緒二十八年(1902)史學會社石印本　二十四冊

320000－1659－0000234　x096
欽定續文獻通考二百五十卷　(清)嵇璜等纂修　清末石印本　二十四冊

320000－1659－0000235　x097
仿宋本胡刻文選六十卷　(南朝梁)蕭統輯　**文選考異十卷**　(清)胡克家撰　清末民國上海掃葉山房刻本　二十四冊

320000－1659－0000236　x0137
宋文鑑一百五十卷目錄三卷　(宋)呂祖謙編　清光緒十二年(1886)江蘇書局刻本　二十四冊

320000－1659－0000237　x0152
御製數理精蘊五十三卷　(清)聖祖玄燁撰　(清)何國宗彙編　清光緒二十二年(1896)博文書局石印本　二十四冊

320000－1659－0000238　x0102
十三經注疏附校勘記四百十六卷　(清)阮元撰　清光緒十三年(1887)點石齋石印本　二十五冊

320000－1659－0000239　239
御批歷代通鑑輯覽一百二十卷　(清)傅恆等撰　清光緒二十年(1894)上海書局石印本　二十一冊　存一百五卷(六至一百、一百六至一百十五)

320000－1659－0000240　x0105
禮記集說十卷　(元)陳澔撰　清光緒李光明莊刻本　九冊

320000－1659－0000241　x037
宋史四百九十六卷目錄三卷　(元)脫脫等撰　清光緒十年(1884)同文書局石印本　九十九冊　存四百九十二卷(一至三百二十三、三百二十八至四百九十六)

320000－1659－0000242　871
第六才子書西廂記八卷　(元)王實甫撰　(清)金聖嘆評　清乾隆五車樓刻本　六冊

320000－1659－0000243　921
第六才子書西廂記八卷　(元)王實甫撰　(清)金聖嘆評　清刻本　六冊

320000－1659－0000244　1176
昌黎先生詩集注十一卷　(清)顧嗣立刪補　**年譜一卷**　清康熙三十八年(1699)秀野草堂刻本　六冊

320000－1659－0000245　1272
明詩別裁集十二卷　(清)沈德潛　(清)周準輯　清芥子園刻本　六冊

320000－1659－0000246　50
四書遵注合講十九卷酌雅齋四書圖考目錄一卷　(清)翁復編　清雍正八年(1730)酌雅齋刻本　六冊

320000－1659－0000247　86
四書集注二十一卷　(宋)朱熹撰　清光緒毓蘭書屋刻本　六冊

320000－1659－0000248　128
六書通十卷　(明)閔齊伋撰　(清)畢弘述篆訂　清康熙五十九年(1720)基聞堂刻本　六冊

320000－1659－0000249　231
史記菁華錄六卷　(清)姚祖恩輯　清同治十一年(1872)繡谷趙氏刻朱墨套印本　六冊

320000－1659－0000250　391
南華發覆八卷　(明)釋性通注　明末清初文秀堂刻本　六冊

320000－1659－0000251　458
貳臣傳十二卷　(清)國史館編　清道光都城琉璃厰半松居士木活字印本　六冊

320000－1659－0000252　812
新訂四書人物備考十二卷　(明)薛應旂撰　(明)陳仁錫增補　清乾隆二年(1737)怡怡堂刻本　六冊

320000－1659－0000253　1250
雪山集十六卷首一卷　(宋)王質撰　清光緒七年(1881)刻武英殿聚珍版書本　六冊

320000－1659－0000254　1261
賦抄箋略十五卷　（清）雷琳輯　（清）張杏濱箋注　清乾隆三十一年(1766)刻本　六册

320000－1659－0000255　x062
銅板四書體注合講十九卷掃葉山房四書圖考一卷　（清）翁復編　清光緒五年(1879)掃葉山房刻本　六册

320000－1659－0000256　2129
納書楹曲譜正集四卷外集二卷　（清）葉堂訂譜　（清）王文治參訂　清乾隆五十七年(1792)葉氏納書楹刻本　六册

320000－1659－0000257　211
漢隸字源五卷碑目一卷　（宋）婁機撰　清光緒三年(1877)姚氏咫進齋刻本　六册

320000－1659－0000258　12
詩經離句貫解四卷　（清）徐壽基注　清光緒酌雅堂刻本　六册

320000－1659－0000259　21
評點春秋綱目左傳句解彙雋六卷　（清）韓菼重訂　清光緒三十三年(1907)善化堂刻本　六册

320000－1659－0000260　36
春秋左氏傳賈服注輯述二十卷　（清）李貽德輯　清同治五年(1866)朱蘭金陵刻本　六册

320000－1659－0000261　43
四書摭餘說六卷　（清）曹之升撰　清嘉慶十九年(1814)蕭山曹氏家塾刻本　六册

320000－1659－0000262　51
四書合講十九卷　（清）翁復撰　清道光元年(1821)酌雅齋刻本　六册

320000－1659－0000263　59
說文釋例二十卷　（清）王筠撰　清光緒十二年(1886)上海積山書局石印本　六册

320000－1659－0000264　129
大廣益會玉篇三十卷附玉篇校刊札記一卷　（南朝梁）顧野王撰　（唐）孫強增字　清道光三十年(1850)鄧氏邵州東山精舍刻本　六册

320000－1659－0000265　230
資治通鑑外紀十卷　（宋）劉恕撰　（清）胡克家補注　清同治十年(1871)江蘇書局刻本　六册

320000－1659－0000266　329
五代會要三十卷　（宋）王溥撰　清光緒十二年(1886)江蘇書局刻本　六册

320000－1659－0000267　358
荀子二十卷　（唐）楊倞注　**校勘補遺一卷**　（清）盧文弨著　清光緒二年(1876)浙江書局刻本　六册

320000－1659－0000268　359
荀子二十卷　（唐）楊倞注　**校勘補遺一卷**　（清）盧文弨著　清光緒二年(1876)浙江書局刻本　六册

320000－1659－0000269　369
荀子集解二十卷首一卷　（唐）楊倞注　王先謙集解　清光緒十七年(1891)長沙王氏刻本　六册

320000－1659－0000270　386
管子二十四卷　（唐）房喬注　（明）劉績增注　清光緒三年(1877)浙江書局刻本　六册

320000－1659－0000271　387
孫子十家注十三卷　（宋）吉天保輯　（清）孫星衍　（清）吳人驥校　**敍錄一卷**　（清）畢以珣撰　**遺說一卷**　（宋）鄭友賢撰　清光緒三年(1877)浙江書局刻本　六册

320000－1659－0000272　388
韓非子二十卷　（□）□□注　**識誤三卷**　（清）顧廣圻撰　清光緒元年(1875)浙江書局刻本　六册

320000－1659－0000273　400
呂氏春秋二十六卷附考一卷　（漢）高誘注　（清）畢沅校　清光緒元年(1875)浙江書局刻本　六册

320000－1659－0000274　409
淮南子二十一卷　（漢）劉安撰　（漢）高誘注

（清）莊達吉校　清光緒二年（1876）浙江書局刻本　六冊

320000－1659－0000275　457

續明紀事本末十八卷首一卷　（清）倪在田輯　清光緒二十九年（1903）育英學社鉛印本　六冊

320000－1659－0000276　459

王先生十七史蒙求十六卷　（宋）王令撰　清道光二十八年（1848）大文堂刻本　六冊

320000－1659－0000277　465

熙朝新語十六卷　（清）余金輯　清光緒六年（1880）經綸堂刻本　六冊

320000－1659－0000278　617

繪圖文學初階六卷　杜亞泉編　清光緒三十一年（1905）商務印書館鉛印本　六冊

320000－1659－0000279　835

農政全書六十卷　（明）徐光啓撰　清道光十七年（1837）刻本　六冊　存三十二卷（一至二十四、三十一至三十四、四十一至四十四）

320000－1659－0000280　842

王子安集注二十卷首一卷末一卷　（唐）王勃撰　（清）蔣清翊注　清光緒九年（1883）吳縣蔣氏雙唐碑舘刻本　六冊

320000－1659－0000281　853

讀史鏡古編三十二卷　（清）潘世恩輯　清同治十三年（1874）飛霞閣刻本　六冊

320000－1659－0000282　880

唐詩三百首注疏六卷　（清）孫洙編　（清）章燮注　清光緒十八年（1892）賓文堂刻本　六冊

320000－1659－0000283　897

曾文正公批牘六卷　（清）曾國藩撰　清光緒二年（1876）傳忠書局刻本　六冊

320000－1659－0000284　914

國朝駢體正宗評本十二卷　（清）曾燠輯　（清）姚燮評點　清光緒十年（1884）花雨樓刻朱墨套印本　六冊

320000－1659－0000285　917

七家試帖輯注匯鈔九卷　（清）張熙宇輯評　（清）王植桂輯注　清同治九年（1870）京師琉璃廠刻本　六冊　存六卷（一至六）

320000－1659－0000286　918

賦學正鵠十卷　（清）李元度輯　清同治十年（1871）爽谿書院刻本　六冊

320000－1659－0000287　919

癸巳存稿十五卷　（清）俞正燮撰　清光緒十年（1884）刻本　六冊

320000－1659－0000288　970

重訂古文雅正十四卷　（清）蔡世遠輯　清道光六年（1826）刻本　六冊

320000－1659－0000289　996

古文筆法百篇二十卷　（清）李扶九選　清光緒八年（1882）滇南書局刻本　六冊

320000－1659－0000290　997

桐城吳先生文集四卷　（清）吳汝綸撰　清光緒二十八年（1902）吳氏刻本　六冊

320000－1659－0000291　1127

楚辭補注十七卷　（宋）洪興祖撰　清道光二十六年（1846）宏道書院刻惜陰軒叢書本　六冊

320000－1659－0000292　1155

困學紀聞注二十卷首一卷　（清）翁元圻輯注　清光緒十三年（1887）同文書局石印本　六冊

320000－1659－0000293　1156

歷代地理志韻編今釋二十卷附皇朝輿地圖一卷輿地韻編二卷　（清）李兆洛撰　清光緒二十九年（1903）蜚英舘石印本　六冊

320000－1659－0000294　1173

杜詩鏡銓二十卷附錄一卷　（唐）杜甫撰　（清）楊倫注　清光緒十八年（1892）著易堂鉛印本　六冊

320000－1659－0000295　1278

莊子解三十三卷莊子通一卷愚鼓詞一卷

（清）王夫之撰　清同治四年（1865）湘鄉曾氏金陵節署刻本　六册

320000－1659－0000296　1292
復堂類集文四卷詩九卷詞二卷日記六卷　（清）譚獻撰　清光緒十一年至十三年（1885－1887）仁和譚氏刻本　六册

320000－1659－0000297　1297
太乙舟文集八卷　（清）陳用光撰　清道光二十三年（1843）孝友堂刻本　六册

320000－1659－0000298　1310
棣懷堂隨筆十一卷　（清）李象鵾撰　清道光湖南文蔚堂刻本　六册

320000－1659－0000299　1311
劉禮部集十二卷　（清）劉逢禄撰　清光緒十八年（1892）延暉承慶堂刻本　六册

320000－1659－0000300　1320
適園叢稿十二卷　（清）袁學瀾撰　清同治十一年（1872）香溪草堂刻本　六册

320000－1659－0000301　1323
雕菰集二十四卷　（清）焦循撰　**蜜梅花館集二卷**　（清）焦廷虎撰　清道光四年（1824）阮福嶺南署刻本　六册

320000－1659－0000302　1327
二林居集二十四卷　（清）彭紹升撰　清光緒七年（1881）長洲彭祖賢刻本　六册

320000－1659－0000303　1463
小謨觴館詩集八卷詩續集二卷詩餘附録一卷文集四卷文續集二卷　（清）彭兆蓀撰　清同治十三年（1874）吴縣潘氏刻本　六册

320000－1659－0000304　x027
遺山先生詩集二十卷　（金）元好問撰　清宣統刻本　六册

320000－1659－0000305　x030
康熙字典十二集三十六卷　（清）張玉書　（清）凌紹雯等纂修　清光緒三十年（1904）錦章書局石印本　六册

320000－1659－0000306　x050
金石索十二卷　（清）馮雲鵬　（清）馮雲鵷輯　清道光元年（1821）滋陽縣署刻本　六册
存六卷（金索一至六）

320000－1659－0000307　x055
金石索十二卷　（清）馮雲鵬　（清）馮雲鵷輯　清道光元年（1821）滋陽縣署刻本　六册
存六卷（石索一至六）

320000－1659－0000308　x067
陳書三十六卷　（唐）姚思廉撰　清光緒十年（1884）同文書局石印本　六册

320000－1659－0000309　x0177
隋書八十五卷　（唐）魏徵等撰　清光緒二十八年（1902）史學會社石印本　六册

320000－1659－0000310　x0183
南史八十卷　（唐）李延壽撰　清光緒二十八年（1902）史學會社石印本　六册

320000－1659－0000311　x0184
宋書一百卷　（南朝梁）沈約撰　清光緒二十八年（1902）史學會社石印本　六册

320000－1659－0000312　x0185
舊五代史一百五十卷　（宋）薛居正等撰　清光緒二十八年（1902）史學會社石印本　六册

320000－1659－0000313　223
續資治通鑑二百二十卷　（清）畢沅撰　清鎮洋畢氏刻同治八年（1869）江蘇書局遞修本　六十册

320000－1659－0000314　288
九通通二百四十八卷首一卷　（清）劉可毅撰　清光緒二十八年（1902）武進劉氏石印本　六十册

320000－1659－0000315　306
欽定續通志六百四十卷　（清）嵇璜纂　清光緒二十七年（1901）上海圖書集成局鉛印本　六十册

320000－1659－0000316　307
欽定續通志六百四十卷　（清）嵇璜纂　清光緒二十七年（1901）上海圖書集成局鉛印本

六十册

320000－1659－0000317　308－1

通志二百卷　(宋)鄭樵撰　清光緒二十七年(1901)上海圖書集成局鉛印本　六十册

320000－1659－0000318　308

通志二百卷　(宋)鄭樵撰　清光緒二十七年(1901)上海圖書集成局鉛印本　六十册

320000－1659－0000319　310

二十四史九通政典類要合編三百二十卷　(清)黄書霖輯　清光緒二十八年(1902)約雅堂石印本　六十册

320000－1659－0000320　455

九朝東華録一百二十卷　王先謙編　(清)周潤蕃　(清)周論蕃校　清光緒鉛印本　六十册

320000－1659－0000321　899

佩文韻府一百六卷　(清)張玉書等輯　**韻府拾遺一百六卷**　(清)汪灝等輯　清光緒十二年(1886)同文書局石印本　六十册

320000－1659－0000322　464

經籍籑詁并補遺一百六卷　(清)阮元撰　清同治十二年(1873)淮南書局刻本　六十四册

320000－1659－0000323　58

七經精義三十一卷　(清)黄淦撰　清嘉慶十二年(1807)文星堂刻本　七册

320000－1659－0000324　1312

定盦文集三卷續集四卷文集補一卷文拾遺一卷年譜一卷文集補編四卷別集一卷　(清)龔自珍撰　清宣統元年(1909)國學扶輪社鉛印本　七册

320000－1659－0000325　x043

文史通義八卷校讐通義三卷　(清)章學誠撰　清咸豐元年(1851)伍崇曜刻本　七册

320000－1659－0000326　x0157

增評加注全圖紅樓夢十五卷　(清)曹雪芹撰　清上海掃葉山房石印本　七册　存七卷(九至十五)

320000－1659－0000327　3

皇清經解一千四百卷首一卷　(清)阮元輯　清道光九年(1829)學海堂刻本　三百六十册

320000－1659－0000328　1454

江左三大家詩抄九卷　(清)顧有孝　(清)趙澐輯　清康熙七年(1668)刻本　三册

320000－1659－0000329　49

春秋左傳補注六卷　(清)惠棟撰　清乾隆三十七年(1772)胡亦常刻三十八年(1773)張錦芳續刻本　三册

320000－1659－0000330　70

萬充宗先生經學五書十九卷　(清)萬斯大撰　清乾隆辨志堂刻嘉慶元年(1796)重修本　三册

320000－1659－0000331　1255

西江詩話三卷　(清)曾廷枚撰　(清)曾燠編次　清乾隆刻本　三册

320000－1659－0000332　1256

睫巢集六卷後集一卷　(清)李鍇撰　清乾隆六年(1741)刻本　三册

320000－1659－0000333　1264

漁洋詩話三卷　(清)王士禛撰　清康熙刻本　三册

320000－1659－0000334　106

小學集解六卷輯説一卷　(宋)朱熹撰　清同治六年(1867)崇文書局刻本　三册

320000－1659－0000335　229

資治通鑑釋文辯誤十二卷　(元)胡三省撰　(清)胡元常輯　清光緒十五年(1889)長沙楊氏刻本　三册

320000－1659－0000336　261

歷代史論十二卷　(明)張溥撰　清光緒五年(1879)文餘堂刻本　三册

320000－1659－0000337　314

欽定通考考證三卷　(元)馬端臨撰　清光緒二十二年(1896)浙江書局刻本　三册

320000－1659－0000338　336

山海經十八卷篇目考一卷　（晉）郭璞撰　（清）畢沅校　清光緒三年（1877）浙江書局刻本　三册

320000－1659－0000339　466
十杉亭帖體詩鈔五卷　（清）吴楷撰　清道光三年（1823）夢花舘刻本　三册

320000－1659－0000340　502
高等小學國文讀本四卷　顧倬編　清光緒三十一年（1905）文明書局鉛印本　三册　存三卷（一、三至四）

320000－1659－0000341　510
國文教科書不分卷　蔣維喬　莊俞編纂　清光緒三十二年（1906）商務印書館鉛印本　三册　存三册（四、七、九、）

320000－1659－0000342　512
初等小學讀本四編不分卷　丁福保著　清光緒三十二年（1906）文明書局石印本　三册　存三編（一至二、四）

320000－1659－0000343　579
最新初等小學筆算教科書教授法不分卷　徐雋編纂　清光緒三十一年（1905）商務印書館鉛印本　三册　存三册（三至五）

320000－1659－0000344　594
學算筆談十二卷　（清）華蘅芳著　（清）陳端清重校　清光緒二十八年（1902）石印本　三册　存九卷（一至九）

320000－1659－0000345　602
初等小學中國歷史教科書不分卷　錢宗翰編輯　清光緒三十三年（1907）彪蒙書室石印本　三册　存三册（一至三）

320000－1659－0000346　603
最新初等小學國文教科書教授法不分卷　蔣維喬　莊俞編纂　清光緒三十一年（1905）商務印書館鉛印本　三册　存三册（一至二、六）

320000－1659－0000347　641－1
漢文教授法十二卷　題偉廬主人編譯　清光緒二十九年（1903）商務印書館鉛印本　三册（與漢文教授法合册）

320000－1659－0000348　714
錢牧齋尺牘三卷補遺一卷　（清）錢謙益撰　清宣統二年（1910）順德鄧氏風雨樓鉛印本　三册

320000－1659－0000349　802
桐城吳先生尺牘五卷補遺一卷諭兒書一卷　（清）吳汝綸撰　清光緒二十九年（1903）吳氏家刻本　三册　存三卷（一至二、四）

320000－1659－0000350　820
冬心先生集四卷續集一卷拾遺一卷三體詩一卷自度曲一卷雜著六卷隨筆一卷　（清）金農撰　清丁氏當歸草堂刻本　三册

320000－1659－0000351　1056
尚書引義六卷　（清）王夫之撰　清同治四年（1865）湘鄉曾氏刻本　三册

320000－1659－0000352　1282
虹橋老屋遺稿文四卷詩五卷　（清）秦緗業撰　清光緒十五年（1889）無錫秦氏刻本　三册

320000－1659－0000353　1288
璞齋集詩六卷詞一卷　（清）諸可寳撰　清光緒二十二年（1896）諸氏玉峰官舍刻本　三册

320000－1659－0000354　1307
小謨觴館文集注四卷續集注二卷　（清）彭兆蓀撰　（清）孫元培　（清）孫長熙輯　清光緒十六年（1890）長洲黃氏流芳閣刻本　三册

320000－1659－0000355　x072
遼史一百十六卷　（元）脱脱等撰　清光緒二十八年（1902）史學會社石印本　三册

320000－1659－0000356　x0155
文心雕龍十卷　（南朝梁）劉勰撰　清光緒十八年（1892）上海書局石印本　三册　存七卷（一至五、九至十）

320000－1659－0000357　255
同治東華續錄一百卷　王先謙撰　清宣統三年（1911）存古齋鉛印本　三十册

320000－1659－0000358　895

曾文正公奏稿三十卷　(清)曾國藩撰　(清)李瀚章編錄　清光緒二年(1876)傳忠書局刻本　三十册

320000－1659－0000359　x065

晉書一百三十卷　(唐)房喬等撰　清光緒十年(1884)同文書局石印本　三十册

320000－1659－0000360　188

康熙字典三十六卷總目一卷檢字一卷辨似一卷等韻一卷補遺一卷備考一卷　(清)張玉書纂修　(清)淩紹雯等纂修　清刻本　三十二册

320000－1659－0000361　9

仿宋相臺五經九十三卷　(元)岳浚編　清光緒二年(1876年)江南書局刻本　三十二册

320000－1659－0000362　254

史記一百三十卷附補一卷　(漢)司馬遷撰　(明)徐孚遠　(明)陳子龍測議　明崇禎刻本　三十二册

320000－1659－0000363　373

傳家寶全集三十二卷首一卷　(清)石成金撰　清乾隆四年(1739)揚州石氏家刻本　三十二册

320000－1659－0000364　418

鳳凰山七十二卷　(清)□□撰　清海陵軒刻本　三十二册

320000－1659－0000365　1

宋本十三經註疏附校勘記十三種四百十六卷　(清)阮元撰　清光緒十三年(1887)脈望仙館石印本　三十二册

320000－1659－0000366　4

皇清經解續編二百九卷　王先謙輯　清光緒十五年(1889)上海蜚英館石印本　三十二册　存一百七十卷(一至一百二十、一百六十至二百九)

320000－1659－0000367　5

皇清經解分經彙纂十六卷　(清)阮元輯　題(清)船山主人重編　清光緒十九年(1893)袖海山房石印本　三十二册

320000－1659－0000368　90

說文解字義證五十卷　(清)桂馥撰　清同治九年(1870)崇文書局刻本　三十二册

320000－1659－0000369　309

咸豐東華續錄一百卷　王先謙編　(清)張式恭校　清光緒十八年(1892)上海圖書集成局鉛印本　三十二册

320000－1659－0000370　1339

皇朝五經匯解二百七十卷　題(清)抉經心室主人輯　清光緒十九年(1893)積山書局石印本　三十二册

320000－1659－0000371　1341

全唐詩九百卷　(清)曹寅　(清)彭定求等輯　清光緒十三年(1887)同文書局石印本　三十二册

320000－1659－0000372　x024

前漢書一百二十卷　(漢)班固撰　(唐)顏師古注　清光緒十年(1884)同文書局石印本　三十二册

320000－1659－0000373　x083

四書本義匯參四十三卷首四卷　(清)王步青輯　清乾隆敦復堂刻本　三十二册

320000－1659－0000374　x085

宋史四百九十六卷　(元)脫脫等撰　清光緒二十八年(1902)史學會社石印本　三十二册

320000－1659－0000375　x090

宋元學案一百卷首一卷　(清)黃宗羲撰　**考略一卷**　(清)馮雲濠　(清)王梓材校並輯　清末民國上海鴻章書局石印本　三十二册

320000－1659－0000376　x0127

文獻通考三百四十八卷　(元)馬端臨撰　清光緒二十八年(1902)鴻寶書局石印本　三十二册

320000－1659－0000377　223－1

續資治通鑑二百二十卷　(清)畢沅撰　清光

緒鉛印本　三十六冊

320000－1659－0000378　304
欽定續文獻通考二百五十卷　(清)嵇璜等纂修　清光緒二十七年(1901)上海圖書集成局鉛印本　三十六冊

320000－1659－0000379　305
欽定續文獻通考二百五十卷　(清)嵇璜等纂修　清光緒二十七年(1901)上海圖書集成局鉛印本　三十六冊

320000－1659－0000380　x0139
康熙字典十二集三十六卷　(清)張玉書　(清)淩紹雯等纂修　清道光七年(1827)刻本　三十六冊

320000－1659－0000381　1186
廬陵周益國文忠公集二百卷首一卷　(宋)周必大撰　清道光二十八年(1848)歐陽棨瀛塘别墅刻咸豐元年(1851)續刻本　三十一冊　存一百六十二卷(一至一百六十二)

320000－1659－0000382　x016
皇朝文獻通考三百卷　(清)嵇璜等纂修　清光緒二十八年(1902)上海鴻寶書局石印本　三十一冊　存二百九十二卷(一至一百十三、一百二十二至三百)

320000－1659－0000383　x0160
韻府拾遺一百六卷　(清)張玉書編　清末石印本　十八冊　存一百一卷(一至六十四、七十至一百六)

320000－1659－0000384　72
說文釋例二十卷　(清)王筠撰　清道光十七年(1837)刻本　十冊

320000－1659－0000385　157
拾雅二十卷　(清)夏味堂撰　(清)夏紀堂註　清嘉慶二十四年(1819)夏氏遂園刻本　十冊

320000－1659－0000386　354
呂氏家塾讀詩記三十二卷　(宋)呂祖謙撰　清刻本　十冊

320000－1659－0000387　446
昌黎先生全集四十卷外集十卷遺文一卷集傳一卷　(唐)韓愈撰　(唐)李漢編　(明)葛鼒校　明末葛氏永懷堂刻清乾隆六年(1741)重修本　十冊

320000－1659－0000388　852
尚絅堂集五十六卷　(清)劉嗣綰撰　清同治八年(1869)辰州府官廨刻本　十冊

320000－1659－0000389　1168
大雲山房文稿初集四卷二集四卷言事二卷　(清)惲敬撰　清同治二年(1863)刻本　十冊

320000－1659－0000390　1263
帶經堂詩話三十卷首一卷　(清)王士禛撰　(清)張宗柟編　清乾隆刻本　十冊

320000－1659－0000391　1271
重訂唐詩别裁集二十卷　(清)沈德潛輯　清乾隆二十八年(1763)教忠堂刻本　十冊

320000－1659－0000392　1148
杜工部集二十卷首一卷　(唐)杜甫撰　(明)王世貞　(清)宋犖等評　清光緒二年(1876)翰墨園刻六色套印本　十冊

320000－1659－0000393　89
說文分韻易知錄五卷說文重文標目五卷　(清)許巽行撰　清光緒五年(1879)許嘉德刻本　十冊

320000－1659－0000394　225
資治通鑑目錄三十卷　(宋)司馬光撰　清同治八年(1869)江蘇書局刻本　十冊

320000－1659－0000395　39
左傳事緯十二卷字釋一卷　(清)馬驌撰　清光緒四年(1878)潘氏敏德堂刻本　十冊

320000－1659－0000396　125
古今韻會舉要三十卷　(元)熊忠撰　清光緒九年(1883)淮南書局刻本　十冊

320000－1659－0000397　224
資治通鑑外紀十卷目錄五卷　(宋)劉恕撰　(清)陳克家注補　清同治十年(1871)江蘇書

局刻本　十冊

320000－1659－0000398　251

萬國通史前編十卷續編十卷三編十卷校勘記三卷　(英國)李思倫白譯　蔡爾康筆述　清光緒二十六年(1900)上海商務印書舘鉛印本　十冊

320000－1659－0000399　279

史記評林一百三十卷首一卷　(明)淩稚隆輯　清光緒二十七年(1901)天章書局石印本　十冊

320000－1659－0000400　311

文獻通考輯要二十四卷　(元)馬端臨撰　清光緒二十五年(1899)圖書集成局鉛印本　十冊

320000－1659－0000401　315

歷代名臣傳節錄三十卷　(清)蕭培元輯　(清)崇厚增輯　清同治九年(1870)雲蔭堂刻本　十冊

320000－1659－0000402　416

補黄帝内經素問二十四卷　(唐)啟玄子注　(宋)林億等校正　**靈樞十二卷**　(宋)史崧音釋　**素問遺篇一卷**　(宋)劉溫舒輯　清光緒三年(1877)浙江書局刻本　十冊

320000－1659－0000403　872

錦上花四十八回　題(清)修目閣主人撰　清同治十二年(1873)善成堂刻本　十冊

320000－1659－0000404　887

元文類七十卷目錄三卷　(元)蘇天爵輯　清光緒十五年(1889)江蘇書局刻本　十冊

320000－1659－0000405　1130

唐詩別裁集引典備注二十卷　(清)沈德潛輯　(清)俞汝昌增注　清道光十六年(1836)資善堂刻本　十冊

320000－1659－0000406　1239

壹齋集四十卷奏御集二卷兩朝恩賚記一卷賦一卷二十四畫品一卷畫友錄一卷黃山遊記一卷泛漿錄一卷蕭湯二老遺詩合編二卷　(清)黃鉞撰　清咸豐九年(1859)廣東南海縣丞署刻本　十冊

320000－1659－0000407　1296

崇百葯齋文集二十卷續集四卷三集四卷　(清)陸繼輅撰　清嘉慶二十五年至道光八年(1820－1828)合肥學舍刻本　十冊

320000－1659－0000408　x005

明文在一百卷　(清)薛熙編　清光緒十五年(1889)江蘇書局刻本　十冊

320000－1659－0000409　x010

元文類七十卷目錄三卷　(元)蘇天爵編　清光緒十五年(1889)江蘇書局刻本　十冊

320000－1659－0000410　x012

隸篇十五卷續十五卷再續十五卷　(清)翟云升撰　清道光十七年至十八年(1837－1838)刻本　十冊

320000－1659－0000411　x026

廬陵宋丞相信國公文忠烈先生全集十六卷　(宋)文天祥撰　清雍正三年(1725)五桂堂刻本　十冊

320000－1659－0000412　x035

五代史七十四卷　(宋)歐陽修撰　(宋)徐無黨注　清光緒十年(1884)同文書局石印本　十冊

320000－1659－0000413　x057

盛世危言五卷續編三卷補編二卷　(清)鄭觀應著　清光緒二十九年(1903)上海書局石印本　十冊

320000－1659－0000414　x0116

段注說文解字三十二卷　(清)段玉裁注　**說文通檢三十卷**　(清)黎永椿編　**段注說文提要九卷**　(清)馬壽齡述　清光緒十九年(1893)同文書局石印本　十冊

320000－1659－0000415　x0136

國朝金陵詩徵四十四卷　(清)朱緒曾編　清光緒十八年(1892)德清俞樾刻本　十冊

320000－1659－0000416　1059

文選六十卷　(南朝梁)蕭統輯　(唐)李善注　(清)何焯評　(清)葉樹藩參訂　清羊城翰墨園刻朱墨套印本　十二冊

320000－1659－0000417　1149
白香山詩長慶集二十卷後集十七卷别集一卷補遺二卷　(唐)白居易撰　(清)汪立名編　**年譜一卷**　(清)汪立名撰　**年譜舊本一卷**　(宋)陳振孫撰　清康熙四十一年至四十二年(1702－1703)汪立名一隅草堂刻本　十二冊

320000－1659－0000418　312
東華錄三十二卷　(清)蔣良騏撰　清乾隆三十年(1765)刻本　十二冊

320000－1659－0000419　414
高子遺書十二卷　(明)高攀龍撰　**附錄高忠憲年譜一卷**　(明)華允誠編　清光緒二年(1876)刻本　十二冊

320000－1659－0000420　920
詞律二十卷　(清)萬樹撰　(清)吴興祚鑒定　清康熙二十六年(1867)堆絮園刻本　十二冊

320000－1659－0000421　1101
李太白文集三十六卷　(唐)李白撰　(清)王琦輯注　清乾隆寶笏樓刻二十五年(1760)增刻本　十二冊

320000－1659－0000422　1169
文選六十卷　(南朝梁)蕭統撰　(唐)李善注　(清)何焯評　清乾隆三十七年(1772)葉氏海錄軒刻本　十二冊

320000－1659－0000423　1171
古歡堂文集二十二卷詩集十五卷黔書二卷長河志籍考十卷蒙齋年譜一卷續一卷補一卷　(清)田雯撰　清康熙德州田氏刻本　十二冊

320000－1659－0000424　1172
寒松堂全集十二卷　(清)魏象樞撰　清康熙四十七年(1708)刻本　十二冊

320000－1659－0000425　1243
東坡先生編年詩補注五十卷年表一卷目錄一卷　(宋)蘇軾撰　(清)查慎行補注　清乾隆二十六年(1761)香雨齋刻本　十二冊

320000－1659－0000426　1268
元豐類稿五十卷目錄一卷　(宋)曾鞏撰　(宋)陳師道編輯　清乾隆二十八年(1763)查溪刻本　十二冊

320000－1659－0000427　1329
漁洋山人精華錄訓纂十卷目錄二卷自撰年譜二卷　(清)王士禛撰　(清)惠棟輯　清惠氏紅豆齋刻本　十二冊

320000－1659－0000428　x084
經典釋文三十卷　(唐)陸德明撰　**考証三十卷**　(清)盧文弨撰　清同治八年(1869)崇文書局刻本　十二冊

320000－1659－0000429　118
音學五書三十八卷音論三卷詩本音十卷易音三卷唐韻二十卷古音表二卷　(清)顧炎武撰　清光緒十一年(1885)觀稼樓刻本　十二冊

320000－1659－0000430　289
皇朝通典一百卷　(清)嵇璜等纂　清光緒二十七年(1901)上海圖書集成局鉛印本　十二冊

320000－1659－0000431　290
欽定續通典一百五十卷　(清)嵇璜纂　清光緒二十七年(1901)上海圖書集成局鉛印本　十二冊

320000－1659－0000432　292
皇朝通典一百卷　(清)嵇璜等纂　清光緒二十七年(1901)上海圖書集成局鉛印本　十二冊

320000－1659－0000433　293
欽定續通典一百五十卷　(清)嵇璜纂　清光緒二十七年(1901)上海圖書集成局鉛印本　十二冊

320000－1659－0000434　294
皇朝通志一百二十卷　(清)嵇璜等纂　清光緒二十七年(1901)上海圖書集成局鉛印本

十二册

320000－1659－0000435　328
康熙政要二十四卷　(清)章梫纂　清宣統二年(1910)鉛印本　十二册

320000－1659－0000436　422
第一才子書三國演義六十卷一百二十回　(明)羅貫中撰　(清)毛宗崗評　清光緒十二年(1886)上海同文書局石印本　十二册

320000－1659－0000437　470
時務分類文編三十二卷　題(清)蛟川求是齋主人校輯　清光緒二十八年(1902)宜今室石印本　十二册

320000－1659－0000438　1232
復初齋文集三十五卷　(清)翁方綱撰　(清)李彦章校　清李彦章刻李以烜補刻本　十二册

320000－1659－0000439　1303
切問齋文抄三十卷　(清)陸燿輯　清同治八年(1869)金陵錢氏刻本　十二册

320000－1659－0000440　x013
續古文辭類纂二十八卷　(清)黎庶昌編　清光緒二十一年(1895)狀元閣鉛印本　十二册

320000－1659－0000441　x025
説文解字通釋四十卷　(五代)徐鍇撰　**校勘記三卷**　(清)姚培元等撰　清光緒二年(1876)吳寶恕刻本　十二册

320000－1659－0000442　x051
欽定通典二百卷　(唐)杜佑撰　清光緒二十八年(1902)鴻寶書局石印本　十二册

320000－1659－0000443　x0111
韓昌黎全集四十卷外集十卷遺文一卷　(唐)韓愈撰　(唐)李漢編　**昌黎先生集傳一卷韓集點勘四卷**　(清)陳景雲撰　清宣統二年(1910)掃葉山房石印本　十二册

320000－1659－0000444　x0142
詞律二十九卷　(清)萬樹撰　清光緒二年(1876)石印本　十二册

320000－1659－0000445　x0145
歸震川先生全集三十卷　(明)歸有光撰　清光緒六年(1880)常熟歸氏刻本　十二册

320000－1659－0000446　x0153
改良全圖綴白裘十二集四十八卷　題(清)玩花主人輯　(清)錢德蒼續輯　清光緒三十四年(1908)萃香社石印本　十二册

320000－1659－0000447　1066
經史百家雜抄二十六卷　(清)曾國藩輯　(清)李鴻章校　清光緒二年(1876)傳忠書局刻本　十九册

320000－1659－0000448　1238
吳詩集覽二十卷談藪一卷　(清)吳偉業撰　(清)靳榮藩輯注　清乾隆四十六年(1781)凌雲亭刻本　十六册

320000－1659－0000449　1286
元詩選初集六十八卷首一卷　(清)顧嗣立輯　清康熙三十三年(1694)顧氏秀野草堂刻本　十六册

320000－1659－0000450　221
後漢書一百二十卷　(南朝宋)范曄撰　(唐)李賢注　清同治八年(1869)金陵書局刻本　十六册

320000－1659－0000451　317
水經注四十卷附御製文一卷　(北魏)酈道元撰　清刻武英殿聚珍版書本　十六册

320000－1659－0000452　1189
重訂文選集評十五卷首一卷末一卷　(清)于光華輯　清同治十一年(1872)江蘇書局刻本　十六册

320000－1659－0000453　1222
新刻張太岳先生文集四十七卷　(明)張居正撰　清初江陵鄧氏刻本　十六册

320000－1659－0000454　1274
古文析義十六卷　(清)林雲銘評注　清康熙五十五年(1716)刻本　十六册

320000－1659－0000455　x080

春秋左傳五十卷綱目一卷圖説一卷提要一卷　（晉）杜預　（宋）林堯叟注　（唐）陸德明音義　（明）孫鑛等評點　清光緒十一年（1885）李光明莊刻本　十六冊

320000－1659－0000456　x0133
聊齋志異新評十六卷　（清）蒲松齡撰　（清）王士禛評　（清）但明倫新評　清同治九年（1870）廣順但氏刻朱墨套印本　十六冊

320000－1659－0000457　10
春秋左繡三十卷　（清）馮李驊　（清）陸浩輯　清光緒李光明莊刻本　十六冊

320000－1659－0000458　204
群經平議三十五卷　（清）俞樾撰　清同治五年（1866）刻本　十六冊

320000－1659－0000459　212
史記一百三十卷　（漢）司馬遷撰　（明）歸有光點評　**方望溪評點史記四卷**　（清）方苞評點　清光緒二年（1876）武昌張裕釗刻本　十六冊

320000－1659－0000460　302
通典二百卷　（唐）杜佑撰　清光緒二十七年（1901）上海圖書集成局鉛印本　十六冊

320000－1659－0000461　303
通典二百卷　（唐）杜佑撰　清光緒二十七年（1901）上海圖書集成局鉛印本　十六冊

320000－1659－0000462　346
路史四十七卷　（宋）羅泌撰　（宋）羅苹注　清光緒二年（1876）紅杏山房刻本　十六冊

320000－1659－0000463　673
飲冰室壬寅文集十八卷　梁啓超著　清光緒三十一年（1905）維新學社石印本　十六冊

320000－1659－0000464　836
天岳山舘文鈔四十卷　（清）李元度撰　清光緒六年（1880）爽谿精舍刻本　十六冊

320000－1659－0000465　900
義門讀書記五十八卷　（清）何焯撰　（清）蔣維鈞編　清乾隆刻光緒六年（1880）苕溪吳氏重修本　十六冊

320000－1659－0000466　901
望溪先生全集三十二卷　（清）方苞撰　（清）戴鈞衡編校　清咸豐元年（1851）戴鈞衡刻本　十六冊

320000－1659－0000467　905
道古堂文集四十八卷詩集二十六卷集外文一卷集外詩一卷軼事一卷　（清）杭世駿撰　清光緒十四年（1888）汪氏振綺堂刻本　十六冊

320000－1659－0000468　1038－1039
文選六十卷　（南朝梁）蕭統輯　（唐）李善注　**文選考異十卷**　（清）胡克家撰　清宣統三年（1911）上海會文堂書局石印本　十六冊

320000－1659－0000469　1039
文選六十卷　（南朝梁）蕭統撰　（唐）李善注　**文選考異十卷**　（清）胡克家撰　清宣統三年（1911）上海會文堂書局石印本　十六冊

320000－1659－0000470　x002
唐文粹一百卷　（宋）姚鉉編　清光緒九年（1883）蘇州書局刻本　十六冊

320000－1659－0000471　x007
金文最六十一卷　（清）張金吾輯　清光緒二十一年（1895）蘇州書局刻本　十六冊

320000－1659－0000472　x009
舊唐書三百卷　（五代）劉昫等撰　清光緒二十八年（1902）史學會社石印本　十六冊

320000－1659－0000473　x018
唐書二百二十五卷　（宋）歐陽修撰　清光緒二十八年（1902）史學會社石印本　十六冊

320000－1659－0000474　x078
重訂文選集評十五卷　（清）于光華編　清同治十一年（1872）江蘇書局刻本　十六冊

320000－1659－0000475　337
八史經籍志三十卷　（日本）□□輯　清光緒九年（1883）鎮海張壽榮刻本　十七冊

320000－1659－0000476　46
圖畫四書白話解不分卷　（清）王有宗校　清

末民國彪蒙印局石印本　十四册

320000－1659－0000477　115
說文解字斠詮十四卷　（清）錢坫撰　清嘉慶十二年（1807）刻本　十四册

320000－1659－0000478　1216
小倉山房文集三十五卷外集八卷　（清）袁枚撰　清乾隆刻本　十四册

320000－1659－0000479　1270
古詩箋三十二卷　（清）王士禛輯　（清）聞人倓箋注　清乾隆三十一年（1766）芷蘭堂刻本　十四册

320000－1659－0000480　1287
杜詩詳注二十五卷附編二卷首一卷　（唐）杜甫撰　（清）仇兆鰲輯注　清康熙三十二年（1693）刻本　十四册

320000－1659－0000481　283
史記志疑三十六卷　（清）梁玉繩撰　清光緒十三年（1887）廣雅書局刻本　十四册

320000－1659－0000482　1276
望溪先生文集十八卷集外文十卷集外文補遺二卷　（清）方苞撰　（清）戴鈞衡編　**望溪先生年譜二卷**　（清）蘇惇元撰　清咸豐元年（1851）戴氏味經山館刻本　十四册

320000－1659－0000483　x048
三國志六十五卷　（晉）陳壽撰　（南朝宋）裴松之注　清光緒十年（1884）同文書局石印本　十四册

320000－1659－0000484　x071
元史二百十卷　（明）宋濂等撰　清光緒二十八年（1902）史學會社石印本　十四册

320000－1659－0000485　x0134
七經精義三十五卷　（清）黄淦輯　清刻本　十四册

320000－1659－0000486　x014
說文解字注三十二卷說文部目分韻一卷　（清）段玉裁注　清同治吳宗麟蘇州保息局刻本　十五册　存三十卷（一至三十）

320000－1659－0000487　x0141
二十二史劄記三十六卷補遺一卷　（清）趙翼撰　清嘉慶五年（1800）湛貽堂刻本　十五册　存三十五卷（一至三十五）

320000－1659－0000488　65
說文解字三十卷六書音韻表二卷　（清）段玉裁注　清光緒元年（1875）湖北崇文書局刻本　十五册

320000－1659－0000489　1275
二十一史彈詞注十卷　（明）楊慎撰　（清）張三異增定　**明紀彈詞注二卷**　（清）張三異撰　（清）張仲璜注　清雍正五年（1727）富平楊浚刻本　十一册

320000－1659－0000490　850
忠雅堂詩集二十七卷文集十二卷補遺二卷銅弦詞二卷　（清）蔣士銓撰　清同治九年（1870）成都刻本　十一册

320000－1659－0000491　1246
孟子七卷　題（宋）蘇洵批點　明刻本　四册

320000－1659－0000492　898
香祖筆記十二卷　（清）王士禛撰　清康熙四十四年（1705）刻王漁洋遺書本　四册

320000－1659－0000493　1236
板橋詩抄三卷詞抄一卷家書一卷小唱一卷題畫一卷　（清）鄭燮撰　清乾隆司徒文膏刻本　四册

320000－1659－0000494　1267
堯峰文鈔五十卷　（清）汪琬撰　清康熙三十二年（1693）林佶寫刻本　四册

320000－1659－0000495　24
詩經體註大全合參八卷　（清）高朝瓔撰　（清）沈世楷輯　清三讓堂刻本　四册

320000－1659－0000496　54
四書古人典林十二卷　（清）江永撰　清乾隆三十九年（1774）刻本　四册

320000－1659－0000497　66
九經古義十六卷　（清）惠棟撰　清蔣光弼刻

省吾堂四種本　四冊

320000－1659－0000498　131

隸韻十卷　(宋)劉球撰　**隸韻考證二卷**　(清)翁方綱撰　**碑目考證一卷**　清嘉慶十五年(1810)秦恩復刻本　四冊

320000－1659－0000499　136

鄉黨圖考十卷　(清)江永撰　清乾隆五十二年(1787)潛德堂刻本　四冊

320000－1659－0000500　151

翰苑初編字學匯海不分卷　(清)龍光甸　(清)龍啓瑞撰　(清)徐桐編　清光緒十五年(1889)京都秀文齋刻本　四冊

320000－1659－0000501　248

涑水記聞十六卷　(宋)司馬光撰　清刻武英殿聚珍版書本　四冊

320000－1659－0000502　338

積古齋鐘鼎彝器款識十卷　(清)阮元　(清)朱為弼撰　清嘉慶九年(1804)揚州阮氏刻本　四冊

320000－1659－0000503　461

元史譯文證補三十卷　(清)洪鈞撰　清光緒二十三年(1897)元和陸潤庠刻本　四冊

320000－1659－0000504　613

讀書作文譜十二卷父師善誘法二卷　(清)唐彪輯著　清康熙四十七年(1708)文盛堂刻本　四冊

320000－1659－0000505　705

家塾蒙求五卷　(清)康基淵纂輯　清刻本　四冊

320000－1659－0000506　862

七家詩選七卷　(清)張熙宇輯評　(清)張昶註釋　清道光十二年(1832)李光明莊刻朱墨套印本　四冊

320000－1659－0000507　1145

唐大家柳柳州文抄十二卷　(唐)柳宗元撰　(明)茅坤編　明崇禎四年(1631)歸安茅氏刻唐宋八大家文鈔本　四冊

320000－1659－0000508　1170

宋詩略十八卷　(清)汪景龍輯　(清)姚壎輯　清乾隆三十五年(1770)竹雨山房刻本　四冊

320000－1659－0000509　1178

葛莊分體詩抄不分卷補遺一卷　(清)劉廷璣撰　清康熙五十三年(1714)刻本　四冊

320000－1659－0000510　1217

讀書後八卷　(明)王世貞撰　清味菜廬木活字印本　四冊

320000－1659－0000511　1244

戰國策十卷　(宋)鮑彪注　(明)鍾人傑重校　明天啓二年(1623)鍾人傑刻本　四冊

320000－1659－0000512　1252

石湖居士詩集三十四卷　(宋)范成大撰　(清)顧嗣臯等重訂　清康熙二十七年(1688)顧氏依園刻本　四冊

320000－1659－0000513　1259

玉谿生詩詳注三卷首一卷　(唐)李商隱撰　(清)馮浩注　清乾隆四十五年(1780)德聚堂刻本　四冊

320000－1659－0000514　1262

古唐詩合解十二卷　(清)王堯衢注　清雍正十年(1732)李世珩刻本　四冊

320000－1659－0000515　1265

黃葉村莊詩集八卷續集一卷後集一卷　(清)吳之振撰　清光緒四年(1878)刻本　四冊

320000－1659－0000516　1280

國朝駢體正宗十二卷　(清)曾燠輯　清嘉慶十一年(1806)賞雨茆屋刻本　四冊

320000－1659－0000517　1338

葉忠節公遺稿十二卷　(清)葉映榴撰　**硜小齋偶吟一卷**　(清)葉芳撰　清乾隆十一年(1746)刻本　四冊

320000－1659－0000518　x049

新刊古列女傳八卷　(漢)劉向撰　(晉)顧愷之繪　清道光五年(1825)阮福影宋刻本

四册

320000－1659－0000519　x0132

李義山文集十卷　(唐)李商隱撰　(清)徐樹穀箋注　(清)徐炯注　清康熙四十七年(1708)徐氏花谿草堂刻本　四册

320000－1659－0000520　268

史通削繁四卷　(清)紀昀撰　(清)浦起龍注　清道光十三年(1833)兩廣節署刻朱墨套印本　四册

320000－1659－0000521　1181

李義山詩集三卷　(唐)李商隱撰　(清)朱鶴齡箋注　(清)沈厚塽輯評　**李義山詩譜一卷**　清同治九年(1870)刻三色套印本　四册

320000－1659－0000522　2130

納書楹曲譜補遺四卷　(清)葉堂訂譜　(清)王文治參訂　清道光二十八年(1848)刻本　四册

320000－1659－0000523　356

續古文苑二十卷　(清)孫星衍撰　清嘉慶十七年(1812)冶城山館刻本　四册

320000－1659－0000524　13

詩經申義十卷　(清)吳士模撰　清光緒十六年(1890)刻本　四册

320000－1659－0000525　48

十三經札記二十二卷　(清)朱亦棟撰　清光緒四年(1878)竹簡齋刻本　四册

320000－1659－0000526　69

說文解字注匡謬八卷　(清)徐承慶撰　清光緒九年(1883)歸安姚氏刻本　四册

320000－1659－0000527　73

說文校議三十卷　(清)姚文田　(清)嚴可均撰　清同治十三年(1874)歸安姚氏刻本　四册

320000－1659－0000528　77

說文古籀疏証六卷原目一卷　(清)莊述祖撰　清光緒十二年(1886)津郡明文堂刻本　四册

320000－1659－0000529　96

說文引經考異十六卷　(清)柳榮宗撰　清同治六年(1867)刻本　四册

320000－1659－0000530　138

李氏音鑑六卷　(清)李汝珍撰　清同治七年(1868)木樨山房刻本　四册

320000－1659－0000531　162

釋名疏證補八卷續釋名一卷釋名補遺一卷疏證補附一卷　(漢)劉熙撰　王先謙輯　清光緒二十二年(1896)刻本　四册

320000－1659－0000532　194

康熙字典十二卷總目一卷檢字一卷辨似一卷等韻一卷備考一卷補遺一卷　(清)張玉書　(清)淩紹雯等纂修　清光緒九年(1883)點石齋石印本　四册

320000－1659－0000533　197

小學鉤沈十九卷　(清)任大椿輯　清光緒十年(1884)李祖望半畝園刻本　四册

320000－1659－0000534　226

史記菁華錄四卷　(清)姚祖恩編　清道光二十三年(1843)刻本　四册

320000－1659－0000535　227

歸方評點史記合筆六卷附震川大全集載評點史記例意一卷劉海峰氏論文偶記一卷　(清)王拯編　清光緒元年(1875)錦城節署刻本　四册

320000－1659－0000536　234

續資治通鑑二百二十卷　(清)畢沅撰　清光緒十四年(1888)上海蜚英舘石印本　四册　存四十八卷(一至四十八)

320000－1659－0000537　244

宋遼金元菁華錄十卷　(清)納蘭常安輯　清光緒二十六年(1900)上海書局石印本　四册

320000－1659－0000538　260

讀史提要錄十二卷　(清)夏之蓉撰　清道光二年(1822)夏氏半舫齋刻本　四册

320000－1659－0000539　284

南北史捃華八卷 （清）周嘉猷撰　清光緒六年（1880）翰墨園刻本　四冊

320000－1659－0000540　285
南北史捃華八卷 （清）周嘉猷撰　清同治四年（1865）鑑止水齋刻本　四冊

320000－1659－0000541　323
山海經箋疏十八卷圖讚一卷訂譌一卷 （晉）郭璞撰　清光緒十二年（1886）上海還讀樓刻本　四冊

320000－1659－0000542　332
積古齋鐘鼎彝器款識十卷 （清）阮元　（清）朱為弼撰　清刻本　四冊

320000－1659－0000543　342
竹書紀年統箋十二卷前編一卷雜述一卷 （南朝梁）沈約注　（清）徐文清統箋　清光緒三年（1877）浙江書局刻本　四冊

320000－1659－0000544　343
晏子春秋七卷音義二卷 （清）孫星衍校並音義　**校勘記二卷** （清）黄以周撰　清光緒元年（1875）浙江書局刻本　四冊

320000－1659－0000545　347
司馬溫公稽古錄二十卷 （宋）司馬光撰　清同治十一年（1872）崇文書局刻本　四冊

320000－1659－0000546　353
邃雅堂學古錄七卷 （清）姚文田撰　清道光七年（1827）邃雅堂刻本　四冊

320000－1659－0000547　355
孔子集語十七卷 （清）孫星衍輯　清光緒三年（1877）浙江書局刻本　四冊

320000－1659－0000548　390
莊子十卷 （晉）郭象注　（唐）陸德明音義　清光緒二年（1876）浙江書局刻本　四冊

320000－1659－0000549　405
墨子十六卷 （清）畢沅校注　清光緒二年（1876）浙江書局刻本　四冊

320000－1659－0000550　415
莊子因六卷 （清）林雲銘評述　清光緒六年（1880）白雲精舍刻本　四冊

320000－1659－0000551　437
書目答問四卷叢書目一卷別錄一卷國朝著述諸家姓名略一卷 （清）張之洞撰　清光緒二十三年（1897）新化三味堂刻本　四冊

320000－1659－0000552　451
竹書紀年統箋十二卷 （清）徐文靖撰　**前編一卷** （清）徐文靖補箋　**雜述一卷** （清）徐文靖輯　清光緒三年（1877）浙江書局刻本　四冊

320000－1659－0000553　506
蒙學讀本全書不分卷 （清）無錫三等公學堂編輯　清光緒三十二年（1906）文明書局石印本　四冊　存四編四卷（三至四、六至七）

320000－1659－0000554　551
最新修身教科書十卷 （清）商務印書館編纂　清光緒三十三年（1907）商務印書館石印本　四冊　存四卷（二、五至七）

320000－1659－0000555　572
繪圖蒙學中國歷史實在易不分卷 （清）彪蒙書室編　清光緒三十一年（1905）彪蒙書室石印本　四冊

320000－1659－0000556　573
繪圖蒙學習算實在易不分卷 （清）彪蒙書室編　清光緒三十一年（1905）彪蒙書室石印本　四冊

320000－1659－0000557　574
繪圖蒙學中國地理實在易不分卷 （清）彪蒙書室編　清光緒三十一年（1905）彪蒙書室石印本　四冊

320000－1659－0000558　575
繪圖中國白話地理不分卷 （清）彪蒙書室編　清光緒三十一年（1905）彪蒙書局石印本　四冊

320000－1659－0000559　608
物理學下編不分卷 （日本）飯盛挺造編　清光緒三十年（1904）江南群學社鉛印本　四冊

320000－1659－0000560　612

最新高等小學理科教科書不分卷　謝洪賚編　清光緒三十二年(1906)商務印書館石印本　四冊

320000－1659－0000561　630

繪圖速通虛字法初編不分卷　(清)施崇恩編　清光緒三十一年(1905)彪蒙書室石印本　四冊

320000－1659－0000562　637

最新初等小學地理教科書不分卷　(清)商務印書館編纂　清光緒三十二年(1906)商務印書館鉛印本　四冊

320000－1659－0000563　643

繪畫兒童過度不分卷　清光緒三十一年(1905)彪蒙書室石印本　四冊

320000－1659－0000564　679

經餘必讀八卷　(清)雷琳　(清)錢樹棠等輯　清嘉慶八年(1803)大中堂刻本　四冊

320000－1659－0000565　682

童蒙必讀書十四種　(清)涂宗瀛編　清光緒九年(1883)武昌書局刻本　四冊

320000－1659－0000566　689

重訂幼學須知句解四卷　(清)程允升撰　(清)錢元龍校　清李光明莊刻本　四冊

320000－1659－0000567　691

重訂幼學須知句解四卷　(清)程允升編著　(清)錢元龍校　清刻本　四冊

320000－1659－0000568　695

求闕齋讀書錄十卷　(清)曾國藩撰　(清)王啟原編輯　清光緒二年(1876)傳忠書局刻本　四冊

320000－1659－0000569　696

寄傲山房塾課新增幼學故事瓊林四卷　(清)程允升撰　(清)鄒聖脈增補　清光緒二十八年(1902)李光明莊刻本　四冊

320000－1659－0000570　706

小學弦歌八卷　(清)李元度輯　清光緒五年(1879)刻本　四冊

320000－1659－0000571　707

小學弦歌八卷　(清)李元度輯　清光緒五年(1879)刻本　四冊

320000－1659－0000572　764

左文襄公文集五卷附詩集一卷聯語一卷藝學說帖一卷　(清)左宗棠撰　清光緒十八年(1892)上海廣益書局石印本　四冊

320000－1659－0000573　790

濂亭文集八卷　(清)張裕釗撰　清光緒二十四年(1898)大冶黃氏刻本　四冊(與濂亭遺詩合冊)

320000－1659－0000574　810

楹聯叢話十二卷　(清)梁章鉅輯　清道光二十年(1840)桂林署齋刻本　四冊

320000－1659－0000575　826

眉綠樓詞八卷　(清)顧文彬撰　清光緒十年(1884)吳下刻本　四冊

320000－1659－0000576　861

陶潛集十卷　(晉)陶潛撰　清宣統元年(1909)著易堂書局石印本　四冊

320000－1659－0000577　869

滄溟先生全集十四卷　(明)李攀龍撰　清道光二十七年(1847)景福堂刻本　四冊

320000－1659－0000578　878

漢溪書法通解八卷　(清)戈守智撰　清咸豐元年(1851)修竹齋刻本　四冊

320000－1659－0000579　881

䜩䲨亭集三十二卷　(清)祁寯藻撰　清咸豐六年(1856)壽陽祁氏刻本　四冊

320000－1659－0000580　883

曾文正公[國藩]年譜十二卷　(清)黎庶昌編　(清)李瀚章審定　清光緒二年(1876)傳忠書局刻本　四冊

320000－1659－0000581　937

伏敔堂詩錄十五卷首一卷續錄四卷　(清)江湜撰　清同治元年(1862)刻本　四冊

320000－1659－0000582　1055
文心雕龍十卷　(南朝梁)劉勰撰　(清)黄叔琳注　(清)紀昀評　清道光十三年(1833)兩廣節署刻朱墨套印本　四册

320000－1659－0000583　1068
八家四六文注八卷補注一卷　(清)孫星衍等撰　(清)吴鼒撰　(清)許貞幹輯注　清光緒十八年(1892)圖書集成印書局鉛印本　四册

320000－1659－0000584　1090
詳注七家詩七卷　(清)張熙宇評　清光緒十八年(1892)上海廣百宋齋鉛印本　四册

320000－1659－0000585　1093
增注七家詩匯抄七卷　(清)張熙宇輯評　(清)王植桂輯注　清光緒十八年(1892)上海圖書集成印書局鉛印本　四册

320000－1659－0000586　1099
七十家賦抄六卷　(清)張惠言輯　清光緒八年(1882)刻本　四册

320000－1659－0000587　1129
楚辭集注八卷辯證二卷後語六卷　(宋)朱熹撰　清光緒八年(1882)江蘇書局刻本　四册

320000－1659－0000588　1187
樊川詩集四卷别集一卷外集一卷　(唐)杜牧撰　(清)馮集梧注　清嘉慶六年(1801)德裕堂刻本　四册

320000－1659－0000589　1188
李長吉歌詩四卷首一卷外集一卷　(唐)李賀撰　(清)王琦彙解　清光緒四年(1878)宏達堂刻本　四册

320000－1659－0000590　1218
煙霞萬古樓文集六卷詩選二卷　(清)王曇撰　清光緒二十一年(1895)鴻文書局石印本　四册

320000－1659－0000591　1223
閱微草堂筆記二十四卷　(清)紀昀撰　清光緒十三年(1887)廣百宋齋鉛印本　四册

320000－1659－0000592　1235
燕下鄉脞録十六卷　(清)陳康祺撰　清光緒七年(1881)刻本　四册

320000－1659－0000593　1242
孟塗文集十卷附駢體文二卷　(清)劉開撰　清光緒十二年(1886)蛟川花雨樓張氏刻本　四册

320000－1659－0000594　1260
昌黎先生詩增注證訛十一卷　(唐)韓愈撰　(清)顧嗣立刪補　(清)黄鉞增注證訛　**年譜一卷**　清咸豐七年(1857)四明鮑氏刻本　四册

320000－1659－0000595　1277
校經廎文稿十八卷　(清)李富孫撰　清道光元年(1821)讀書臺刻本　四册

320000－1659－0000596　1284
越縵堂駢體文四卷散體文一卷　(清)李慈銘撰　(清)曾之編　清光緒二十三年(1897)常熟曾氏刻本　四册

320000－1659－0000597　1304
桐城吴氏古文讀本十三卷　(清)吴汝綸評選　(清)常堉璋編校　清光緒三十一年(1905)文明書局鉛印本　四册

320000－1659－0000598　1308
桂留山房詩集十二卷詞集一卷　(清)沈學淵輯　清道光二十四年(1844)刻本　四册

320000－1659－0000599　1309
寄龕文存四卷　(清)孫德祖撰　清光緒十年(1884)翰墨林刻本　四册

320000－1659－0000600　1315
賭棋山莊文集七卷　(清)謝章鋌撰　清光緒十年(1884)南昌使廨刻本　四册

320000－1659－0000601　1332
曾文正公文集四卷　(清)曾國藩撰　(清)李瀚章編　清同治十三年(1874)傳忠書局刻本　四册

320000－1659－0000602　1336
愼其餘齋文集二十卷　(清)王贈芳撰　清咸

豐四年(1854)廬陵留香書屋刻本　四册

320000－1659－0000603　1340

切韻考六卷外篇三卷　(清)陳澧撰　清光緒八年(1882)番禺陳氏刻本　四册(與漢書地理志水道圖説合册)　存二卷(五至六)

320000－1659－0000604　x082

湘軍志十六卷　王闓運撰　清光緒十二年(1886)墨香書屋刻本　四册

320000－1659－0000605　x0106

欽定三國志六十五卷　(晉)陳壽撰　(南朝宋)裴松之注　清光緒二十八年(1902)竢實齋石印本　四册

320000－1659－0000606　x0128

河南先生文集二十八卷　(宋)尹洙撰　清光緒二十八年(1902)涵芬樓影印本　四册

320000－1659－0000607　x0149

詞律拾遺八卷　(清)徐本立撰　清同治十二年(1873)刻本　四册

320000－1659－0000608　x0156

加批輯注東萊博議四卷　(宋)吕祖謙撰　清光緒二十八年(1902)鉛印本　四册

320000－1659－0000609　x0176

柳河東詩集二卷　(唐)柳宗元撰　清宣統二年(1910)石印本　四册

320000－1659－0000610　x0178

三國志六十五卷　(晉)陳壽撰　(南朝宋)裴松之注　清光緒二十八年(1902)史學會社石印本　四册

320000－1659－0000611　232

綱鑑易知録九十二卷明鑑易知録十五卷　(清)吳乘權　(清)周之炯等輯　清群玉閣刻本　四十八册

320000－1659－0000612　296

皇朝通考三百卷　(清)嵇璜等纂　清光緒二十七年(1901)上海圖書集成局鉛印本　四十八册

320000－1659－0000613　300

皇朝文獻通考三百卷　(元)馬端臨撰　清光緒二十七年(1901)上海圖書集成局鉛印本　四十八册

320000－1659－0000614　x031

舊唐書二百卷　(五代)劉昫等撰　清光緒十年(1884)同文書局石印本　四十八册

320000－1659－0000615　1247

漢書評林一百卷　(明)淩稚隆輯　明萬曆九年(1581)淩稚隆刻本(卷一卷端抄補)　四十册

320000－1659－0000616　349

資治通鑑二百九十四卷目録三十卷　(宋)司馬光撰　(清)畢沅撰　清光緒十四年(1888)上海蜚英舘石印本　四十册　存二百十八卷(一至二百十八)

320000－1659－0000617　x052

通志二百卷　(宋)鄭樵撰　清光緒二十八年(1902)鴻寳書局石印本　四十册

320000－1659－0000618　x087

欽定續通志六百四十卷　(清)嵇璜等修　清光緒二十八年(1902)鴻寳書局石印本　四十册

320000－1659－0000619　316

讀史方輿紀要一百三十卷輿圖要覽四卷　(清)顧祖禹撰　清嘉慶十六年(1811)敷文閣刻本　四十二册

320000－1659－0000620　417

子史精華一百六十卷　(清)允祿等纂　(清)吳士玉等輯　清雍正五年(1727)武英殿刻本　四十四册

320000－1659－0000621　297

文獻通考三百四十八卷　(元)馬端臨撰　**欽定通考考證三卷**　清光緒二十七年(1901)上海圖書集成局鉛印本　四十四册

320000－1659－0000622　301

文獻通考三百四十八卷　(元)馬端臨撰　清光緒二十七年(1901)上海圖書集成局鉛印本

四十四冊

320000－1659－0000623　1456
顧亭林先生遺書十種二十七卷　(清)顧炎武撰　清蓬瀛閣刻本　五冊

320000－1659－0000624　124
古今韻略五卷　(清)邵長蘅撰　(清)宋犖校　清康熙三十五年(1696)刻本　五冊

320000－1659－0000625　25
四書釋地補一卷續補一卷又續補一卷三續補一卷　(清)閻若璩撰　(清)樊廷枚校補　清嘉慶二十一年(1816)梅陽海涵堂刻本　五冊

320000－1659－0000626　364
番禺陳氏東塾叢書三種　(清)陳澧撰　清咸豐至光緒刻本　五冊

320000－1659－0000627　555
最新初等小學筆算教科書五卷　王藝編輯　清光緒三十四年(1908)彪蒙書室石印本　五冊

320000－1659－0000628　580
中學國文讀本不分卷　林紓評選　清宣統三年(1911)商務印書館鉛印本　五冊　存五冊(一至二、五至六、八)

320000－1659－0000629　674
小學弦歌八卷　(清)李元度編　清光緒十九年(1893)鴻德堂刻本　五冊

320000－1659－0000630　815
桃花扇四卷首一卷　(清)孔尚任撰　清光緒二十一年(1895)蘭雪堂刻本　五冊

320000－1659－0000631　832
古文詞略二十四卷　(清)梅曾亮輯　清同治六年(1867)合肥李氏刻本　五冊

320000－1659－0000632　903
慈溪黃氏日抄分類古今紀要十九卷　(宋)黃震撰　清乾隆三十二年(1767)新安汪佩鍔刻本　五冊

320000－1659－0000633　1300
翁山文外十六卷　(清)屈大均撰　清宣統二年(1910)上海國學扶輪社鉛印本　五冊

320000－1659－0000634　2118
重訂六書通十卷首一卷　(明)閔齊伋撰　(清)畢弘述篆訂　清光緒十九年(1893)上海書局石印本　五冊

320000－1659－0000635　x0117
詩韻合璧五卷　(清)湯文潞編　清光緒四年(1878)淞隱閣刻本　五冊

320000－1659－0000636　x028
唐書二百二十五卷　(宋)歐陽修撰　(宋)宋祁撰　清光緒十年(1884)同文書局石印本　五十冊

320000－1659－0000637　x033
元史二百十卷目錄二卷　(明)宋濂等撰　清光緒十年(1884)同文書局石印本　五十一冊

320000－1659－0000638　x0159
佩文韻府一百六卷　(清)張玉書撰　清光緒十八年(1892)鴻寶齋石印本　一百八十一冊

320000－1659－0000639　222
資治通鑑二百九十四卷　(宋)司馬光撰　(元)胡三省音注　**通鑑釋文辨誤十二卷**　(元)胡三省撰　清同治八年(1869)江蘇書局刻本　一百冊

320000－1659－0000640　1167
全唐詩九百卷目錄十二卷　(清)曹寅等輯　清康熙四十四年至四十六年(1705－1707)揚州詩局刻重修本　一百二十冊

320000－1659－0000641　x032
明史三百三十二卷目錄四卷　(清)張廷玉等撰　清光緒十年(1884)同文書局石印本　一百十二冊

320000－1659－0000642　19
船山遺書五十八種　(清)王夫之撰　清同治四年(1865)湘鄉曾氏金陵節署刻本　一百一冊　缺一種(薑齋詩賸稿)

320000－1659－0000643　209
匡謬正俗八卷　(唐)顏師古撰　清乾隆二十

一年(1756)盧見曾刻雅雨堂叢書本　一冊

320000－1659－0000644　107

說文聲類二卷　(清)嚴可均撰　清歸安吳氏二百蘭亭齋刻本　一冊

320000－1659－0000645　703

芝麓詩鈔三卷　(清)龔鼎孳撰　(清)顧有孝輯　清康熙七年(1668)刻本　一冊

320000－1659－0000646　831

菊壽盦詞稿四卷　(清)姚輝第撰　清同治八年(1869)木活字本　一冊

320000－1659－0000647　1179

歷代紀元匯考五卷　(清)萬斯同撰　清乾隆吳之黼刻本　一冊

320000－1659－0000648　x0147

六書音均表五卷　(清)段玉裁撰　清乾隆四十一年(1776)富順官廨刻本　一冊

320000－1659－0000649　1202

石湖詞一卷補遺一卷　(宋)范成大撰　**和石湖詞一卷**　(宋)陳三聘撰　清味菜廬木活字印本　一冊

320000－1659－0000650　101

左傳杜解補正三卷九經誤字一卷石經考一卷　(清)顧炎武撰　清蓬瀛閣刻本　一冊

320000－1659－0000651　1305

二補齋賸稿一卷　(清)孫男鴻輯　清宣統三年(1911)孫氏海陽縣署木活字印本　一冊

320000－1659－0000652　18

尚書繹聞一卷讀左評餘一卷　(清)史致準撰　清光緒刻本　一冊

320000－1659－0000653　23

易學啓蒙一卷　(宋)朱熹撰　清咸豐六年(1856)金陵柏士達刻本　一冊

320000－1659－0000654　37

孟子要略五卷　(宋)朱熹撰　(清)劉傳瑩輯　(清)曾國藩按　清同治十三年(1874)傳忠書局刻本　一冊

320000－1659－0000655　40

春秋釋四卷　(清)黃式三撰　清刻本　一冊

320000－1659－0000656　68

古今學考二卷　廖平撰　清光緒十二年(1886)公孚印刷所鉛印本　一冊

320000－1659－0000657　76

說文逸字二卷附錄一卷　(清)鄭珍撰　清末福山王氏刻本　一冊

320000－1659－0000658　78

說文佚字考四卷　(清)張鳴珂撰　清光緒十三年(1887)豫章刻本　一冊

320000－1659－0000659　88

說文字原韻表二卷　(清)胡重編　(清)金孝柏訂　清嘉慶十六年(1811)秀水金氏月香書屋刻本　一冊

320000－1659－0000660　103

說文管見三卷　(清)胡秉虔撰　清同治十二年(1873)世澤樓刻本　一冊

320000－1659－0000661　104

說文聲讀表七卷　(清)苗夔撰　清道光二十二年(1842)刻本　一冊

320000－1659－0000662　105

說文聲訂二十八卷　(清)苗夔撰　清咸豐元年(1851)壽陽祁氏漢專亭刻本　一冊

320000－1659－0000663　117

字學舉隅一卷　(清)龍啓瑞撰　清光緒十三年(1887)上海鴻文書局石印本　一冊

320000－1659－0000664　120

增補字學舉隅一卷　(清)龍啓瑞撰　清光緒十六年(1890)榆蔭書屋刻本　一冊

320000－1659－0000665　122

讀說文雜識一卷　(清)許棫撰　清光緒七年(1881)刻本　一冊

320000－1659－0000666　123

說文檢字二卷　(清)毛謨輯　**補遺一卷**　(清)姚覲元輯　清光緒九年(1883)歸安姚氏刻本　一冊

320000－1659－0000667　130
說文提要一卷　(清)陳建侯撰　清同治十二年(1873)崇文書局刻本　一册

320000－1659－0000668　133
說文本經答問二卷　(清)鄭知同撰　清光緒十六年(1890)廣雅書局刻本　一册

320000－1659－0000669　139
韻史二卷　(清)許遯翁撰　**補一卷**　(清)李玉琴撰　清光緒十五年(1889)上海廣百宋齋石印本　一册

320000－1659－0000670　149
小學韻語一卷　(清)羅澤南撰　清光緒五年(1879)江蘇書局刻本　一册

320000－1659－0000671　155
百千音義二種二卷附增補重訂音義千字文一卷　(清)李光明莊編　清末李光明莊刻本　一册

320000－1659－0000672　206
重校十三經不貳字一卷　(清)李鴻藻編　清光緒十六年(1890)刻本　一册

320000－1659－0000673　249
思痛記二卷　(清)李圭撰　清光緒六年(1880)師一齋刻本　一册

320000－1659－0000674　258
讀史論略一卷　(清)杜詔撰　清同治九年(1870)亦園刻本　一册

320000－1659－0000675　262
魏書校勘記一卷　(清)李慈銘撰　清光緒九年(1883)長沙王氏刻本　一册

320000－1659－0000676　269
晉書校勘記三卷　(清)勞格撰　清光緒十八年(1892)廣雅書局刻本　一册

320000－1659－0000677　278
明夷待訪錄一卷　(清)黄宗羲撰　清光緒二十八年(1902)湖南書局刻本　一册

320000－1659－0000678　280
五代春秋志疑一卷　(清)華湛恩撰　清光緒鉛印本　一册

320000－1659－0000679　291
懷古錄三卷　(元)謝應芳輯　清光緒六年(1880)刻本　一册

320000－1659－0000680　318
水經注圖説殘稿四卷　(清)董祐誠撰　清同治八年(1869)成都董氏刻本　一册

320000－1659－0000681　352
歷代年號記略一卷附刻五種一卷　(清)□□撰　清同治十年(1871)亦園刻本　一册

320000－1659－0000682　365
教女遺規摘抄一卷補抄一卷養正遺規摘抄一卷　(清)陳弘謀編　清同治七年(1868)崇文書局刻本　一册

320000－1659－0000683　366
養正遺規摘抄一卷　(清)陳弘謀編　清同治七年(1868)崇文書局刻本　一册

320000－1659－0000684　367
訓俗遺規四卷　(清)陳弘謀編　(清)劉啓紳摘抄　清同治七年(1868)崇文書局刻本　一册

320000－1659－0000685　368
從政遺規二卷　(清)陳弘謀撰　清同治七年(1868)崇文書局刻本　一册

320000－1659－0000686　370
倫圖便覽五卷　(清)徐清惠輯　(清)李復齋繪　清光緒十二年(1886)培英書屋刻本　一册　存三卷(二至四)

320000－1659－0000687　385
揚子法言十三卷附音義一卷　(漢)揚雄撰　(晉)李軌注　清光緒二年(1876)浙江書局刻本　一册

320000－1659－0000688　402
商君書五卷附考一卷　(清)嚴可均校　清光緒二年(1876)浙江書局刻本　一册

320000－1659－0000689　403
老子道德經二卷附音義一卷　(三國魏)王弼

注 (唐)陸德明音義 清光緒元年(1875)浙江書局刻本 一冊

320000－1659－0000690 404
尸子二卷存疑一卷 (清)汪繼培輯 清光緒三年(1877)浙江書局刻本 一冊

320000－1659－0000691 424
初學宜讀諸書要略一卷 (清)葉瀚撰 清光緒二十三年(1897)仁和葉氏刻本 一冊

320000－1659－0000692 479
書譜不分卷 (唐)孫過庭撰並書 (清)包良丞書跋 清道光二十三年(1843)拓本 一冊

320000－1659－0000693 482
中等國文讀本二卷 陳東極 許朝貴編 清光緒三十年(1904)開明書店鉛印本 一冊

320000－1659－0000694 483
詳注高等小學國文新讀本四卷 何榮桂編 清宣統二年(1910)上海科學書局鉛印本 一冊 存一卷(四)

320000－1659－0000695 484
高等小學國史教科書不分卷 張肇桐編 清光緒三十年(1904)海記書局鉛印本 一冊 存三十六頁(三十九至七十四)

320000－1659－0000696 486
寄學速成法一卷附録一卷 林文潛撰 清光緒二十七年(1901)寄社刻本 一冊

320000－1659－0000697 488
簡明國文教科書六卷 戴克敦等編纂 清宣統二年(1910)商務印書館鉛印本 一冊 存一卷(二)

320000－1659－0000698 491
最新蒙學倫理學不分卷 李郁編纂 清光緒三十年(1904)中新譯印書局鉛印本 一冊

320000－1659－0000699 492
倫理教科範本不分卷 (日本)秋山四郎著 清光緒三十一年(1905)文明書社鉛印本 一冊

320000－1659－0000700 493
尋常小學簡明物理教科書二卷 陳滋著 清光緒三十年(1904)上海新學會社鉛印本 一冊

320000－1659－0000701 494
簡易格致課本不分卷 杜亞泉編纂 清光緒三十二年(1906)商務印書館鉛印本 一冊

320000－1659－0000702 495
蒙學化學教科書不分卷 趙印著 清光緒三十二年(1906)文明書局鉛印本 一冊

320000－1659－0000703 496
中國理科教科書二卷 (清)無錫三等公學堂編譯 清光緒二十八年(1902)上海文明書局石印本 一冊

320000－1659－0000704 497
蒙學天文教科書不分卷 文明書局編纂 清光緒三十一年(1905)文明書局鉛印本 一冊

320000－1659－0000705 501
國文讀本粹化新編不分卷 王納善著 清光緒三十二年(1906)上海有正書局鉛印本 一冊

320000－1659－0000706 517
小學筆算新教科書四卷 張景良著 清光緒三十四年(1908)文明書局鉛印本 一冊 存一卷(一)

320000－1659－0000707 518
蒙學心算教科書不分卷 丁福保著 清光緒三十一年(1905)文明書局鉛印本 一冊

320000－1659－0000708 521
蒙學植物教科書不分卷 (清)華循編 清光緒三十二年(1906)文明書局鉛印本 一冊

320000－1659－0000709 525－1
筆算教科書二卷 南洋公學師範院譯述 清光緒二十九年(1903)南洋公學師範院石印本 一冊 存一卷(上)

320000－1659－0000710 526
高等小學遊戲法教科書不分卷 杜亞泉編 清光緒三十一年(1905)文明書局石印本

一冊

320000－1659－0000711　527

高等小學物理教科書四卷　(日本)教育學館編輯　清光緒二十八年(1902)泰東時務譯印局石印本　一冊　存二卷(前編一至二)

320000－1659－0000712　529

小學修身唱歌書不分卷　田北湖編著　清光緒三十一年(1905)文明書局鉛印本　一冊

320000－1659－0000713　532

高等教育國文讀本一卷　丁福保編輯　清光緒三十一年(1905)文明書局鉛印本　一冊

320000－1659－0000714　534

新說教授學不分卷　(日本)槇山榮次著　清光緒二十九年(1903)商務印書館鉛印本　一冊

320000－1659－0000715　535

高等小學國史教科書不分卷　張肇桐編輯　清末上海文明書局鉛印本　一冊

320000－1659－0000716　536

世界歷史問答不分卷　(日本)酒井勉著　清光緒二十九年(1903)商務印書館鉛印本　一冊

320000－1659－0000717　537

蒙學文法教科書三卷　朱樹人著　清光緒二十九年(1903)文明書局鉛印本　一冊

320000－1659－0000718　538

礦物學教科書不分卷　(清)商務印書館編輯　清光緒二十九年(1903)商務印書館鉛印本　一冊

320000－1659－0000719　539

普通商業教科問答不分卷十九章　(清)公之魯著　清光緒三十一年(1905)文明書局鉛印本　一冊

320000－1659－0000720　540

幼學體操法二卷　圖書課編纂　清末保定府學務排印局石印本　一冊

320000－1659－0000721　541

和文漢譯讀本不分卷　(日本)坪内雄藏撰　(清)沙頌虞　(清)張肇雄譯　清光緒二十八年(1902)商務印書館鉛印本　一冊　存一冊(四)

320000－1659－0000722　542

蒙學衛生教科書不分卷　丁福保著　清光緒三十一年(1905)文明書局鉛印本　一冊

320000－1659－0000723　543

生理學問答不分卷　(清)商務印書館編譯所編　清光緒二十九年(1903)商務印書館鉛印本　一冊

320000－1659－0000724　544

高等小學衛生教科書不分卷　(美國)項爾構著　清光緒三十一年(1905)文明書局鉛印本　一冊

320000－1659－0000725　545

國史初級教科書二卷　(清)商務印書館編　清光緒二十九年(1903)商務印書館鉛印本　一冊

320000－1659－0000726　546

普通博物問答不分卷　(清)商務印書館譯輯　清光緒三十年(1904)商務印書館鉛印本　一冊

320000－1659－0000727　547

最新全國小學簡明珠算課本不分卷　清光緒三十一年(1905)昌文書局石印本　一冊　存三十八頁(一至三十八)

320000－1659－0000728　548

蒙學珠算教科書不分卷　董瑞椿著　清光緒三十一年(1905)文明書局鉛印本　一冊

320000－1659－0000729　549

初等地理教科書三卷　(清)南洋公學師範院編譯　清光緒三十二年(1906)南洋公學師範院石印本　一冊

320000－1659－0000730　550

初級師範學校教科書心理學不分卷　(清)商務印書館編譯　清光緒三十三年(1907)商務

印書館鉛印本　一冊

320000－1659－0000731　552

最新初等小學修身教科書教授法不分卷　(清)商務印書館編譯所編纂　清光緒三十二年(1906)商務印書館鉛印本　一冊　存一冊(五)

320000－1659－0000732　553

地質學簡易教科書不分卷　(日本)横山又次郎著　清光緒二十八年(1902)廣智書局石印本　一冊

320000－1659－0000733　554

初等小學國文教授法不分卷　戴克讓編輯　清光緒三十三年(1907)彪蒙書室石印本　一冊　存一冊(一)

320000－1659－0000734　567

繪圖蒙學天文實在易不分卷　(清)□□編　清光緒三十一年(1905)彪蒙書室石印本　一冊

320000－1659－0000735　568

繪圖蒙學衛生實在易一冊　(清)許家惺演　清光緒三十一年(1905)彪蒙書局石印本　一冊

320000－1659－0000736　569

初級普通經學讀本不分卷　(清)王有宗撰　清光緒三十一年(1905)彪蒙書局石印本　一冊

320000－1659－0000737　570

中外神童史不分卷　(清)施崇恩編　清光緒三十一年(1905)彪蒙書室石印本　一冊

320000－1659－0000738　571

中外豪傑史讀本不分卷　(清)施崇恩編　清光緒三十一年(1905)彪蒙書局石印本　一冊

320000－1659－0000739　576

繪圖蒙學格致實在易不分卷　(清)彪蒙書室編　清光緒三十一年(1905)彪蒙書局石印本　一冊

320000－1659－0000740　577

繪圖蒙學論説實在易不分卷　程宗啓編　清光緒三十一年(1905)彪蒙書局石印本　一冊　存一冊(四)

320000－1659－0000741　587

蒙學東洋歷史教科書不分卷　秦瑞玠著　清光緒二十九年(1903)文明書局石印本　一冊

320000－1659－0000742　588

小學教科初等體操教範不分卷　趙徵麟著　清光緒三十四年(1908)集成圖書公司石印本　一冊　存一冊(三)

320000－1659－0000743　589

高等小學修身教科書不分卷　(清)科學圖書社編輯　清末科學圖書社鉛印本　一冊　存一冊(三)

320000－1659－0000744　590

初等小學國文教科書不分卷　蔣維喬　莊俞編纂　清光緒三十四年(1908)商務印書館鉛印本　一冊　存一冊(八)

320000－1659－0000745　595

初等小學國史第一讀本不分卷　(清)甦民編輯　清光緒三十年(1904)開明書店鉛印本　一冊

320000－1659－0000746　596

簡明國文教科書不分卷　戴克敦等編纂　清宣統二年(1910)商務印書館石印本　一冊　存一冊(四)

320000－1659－0000747　601

最新初等小學國文教科書不分卷　蔣維喬　莊俞編　清光緒三十一年(1905)商務印書館鉛印本　一冊　存一冊(六)

320000－1659－0000748　615

蒙學算學畫不分卷　丁福同著　清光緒三十一年(1905)文明書局石印本　一冊

320000－1659－0000749　631－1

高等小學生理衛生教科書不分卷　(日本)齋田功太郎著　清光緒三十二年(1906)文明書局鉛印本　一冊

320000－1659－0000750　631
高等小學生理衛生教科書不分卷　（日本）齋田功太郎著　清光緒三十二年（1906）文明書局鉛印本　一册

320000－1659－0000751　635
簡易歷史課本不分卷　富光年編輯　清光緒三十二年（1906）商務印書館鉛印本　一册

320000－1659－0000752　638
外國地理問答不分卷　（清）盧籍剛編譯　清光緒二十九年（1903）廣智書局鉛印本　一册

320000－1659－0000753　640
蒙學課本初編不分卷　（清）南洋公學編　清光緒二十八年（1902）南洋公學華洋印書局石印本　一册

320000－1659－0000754　647
地文學問答不分卷　（清）邵羲譯述　清光緒三十一年（1905）商務印書館鉛印本　一册

320000－1659－0000755　642
學生歌不分卷　達文社編輯　清光緒三十年（1904）達文社鉛印本　一册

320000－1659－0000756　645
蒙學中國地理教科書不分卷　張相文著　清光緒三十二年（1906）文明書局鉛印本　一册

320000－1659－0000757　648
小學新唱歌不分卷　孫振麒編　清光緒三十一年（1905）新學會社鉛印本　一册

320000－1659－0000758　651
初等小學堂習字帖不分卷　張元濟書　清末商務印書館石印本　一册　存一册（一）

320000－1659－0000759　652
訓蒙新讀本初編不分卷　莊景仲編　清光緒三十年（1904）新學會社鉛印本　一册

320000－1659－0000760　655
蒙學外國地理教科書不分卷　張相文著　清光緒二十九年（1903）文明書局鉛印本　一册

320000－1659－0000761　656
蒙學地質教科書不分卷　（清）錢承駒著　清光緒三十一年（1905）文明書局鉛印本　一册

320000－1659－0000762　657
蒙學地文教科書不分卷　（清）錢承駒著　清光緒三十一年（1905）文明書局鉛印本　一册

320000－1659－0000763　658
學校管理法問答不分卷　邵羲編輯　清光緒三十年（1904）商務印書館鉛印本　一册

320000－1659－0000764　660
國民體育學不分卷　（日本）西川政憲著　清光緒二十八年（1902）文明書局石印本　一册

320000－1659－0000765　663
蒙師箴言不分卷附錄私塾改良會章程一卷　（清）方瀏生撰　清光緒三十年（1904）商務印書館鉛印本　一册

320000－1659－0000766　666
考正同音字匯不分卷　江學海撰　清末民初石印本　一册

320000－1659－0000767　669
中外故事讀本不分卷　（清）張肇桐編輯　清光緒三十一年（1905）上海中新書局鉛印本　一册

320000－1659－0000768　670
皇朝掌故讀本二卷　（清）竇士鏞著　清光緒三十一年（1905）文明書局石印本　一册

320000－1659－0000769　675
益幼雜字不分卷　（清）□□撰　清光緒李光明莊刻本　一册

320000－1659－0000770　676
增補重訂千家詩注解二卷　（元）謝枋得選　（清）王相注　清嘉慶二十二年（1817）刻本　一册

320000－1659－0000771　680
百家姓考略一卷　（清）王相撰　清同治九年（1870）亦園刻本　一册

320000－1659－0000772　681
三字經訓詁一卷　（清）王相撰　清同治九年（1870）亦園刻本　一册

320000－1659－0000773　684
新鐫五言千家詩箋注二卷　（清）王相選注　清光緒李光明莊刻本　一册

320000－1659－0000774　685
新鐫增補音郡音義百家姓一卷增補重訂音義千字文一卷　清李光明莊刻本　一册

320000－1659－0000775　688
摘錄家塾蒙求五卷　（清）康基淵纂輯　清道光六年（1826）鈔本　一册

320000－1659－0000776　690
千字文釋義一卷　（清）汪嘯尹輯　（清）孫謙益注　清光緒李光明莊刻本　一册

320000－1659－0000777　692
鑑略四字書一卷　（清）王仕雲撰　清光緒李光明莊刻本　一册

320000－1659－0000778　693
提綱釋義一卷　（清）□□撰　清光緒李光明莊刻本　一册

320000－1659－0000779　697
三字經註解備要一卷　（宋）王應麟撰　（清）賀興思注　清光緒李光明莊刻本　一册

320000－1659－0000780　702
三字經註解備要二卷　（宋）王應麟撰　（清）賀興思注　清光緒二十三年（1897）寶興堂刻本　一册

320000－1659－0000781　713
春在堂尺牘五卷　（清）俞樾撰　清光緒十年（1884）志古堂刻本　一册

320000－1659－0000782　715
家塾蒙求三卷　（清）唐仲冕撰　（清）徐朝俊旁注　清光緒十四年（1888）刻本　一册

320000－1659－0000783　761
唐人萬首絕句選七卷　（清）王士禛輯　清宣統元年（1909）掃葉山房石印本　一册

320000－1659－0000784　762
濂亭文集八卷　（清）張裕釗撰　清宣統元年（1909）掃葉山房石印本　一册

320000－1659－0000785　801
楹聯集錦八卷　（清）胡鳳丹輯　清光緒五年（1879）刻本　一册　存四卷（一至四）

320000－1659－0000786　803
十國宮詞一百首　（清）吳省蘭撰　清同治十二年（1873）淮南書局刻本　一册

320000－1659－0000787　811
周文忠公尺牘二卷　（清）周天爵撰　清同治七年（1868）蘇松太道署刻本　一册

320000－1659－0000788　821
杏香廬詩稿二卷　（清）繆兆禧撰　清光緒六年（1880）刻本　一册

320000－1659－0000789　823
亦青山館續詩鈔一卷　（清）龔煒撰　**妙香居詩鈔一卷**　（清）龔厚堃撰　清道光十九年（1839）刻本　一册

320000－1659－0000790　825
南華九老會唱和詩譜一卷　（清）莊宇逵撰　清光緒二十年（1894）刻本　一册

320000－1659－0000791　827
思誤齋詩鈔二卷詩餘一卷　（清）章簡撰　清光緒二十六年（1900）刻本　一册

320000－1659－0000792　858
養晦堂詩集二卷　（清）劉蓉撰　清光緒三年（1877）思賢講舍刻本　一册

320000－1659－0000793　896
曾文正公詩集四卷　（清）曾國藩撰　清光緒二年（1876）傳忠書局刻本　一册

320000－1659－0000794　947
勸學篇二卷　（清）張之洞撰　清光緒二十四年（1898）江蘇書局刻本　一册　存一卷（一）

320000－1659－0000795　951
續三十五舉一卷　（清）黄子高撰　清光緒富文齋刻本　一册

320000－1659－0000796　953
雞窗叢話一卷　（清）蔡澄撰　清宣統至民國新陽趙氏刻峭帆樓叢書本　一册

320000－1659－0000797　954
唐詩三百首注疏六卷　(清)孫洙編　(清)章燮注　(清)孫孝根校正　清道光十五年(1835)麟玉山房刻本　一册

320000－1659－0000798　955
百獸集説圖考十科　(美國)范約翰著　(清)吳子翔述　清光緒二十五年(1899)美華書舘鉛印本　一册

320000－1659－0000799　957
思問録内外篇二卷　(清)王夫之撰　清同治四年(1865)湘鄉曾氏金陵節署刻本　一册

320000－1659－0000800　958
揅經室外集五卷　(清)阮元撰　清道光二年(1822)刻本　一册

320000－1659－0000801　961
板橋雜記三卷　(清)余懷撰　清光緒二十七年(1901)晦齋刻本　一册

320000－1659－0000802　967
怡園集一卷福禄鴛鴦集一卷　(清)張祥河撰　清光緒華亭張氏刻本　一册

320000－1659－0000803　971
惜抱軒書錄四卷　(清)姚鼐撰　清光緒五年(1879)桐城徐氏刻本　一册

320000－1659－0000804　972
惜抱先生尺牘補編二卷　(清)姚鼐撰　清光緒五年(1879)桐城徐氏刻本　一册

320000－1659－0000805　973
萃林詩賦不分卷　(清)王珊輯錄　(清)張端卿等撰　清光緒十六年(1890)刻本　一册

320000－1659－0000806　974
船山遺書　(清)王夫之撰　清同治四年(1865)湘鄉曾氏金陵節署刻本　一册　存四種五卷(夕堂永日緒論二卷、外編一卷,南窗漫記一卷,龍舟會雜劇一卷)

320000－1659－0000807　975
太倉孫子福先生遺草一卷雜文附存一卷　(清)孫壽祺撰　清光緒十九年(1893)海陽孫氏刻本　一册

320000－1659－0000808　976
華藏室詩鈔一卷　(清)許延敬撰　清同治十一年(1872)許氏刻本　一册

320000－1659－0000809　977
增訂韻辨摘要一卷　(清)徐郙撰　清光緒十六年(1890)秀文齋石印本　一册

320000－1659－0000810　978
金陵雜述三十二絕句不分卷　(清)何紹基撰　清末民初石印本　一册

320000－1659－0000811　979
寶顏堂增訂讀書鏡十卷　(明)陳繼儒撰　明萬曆沈氏尚白齋刻本　一册

320000－1659－0000812　1091
益幼雜字不分卷　(清)張鳳山編　清末民初李光明莊刻本　一册

320000－1659－0000813　1150
新雕校證大字白氏諷諫一卷　(唐)白居易撰　清光緒十九年(1893)刻本　一册

320000－1659－0000814　1157
許氏説文解字雙聲疊韻譜一卷　(清)鄧廷楨撰　清光緒九年(1883)同文書局石印本　一册

320000－1659－0000815　1198
楊忠愍公遺書一卷　(明)楊繼盛撰　清同治五年(1866)木樨山房刻本　一册

320000－1659－0000816　1200
樂章集一卷　(宋)柳永撰　清光緒二十七年(1901)吳氏石蓮庵刻本　一册

320000－1659－0000817　1204
白石道人歌曲四卷别集一卷補遺一卷　(宋)姜夔撰　(清)許增邁校　清光緒十年(1884)許氏娱園刻本　一册

320000－1659－0000818　1209
亭林餘集一卷　(清)顧炎武撰　清光緒二年(1876)誦芬樓刻本　一册

320000－1659－0000819　1209－1
亭林餘集一卷　(清)顧炎武撰　清光緒二年(1876)誦芬樓刻本　一册

320000－1659－0000820　1237
凝翠樓集四卷　(清)王惠撰　清光緒二十三年(1897)朱氏銀槎閣刻本　一册

320000－1659－0000821　1283
國語明道本考異四卷　(清)汪遠孫撰　清光緒三年(1877)胡氏退補齋刻本　一册

320000－1659－0000822　1289
清足居集一卷蕉窗詞一卷　(清)鄧瑜撰　清光緒二十二年(1896)泉唐諸氏刻本　一册

320000－1659－0000823　1306
寥天一閣文二卷　(清)譚嗣同撰　清光緒二十八年(1902)石印本　一册

320000－1659－0000824　1314
輶軒語一卷　(清)張之洞撰　清光緒四年(1878)潘氏敏德堂刻本　一册

320000－1659－0000825　1316
景詹闇遺文一卷　(清)姚諶撰　清光緒十二年(1886)刻本　一册

320000－1659－0000826　1324
寄閑小草三卷　(清)周煜撰　清道光太倉周氏刻本　一册

320000－1659－0000827　1328
蕙榜雜記一卷　(清)嚴元照撰　清光緒十一年(1885)新陽趙氏刻本　一册

320000－1659－0000828　1331
曾文正公全集　(清)曾國藩撰　清光緒二年(1876)傳忠書局刻本　一册　存一卷(首一卷)

320000－1659－0000829　1333
鳴原堂論文二卷　(清)曾國藩撰　(清)曾國荃審定　清同治十二年(1873)勵志齋刻本　一册

320000－1659－0000830　1451
庚星文稿錄存一卷詩稿錄存一卷　(清)陸咸清撰　清光緒三十年(1904)刻本　一册

320000－1659－0000831　2113
字學舉隅一卷　(清)龍啟瑞撰　清光緒九年(1883)梅花書屋石印本　一册

320000－1659－0000832　2134
宋拓漢夏承碑一卷　(清)許槤釋　清光緒二十年(1894)秀水王氏刻本　一册

320000－1659－0000833　x008
説文引經例辨三卷　(清)雷浚撰　清光緒十年(1884)雷氏刻本　一册

320000－1659－0000834　1592
古今圖書集成一萬卷目錄三十二卷　(清)陳夢雷　(清)蔣廷錫等輯　清光緒十年(1884)圖書集成鉛版印書局鉛印本(明倫匯編皇極典一至十七三册複印補全)　一千六百二十八册

320000－1659－0000835　641
漢文教授法不分卷　戴克敦編　清末勸學會社石印本　三册(與漢文教授法合册)

320000－1659－0000836　790－1
濂亭遺詩二卷遺文五卷　(清)張裕釗撰　清光緒二十年(1895)遵義黎氏刻本　四册(與濂亭文集合册)

320000－1659－0000837　1452－1
周夢巖同館賦抄一卷詩抄一卷　(清)周作楫撰　清道光湖南文蔚堂刻本　二册(與黔藩存牘合册)

320000－1659－0000838　1340－1
漢書地理志水道圖説七卷　(清)陳澧撰　清同治二年(1863)番禺陳氏刻本　四册(與切韻考合册)

江蘇省靖江市圖書館
古籍普查登記目録

全國古籍普查登記目録

國家圖書館出版社
National Library of China Publishing House

《江蘇省靖江市圖書館古籍普查登記目録》

編委會

《江蘇省靖江市圖書館古籍普查登記目録》

前　言

靖江自古人文薈萃,書香雋永。早在元代至正年間,靖江就出現了第一家私人藏書樓——陳氏藏書樓。明清時期,靖江先後創辦馬洲、驥騰、東川、正誼書院。1934 年,靖江各界慷慨解囊,共同投資建設“靖江圖書館”。其中旅滬巨賈陳顯華捐資建成圖書館主樓——顯華樓,國民黨中將陳繼承資助 5000 大洋,用於購買館藏書籍。當年,靖江圖書館擁有藏書兩萬餘册,各類古籍數千册,各類報刊雜志 30 餘種。可嘆在 1937 年,日軍犯靖,顯華樓被炸,所有圖書付之一炬。

新中國成立後,靖江愛國民族資本家劉國鈞向家鄉捐贈自己平生所收藏的古籍與書畫,其中古籍有 5000 餘册。後經“文革”與數度遷徙,又損失過半。目前,我館現存古籍 174 部,1814 册,其中善本 11 部。2009 年,我館古籍《鮑氏國策校注》十卷,被列入第二批《國家珍貴古籍名録》。

改革開放以來,我市高度重視古籍保護工作。2013 年,我館完成全部古籍的核庫、著録工作,並上傳書目數據至“全國古籍普查登記平臺”。2014 年,我市啓動古籍保護工程,我館購置專用書架,實施消毒防蛀處理,實行恒温恒濕保護。同時,組織專業團隊,對館藏古籍進行登記、校勘、整理。

古籍是人類文化傳承的重要載體,集中體現了學術價值、版本價值、文獻價值、藝術價值與文物價值。這次出版的《江蘇省靖江市圖書館古籍普查登記目録》,是目前靖江市圖書館最完整的古籍藏書目録,必將有力地促進古籍的保護、開發與利用。下一步,我們將着力推進古籍數字化工程與古籍社會化工程,爲古籍開發注入新活力,爲靖江人文注入新内涵。

李筱綱

2015 年 9 月 22 日

320000－1618－0000001　001
易經本義四卷　(宋)朱熹集錄　清李光明莊刻本　二冊

320000－1618－0000002　002
孟子□卷　(宋)朱熹集註　清洛誦軒刻本　一冊　存一卷(六)

320000－1618－0000003　003
孟子正義三十卷　(清)焦循撰　清道光半九書塾刻本　八冊

320000－1618－0000004　004
禮記集説十卷　(元)陳澔撰　清光緒十一年(1885)八杉齋刻四書五經本　十冊

320000－1618－0000005　005
書經六卷　(宋)蔡沈集傳　清同治十三年(1874)江西書局刻本　四冊

320000－1618－0000006　006
欽定禮記義疏八十二卷首一卷　(清)鄂爾泰等撰　清刻本　三十二冊

320000－1618－0000007　007
欽定禮記義疏八十二卷首一卷　(清)鄂爾泰等撰　清光緒十四年(1888)上海鴻文書局石印本　六冊

320000－1618－0000008　008
説文解字十五卷　(漢)許慎撰　(宋)徐鉉等校定　清刻本　六冊　存十二卷(四至十五)

320000－1618－0000009　009
四書合講不分卷　(宋)朱熹撰　清光緒二十年(1894)寶慶澹雅書局刻本　五冊

320000－1618－0000010　010
説文逸字二卷附錄一卷　(清)鄭珍撰　清咸豐八年(1858)刻本　三冊

320000－1618－0000011　011
古文關鍵二卷　(宋)呂祖謙評　清光緒二十四年(1898)江蘇書局刻本　一冊

320000－1618－0000012　012
説文新坿考六卷　(清)鄭珍撰　清光緒十四年(1888)許氏枕碧山館刻本　六冊

320000－1618－0000013　013
孟子説解十四卷　(明)郝敬撰　清刻本　六冊

320000－1618－0000014　014
詩經八卷　(宋)朱熹集解　清光緒十一年(1885)八杉齋刻四書五經本　四冊

320000－1618－0000015　015
欽定周官義疏四十八卷首一卷　(清)梁國治等修　清同治七年(1868)刻欽定三禮義疏本　二十四冊

320000－1618－0000016　016
性天真境不分卷　(清)黃正元撰輯　清同治八年(1869)江蘇常郡公善堂刻本　一冊

320000－1618－0000017　017
春秋左傳五十卷　(晉)杜預　(宋)林堯叟注釋　(唐)陸德明音義　清亦西齋刻本　十六冊

320000－1618－0000018　018
春秋穀梁傳十二卷　(晉)范寧集解　清同治七年(1868)金陵書局刻本　二冊

320000－1618－0000019　019
説文釋例二十卷　(清)王筠撰　清光緒十二年(1886)上海稷山書局刻本　六冊

320000－1618－0000020　020
小學千家詩二卷　(清)□□輯　清浙西心齋刻本　一冊

320000－1618－0000021　021
欽定詩經傳説彙纂二十一卷首一卷　(清)王鴻緒等撰　清同治七年(1868)刻本　六冊

320000－1618－0000022　022
説文解字義證五十卷　(清)桂馥撰　清同治九年(1870)湖北崇文書局刻本　三十二冊

320000－1618－0000023　023
春秋公羊經傳解詁十二卷　(漢)何休註　(唐)陸德明音義　清同治二年(1863)揚州汪氏問禮堂刻本　二冊

320000－1618－0000024　024

欽定書經傳說彙纂二十卷首一卷　（清）王頊齡等撰　清同治七年(1868)刻本　十一册

320000－1618－0000025　025
春秋公羊經傳解詁十二卷　（漢）何休註（唐）陸德明音義　清光緒二十一年(1895)金陵書局刻本　二册

320000－1618－0000026　026
書經六卷　（宋）蔡沈集傳　清光緒元年(1875)江陰寶文堂刻本　四册

320000－1618－0000027　027
書經六卷末一卷　（宋）蔡沈集傳　清刻本　三册

320000－1618－0000028　028
書經六卷首一卷末一卷　（宋）蔡沈集傳　清光緒二十二年(1896)新化三味堂刻本　六册

320000－1618－0000029　029
書經六卷　（宋）蔡沈集傳　清光緒十一年(1885)八杉齋刻四書五經本　四册

320000－1618－0000030　030
左傳句解六卷　（清）韓菼重訂　清李光明莊刻本　五册　存五卷(一、三至六)

320000－1618－0000031　031
四書本義匯參四十三卷　（清）王步青輯　清敦復堂刻本　三十一册　缺二卷(大學一至二)

320000－1618－0000032　032
禮記集説十卷　（元）陳澔撰　清同治五年(1866)金陵書局刻本　十册

320000－1618－0000033　033
春秋穀梁傳十二卷　（晉）范甯集解　清光緒二十一年(1895)金陵書局刻本　二册

320000－1618－0000034　034
四書説苑十一卷首一卷補遺一卷　（清）孫應科輯　清道光四年(1824)刻本　四册　存十一卷(四書説苑十一卷)

320000－1618－0000035　035
欽定春秋傳説彙纂三十八卷首二卷　（清）王掞等纂　清同治九年(1870)刻本　二十册

320000－1618－0000036　036
繆篆分韻五卷　（清）桂馥撰　清好問齋刻本　四册

320000－1618－0000037　037
禮經會元四卷　（宋）葉時撰　清嘉慶十九年(1814)儀徵汪氏藤花榭刻經學五種本　四册

320000－1618－0000038　038
詩經讀本□卷　（宋）朱熹集　清宣統二年(1910)石印本　三册　存五卷(三、五至八)

320000－1618－0000039　039
欽定儀禮義疏四十九卷　（宋）朱熹撰　清刻欽定三禮義疏本　二十八册

320000－1618－0000040　040
欽定前漢書一百二十卷　（漢）班固撰　（唐）顏師古註　清光緒十四年(1888)上海圖書集成印書局石印本　二十册

320000－1618－0000041　041
前漢書一百二十卷　（漢）班固撰　（唐）顏師古註　清光緒十四年(1888)上海蜚英館石印本　十六册

320000－1618－0000042　042
前漢書一百卷　（漢）班固撰　（唐）顏師古註　清光緒二十一年(1895)上海耕餘主人石印本　十四册

320000－1618－0000043　043
欽定前漢書一百二十卷　（漢）班固撰　（唐）顏師古註　清光緒十年(1884)上海同文書局石印本　三十册　存九十四卷(一至七十五、八十一至九十九上)

320000－1618－0000044　044
前漢書一百二十卷　（漢）班固撰　（唐）顏師古註　清同治八年(1869)金陵書局刻本　十五册　存九十五卷(一至二十七、三十三至一百)

320000－1618－0000045　045
前漢書一百卷　（漢）班固撰　（唐）顏師古註

清同治十二年(1873)嶺東使署刻本　二十六冊

320000－1618－0000046　046
欽定後漢書一百三十卷　(南朝宋)范曄撰　(唐)李賢註　(南朝梁)劉昭補志　清光緒十四年(1888)上海蜚英館石印本　十二冊

320000－1618－0000047　047
欽定後漢書一百三十卷　(南朝宋)范曄撰　(唐)李賢註　(南朝梁)劉昭補志　清光緒十四年(1888)上海圖書集成印書局石印本　十六冊

320000－1618－0000048　048
欽定後漢書一百三十卷　(南朝宋)范曄撰　(唐)李賢註　(南朝梁)劉昭補志　清光緒二十一年(1895)上海耕餘主人石印本　十二冊

320000－1618－0000049　049
後漢書一百卷　(南朝宋)范曄撰　(唐)李賢註　**續漢書志三十卷**　(南朝宋)司馬彪撰　(南朝梁)劉昭補志　清同治八年(1869)金陵書局刻本　十五冊

320000－1618－0000050　050
後漢書一百三十卷　(南朝宋)范曄撰　清刻本　十一冊　存六十九卷(帝后紀一至十二、志一至三十、列傳三十一至五十七)

320000－1618－0000051　051
後漢書一百卷　(南朝宋)范曄撰　(唐)李賢註　**續漢書志三十卷**　(南朝宋)司馬彪撰　(南朝梁)劉昭補志　清同治十二年(1873)嶺東使署刻本　二十二冊

320000－1618－0000052　052
晋書一百三十卷　(唐)房喬等撰　**音義三卷**　(唐)何超撰　清光緒二十八年(1902)武林竹簡齋石印本　八冊

320000－1618－0000053　054
晋書一百三十卷　(唐)房喬等撰　**音義三卷**　(唐)何超撰　清同治十年(1871)金陵書局石印本　二十冊

320000－1618－0000054　055
元史二百十卷　(明)宋濂等修　清光緒二十八年(1902)武林竹簡齋石印本　十四冊　存二百卷(一至二百)

320000－1618－0000055　056
元史攷訂四卷　曾廉撰　清宣統三年(1911)刻本　二十一冊

320000－1618－0000056　057
明史三百三十二卷　(清)張廷玉等修　清光緒二十八年(1902)武林竹簡齋石印本　二十四冊

320000－1618－0000057　058
隋書八十五卷　(唐)魏徵等撰　清同治十一年(1872)淮南書局刻本　十六冊

320000－1618－0000058　059
隋書八十五卷　(唐)魏徵等撰　清光緒二十八年(1902)武林竹簡齋石印本　六冊

320000－1618－0000059　060
遼史一百十六卷　(元)脫脫等修　清光緒二十八年(1902)武林竹簡齋石印本　三冊

320000－1618－0000060　061
金史一百三十五卷　(元)脫脫等修　清光緒二十八年(1902)武林竹簡齋石印本　八冊

320000－1618－0000061　062
宋書一百卷　(南朝梁)沈約撰　清光緒二十八年(1902)武林竹簡齋石印本　六冊

320000－1618－0000062　063
宋史四百九十六卷　(元)脫脫等修　清光緒二十八年(1902)武林竹簡齋石印本　三十二冊

320000－1618－0000063　064
南史八十卷　(唐)李延壽著　清光緒二十八年(1902)武林竹簡齋石印本　六冊

320000－1618－0000064　065
北史一百卷　(唐)李延壽著　清光緒二十八年(1902)武林竹簡齋石印本　八冊

320000－1618－0000065　066

周書五十卷　(唐)令狐德棻撰　清光緒二十八年(1902)武林竹簡齋石印本　二册

320000－1618－0000066　067
南齊書五十九卷　(南朝梁)蕭子顯撰　清光緒二十八年(1902)武林竹簡齋石印本　二册

320000－1618－0000067　068
北齊書五十卷　(隋)李百藥撰　清光緒二十八年(1902)武林竹簡齋石印本　二册

320000－1618－0000068　069
魏書一百十四卷　(北齊)魏收撰　清光緒二十八年(1902)武林竹簡齋石印本　八册

320000－1618－0000069　070
陳書三十六卷　(唐)姚思廉譔　清光緒二十八年(1902)武林竹簡齋石印本　一册

320000－1618－0000070　071
梁書五十六卷　(唐)姚思廉撰　清光緒二十八年(1902)武林竹簡齋石印本　二册

320000－1618－0000071　072
新唐書二百二十五卷　(宋)歐陽修　(宋)宋祁撰　清光緒二十八年(1902)武林竹簡齋石印本　十六册

320000－1618－0000072　073
舊五代史一百五十卷　(宋)薛居正等撰　清光緒二十八年(1902)武林竹簡齋石印本　六册

320000－1618－0000073　074
新五代史七十四卷　(宋)歐陽修撰　(宋)徐無黨註　清光緒二十八年(1902)武林竹簡齋石印本　二册

320000－1618－0000074　075
五代史七十四卷　(宋)歐陽修撰　(宋)徐無黨註　清光緒元年(1875)成都書局刻本　十册

320000－1618－0000075　077
五代史記注七十四卷　(宋)歐陽修撰　(清)彭元瑞輯　清道光八年(1828)刻本　八册

320000－1618－0000076　078
史記菁華錄六卷　(清)姚祖恩輯　清道光四年(1824)扶荔山房刻本　六册

320000－1618－0000077　079
史記菁華錄六卷　(清)苧田氏(姚祖恩)輯　清道光四年(1824)扶荔山房刻本　五册

320000－1618－0000078　080
欽定史記一百三十卷　(漢)司馬遷撰　(宋)裴馬駰集解　(唐)司馬貞索隱　(唐)張守節正義　清光緒刻本　十二册

320000－1618－0000079　081
欽定史記一百三十卷　(漢)司馬遷撰　(宋)裴馬駰集解　(唐)司馬貞索隱　(唐)張守節正義　清光緒十四年(1888)上海蜚英館石印本　十三册　存一百十八卷(十一至十六、十九至一百三十)

320000－1618－0000080　082
史記一百三十卷札記五卷　(漢)司馬遷撰　(宋)裴馬駰集解　(唐)司馬貞索隱　(唐)張守節正義　清同治五年(1866)金陵書局刻本　二十册

320000－1618－0000081　083
三國志六十五卷　(晉)陳壽撰　(南朝宋)裴松之注　清光緒十四年(1888)上海蜚英館石印本　八册

320000－1618－0000082　084
二十四史姓氏韻編六十四卷　(清)汪輝祖輯　清光緒十年(1884)上海中西書局石印本　四册

320000－1618－0000083　085
讀史方輿紀要一百三十卷附方輿全圖總說五卷　(清)顧祖禹輯著　清光緒二十七年(1901)圖書集成局石印本　二十八册

320000－1618－0000084　086
天下郡國利病書一百二十卷　(清)顧炎武輯　清光緒二十七年(1901)圖書集成局鉛印本　二十八册

320000－1618－0000085　087

[乾隆]易州志十八卷首一卷　(清)張登高等修　(清)曾桐等纂　清刻本　八冊

320000－1618－0000086　088
[光緒]靖江縣志十六卷首一卷　(清)葉滋森修　(清)褚翔纂　清光緒五年(1879)刻本　一冊　存二卷(十五至十六)

320000－1618－0000087　089
[光緒]靖江縣志十六卷首一卷　(清)葉滋森修　(清)褚翔纂　清光緒五年(1879)刻本　八冊

320000－1618－0000088　090
[咸豐]靖江縣志稿十六卷首一卷　(清)于作新修　(清)潘泉纂　清咸豐七年(1857)木活字印本　八冊

320000－1618－0000089　091
兩漢策要十二卷　(宋)陶叔獻輯　清刻本　五冊　存九卷(二、五至十二)

320000－1618－0000090　092
歷代狀元策不分卷　(清)□□編　清松竹齋刻本　二冊

320000－1618－0000091　093
帶經堂書目四卷　孫樹杓編　清宣統順德鄧氏鉛印風雨樓叢書本　三冊

320000－1618－0000092　094
剡川姚氏本戰國策三十三卷　(漢)高誘注　**札記三卷**　(清)黄丕烈撰　清同治八年(1869)湖北崇文書局刻本　五冊

320000－1618－0000093　095
國朝史論約鈔四卷　(清)章國華　(清)繆楷輯　清光緒二十七年(1901)江陰章氏紫荆書屋木活字印本　四冊

320000－1618－0000094　096
天聖明道本國語二十一卷　(三国吳)韋昭撰　**札記二十一卷**　(清)黄丕烈撰　**考異四卷**　(清)汪遠孫撰　清同治八年(1869)湖北崇文書局重刻本　五冊

320000－1618－0000095　098
歷代史略六卷首一卷附錄一卷　(清)□□編　清江楚書局刻本　八冊

320000－1618－0000096　099
子史精華一百六十卷　(清)聖祖玄燁撰　清光緒十三年(1887)上海蜚英館石印本　八冊

320000－1618－0000097　100
尚書札記不分卷　(清)許鴻磐著　清同治九年(1870)學海堂刻本　八冊

320000－1618－0000098　101
御批歷代通鑑輯覽一百二十卷　(清)傅恒等編纂　清光緒三十年(1904)上海錦章書局石印本　二十八冊

320000－1618－0000099　102
加批王鳳洲袁了凡先生綱鑑合纂三十九卷首一卷附綱目三篇附福唐桂三王本末　(明)袁黄　(明)王世貞纂　清末民國間上海廣益書局石印本　六冊　存十四卷(一至十四)

320000－1618－0000100　103
袁了凡王鳳洲綱鑑合纂三十九卷首一卷附明紀綱目二十卷　(明)袁黄　(明)王世貞纂　清光緒三十年(1904)上海商務印書館鉛印本　十四冊

320000－1618－0000101　104
綱鑑易知錄九十二卷明鑑易知錄十五卷　(清)吳乘權　(清)周之燦　(清)周之炯輯　清光緒二十七年(1901)上海商務印書館鉛印本　十五冊

320000－1618－0000102　105
御批通鑑綱目前編十八卷正編五十九卷續編二十七卷　(宋)司馬光撰　清光緒十三年(1887)上海同文書局石印本　二十四冊

320000－1618－0000103　106
綱鑑易知錄九十二卷明鑑易知錄十五卷　(清)吳乘權　(清)周之燦　(清)周之炯輯　清光緒二十四年(1898)上海宏文閣鉛印本　二冊　存十卷(一至四、八十一至八十六)

320000－1618－0000104　107

綱鑑易知録九十二卷明鑑易知録十五卷 (清)吴乘權 (清)周之燦 (清)周之炯輯 清光緒二十七年(1901)上海商務印書館鉛印本 十五册 存一百卷(綱鑑易知録一至四、十二至九十二,明鑑易知録十五卷)

320000－1618－0000105 108
新義録一百卷目録一卷 (清)孫璧文撰 清刻本 三十九册 存八十二卷(一至十四、二十一至二十六、二十九至五十二、五十六至六十四、六十九至七十七、八十至九十、九十三至一百,目録一卷)

320000－1618－0000106 109
金石萃編一百六十卷 (清)王昶纂 清光緒十九年(1893)上海寶善石印本 十八册

320000－1618－0000107 110
金石續編二十一卷 (清)陸耀遹纂 清光緒十九年(1893)上海寶善石印本 六册

320000－1618－0000108 111
萬國通史三編十卷 (英國)李思倫白約翰 蔡爾康等筆述 清光緒三十年(1904)上海廣學會鉛印本 三册 存三卷(二、五、十)

320000－1618－0000109 112
萬國通史續編十卷 (英國)李思倫白約翰 蔡爾康等筆述 清光緒三十年(1904)上海廣學會鉛印本 七册 存七卷(一至五、九至十)

320000－1618－0000110 113
萬國通史前編十卷 (英國)李思倫白約翰 蔡爾康等筆述 清光緒三十年(1904)商務印書館鉛印本 十册

320000－1618－0000111 114
鮑氏國策十卷 (宋)鮑彪校注 明嘉靖七年(1528)龔雪影宋刻本 四册 存八卷(一至六、九至十)

320000－1618－0000112 115
漢書評林一百卷 (明)淩稚隆撰 明萬曆九年(1581)刻本 二十八册

320000－1618－0000113 116
史記評林一百三十卷首一卷 (漢)司馬遷撰 (宋)裴馬駰集解 (唐)司馬貞索隱 (唐)張守節正義 (明)淩稚隆輯校 (明)李光縉增補 明萬曆刻本 三十一册

320000－1618－0000114 117
春秋大事表五十卷附録一卷輿圖一卷 (清)顧棟高纂輯 清乾隆十三年(1748)萬卷樓刻本 二十册

320000－1618－0000115 118
南史八十卷 (唐)李延壽著 明嘉靖刻本 十八册

320000－1618－0000116 119
慾海慈航一卷 (清)黄正元撰輯 清同治八年(1869)江蘇常郡公善堂刻本 一册

320000－1618－0000117 120
鴻雪因緣圖記三集不分卷 (清)麟慶著 清光緒二十二年(1896)上海點石齋石印本 四册 存二集(一、三)

320000－1618－0000118 121
重刊補注洗冤録集證六卷 (清)王又槐增輯 清同治刻本 五册

320000－1618－0000119 122
歷代名臣言行録二十四卷 (清)朱桓編輯 清光緒十五年(1889)上海廣百宋齋鉛印本 十二册

320000－1618－0000120 123
日知録集釋三十二卷 (清)顧炎武撰 (清)黄汝成集釋 清道光十四年(1834)刻本 十二册

320000－1618－0000121 124
揚州畫舫録十八卷 (清)李斗撰 清同治十一年(1872)刻本 六册

320000－1618－0000122 125
陰騭文圖説不分卷 (清)黄正元輯 (清)李淦寫圖 清同治八年(1869)毘陵公善堂刻本 四册

320000－1618－0000123 126

楚辭集注八卷辯證二卷　(宋)朱熹撰　清光緒三年(1877)湖北崇文書局刻本　二冊

320000－1618－0000124　127
楚辭十七卷　清同治十一年(1872)金陵書局刻本　四冊

320000－1618－0000125　128
昌黎先生集四十卷　(唐)韓愈撰　清同治八年(1869)江蘇書局刻本　八冊　存三十三卷(一至三十三)

320000－1618－0000126　130
陶淵明集十卷　(晉)陶淵明撰　清光緒石印本　三冊

320000－1618－0000127　131
曝書亭集八十卷附錄一卷　(清)朱彝尊撰　**笛漁小稿十卷**　(清)朱昆田撰　清刻本　十六冊

320000－1618－0000128　132
唐詩三百首注疏六卷　(清)蘅塘退士(孫洙)編　(清)張燮注　清文源堂刻本　六冊

320000－1618－0000129　133
文選六十卷　(南朝梁)蕭統撰　(唐)李善注　清乾隆三十七年(1772)海錄軒刻朱墨套印本　十六冊

320000－1618－0000130　134
容甫先生遺詩五卷補遺一卷　(清)汪中撰　清光緒十一年(1885)維揚述古齋木活字印本　一冊

320000－1618－0000131　135
隨園詩話十六卷補遺五卷　(清)袁枚撰　清咸豐著易堂刻本　五冊

320000－1618－0000132　136
隨園女弟子詩選六卷　(清)袁枚撰　清隨園刻本　二冊

320000－1618－0000133　137
詞律拾遺八卷補遺一卷　(清)徐本立纂　清石印本　三冊　存六卷(一至二、五至八)

320000－1618－0000134　138
袁太史稿不分卷　(清)袁枚撰　清隨園刻本　二冊

320000－1618－0000135　139
古文辭類纂七十四卷　(清)姚鼐纂集　清光緒二十年(1894)上海商務印書館鉛印本　二冊　存二十六卷(一至十一、二十四至三十八)

320000－1618－0000136　140
飲水詞鈔二卷　(清)納蘭性德撰　**箏船詞一卷**　(清)劉嗣綰撰　**綠秋草堂詞一卷**　(清)顧翰撰　清隨園刻本　一冊

320000－1618－0000137　141
御選唐宋文醇五十八卷　(清)高宗弘曆選　清光緒三年(1877)浙江書局刻本　二十冊

320000－1618－0000138　142
淮海集十七卷後集二卷詞一卷補遺一卷　(宋)秦觀著　清道光十七年(1837)刻本　六冊

320000－1618－0000139　143
詞律二十卷　(清)萬樹編　**拾遺六卷**　(清)徐本立編　**補遺一卷**　(清)杜文瀾編　清光緒三年(1877)刻本　八冊　存二十三卷(詞律二十卷、拾遺一至三)

320000－1618－0000140　145
邵亭詩鈔六卷　(清)莫友芝鈔　清咸豐三年(1853)遵義湘川講舍刻同治五年(1866)江寧三山客舍重修本　一冊

320000－1618－0000141　146
古文辭類纂七十五卷序目一卷　(清)姚鼐輯　**附錄一卷**　(清)李承淵撰　清光緒二十七年(1901)滁州李氏求要堂刻本　十二冊

320000－1618－0000142　147
續古文辭類纂二十八卷　(清)黎庶昌輯　清光緒二十一年(1895)金陵狀元閣刻本　十二冊

320000－1618－0000143　148
續同人集十七卷　(清)袁枚撰　清隨園刻本

五册

320000－1618－0000144　149

隨園隨筆二十八卷　(清)袁枚撰　清隨園刻本　七册

320000－1618－0000145　150

退思齋詩草四卷　(清)吳中彦著　清光緒二十一年(1895)退思齋刻本　二册

320000－1618－0000146　151

王鳳洲綱鑑會纂四十六卷　(明)王世貞纂　清光緒元年(1875)上海萃文齋石印本　七册

320000－1618－0000147　152

古唐詩合解十二卷　(清)王堯衢註　清雍正十年(1732)刻本　一册　存二卷(一至二)

320000－1618－0000148　153

詩經離句貫解□卷　(清)徐壽基集註　清酌雅堂刻本　二册　存一卷(一)

320000－1618－0000149　154

明末四百家遺民詩十六卷青堂詩一卷　(清)卓爾堪選輯　清刻本　七册　存十四卷(三至十六)

320000－1618－0000150　155

十六國宫詞二卷　(清)周昇撰並注　清道光十四年(1834)南通櫻西書屋刻本　二册

320000－1618－0000151　156

明詩别裁集十二卷　(清)沈德潛　(清)周準辑　清刻本　二册　存六卷(七至十二)

320000－1618－0000152　157

李義山集不分卷　(唐)李商隱著　清刻本　十册

320000－1618－0000153　159

高青邱詩集注十八卷首一卷附録五卷　(明)高啟著　清末影印本　十二册

320000－1618－0000154　160

重訂唐詩别裁集二十卷　(清)沈德潛輯　清乾隆二十八年(1763)教忠堂刻本　八册

320000－1618－0000155　161

唐人説薈十六卷　(清)蓮塘居士纂　清宣統三年(1911)埽葉山房石印本　十六册

320000－1618－0000156　162

小倉山房外集八卷尺牘十卷　(清)袁枚撰　清隨園刻本　六册

320000－1618－0000157　163

小倉山房文集三十五卷　(清)袁枚撰　清隨園刻本　十二册　存三十三卷(三至三十五)

320000－1618－0000158　164

小倉山詩集三十七卷續二卷　(清)袁枚撰　清隨園刻本　十三册

320000－1618－0000159　166

古文觀止十二卷　(清)吳乘權手錄　清刻本　五册　存十卷(三至十二)

320000－1618－0000160　167

古文觀止十二卷　(清)吳乘權手錄　清刻本　五册　存十卷(三至十二)

320000－1618－0000161　168

文選六十卷　(南朝梁)蕭統撰　(唐)李善注　清乾隆三十七年(1772)海錄軒刻朱墨套印本　八册　存三十一卷(九至二十三、二十九至三十三、五十至六十)

320000－1618－0000162　169

文選六十卷　(南朝梁)蕭統撰　(唐)李善注　清刻本　十二册

320000－1618－0000163　170

文選六十卷　(南朝梁)蕭統撰　(唐)李善注　清乾隆三十七年(1772)海錄軒刻朱墨套印本　十二册

320000－1618－0000164　171

文選六十卷　(南朝梁)蕭統撰　(唐)李善注　清乾隆三十七年(1772)海錄軒刻朱墨套印本　十二册

320000－1618－0000165　172

名人尺牘墨寶第一集六卷　(清)文明書局選印　清宣統二年(1910)文明書局石印本　五册　存五卷(二至六)

320000－1618－0000166　173

童山詩集四十二卷附録二卷　（清）李調元撰　清刻本　八冊　存三十五卷（一至五、十至三十五、四十一至四十二，附録二卷）

320000－1618－0000167　174

才調集十卷　（五代）韋縠集　清揚州述古齋刻本　四冊

320000－1618－0000168　175

八代詩選二十卷　王闓運撰　清光緒十六年（1890）江蘇書局刻本　七冊　存十七卷（一至十四、十八至二十）

320000－1618－0000169　176

繡像第一才子書五十一卷一百二十回　（明）羅貫中著　清刻本　二十冊

320000－1618－0000170　177

缀白裘新集合編十二集不分卷　（清）錢德蒼輯　清嘉興博雅堂刻本　四十八冊

320000－1618－0000171　178

杜詩鏡銓二十卷　（清）楊倫編輯　清同治十一年（1872）望三益齋刻本　十冊

320000－1618－0000172　180

漢魏六朝百三家集不分卷　（明）張溥評閱　清光緒十八年（1892）善化藍田章氏刻本　六十九冊　缺三冊（四十、六十九、七十二）

320000－1618－0000173　181

康熙字典不分卷　（清）張玉書　（清）陳廷敬等纂修　清道光七年（1827）刻本　十三冊　缺一冊（五）

320000－1618－0000174　182

康熙字典不分卷　（清）張玉書　（清）陳廷敬等纂修　清刻本　四十冊

江蘇省溧陽市圖書館古籍普查登記目録

全國古籍普查登記目録

國家圖書館出版社
National Library of China Publishing House

《江蘇省溧陽市圖書館古籍普查登記目録》

編委會

主　編： 宋國忠

編　委： 宋國忠　朱　煜　謝紅珍　劉正明　沈軍花　湯曉雲
常　虹

《江蘇省溧陽市圖書館古籍普查登記目録》

前　言

溧陽是歷史悠久的江南古城,有着深厚的文化底藴,獨特的秀山麗水,歷來人杰地靈,人文薈萃,人才輩出。溧陽人愛讀書,藏書傳統也源遠流長。

古代藏書的官方機構,主要在於書院和學宫。根據《溧陽縣誌》記載,早在東漢光和四年(181)溧陽長潘乾即開始建造學宫。宋紹興年間,知縣施家祐建金淵書院,至清乾隆四十一年(1776),在金淵書院舊址上建造了平陵書院,陳鴻壽寫有《平陵書院碑記》,記述了這一過程。

元至正五年(1345),知州蒲里翰在學宫建"尊經閣",後在張士誠之亂中被毁。至明代,馬一龍與知縣盧漸、教諭王以佐等人共同在學宫重建尊經閣,並於隆慶年間寫下《建閣紀略》。清乾隆六年(1741),知縣吴學廉重建尊經閣,次年建成。乾隆九年(1744),時任吏部尚書史貽直和禮部尚書任蘭枝分别寫《修學記》以記之。經過修整的尊經閣"凡五楹",其中的收藏主要是朝廷頒發的各種經書史籍,所以嘉慶《溧陽縣誌》中説"頒貯尊經閣書籍天下大同,兹不具列"。

衆多的官宦人家、士紳家庭,由於深知讀書的重要性,也深受讀書帶來的種種好處,因此也往往熱衷收藏書籍,有的甚至在家中建築了專門的藏書樓。

元末明初的孔克齊,字肅夫,號行素、静齋,别號闕里外史。其父孔文升曾任建康書吏,後家於溧陽。以薦授黄岡書院山長,召爲國史編修。至正年間,孔克齊避居四明(今浙江寧波)之東湖。在此期間,他將自己平生的見聞加以記録,彙集成《至正直記》四卷,爲元代重要的筆記之一。在"别業蓄書"條中,他寫道:"吾家自先人寓溧陽,分沈氏居之半以爲别業,多蓄書卷,平昔愛護尤謹,雖子孫未嘗輕易檢閲,必有用然後告于先人,得所請乃可置於外館。"其父孔文升對於書籍的珍愛躍然紙上。

據嘉慶《溧陽縣誌》載,明代縣城東北有曉園,爲"明陳都諫獻策課子讀書處,子德慶又爲增葺"。馬世俊所作記中寫道:"更有精舍數十間,爲藏書讀書之所,顔曰'雲多處',又曰'石書書屋'。"説此園"非徒以誇富麗,逞遊觀也,輿敬築是園爲課子讀書地"。可以想象,藏書應該有一定的規模了。

在下莊(今溧城鎮夏莊)史貽直府第,有紅泉書屋。嘉慶《溧陽縣誌》載,紅泉書屋"本其(史貽直)從父静海令普所構,後歸相國,子侍郎奕昂拓地增修","側樓三楹亦即顔以'紅泉書屋',秀水朱彝尊筆也。世宗憲皇帝(雍正)賜相國'坐石吟新月,臨流納晚涼’,高宗純皇帝(乾隆)賜相國‘綠野頤和’扁額,又蒙賜《古今圖書集成》一萬卷亦於此謹貯焉”。

當年,乾隆曾將《古今圖書集成》作爲最高獎賞,用以褒揚獻書最多的寧波范氏天一閣等四家藏書樓,引得民間艷羨無限;江南文瀾等三閣因收藏有此書,也招致學者藏家接踵前往借抄。

史書有記載的溧陽私人藏書的事例還有很多。比如明代史際曾爲賑濟災民,開挖救荒滰,形成一塊“曰”字形的池塘,中間有兩塊陸地,馬一龍在《滰塘記略》中說“前一洲建嘉義書院”,“院繚以垣,垣外治蔬圃,垣以入門廡、堂奧、廚積、癜圊及文人遊藝、騷人偃息之所,凡若干楹”。又如嘉慶《溧陽縣誌·人物志·儒林》載,狄咸“生平聚書及名人翰墨極多”。嘉慶《溧陽縣誌·人物志·文苑》載,彭旭“中罹逆僕潘茂之變,積書萬卷與華屋俱燼”。“家變後,購求遺書,雖殘編斷簡皆索而補之,今復完好云”,這是筆者所見史料中唯一述及藏書數量的一例。又載彭若龍(子)“遵亮嘗購求古今名人集甚富,批閱無倦日”。狄繼紳“嘯詠一小樓,圖史羅列,几研可鑒”。

時過境遷,當年這些爲衆人所珍愛的公私藏書,由於各種的天災人禍,早已經煙消雲散了。孔克齊在《至正直記》一書中記叙自家藏書的消散,讀之令人扼腕不已:“晚年子弟分職,任於他所,惟婢輩幾人在侍。予一日自外家歸省,見一婢執《選詩演》半卷,又國初名公柬牘數幅,皆翦裁之餘者。急扣其故,但云:‘某婢已將幾卷褙鞋幫,某婢已將幾卷覆醬瓿。’予奔告先人。先人曰:‘吾老矣,不暇及此,是以有此患。爾等居外,幼者又不曉事,婢妮無知,宜有此哉!’不覺歎恨,亦無如之何矣。”

紅泉書屋所藏《古今圖書集成》,按照獲賜時間看,應爲雍正六年(1728)完成印刷的銅活字版。該版本總共印了64套,普通人根本難得一見其廬山真面目,加之用紙、裝幀、印製均不惜血本,臻於銅活字印本之巔峰,當時即爲藏家所傾心。然而如此珍貴的典籍,在太平天國革命中也被付之一炬。

1926年,溧陽縣在當時的城隍廟設立通俗教育館,1929年併入寶塔灣關岳廟的民衆教育館,設書報閱覽室。抗戰爆發後,其中所藏的書籍圖冊及一應設備均爲日寇所毀。抗戰勝利後,民衆教育館在當時的西亭重設書報閱覽室。新中國成立後的第一個公共書報閱覽室於1952設在南門街,後幾經搬遷、改造、重建。2008年9月溧陽市圖書館搬入新建的溧陽市文化藝術中心大樓,新館總建築面積5100平方米,設施設備齊全,服務功能進一步完善。至2014年底,館藏各類圖書計35萬餘冊,徵集地方文獻1200餘種,3200餘件,成爲溧陽地區的文獻收藏中心。

在各級領導的關心、兄弟圖書館的支持下,溧陽市圖書館根據2012年3月“江蘇省古籍保護工作會議”討論通過的《江蘇省古籍普查登記工作方案》的要求,順利開展了古籍普查登記工作,於2015年4月完成了對館藏古籍的普查、核對、復查、著録工作,並提交給江蘇省古籍保護中心。

在以往的書目登記中,因爲無專業的人員和指導,我館的古籍一直與民國文獻統一登記,民國文獻當做古籍來編目,甚至有古籍經過後人改訂,幾冊併存於一冊的情況,導致了古籍家底不清。通過本次古籍普查登記,終於摸清了我館古籍的家底,目前計有書目數據 48 種,154 冊,其中木活字印本 53 冊,地方文獻占三分之一强。

我館的館藏古籍數量雖然不多,但是以鄉邦文獻爲特色。有地方志書,如清光緒二十二年(1896)的《溧陽縣誌》、光緒二十五年(1899)的《溧陽縣續志》,是研究溧陽歷史的重要資料;有溧陽本地刻印出版的古籍,如光緒三十年(1904)的溧陽華聚玉西號刻印的《論語》《孟子》等書,從中,溧陽歷史上的重文興教的盛況、印書事業的發達可見一斑;有溧陽本土人士編纂的史籍,如明遺民周廷英所著《瀨江紀事本末》不分卷,全面、細緻、客觀地記録了明末溧陽彭氏家奴潘珍、潘茂兄弟聚衆起事的過程,查國内幾大圖書館目録,並未發現有副本者。

此次出版的《江蘇省溧陽市圖書館古籍普查登記目録》,是以"目見原書"爲原則進行登記,經過認真整理、核對、著録、審校後形成的,詳細記録了題名卷數、著者、版本情況、存冊、存卷等内容,是目前溧陽市圖書館最爲完備的古籍藏書目録。我們希望館藏古籍目録的出版,能更好地服務於讀者,也希望更多的有識之士一起來關注古籍文獻的收藏、保護、傳承與研究利用,促進溧陽文化事業進一步繁榮發展。

古籍普查登記工作難度大,疏漏之處難以避免,敬請方家批評指正,以待完善。

宋國忠

2015 年 12 月 1 日

320000－4610－0000001　LY0001
[嘉庆]溧陽縣誌十六卷　(清)李景嶧修　(清)史炳等纂　清光緒二十二年(1896)木活字印本　十册

320000－4610－0000002　LY0002
[嘉庆]溧陽縣誌十六卷　(清)李景嶧修　(清)史炳等纂　清光緒二十二年(1896)木活字印本　一册　存一卷(一)

320000－4610－0000003　LY0003
[嘉庆]溧陽縣誌十六卷　(清)李景嶧修　(清)史炳等纂　清光緒二十二年(1896)木活字印本　二册　存三卷(一、七至九)

320000－4610－0000004　LY0004
[光绪]溧陽縣續志十六卷　(清)朱畯等纂修　清光緒二十五年(1899)木活字印本　八册

320000－4610－0000005　LY0005
[光绪]溧陽縣續志十六卷　(清)朱畯等纂修　清光緒二十五年(1899)木活字印本　八册

320000－4610－0000006　LY0006
[光绪]溧陽縣續志十六卷　(清)朱畯等纂修　清光緒二十五年(1899)木活字印本　八册

320000－4610－0000007　LY0007
[光绪]溧陽縣續志十六卷　(清)朱畯等纂修　清光緒二十五年(1899)木活字印本　八册

320000－4610－0000008　LY0008
[光绪]溧陽縣續志十六卷　(清)朱畯等纂修　清光緒二十五年(1899)木活字印本　一册　存三卷(一至二、十三)

320000－4610－0000009　LY0009
[光绪]溧陽縣續志十六卷　(清)朱畯等纂修　清光緒二十五年(1899)木活字印本　五册　存十三卷(一至十二上、十三)

320000－4610－0000010　LY0010
詩韻合璧五卷　(清)湯文潞編　清刻本　四册　存四卷(二至五)

320000－4610－0000011　LY0011
匏瓜錄十卷　(清)芮長恤撰　清光緒十三年(1887)刻本　六册

320000－4610－0000012　LY0012
御批通鑑輯覽一百二十卷　(清)傅恒纂　清光緒二十八年(1902)上海經香閣石印本　十四册　缺二十二卷(六十四至七十、八十六至九十二、一百十三至一百二十)

320000－4610－0000013　LY0013
康熙字典不分卷　(清)淩紹雯纂　清光緒十三年(1887)上海同文書局石印本　六册

320000－4610－0000014　LY0014
鳳洲綱鑑會纂四十六卷　(明)王世貞撰　清光緒元年(1875)上海著易堂石印本　八册　存二十九卷(一至二、八至二十六、三十二至三十九)

320000－4610－0000015　LY0015
御撰資治通鑑綱目二十卷　(清)舒赫德等撰　清光緒元年(1875)上海著易堂石印本　二册　存六卷(一至六)

320000－4610－0000016　LY0016
十三經集字摹本不分卷　(清)彭玉雯輯　清刻本　二册(與中庸章句合册)

320000－4610－0000017　LY0017
監本易經四卷　(宋)程頤撰　清光緒元年(1875)刻本　二册

320000－4610－0000018　LY0018
禮記十卷　(元)陳澔撰　清咸豐元年(1851)掃葉山房刻本　六册

320000－4610－0000019　LY0019
書經集傳六卷首一卷末一卷　(宋)蔡沈撰　清同治五年(1866)金陵書局刻本　四册

320000－4610－0000020　LY0020
論語八卷　(宋)朱熹注　清光緒三十年(1904)溧陽華聚玉西號刻本　二册

320000－4610－0000021　LY0021
孟子十四卷　(漢)趙岐注　清光緒三十年(1904)溧陽華聚玉西號刻本　二册　存七卷(一至七)

320000－4610－0000022　LY0022
巳山占造命各課　清刻本　一冊　存一卷(八)

320000－4610－0000023　LY0023
四書典制類聯音注三十三卷　(清)閻其淵編　清刻本　一冊　存四卷(三十至三十三)

320000－4610－0000024　LY0024
醫學揭要八卷　(清)高子闓輯　清光緒七年(1881)刻本　二冊

320000－4610－0000025　LY0025
貞白堂詩刻三種不分卷　(清)恩錫撰　清同治十年(1871)刻本　一冊

320000－4610－0000026　LY0026
瘟疫論類編五卷　(明)吳有性撰　清刻本　一冊

320000－4610－0000027　LY0027
潤州事蹟詩鈔不分卷　(清)解為榦編　清刻本　二冊

320000－4610－0000028　LY0028
孟子十四卷　(漢)趙岐注　清刻本　一冊　存三卷(一至三)

320000－4610－0000029　LY0029
慈恩玉曆彙錄三卷　清光緒七年(1881)刻本　一冊

320000－4610－0000030　LY0030
瀨江紀事本末不分卷　(明)周廷英撰　清木活字印本　一冊

320000－4610－0000031　LY0031
時務報不分卷　(清)時務報編　清光緒二十四年(1898)石印本　一冊　存一冊(五十三冊)

320000－4610－0000032　LY0032
新訂崇正辟謬通書十四卷　(清)李奉來輯　清刻本　一冊　存二卷(六至七)

320000－4610－0000033　LY0033
重校刊官板地理玉髓真經二十八卷　(宋)張洞玄撰　清石印本　一冊　存十九卷(一至十九)

320000－4610－0000034　LY0034
觀音籤不分卷　清刻本　一冊

320000－4610－0000035　LY0035
第一才子書十九卷一百二十回首一卷　(明)羅貫中撰　(清)金聖歎　(清)毛宗崗評　清石印本　一冊　存一卷(十二)

320000－4610－0000036　LY0036
談氏三元地理大玄空八卷　談養吾撰　清石印本　一冊　存三卷(五至七)

320000－4610－0000037　LY0037
地理辯正　(清)蔣平撰　清刻本　一冊　存一卷(三)

320000－4610－0000038　LY0038
新編校正評注通玄先生張果星宗大全十卷　(明)陸位輯　清刻本　一冊　存一卷(十)

320000－4610－0000039　LY0039
新刊注釋通玄先生張果星宗大全　(明)陸位輯　清刻本　一冊　存一卷(六)

320000－4610－0000040　LY0040
春秋左傳五十卷　(晉)杜預注　清同治七年(1868)刻本　一冊　存一卷(一)

320000－4610－0000041　LY0041
春秋左傳五十卷　(晉)杜預注　清光緒十年(1884)刻本　十六冊

320000－4610－0000042　LY0042
春秋左傳五十卷　(晉)杜預注　清刻本　一冊　存三十三卷(九至四十一)

320000－4610－0000043　LY0043
左傳選十四卷　(清)儲欣評　清刻本　三冊　存四卷(五至八)

320000－4610－0000044　LY0044
周易四卷　(宋)朱熹注　清刻本　一冊　存三卷(二至四)

320000－4610－0000045　LY0045
周易四卷　(宋)朱熹注　清聚經堂刻本　一

冊　存一卷(一)

320000－4610－0000046　LY0046
中庸章句一卷　(宋)朱熹注　清咸豐四年(1854)刻本　一冊(與十三經集字摹本第二冊合冊)

320000－4610－0000047　LY0047
[嘉庆]溧陽縣誌十六卷　(清)李景嶧修　(清)史炳等纂　清光緒二十二年(1896)木活字印本　一冊　存三卷(七至九)

320000－4610－0000048　LY0047－1
[光绪]溧陽縣續志十六卷　(清)朱畯等纂修　清光緒二十五年(1899)木活字印本　與溧陽縣誌合一冊　存五卷(四至八)

《江蘇師範大學圖書館古籍普查登記目録》
書名筆畫字頭索引

六畫

七畫

八畫

九畫

十畫

十一畫

十二畫

十三畫

十四畫

十五畫

十六畫

十七畫

十八畫

十九畫

二十畫

二十一畫

二十二畫

二十三畫

二十四畫

《江蘇師範大學圖書館古籍普查登記目録》
書名筆畫索引

一畫

二畫

三畫

四畫

五畫

六畫

七畫

八畫

九畫

十畫

十一畫

十二畫

十三畫

十四畫

十五畫

十六畫

十七畫

十八畫

十九畫

二十畫

二十一畫

二十二畫

二十三畫

二十四畫

《南京中醫藥大學圖書館古籍普查登記目録》
書名筆畫字頭索引

二畫

三畫

四畫

五畫

六畫

七畫

八畫

九畫

十畫

十一畫

十二畫

十三畫

十四畫

十五畫

十六畫

十七畫

十八畫

十九畫

二十畫

二十一畫

二十二畫

二十三畫

二十四畫

《南京中醫藥大學圖書館古籍普查登記目録》
書名筆畫索引

二畫

三畫

四畫

五畫

六畫

七畫

八畫

九畫

十畫

十一畫

十二畫

十三畫

十四畫

十五畫

十六畫

十七畫

十八畫

十九畫

二十畫

二十一畫

二十二畫

二十三畫

二十四畫

《南京曉莊學院圖書館古籍普查登記目録》
書名筆畫字頭索引

二畫

三畫

四畫

五畫

六畫

七畫

八畫

九畫

十畫

十一畫

十二畫

十三畫

十四畫

十五畫

十六畫

十七畫

十八畫

十九畫

二十畫

二十一畫

二十二畫

二十三畫

二十四畫

《南京曉莊學院圖書館古籍普查登記目録》
書名筆畫索引

二畫

三畫

四畫

五畫

六畫

七畫

八畫

九畫

十畫

十一畫

十二畫

十三畫

十四畫

十五畫

十六畫

十七畫

十八畫

十九畫

二十畫

二十一畫

二十二畫

二十三畫

二十四畫

《江蘇省靖江市圖書館古籍普查登記目録》
書名筆畫字頭索引

二畫

三畫

四畫

五畫

六畫

七畫

八畫

九畫

十畫

十一畫

十二畫

十三畫

十四畫

十五畫

十六畫

十七畫

十九畫

二十一畫

二十二畫

《江蘇省靖江市圖書館古籍普查登記目録》
書名筆畫索引

二畫

三畫

四畫

五畫

六畫

七畫

八畫

九畫

十畫

十一畫

十二畫

十三畫

十四畫

十五畫

十六畫

十七畫

十九畫

二十一畫

二十二畫

《江蘇省溧陽市圖書館古籍普查登記目録》
書名筆畫字頭索引

十八畫

十九畫

二十四畫

《江蘇省溧陽市圖書館古籍普查登記目録》
書名筆畫索引

二畫

三畫

四畫

五畫

六畫

八畫

九畫

十畫

十一畫

十二畫

十三畫

十四畫

十五畫

十七畫

十八畫

十九畫

二十四畫